古代歷史文化 研究輯刊

十五編

王 明 蓀 主編

第 6 冊

漢高祖研究

傅 幼 沖 著

國家圖書館出版品預行編目資料

漢高祖研究／傅幼沖 著 -- 初版 -- 新北市：花木蘭文化出版
社，2016〔民105〕
目 4+280 面；19×26 公分
（古代歷史文化研究輯刊 十五編；第 6 冊）
ISBN 978-986-404-603-4（精裝）
1. 漢高祖 2. 傳記 3. 西漢史
618   105002216

ISBN-978-986-404-603-4

9 789864 046034

古代歷史文化研究輯刊
十五編　第 六 冊　　　　　　　　ISBN：978-986-404-603-4

漢高祖研究

作　　者　傅幼沖
主　　編　王明蓀
總 編 輯　杜潔祥
副總編輯　楊嘉樂
編　　輯　許郁翎
出　　版　花木蘭文化出版社
社　　長　高小娟
聯絡地址　235 新北市中和區中安街七二號十三樓
　　　　　電話：02-2923-1455／傳眞：02-2923-1452
網　　址　http://www.huamulan.tw 信箱 hml 810518@gmail.com
印　　刷　普羅文化出版廣告事業
初　　版　2016 年 3 月
全書字數　243618 字
定　　價　十五編 23 冊（精裝）台幣 45,000 元

漢高祖研究

傅幼沖　著

作者簡介

傅幼沖，男，1961 年生。江西省臨川縣人。國立空中大學人文學系畢業（1996），國立花蓮教育大學語文科教學碩士（2007），華梵大學東方人文思想研究所文學博士（2011），現職宜蘭縣頭城國民小學教師。

著作：

一、〈漢高祖劉邦〈大風歌〉考研〉，香港：《新亞論叢》第 11 期，2010 年 8 月，頁 62-70。

二、〈漢高祖神異事蹟之研究〉，台北：《東方人文學誌》第 9 卷第 4 期，2010 年 12 月，頁 45 ～ 66。

三、〈漢高祖劉邦政權下之儒家文化與黃老學說〉，收錄於《桃李集》，新北市：花木蘭文化出版社，2010 年 12 月，頁 335 ～ 352。

四、〈漢高祖劉邦政權下對儒者態度的轉變與重視黃老學說研究〉，《輔大中研所學刊》第二十五期，2011 年 4 月，頁 113 ～ 129。

五、〈陸賈《新語》之儒學思想研究——兼論漢高祖劉邦對儒學態度之轉變〉，國立臺灣師範大學國際漢學研究所第三屆研究生論文研討會，國立臺灣師範大學，2011 年 5 月 28 日發表。

六、〈黃春明與李潼比較研究——以兒童文學、散文、小說為範疇〉，黃春明及其文學國際學術研討會，國立宜蘭大學，2015 年 10 月 17 日發表。

提　　要

中國歷史上，漢高祖劉邦是第一位平民出身的皇帝，其在短短數年之間，起義反秦、入咸陽、降子嬰、戰垓下、敗項羽，而一統天下，建立西漢帝國。劉邦的成就，創造出了平民建國的歷史先河，亦提供後人討論研究的條件。職是之故，本論文即以〈漢高祖研究〉為題，以司馬遷《史記》為主軸，班固《漢書》與其它史料為輔軸，依史料的爬梳剔抉、參互考尋、闡究精微，期能對漢高祖劉邦作全面的分析，進而闡明其在中國歷史上以平民建國的歷史意義。並盼此一研究，可以提供讀者深刻印象暨認識太史公的歷史觀，並為學者研究漢高祖劉邦開闢一新視野。

首章緒論分成研究動機與目的、太史公以互見法突顯高祖形象、研究方法、文獻回顧與探討小節。其中太史公以互見法突顯高祖形象，與《史記》評議、箋釋、司馬遷的學術思想、漢高祖劉邦研究等相關文獻的整理，均甚有參考價值。

次章，則對「漢高祖劉邦的神異事蹟」進行深入的探析，分別以〈高祖本紀〉與〈高帝紀〉中有關劉邦的神異事蹟、《史記》其它篇章中有關劉邦的神異事蹟、劉邦神異事蹟所代表之意義等相關論題，作全面而有系統之探討。

第參章「漢高祖劉邦與儒家文化」，主要有漢高祖的文化水平、漢高祖對儒家文化態度的轉變、陸賈《新語》對漢高祖之影響等小節。首先就漢高祖的文化水平作一釐清與整理，而漢高祖對儒家文化態度的轉變一節，強調高祖不修文學是指天下未定前，天下即定，經由蕭何次律令、韓信申軍法等一連串的整治措施後，立制垂範，而規模稍弘遠矣。再者，陸賈《新語》的出現，實際上對劉邦所發生真實的影響比重很輕，但對於我們民族生命的延續，文化的維持，依然有很重大的意義。

至於第肆章「漢高祖劉邦與黃老學說」，乃賡續劉邦建國期間的學術思想，可分為漢初黃老學說興起之背景、漢高祖與黃老之術、漢高祖重要功臣與黃老之術等小節。目的在於探討漢高祖劉邦與黃老學說之間的脈絡關係，經通盤分析研究，期能增補漢高祖政權下，有關黃老學說的學術思想研究之成果。

　　第伍章「漢高祖的帝王之道」，主要是透過《史記》與漢高祖相關文本的聯系與解讀，梳理司馬遷筆下之漢高祖形象，以尋繹太史公筆法的背後深意，對劉邦何以成為中國歷史上第一個布衣帝王，做一通盤全面的論述。

　　第陸章為「漢高祖分封諸侯王析論」。主要是討探漢高祖分封諸侯王源流、漢高祖分封思想的形成與發展、以及漢高祖的分封策略所帶給後世的影響、秦楚漢之際諸侯王之貢獻等小節，期能就上述議題，闡幽析微，拾遺補闕。

　　末章結語，則將本論文研究之成果，及繼續研究之展望予以說明。

第壹章 緒 論 ……………………………… 1
　第一節 研究動機與目的 ……………………… 1
　第二節 太史公以互見法突顯高祖形象 ……… 3
　第三節 研究方法 ……………………………… 8
　　一、文獻分析法 …………………………… 8
　　二、太史公互見法 ………………………… 9
　　三、歷史研究法 …………………………… 11
　第四節 文獻回顧與探討 ……………………… 11
　　一、與《史記》評議、箋釋相關 ………… 12
　　二、與司馬遷的學術思想研究相關 ……… 14
　　三、與漢高祖劉邦研究相關 ……………… 15
第貳章 漢高祖劉邦神異事蹟探析 …………… 23
　第一節 〈高祖本紀〉與〈高帝紀〉中有關劉邦的
　　　　　神異事蹟 …………………………… 23
　　一、蛟龍所生 ……………………………… 24
　　二、龍顏黑子 ……………………………… 26
　　三、貰酒棄責 ……………………………… 26
　　四、呂公擇婿 ……………………………… 27
　　五、一家皆貴 ……………………………… 28
　　六、赤帝斬蛇 ……………………………… 29
　　七、天子氣奇 ……………………………… 31
　　八、夢蒼龍據 ……………………………… 33
　　九、卜筮最吉 ……………………………… 34
　第二節 《史記》其它篇章中有關劉邦的神異事蹟‥ 35
　　一、望氣成龍 ……………………………… 35
　　二、沛公殆天授 …………………………… 37
　　三、五星聚東井 …………………………… 38
　　四、睢水亡命 ……………………………… 40
　　五、不宿柏人 ……………………………… 40
　第三節 劉邦神異事蹟所代表之意義 ………… 41
　　一、劉邦微時利用神異事蹟來提升本身政治
　　　　　實力 ………………………………… 41
　　二、肯定「天命」的存在，更強調「人為」的
　　　　　作用 ………………………………… 44

三、劉邦的神異事蹟是《史記》的藝術創作⋯⋯46

四、班固之「宣漢」思想⋯⋯⋯⋯⋯⋯⋯⋯48

五、小結⋯⋯⋯⋯⋯⋯⋯⋯⋯⋯⋯⋯⋯⋯48

第參章　漢高祖劉邦與儒家文化⋯⋯⋯⋯⋯⋯51

第一節　漢高祖的文化水平⋯⋯⋯⋯⋯⋯⋯51

一、漢高祖劉邦的草莽行為⋯⋯⋯⋯⋯⋯52

二、劉邦實具有一定的文化素養⋯⋯⋯⋯57

第二節　漢高祖對儒家文化態度的轉變⋯⋯60

第三節　陸賈《新語》對漢高祖之影響⋯⋯64

第四節　小結⋯⋯⋯⋯⋯⋯⋯⋯⋯⋯⋯⋯65

第肆章　漢高祖劉邦與黃老學說⋯⋯⋯⋯⋯⋯67

第一節　漢初黃老學說興起之背景⋯⋯⋯67

一、秦始皇政權的回顧⋯⋯⋯⋯⋯⋯⋯68

二、秦始皇的暴政⋯⋯⋯⋯⋯⋯⋯⋯⋯70

三、漢初社會現況⋯⋯⋯⋯⋯⋯⋯⋯⋯78

四、小結⋯⋯⋯⋯⋯⋯⋯⋯⋯⋯⋯⋯⋯80

第二節　漢高祖與黃老之術⋯⋯⋯⋯⋯⋯81

一、黃、老概述⋯⋯⋯⋯⋯⋯⋯⋯⋯⋯81

二、黃老帛書與《黃帝四經》⋯⋯⋯⋯84

三、《黃帝四經》要義⋯⋯⋯⋯⋯⋯⋯84

四、劉邦政權下黃老學說的實踐與應用⋯⋯87

第三節　漢高祖重要功臣與黃老之術⋯⋯93

一、曹參奉行「黃老之術」⋯⋯⋯⋯⋯94

二、張良從赤松子游⋯⋯⋯⋯⋯⋯⋯100

三、陳平治黃帝老子之術⋯⋯⋯⋯⋯109

第伍章　漢高祖的帝王之道⋯⋯⋯⋯⋯⋯⋯115

第一節　漢高祖的用人特性⋯⋯⋯⋯⋯116

一、善於羅致人才⋯⋯⋯⋯⋯⋯⋯⋯117

二、善於用人（量才適用）⋯⋯⋯⋯119

三、善與人同利⋯⋯⋯⋯⋯⋯⋯⋯⋯121

第二節　劉邦的統御之術⋯⋯⋯⋯⋯⋯122

一、製造輿論、提升實力⋯⋯⋯⋯⋯124

二、爭取民心、壯大聲勢⋯⋯⋯⋯⋯126

　　　三、不吝封賞、激勵臣下 ……………………………… 128

　　　四、侮慢他人、建立威勢 ……………………… 131

　　　五、殺戮異己、穩定政權 ……………………… 134

　　第三節　漢高祖的人格特質 ……………………… 137

　　　一、寬宏大度、意豁如也 ……………………… 138

　　　二、圓滑虛偽、無情寡信 ……………………… 140

　　　三、能屈能伸、能忍能讓 ……………………… 142

　　　四、善聽人言、從諫如流 ……………………… 144

　　　五、生性猜忌、多疑性格 ……………………… 151

　　第四節　劉邦建國的時勢分析 …………………… 155

　　　一、秦二世的顢頇昏庸爲平民起義提供了機會

　　　　……………………………………………… 156

　　　二、秦行暴政，不得人心，爲漢之建立提供

　　　　契機 …………………………………………… 156

　　　三、先前發難者削弱了秦的勢力 ……………… 156

　　　四、項羽以暴易暴，提供劉邦得民心的機會 … 157

　　第五節　英雄帝王之歌──漢高祖劉邦〈大風歌〉

　　　……………………………………………………… 159

　　　一、劉邦〈大風歌〉的創作背景 ……………… 160

　　　二、〈大風歌〉歷史意義之探討 ……………… 162

　　　三、帝王的喜悅與憂心 ………………………… 170

　　第六節　結語 ……………………………………… 172

第陸章　高祖分封諸侯王析論 ………………………… 175

　　第一節　漢高祖分封諸侯王之源流探析 ………… 175

　　　一、西周的封建制度 …………………………… 176

　　　二、秦、楚、漢間分封思想之探討 …………… 184

　　第二節　漢高祖的分封思想 ……………………… 196

　　　一、漢高祖分封思想的形成與發展 …………… 196

　　　二、劉邦所封的八個異姓諸侯王 ……………… 200

　　　三、劉邦分封異姓諸侯王的理由 ……………… 206

　　　四、異姓諸侯王的翦滅 ………………………… 209

　　　五、漢高祖與同姓諸侯王之探討 ……………… 216

　　第三節　秦楚漢之際諸侯王之貢獻 ……………… 222

　　　一、起義反秦、催生漢室的建立 ……………… 222

二、鞏固中央政權，穩定經濟發展⋯⋯⋯⋯ 223

三、推動學術文化，振興文化發展⋯⋯⋯ 225

四、影響漢中央政治制度的走向⋯⋯⋯⋯ 226

第柒章 結 論⋯⋯⋯⋯⋯⋯⋯⋯⋯⋯⋯ 229

第一節 本論文研究成果⋯⋯⋯⋯⋯⋯⋯⋯ 229

第二節 繼續研究之展望⋯⋯⋯⋯⋯⋯⋯⋯ 232

一、漢高祖與明太祖之比較研究⋯⋯⋯⋯ 232

二、《史記・高祖本紀》與《漢書・高帝紀》
之比較研究⋯⋯⋯⋯⋯⋯⋯⋯⋯⋯⋯ 233

參考文獻⋯⋯⋯⋯⋯⋯⋯⋯⋯⋯⋯⋯⋯⋯ 237

附錄一 劉邦家族成員表⋯⋯⋯⋯⋯⋯⋯ 251

附錄二 漢高祖大事年表⋯⋯⋯⋯⋯⋯⋯ 253

附錄三 陸賈〈新語〉的儒學思想及其影響⋯⋯ 265

一、陸賈以客隨高祖⋯⋯⋯⋯⋯⋯⋯⋯⋯ 265

二、《新語》的書名⋯⋯⋯⋯⋯⋯⋯⋯⋯⋯ 267

三、陸賈總結秦亡的原因⋯⋯⋯⋯⋯⋯⋯ 269

四、《新語》學派的歸屬⋯⋯⋯⋯⋯⋯⋯⋯ 270

五、《新語》的儒學思想內涵⋯⋯⋯⋯⋯⋯ 271

六、《新語》的價值與對後世的影響⋯⋯⋯ 278

表 次

表 6－1：陳涉復國建王期之王國表⋯⋯⋯⋯ 189

表 6－2：楚懷王時期各路豪傑建國稱王表⋯⋯ 190

表 6－3：項羽分封十八王國表⋯⋯⋯⋯⋯⋯ 194

表 6－4：漢初異姓諸侯王表⋯⋯⋯⋯⋯⋯⋯ 201

表 6－5：漢初異姓諸侯王勢力範圍表⋯⋯⋯ 210

表 6－6：異姓諸侯王被平定的時間順序表⋯⋯ 214

表 6－7：同姓諸侯王所分封屬地⋯⋯⋯⋯ 220

第壹章 緒 論

第一節 研究動機與目的

　　《史記》是我國歷史上第一部紀傳體的通史，它不只是中國偉大的史學著作，也是中國偉大的文學作品。基本上，它是客觀的歷史活動記載。唐劉知幾論良史必須具備才、學、識三長，〔註1〕清章學誠又加之以德。〔註2〕這才、學、識、德四大要素，司馬遷可謂兼備一身。

　　在秦末楚漢紛擾之際，群雄並起，中原逐鹿，最受後世矚目的莫過於楚漢相爭這段史實。中國歷史上，漢高祖劉邦是第一位平民出身的皇帝。司馬遷在《史記‧秦楚之際月表》序中，對劉邦以一介平民，能在數年之間，起義反秦、入咸陽、降子嬰、戰垓下、敗項羽，而一統天下，建立西漢帝國，以懷疑的口吻云：「此乃傳之所謂大聖乎！豈非天哉？豈非天哉？非大聖孰能當受命而帝者乎？」〔註3〕根據歷史的記載，不論是以德服人或是以力建國，都必經過數十年，甚至於十餘世的經營，才能一統天下。

　　　　昔虞、夏之興，積善累功數十年，德洽百姓，攝行政事，考之於天，
　　　　然後在位。湯、武之王，乃由契、后稷修仁行義十餘世，不期而會

〔註1〕 參〔宋〕歐陽修、宋祁撰，《新唐書》卷一百三十〈列傳第五十七‧劉子玄〉，
　　　　（北京：中華書局，1975年2月初版），頁4523。

〔註2〕 參〔清〕章學誠，《文史通議》內篇五〈史德〉，（台北：華世出版社，民國69
　　　　年9月初版），頁147。

〔註3〕 《史記‧秦楚之際月表》卷十六，〔漢〕司馬遷撰，《史記》，（北京：中華書
　　　　局，1959年9月第1版），頁760。本文所引《史記》皆以此版本爲準。

> 孟津八百諸侯，猶以爲未可，其後乃放弒。秦起襄公，章於文、繆、
> 獻、孝之後，稍以蠶食六國，百有餘載，至始皇乃能并冠帶之倫。
> 〔註4〕

據是，不論是「虞、夏」或「湯、武」，都經過「積善累功數十年」或「修仁行義十餘世」才能登上帝位，獲得天下；秦始皇之能「并冠帶之倫」，也是「起襄公……，百有餘載」，才能一統天下，可見統一天下是多麼不容易。但劉邦卻「起於閭巷，合從討伐，軼於三代……故憤發其所爲天下雄，安在無土不王？」〔註5〕劉邦的成就，超出歷史的規律，所以後人對於劉邦之能平天下，創造出平民建國的歷史先河，定有其討論研究的需要。

關於劉邦的研究，近年來，大陸與台灣學者已有相當多的研究成果，概括言之，可分爲劉邦個人特質與劉邦集團層面二方面，就前者而言，大都偏向劉邦的性恪與政治才華進行論述與發揮；就後者而言，多是以劉邦及其所領導的劉氏集團爲研究議題，不論何者，對於漢高祖劉邦以平民建國史實的瞭解，都有一定的助益。然而就漢高祖建國期間學術思想的研究，稍嫌不足，〔註6〕就漢高祖何以得天下、漢高祖的帝王之道、漢高祖分封諸侯王源流之探討、漢高祖分封思想的形成與發展、以及秦楚漢之際諸侯王之貢獻，雖有學者探討，但多半只就單項主題進行論述，對於上述與漢高祖相關的議題，尚有論述與開拓的空間。筆者檢示國內碩博士論文，發現至目前爲止，並無任何人撰寫以漢高祖爲主題的碩博論文，綜合上述因素，遂使筆者產生以漢高祖爲主題的研究動機。

就學術研究而言，當以「詳人之所略，異人之所同，重人之所輕，而忽人之所謹」、〔註7〕「闡前人所已發、擴前人所未發」，〔註8〕欲對漢高祖有更深層的認識與了解，最直接的方法還是從〈高祖本紀〉與〈高帝紀〉開始。筆者即在歷代學者的研究成果下，擬從歷史與文化思想的角度，將論文題目

〔註4〕 《史記・秦楚之際月表》卷十六，頁759。
〔註5〕 《史記・秦楚之際月表》卷十六，頁760。
〔註6〕 按：《史記》一百十三篇之中，記錄學術思想的傳記僅〈孔子世家〉、〈孟子荀卿列傳〉、〈儒林列傳〉、〈老莊申韓列傳〉等數篇，就學術思想而言，比重實屬偏少。參何世華著，《史記美學》，（台北：水牛出版社，民國81年初版），頁111。
〔註7〕 〔清〕章學誠著，《文史通義》內篇四〈答客問上〉，頁138。
〔註8〕 〔清〕劉熙載著，《藝概》卷一，（台北：廣文書局，民國63年），頁20。

訂爲「漢高祖研究」，對上述諸多議題，依史料的爬梳剔抉、參互考尋、闡究精微，期能對漢高祖劉邦作全面的分析，進而闡明其在中國歷史上以平民建國的歷史意義。並盼此一研究，可以提供讀者深刻印象暨認識太史公的歷史觀，並爲學者研究漢高祖劉邦開闢一新視野。

第二節　太史公以互見法突顯高祖形象

在說明本論文的研究方法之前，首要先對太史公的互見法略作說明，主要原因在於，太史公在寫作時，即以此法突顯漢高祖之形象。本論文對漢高祖研究的探討，也多以太史公的互見法，做爲論述的依據與佐證，以知太史公之本意。

司馬遷在〈高祖本紀〉中，以理性的記述和形象的刻劃，詳盡描寫了劉邦由斬蛇起義、入關滅秦、楚漢相爭、戰勝項羽、稱帝建漢，以及誅殺功臣，穩定漢初局面的種種過程，表現出劉邦「意豁如也」〔註9〕的帝王氣度。但司馬遷往往在寫作技巧的取材上，以不同資料，描寫不同人物，是非功過，各以不同筆法，托出不同人物，表現不同性格，適時將隱諱的部份散於他傳，以達到一定隱諱目的，運用之妙，存乎一心。

其以互見法運用在高祖劉邦而言，有著高祖的縱橫捭闔、雄才大略；又能看到他的機狡權詐、卑微渺小。兩者合觀，顯示出這位秦漢之際風雲人物的雙重人格。〔註10〕對於高祖之能從眾人之中脫穎而出，登上皇帝寶座，必然有其得天下的個人因素。劉辰翁曰：

> 後之爲史者，但曰還沛，置酒，召故人，極歡云云足矣。看他發沛中兒，教歌，至酒酣，擊筑，歌呼起舞，展轉泣下，縷縷不絕，俯仰具見，直至空縣出獻，已去復留，其中與諸母故人道舊又佳，對父老說豐恨事又佳，古今文字，淋漓（盡興）（發奧），言笑有情，少可及此。〔註11〕

據此，則知史公從細微處觀察入微，從「發沛中兒，教歌」至「與諸母故人道舊又佳，對父老說豐恨事又佳」云云，若非有敏銳深刻的體驗，高超的寫

〔註9〕《史記‧高祖本紀》卷八，頁342。

〔註10〕賴漢屏，《史記評賞》，（台北：三民書局，1998年1月），頁31。

〔註11〕劉辰翁，《班馬異同》卷二。引自楊燕起、陳可青、賴長揚編：《歷代名家評《史記》》，（北京：北京師範大學出版社，1986年3月），頁356。

作能力，是無法寫描寫的如此「平易近人」，劉氏的評論可謂公允中肯。吳見遠對太史公描寫高祖劉邦的筆法，亦表敬佩之意：

> 高祖開創之時，事務很多，多則便難搏捉矣。看他東穿西插，縱橫不亂，如繡錯，如花分，突起忽住，絡繹不絕，如馬跡，如蛛絲；或一齊亂起，如野火，如驟雨；或一段獨下，如澄波，如浩月，萬餘字組成一片。非有神力，安能辦此？先寫項羽一紀，接手又寫高祖一紀，一節事分兩處寫，安得不同。乃羽紀中，字字是寫項羽。高紀中，字字是寫高祖。兩篇對看，始見其妙。項羽每事爲一段，插入合來，猶好下手。高紀則將事紛紛抖碎，組織而成，整中見亂，亂中見整，絕無痕迹，更爲難事。高紀一篇，俱紀實事，不及寫其英雄氣概。只於篇首寫之，如慢易諸吏處、斬白蛇處。篇後寫之，如未央上壽處、沛中留飲處、病時卻醫處。寫其豁達本色，語語入神。紀中插入諸事，亦用「是時」，「當是時」，及「於是」等字，則與項紀同之。〔註12〕

吳氏對史公描寫高祖，以「非有神力，安能辦此」八個字來形容，殊允論也。李晚芳則云：

> 〈高紀〉字字是寫帝王氣象，豁達大度，涵蓋一切，前虛寫，後實寫。前如慢易諸吏，豐西縱徒，斬蛇，沛中多附；後如南宮置酒，未央上壽，沛中留飲，處處畫出豁達大度，病甚卻醫，至死亦不失本色，語語入神。〔註13〕

李氏從高祖「豁達大度」的個性，評論高祖的帝王氣象「語語入神」，亦不失客觀公允。近人魯迅在《漢文學史綱要》中，有這樣的話：

> 雖背《春秋》之義，固不失爲史家之絕唱，無韻之《離騷》矣。惟不拘於史法，不圖於字句，發乎情，肆於心而爲文。〔註14〕

據是，司馬遷實不受一種已有的、共同的標準的拘束，太史公對漢高祖「劣行」的彰露，並不是單純地否定、批判，而是繼承了古史官的一種記事準則——即「遇事即書」，這樣歷史人物才是一個眞實的完整的人物。即使是偉大

〔註12〕〔清〕吳見遠、李景星著：《史記論文‧史記評議》，(上海：上海古籍出版，2008年12月1第1版)，頁15。

〔註13〕李晚芳，《讀史管見》，卷一《高祖本紀》，引自楊燕起、陳可青、賴長揚編，《歷代名家評《史記》》，頁357。

〔註14〕魯迅，《漢文學史綱》，(北京：人民出版社2006年12月第1版)，頁84。

的人物，在真實的生活中，亦有其弱點與缺點。近人吳福助對於史公如何以「互見法」來描寫高祖，則有頗為精闢的分析：

> 高祖為人，篇中但彰其所長，至彭城敗亡棄家屬於不顧之殘忍，背鴻溝約而擊楚之不信，則於〈項羽本紀〉詳之，畏惡猜忌功臣之私心，則於〈蕭相國世家〉、〈淮陰侯列傳〉等詳之；暴猛伉直之習性，則於〈張耳陳餘傳〉、〈周昌傳〉（見〈張丞相列傳〉）、〈酈食其傳〉、〈佞幸傳〉等詳之，此互見法運用之妙也。〔註15〕

近人張舜徽則對高祖的政治才華給與高度的肯定，《張舜徽壯議軒日記》云：

> 暇思劉季亦是人傑，三代下善治民馭下者，蓋未有可與驂靳之人。桓君山既頌其獨識大體，李德裕又稱其善駕御英傑；苟能綜其行事以闡明之，足以裨益政理，惜今之治史者鮮齒及之。〔註16〕

張氏認為劉邦是「三代下善治民馭下者，蓋未有可與驂靳之人」，又引桓、李之語，「獨識大體」與「善駕御英傑」，表達出對劉邦治國的肯定。在司馬遷筆下，我們可以看到劉邦特殊的性格與他政治才華的結合。但由於司馬遷忠於史實的實錄精神，對於劉邦的狠毒、狡詐、無情、無信同樣地給予揭露。對此，清王鳴盛表達了他的看法。《十七史商榷》云：

> 漢始終惟利是視，頑鈍無恥，其言曰：「吾與項羽，俱北面受命懷王約為兄弟。」羽少漢王十五歲。〈項羽本紀〉：「初起時年二十四，時高祖年三十九。又徐廣注：項王以始皇十五年己巳歲生，漢五年之十二月死，時年三十一。」時高祖四十六。如其言，則漢王為兄、項王弟矣。鴻門之會，自知力弱將為羽所滅，即親赴軍門謝罪，其言至卑，屈讓項王上坐，己乃居范增之下，為末坐。縱反間以去范增，用隨何以下黥布，有急則使紀信代死，不顧子女推墮下車，鴻溝既畫旋即背之，屢敗窮蹙不以為辱，失信廢義不以為愧也。若以沛公居項羽之地，在鴻門必取人于杯酒之間，在垓下必渡烏江而王江東矣。〔註17〕

據此，則王氏對高祖「屢敗窮蹙不以為辱」、「失信廢義不以為愧」的行事作

〔註15〕吳福助，《史記解題》，（台北：國家出版社，2003年8月初版），頁20。

〔註16〕張舜徽，《張舜徽壯議軒日記》，（北京：國家圖書館出版社，2010年11月），頁592。

〔註17〕王鳴盛，《十七史商榷》卷二，收錄於孫曉主編，《二十四史研究資料彙編・史記》第三冊，《綜考・十七史商榷・史記》卷二，頁594。

風，頗有微辭。高祖劉邦為求勝利，可算是不擇手段，不顧廉恥，尤以「在鴻門必取人於于杯酒之間，在垓下必渡烏江而王江東矣」兩件事情來看，劉、項二人格之差異，何啻天壤之別！在高祖詔策〈漢高帝六年上太公尊號詔〉一文，若將詔書內容上尊太公曰太上皇之事，與曾欲和項羽分一杯烹父之羹，而甘心食之做對照，〔註18〕更是無比的諷刺。詔書曰：

> 人之至親，莫親於父子，故父有天下，傳歸於子，子有天下，尊歸
> 於父，此人道之極也。前日天下大亂，兵革並起，萬民苦殃，朕親
> 披堅執銳。自帥士卒，犯危難，平暴亂，立諸侯。偃兵息民，天下
> 大安，此皆太公之教訓也。諸王通侯將軍卿大夫，已尊朕為皇帝，
> 而太公未有號，今上尊太公曰太上皇。〔註19〕

據此，王文濡註曰：「滿口說孝，口吻不脫自炫其功，擁篲迎門太公，那得不畏」。〔註20〕可見劉邦口是心非，說一套做一套，似毫不覺羞恥。誠然，人格的高下，並不能決定事業的成敗；甚至可以說，人格高下與事業成敗之間存在著一種反比關係：人格高者不易成功，因為他無法不擇手段，總是有所顧忌，因而很可能放過取勝良機而招致失敗，比如項羽。司馬遷通過二紀所表明的歷史事實，就是如此。〔註21〕

在整部《史記》當中，可發現太史公在描寫高祖本身的缺點時，多以「互見法」來呈現。如在〈項羽本紀〉寫劉邦敗亡途中，為自己活命而數次推自己子女下車、項羽為使劉邦投降，威脅欲殺其父，劉邦竟說出「吾翁即若翁，必欲烹而翁，則幸分我一杯羹」〔註22〕，顯示出劉邦人格上重大污點，無以對天下；〈蕭相國世家〉寫劉邦猜忌少恩，對漢功臣刻薄；〔註23〕〈留侯世家〉中寫劉邦貪財好色〔註24〕、〈楚元王世家〉寫劉邦久不封

〔註18〕 按：項羽為逼退劉邦，將劉邦父作為人質，並以欲烹之，以挾劉邦撤兵之事，
　　　　詳見《史記·項羽本紀》卷七，頁327～328。

〔註19〕 〔清〕姚鼐輯，王文濡校註：《古文辭類纂評註》（二）卷三十四，詔令類一，
　　　　〈漢高帝六年上太公尊號詔〉，（台北：華正書局，民國71年5月初版），頁
　　　　948～949。

〔註20〕 〔清〕姚鼐輯，王文濡校註：《古文辭類纂評註》，頁949。

〔註21〕 周先民，《司馬遷的史傳文學世界》，頁142。

〔註22〕 《史記·項羽本紀》卷七，頁328。

〔註23〕 詳見《史記·蕭相國世家》卷五十四，頁2021～2031。

〔註24〕 《史記·留侯世家》載：「沛公入秦宮，宮室帷帳狗馬重寶婦女以千數，意欲
　　　　留居之。樊噲諫沛公出舍，沛公不聽。」由此可看出劉邦的貪財好色，《史記·
　　　　留侯世家》卷五十五，頁2037。

其姪，爲的是報復其嫂過去對他的不敬；〔註 25〕〈張耳陳餘列傳〉寫劉邦
對其女婿張敖傲慢無禮；〔註 26〕〈劉敬叔孫通列傳〉寫劉邦當皇帝的耀武
揚威；〈張丞相列傳〉寫劉邦好色無賴，擁戚姬而騎周昌頸；〔註 27〕〈樊酈
滕灌列傳〉揭露了劉邦的自私與殘暴；〔註 28〕〈酈生陸賈列傳〉寫劉邦蠻
橫溺儒冠〔註 29〕；而〈淮陰侯列傳〉中則借韓信的口，譴責了劉邦誅殺功
臣的罪行，道出了「狡兔死，走狗烹；高鳥盡，良弓藏；敵國破，謀臣亡」
〔註 30〕這一封建社會君臣能共患難而不能共安樂的眞理。這種互見法，常
用「語在某某事中」來提示，某某事即指某某本紀或列傳。〔註 31〕就全書
而言，這樣的處理，不但可免除本紀記事簡略的要求，也可達到繁簡相配，
各得其所。值得注意的是，司馬遷正是通過這些描寫，揭露了劉邦眞實的
精神面貌，從而勾消了在本紀中所作的一些神聖頌揚，而這種互見法，顯
示出司馬遷特殊的創作筆法，以避諱與嫉惡，不明言其非，不隱蔽其事。
補充、闡發了漢高祖殘忍、大逆、刻薄、奸滑、虛僞、好色、無禮等醜陋
形象的另一面，故吾人在閱讀《史記》時，切勿只單單欣賞文章的表面，
對於《史記》涉列的相關人、事、物應都有所關注，方能知史公其眞意。
茲以一例作爲具體之說明。〈秦際之際月表〉云：

> 然王跡之興，起於閭巷，合從討伐，軼於三代。鄉秦之禁，適足以
> 資賢者爲驅除難耳。故憤發其所爲天下雄，安在無土不王。此乃傳

〔註 25〕見《史記・楚元王世家》卷五十，頁 1987。

〔註 26〕《史記・張耳陳餘列傳》載：「漢七年，高祖從平城過趙，趙王朝夕袒韝蔽，
自上食，禮甚卑，有子婿禮。高祖箕踞罵，甚慢易之。」按：此趙王即張敖，
高祖長女魯元公主爲趙王敖后。詳見《史記・張耳陳餘列傳》卷八十九，頁
2582～2583。

〔註 27〕《史記・張丞相列傳》載：「昌嘗燕時入奏事，高帝方擁戚姬，昌還走，高帝
逐得，騎周昌項，問曰：『我何如主也？』昌仰曰：『陛下即桀紂之主也。』
於是上笑之。」見《史記・張丞相列傳》卷九十六，頁 2677。

〔註 28〕如劉邦聽信讒言，即派人至軍中斬了曾助其在鴻門宴解危的樊噲，彭城之役
被項羽追殺時，爲逃命而拋棄兩兒欲棄之。參《史記・樊酈滕灌列傳》卷九
十五，頁 2651～2673。

〔註 29〕《史記・酈生陸賈列傳》載：「沛公不好儒，諸客冠儒冠來者，沛公輒解其冠，
溲溺其中。與人言，常大罵。」見《史記・酈生陸賈列傳》卷九十七，頁 2692。

〔註 30〕《史記・淮陰侯列傳》卷九十二，頁 2627。

〔註 31〕參楊樹增，《史記藝術研究》，頁 192～197；周先民，《司馬遷的史傳文學世界》，
頁 304～307。

之所謂大聖乎？豈非天哉，豈非天哉！非大聖孰能當此受命而帝者
乎？〔註32〕

此處表面是說劉邦能成為天子，乃天命所爲。史公連續用「豈非天哉，豈非
天哉！」形容劉邦能以「無土稱王」，乃是受天命而成帝。但在〈高祖本紀〉
中，史公又藉與臣子高起、王陵等對話中，說出了自己何以能稱帝的原因：

高祖曰：「公知其一，未知其二。夫運籌策帷帳之中，決勝於千里之
外，吾不如子房。鎮國家，撫百姓，給饋饟，不絕糧道，吾不如蕭
何。連百萬之軍，戰必勝，攻必取，吾不如韓信。此三者，皆人傑
也，吾能用之，此吾所以取天下也。項羽有一范增而不能用，此其
所以爲我擒也。」〔註33〕

觀此，則知史公藉高祖自己的話，說出了高祖所以能得天下，乃是因三傑之助，
也點出劉、項二人，因性格之差異，是否擅於用人等因素，影響了楚漢相爭的
結局。故對劉邦何以能在短短幾年之間，即稱帝建國，至少須瞭解〈秦際之際
月表〉與〈高祖本紀〉二者之間所隱藏的涵義，方能知曉史公背後之本意。

綜上所述，則知史公筆下的漢高祖，有優點，亦有缺點。史公筆下的高
祖形象是多樣且豐富寫實，吾等雖無法見高祖其人，但從史公的生花妙筆之
下，則宛見其人、宛聞其聲。高祖本人更宛如栩栩如生於此時代，史公筆法
之精妙盡在於此也。更難能可貴的是，在司馬遷所處的時代，就整個封建統
治階級而言，漢高祖的形象，在他們的心中，是和上天和神的形象屬於同等
的至尊地位，是封建王朝聖化了帝王的形象。然而，作爲史官的司馬遷，能
將自己的思想意識從封建統治階級的政治教化和迷信愚弄中解脫出來，冷靜
地擺脫世俗觀念對思想意識的閉鎖限制，從客觀歷史的角度，以非凡的膽識，
對劉邦如實的描繪，鑄造出一代開國之君的眞實形象。

第三節　研究方法

一、文獻分析法

本論文的研究主題是漢高祖研究，綜觀《史記》一百十三篇，除了〈高
祖本紀〉之外，可發現其中所涉及與劉邦相關的篇章超過四十餘篇章。如〈項

〔註32〕《史記・秦楚之際月表》卷十六，頁760。
〔註33〕《史記・高祖本紀》卷八，頁381。

羽本紀〉、〈呂太后本紀〉、〈孝文本紀〉、〈孝武本紀〉、〈外戚世家〉、〈楚元王世家〉、〈齊悼惠世家〉、〈蕭相國世家〉、〈曹相國世家〉、〈留侯世家〉、〈陳丞相世家〉、〈絳侯周勃世家〉、〈魏公子列傳〉、〈張耳陳餘列傳〉、〈魏豹彭越列傳〉、〈黥布列傳〉、〈淮陰侯列傳〉、〈韓信盧綰列傳〉、〈樊酈滕灌列傳〉、〈張丞相列傳〉、〈酈生陸賈列傳〉、〈傅靳蒯成列傳〉、〈劉敬叔孫通列傳〉、〈季布欒列傳〉、〈萬石張叔列傳〉、〈田叔列傳〉、〈吳王濞列傳〉、〈匈奴列傳〉、〈南越列傳〉、〈淮南衡山列傳〉、〈儒林列傳〉、〈佞幸列傳〉、〈太史公自序〉。此外，敘事中有所涉及的還有〈秦楚之際月表〉、〈漢興以來諸侯王年表〉、〈高祖功臣侯者年表〉、〈禮書〉、〈樂書〉、〈天官書〉、〈封禪書〉、〈平準書〉等〔註34〕。總體而言，與漢高祖劉邦有關的篇章，在《史記》中所佔的篇幅已近三分之一的份量，比重不可謂不重。因此，本論文中之主題人物漢高祖，乃以《史記‧高祖本紀》為主軸，而以其它本紀、世家、列傳、書、表等與劉邦相關之篇章，做為本論文重要的參考引證資料。

　　除了以《史記》為主軸外，另以《漢書》為輔，《漢書》中與劉邦有關的紀、表、志、列傳等史料，則穿插其中，依據所論述的議題，適時的補充說明。再者，古籍的爬梳、專書的探究、期刊的整理與相關學位論文的補充，則作為引用、參考對照與評述之佐證。

　　而表格的運用，可將繁雜的史實，化為簡易清晰，對於史實的掌握與比對，有一定的助益。本論文第六章高祖分封諸侯王析論，即多次運用表格，分析秦楚漢之際諸侯王的相關議題，對於楚漢之際分封諸侯王之脈絡，與各時期的分封王國，有較完整的瞭解與認識。本論文附錄一與附錄二，同樣的運用表格，將劉邦家族成員表與劉邦的生年大事，予以詳盡的列表說明。

二、太史公互見法

　　《史記》是紀傳體史書，吾人可說《史記》互見法是伴隨五體結構而產生，亦依賴五體結構而存在，為具體記述某一種歷史事件或某一人物，其有關的內容不寫在一處，出現在某一部分，而常常是「一事分散數篇」，然後從全書的角度進行考察，則可互見其整體面貌。司馬遷熟練地運用互見法，將歷史素材組織起來，巧妙地塑造了歷史人物的典型形象，而又保持了歷史的

〔註34〕參考韓兆琦注譯，《新譯史記》，（台北：三民書局，2008 年 2 月初版），頁 544　　～545。

記實。〔註35〕值得注意的是，互見法的使用，說明了司馬遷塑造典型人物形象的自覺意識。對此，張舜徽曾有一段詳細的議論：

> 古代歷史書籍，特別是由一手寫成的作品，在組織材料時，有著預定的義例，對於材料如何安排得更合理，更重要，是費了多番考慮的。儘管是一部規格龐大的書，也必然體現出篇與篇之間，錯綜離合、彼此關聯的精神。這一精神運用在寫作上，最早而最成功的，自然要推司馬遷的《史記》。司馬遷已將某段材料擺在甲篇，遇著乙篇有關聯時，便清楚地作出交代說：「事見某篇」，「語在某篇」。例如〈周本紀〉說：「其事在周公之篇」，〈秦本紀〉說：「其事在商君語中」；又說「其語在〈始皇本紀〉中」；〈秦始皇本紀〉說：「其賜死語，具在〈李斯傳〉中」；〈呂后本紀〉說：「語在齊王語中」；〈孝文本紀〉說：「事在呂后語中」；〈禮書〉說：「事在袁盎語中」；〈趙世家〉說：「語在晉事中」；〈蕭相國世家〉說：「語在淮陰事中」；〈留侯世家〉說：「語在項羽事中」，「語在淮陰事中」；〈絳侯周勃世家〉說：「其語在呂后孝文事中」。這一類的交代，在全書不能盡舉。都是喚起讀者們不要把每篇記載孤立起來看，應該聯繫他篇來參考問題。〔註36〕

據此，不論從人物表現的角度看，還是從反映歷史事件的角度看，應注意篇章與篇章之間的聯系，《史記》的互見結構，既能「不虛美、不隱惡」，〔註37〕真實地表現了歷史的原來面目，完整地反映了歷史事件的全部，又能「善善惡惡，賢賢賤不肖」〔註38〕，充分地抒發了作者的愛憎分明的激情，高度展現了司馬遷借史抒情的卓越才華。〔註39〕張大可認為司馬遷首創互見法，不僅僅是組織材料，互文相足，從本質上看，它是司馬遷運用歷史比較研究的反映，其主要功在於詳此略彼，便於史事敘條理分明；集中史事，使歷史事

〔註35〕詳參張大可，《史記研究》，（北京：華文出版社，2002 年 2 月初版），頁 268～285。
〔註36〕張舜徽，《中國古代史籍校讀法》，（台北：里仁書局，民 86 年初版），頁 228～229。
〔註37〕《漢書·司馬遷傳》卷六十二，〔漢〕班固撰，《漢書》，（北京：中華書局，1962 年 6 月第 1 版），頁 2738。本文所引《漢書》皆以此版本為準。
〔註38〕《史記·太史公自序》卷一百三十，頁 3297。
〔註39〕周先民，《司馬遷的史傳文學世界》，（台北：文津出版社，民 84 年初版），頁 307。

件的敘述首尾完具；正名實，於迴護之中不失歷史之眞；寫人物，是塑造歷史人物的一種特寫方法；兩傳存疑，廣載異聞以備參考等方面。〔註40〕

在《史記》中，單篇傳記見人物的主要特徵，整體傳記才見人物全貌，正述在本傳，補充在他傳，各傳互相表裏，各傳互有聯繫。〔註41〕由於司馬遷得心應手地運用互見法，所以《史記》無論在敘述歷史，還是在塑造人物方面，自有其卓越之表現。《史記》中互見法運用方式多樣，所發生的效用也各不相同，吾人關注司馬遷筆下的創作手法時，須透過互見法來探微索隱，才能揭示《史記》中所富有的內在義涵。故在分析司馬遷眼中漢高祖的形象時，則運用司馬遷最長用長於傳人的特殊筆法，即擅用「本傳晦之，而他傳發之」〔註42〕的互見法，作爲強化主題論述的依據。

三、歷史研究法

除了文獻分析法與太史公互見法之運用外，筆者也將適當的引用前人的研究成果，藉由這些史料、專書與文獻的整理，透過史料的爬梳剔抉，將史料有系統地組織，並加以解釋，使各自分立不相關連的史實發生關係，以研究過去所發生的事件或活動，並以歷史與文化思想的角度，對於有關漢高祖劉邦的相關議題，深入進行發掘、分析，歸納與評論，期能對漢高祖劉邦作一全面的分析與探討。並盼此一研究，可以提供讀者深刻印象暨認識太史公的歷史觀，並爲學者考察漢高祖劉邦開闢一新視界。

第四節　文獻回顧與探討

本論文的主題是「漢高祖研究」，在文獻回顧和探討方面，〈高祖本紀〉與〈高帝紀〉與漢高祖劉邦是息息相關的，而《史記》文本及司馬遷的學術

〔註40〕詳參張大可，《史記研究》，頁 268～285。
〔註41〕楊樹增，《史記藝術研究》，（北京：學苑出版社，2004 年 12 月第 1 版），頁 192。
〔註42〕蘇洵《嘉祐集》載：「遷之傳廉頗也，議救閼與之失不載焉，見之〈趙奢傳〉；傳酈食其也，謀撓楚權之繆不載焉，見之〈留侯傳〉。……夫頗、食其、勃、仲舒，皆功十而過一者也。苟列一以疵十，後之庸人必曰：智如廉頗，辯如酈食其，忠如周勃，賢如董仲舒，而十功不能贖一過，則將苦其難而怠矣。是故本傳晦之，而他傳發之，則其與善也，不亦隱而章乎？」在這裏，蘇洵雖然沒有明確提出「互見法」，但已經揭示了互見法的特點：「本傳晦之，而他傳發之」。參宋蘇洵著，金棗莊、金成禮箋注：《嘉祐集箋注》，（上海：上海古籍出版社，1993 年 3 月第 1 版），頁 232～233。

思想亦與本論文有密切關連，吾人當從中吸收有關的史料與基本的理念，方有助於研究的發展與深度的提升。茲就最切近本論文研究主題的文獻，略作回顧與探討。

一、與《史記》評議、箋釋相關

〔明〕凌隆稚《史記評林》，〔註43〕首開創搜集薈萃了由晉代至明萬曆初149家評論，加上凌隆稚自己的評論，共150家，引用書目達140多種，始刊於萬曆四年（1576），至萬曆十三年（1585），又經李光縉增補，爲吾人閱讀和研究《史記》提供了大量資料，也深受近代研究《史記》學者的喜愛，經常從中汲取養份。〔註44〕

清人的考證則不廢評論，考中有評，評中兼考，這也是清人研究《史記》的一大特點。如王鳴盛《十七史商榷》〔註45〕、趙翼《廿二史箚記》、〔註46〕梁玉繩的《史記志疑》、〔註47〕吳見思的《史記論文》、〔註48〕姚苧田的《史記菁華錄》、〔註49〕崔適的《史記探源》、〔註50〕李景星的《史記評議》、〔註51〕王叔岷的《史記斠證》〔註52〕等等，都是研精覃思的力作。這些學者透過《史記》考證與評議，以訓詁、箋釋、校勘、辨偽等方法和手段，對《史記》作了全面系統的整理研究。其中對《史記》全書的文字、史實作校勘、考訂最有突出貢獻，也最受學者喜愛的，應推王鳴盛的《十七史商榷》、趙翼的《廿二史箚記》、梁玉繩的《史記志疑》，這幾本可說是研究《史記》或《漢書》學者所必備的參考書。

〔註43〕凌稚隆輯校，〔明〕李光縉增補：《史記評林》，（天津古籍出版社，1998 年 3 月第 1 版）。

〔註44〕陳民裕，〈凌隆稚《史記評林》研究〉，高雄師範大學國文學系博士學位論文，民國 95 年，頁 5。

〔註45〕王鳴盛撰，陳文和、王永平等校：《十七史商榷》，（南京：鳳凰出版社，2008 年 1 月）。

〔註46〕趙翼撰，王樹民校證：《廿二史箚記校證》，（北京：中華書局，2007 年）。

〔註47〕梁玉繩撰，《史記志疑》，（北京：中華書局，1981 年初版）。

〔註48〕吳見思評點，《史記論文》，（台北：中華書局，民國 56 年 11 月）。

〔註49〕姚苧田，《史記菁華錄》，（上海：上海古籍出版社，2007 年 5 月）。

〔註50〕崔適著，張烈點校：《史記探源》，（北京：中華書局，1986 年 9 月第 1 版）。

〔註51〕李景星著，韓兆琦、俞樟華校點，《四史評議》，（長沙：岳麓書社，1986 年 11 月初版）。

〔註52〕王叔岷撰，《史記斠證》，（北京：中華書局，2007 年第 1 版）。

民國以來，如朱東潤的《史記考索》、〔註53〕程金造的《史記管窺》、〔註54〕林宰雨的《史記漢書比較研究》、〔註55〕楊燕起、陳可青、賴長揚等編纂的《歷代名家評史記》〔註56〕、吳福助的《史漢關係》、〔註57〕徐文珊的《史記評介》、〔註58〕施丁，廉敏編著的《史記研究》、〔註59〕張高評主編的《史記研究粹編》、〔註60〕王國維等著的《司馬遷——其人及其書》、〔註61〕張維嶽編著的《司馬遷與史學新探》、趙生群的《《史記》編纂學導論》，〔註62〕對《史記》的體例分析、取材、述史框架、書法等等，都有詳細的論述，〔註63〕都是各自在某一專題上用功取得建樹的論著。

另日人瀧川龜太郎的《史記會注考證》〔註64〕也相當受到學者肯定。《史記》注本，歷來以劉宋裴駰的《史記集解》、唐司馬貞的《史記索隱》、唐張守節的《史記正義》最為著名，稱為「三家注」，《史記會注考證》即是以《史記三家注》為底本，再加上瀧川龜太郎本身的「考證」，使「集解」、「索隱」、「正義」、「考證」四大注解合為一書，是此書最大特點。

特別值得一提的是，去年（2010年），大陸成都巴蜀書社，出版了由孫曉主編的《二十四史研究資料彙編·史記》，〔註65〕這套書的內容，可說是近年來關於《史記》相關資料蒐集最為完整的套書。其特點有二：一是廣羅博收，在上述諸匯編本及新刊文獻的基礎上，增益集結，粹古今廿四史考證成果於

〔註53〕 朱東潤，《史記考索》，（武漢：武漢大學出版社，2009月第1版）。

〔註54〕 程金造，《史記管窺》，（陝西：陝西人民出版社，1985年3月）。

〔註55〕 林宰雨，《史記漢書比較研究》，（北京：中國文學出版社，1994年8月）。

〔註56〕 楊燕起、陳可青、賴長揚編，《歷代名家評史記》，（北京：北京師範大學出版社，1986年3月）。

〔註57〕 吳福助，《史漢關係》，（台北：文史哲出版，民國64年4月初版）。

〔註58〕 徐文珊，《史記評介》，（台北：維新書局，民國69年8月再版）。

〔註59〕 施丁、廉敏編，《史記研究》，（北京：中國大百科全書出版社，2009年1月第1版）。

〔註60〕 張高評主編，《史記研究粹編》，（高雄：復文圖書出版社，民81年初版）。

〔註61〕 王國維等著，《司馬遷——其人及其書》，（台北：長安出版社，民國74年9月初版）。

〔註62〕 趙生群，《史記編纂學導論》，（南京：鳳凰出版社，2006年11月第1版）。

〔註63〕 張維嶽編，《司馬遷與史學新探》，（台北：崧高書社，民74年11月出版）。

〔註64〕 〔日〕瀧川龜太郎，《史記會注考證》，（台北：宏業書局，民國68年9月再版）。

〔註65〕 孫曉主編，《二十四史研究資料彙編·史記》，成都：巴蜀書社，2011年11月初版。

一匱，一冊在手，幾無漏眼之虞。以《史記考證文獻匯編》爲例，蒐聚前賢《史記》考證研究成果一百餘種，數量之多，遠超幾部同類匯典（多者不過二十餘種）；洋洋數百萬言函於十冊，規模之鉅，尚無出其右者。二是依照目前的學術研究習慣，以各正史爲中心，或一史爲卷，或相鄰數史整合爲集，皆相對獨立刊行，故學者得以各取所需，以最小的代價得其所哉。此外，諸史內容之編排，綜分有序，眉目清晰，便於迻閱，亦可對前賢成就之創襲學脈了然於胸。〔註66〕

二、與司馬遷的學術思想研究相關

司馬遷所處的時代，是由秦火之後的楚漢分裂進入大一統的漢家王朝，其思想淵源承襲了世代史官的家族傳統，也深受其父親思想教育的影響。和其學術思想有關的研究，概略言之，如楊燕起的《《史記》的學術成就》，〔註67〕作者將教學和研究有關的體會結合，對於司馬遷的哲學思想、政治思想、歷史思想、經濟思想均有詳細的論述；楊樹增的《《史記》藝術研究》，對《史記》的人物形象、創作的基本原則和方法、藝術構想、藝術風格……等都有獨到而新穎之處；張大可的《司馬遷評傳》，〔註68〕著重從中國思想文化發展史的角度，深入分析了《史記》賴以產生的歷史、社會、家世、師承及個人經歷等主觀條件；具體評述了司馬遷在其「究天人之際，通古今之變，成一家之言」的治學綱領下，所形成的哲學、史學和文學上的成就。

李長之的《司馬遷之人格與風格》，〔註69〕此書站在純粹客觀的立場研究作者的思想與人格、作品與時代的關係，以及對於社會的種種影響；周先民的《司馬遷史傳文學世界》，以司馬遷的激情作爲論述的焦點，從總體上對《史記》情感表現的特徵作了有力的闡述；韓兆琦的《史記博議》，〔註70〕是一部系統研究司馬遷與《史記》的專門著作；張桂萍的《《史記》與中國史學傳統》，〔註71〕此書主旨在於把史學傳統同《史記》結合起來，揭

〔註66〕孫曉主編，《二十四史研究資料彙編·史記》，出版說明。

〔註67〕楊燕起，《《史記》的學術成就》，（北京：北京師範大學出版社，1996年7月第1版）。

〔註68〕張大可，《司馬遷評傳》，（南京：南京大學出版社，1994，6月第1版）。

〔註69〕李長之，《司馬遷之人格與風格》，（台北：里仁出版社，民86年10月初版）。

〔註70〕韓兆琦，《史記博議》，（台北：文津出版社，民國84年11月）。

〔註71〕張桂萍，《《史記》與中國史學傳統》，（重慶：重慶出版社，2004年12月）。

示二者的關係，考察史學傳統發展的源與流；陳桐生的《《史記》與諸子百家之學》，〔註72〕以諸子百家之學考察與《史記》之間的關係；徐復觀的《兩漢思想史》，卷一至卷三，〔註73〕從發展的觀點中，把握到一個思想得以形成的線索，在比較的觀點中，把握到一種思想得以存在的特性，而作者運用了成熟的功力，將兩漢思想的發展比較兩種觀點提供了具體的貢獻。如此等等，不勝枚舉。上述所舉諸書，提供了筆者研究時諸多若干必要的線索與資料。

三、與漢高祖劉邦研究相關

目前關於劉邦的研究，市面上有許多通俗實用的書籍，將《史記・高祖本紀》的內容，以傳記的方式來呈現，一般而言，大都是記敘劉邦起於草莽、趁時乘勢、入關中、定三秦、楚漢相爭、重用三傑、垓下之戰、到晚年所作〈大風歌〉止，其中亦有一些實質資料可以闡述與論證。〔註74〕至於與漢高祖劉邦相關的專書與期刊文獻，分述如下：

（一）專書

在《史記・高祖本紀》中，記載了大量有關劉邦的神異事蹟，如蛟龍所生、身顯龍形、貴相不可言、赤帝斬蛇、天子氣、五星聚東井……，對於其真實性與太史公的用意，並沒有專書討論，但從相關史料的收集與整理，可以略知一二。如吳福助編著的《史記解題》、江惠敏的《史記政治人物述評》、

〔註72〕陳桐生，《《史記》與諸子百家之學》，（合肥：安徽大學出版社，2006年5月第1版）。
〔註73〕徐復觀，《兩漢思想史》，（台北：學生書局，1979年初版）。
〔註74〕此方面以《史記・高祖本紀》內容為底本，翻譯成白話文，或是以通俗傳紀、歷史小說方式呈現的書，數量眾類繁多，如鄭會欣編著，《劉邦立國》（香港：中華書局：1991年）。姚偉鈞、陳業新著，《中國第一位平民皇帝漢高祖劉邦》（台北市：笙易有限公司文化事業部），2000年。李偉，《弱勢大贏家：劉邦修身、治國、平天下之道》（臺北：詠春圖書，2001年）。季燁，《劉邦》（台北：知書房出版社，2003年）。翟文明，《劉邦圖傳》（北京：中國戲劇出版社，2003年）。王志剛、陳文德，《弱勢大贏家：劉邦大傳》（台北：遠流出版社，2005年）。司馬遼太郎著、鍾憲譯，《項羽對劉邦：楚漢雙雄爭霸史》（上）（下）（台北：遠流出版社，2005年）。秦漢唐，《楚漢爭霸──劉邦用人方略》（台北：文經閣出版社，2005年）。孫文聖，《劉邦》（哈爾濱：北方文藝出版社，2006年）。黃中業，《漢高祖劉邦傳／毛澤東評點的帝王大傳》（吉林：吉林人民出版社，2006年）。內容大同小異，幾乎如出一轍，以通俗實用為主。

〔註75〕王壽南的《中國歷代創業帝王》、〔註76〕王子今的《史記的文化發掘》、〔註77〕陳桐生的《中國史官文化與史記》〔註78〕等等書籍。

就漢高祖建國期間學術思想方面，張強的《司馬遷學術思想探源》，〔註79〕從理論的層面探討司馬遷學術思想的構成和來源，對於推進司馬遷和史記的研究，多有裨益，其中有單篇章節論及劉邦與儒文化，是最接近本章的觀點，張氏從劉邦對儒文化由拒絕到接受經歷的四個階段，說明劉邦是如何改變對儒生的看法。惜論述內容僅爲章節之一，篇幅並不多。陸賈應劉邦之命而作《新語》，其要旨在於「教化」勸善，以「法令」誅惡，實行「無爲」政治。王利器撰的《新語校注》〔註80〕與王毅注釋的《新譯新語讀本》〔註81〕，對《新語》內容的校勘、注釋均有不錯的成果。前者的附錄加上了〈《新語》佚文〉、〈《楚漢春秋》佚文〉、〈書錄〉，〈《史記》《漢書》陸賈傳合注〉，以爲尚論古人之一助。

「黃老」一詞，見諸史冊，實始於《史記》。檢視《史記》文本，可發現出現有「黃老」處共有十餘處，〔註82〕司修武的《黃老學說與漢初政治評議》，

〔註75〕江惠敏，《史記政治人物述評》，（台北：師大書苑，民國80年4月）。
〔註76〕王壽南，《中國歷代創業帝王》（台北：台灣商務印書館，2003年4月初版）。
〔註77〕王子今，《史記的文化發掘》（湖北：湖北人民出版社，1997年10月初版。
〔註78〕陳桐生，《中國史官文化與史記》（台北：文津出版社，1994年初版）。
〔註79〕張強，《司馬遷學術思想探源》（北京：人民出版社），2004年11月第1版）。
〔註80〕王利器，《新語校注》，（北京：中華書局，1986年第1版）。
〔註81〕王毅注譯，《新譯新語讀本》，（台北：三民書局，民1995年8月初版）。
〔註82〕如〈封禪書〉云：「竇太后治黃老言，不好儒術。」〈外戚世家〉云：「竇太后好黃帝、老子言，帝及太子諸竇，不得不讀黃帝、老子，尊其術。」〈曹相國世家〉云：「聞膠西有蓋公，善治黃老言，使人厚幣請之。……其治要用黃老術。」〈陳丞相世家〉云：「陳丞相平少時，本好黃帝、老子之術。」〈老莊申韓列傳〉云：「申子之學，本於黃老，而主刑名。」「韓非者，韓之諸公子也。喜刑名法之學，而其歸本於黃老。」〈孟子荀卿列傳〉云：「慎到，趙人；田駢、接子，齊人；環淵，楚人：皆學黃老道德之術。」〈樂毅列傳〉云：「樂臣公善修黃帝、老子之言，顯聞於齊，稱賢師。」〈袁盎晁錯列傳〉云：「（鄧公）其子章，以脩黃老言，顯於諸公間。」〈張釋之馮唐列傳〉云：「王生者，善爲黃老言，處士也。」〈田叔列傳〉云：「叔喜劍，學黃老術於樂巨公所」〈魏其武安侯列傳〉云：「太后好黃老之言，而魏其、武安侯、趙綰、王臧等，務隆推儒術，貶道家言。」〈汲鄭列傳〉云：「汲黯學黃老言，治官理民，好清靜。……（鄭當時）好黃老之言。」〈儒林列傳〉云：「然孝文帝本好刑名之言，……而竇太后又好黃老之術。……及竇太后崩，武安侯田蚡爲相，絀黃老刑名百家之言。」〈太史公自序〉云：「自曹參薦蓋公，言黃老。」等等。

〔註 83〕透過《史記》、《漢書》所載有關的史料，對漢初歷史發展演變的前因後果有精闢的探討；劉光義的《司馬遷與老莊思想》，〔註 84〕本書之作，爲發掘司馬遷與老莊思想之關係，與夫司馬遷之兼懷儒道，因及莊子對孔子的態度，以尋求司馬遷與老莊二哲之間思想上之關連，從中可窺見太史公《史記》文章中老莊精神之旨趣；鄭圓鈴的《《史記》黃老思想研究》，〔註 85〕則是研究《史記》有關戰國黃老之術，漢初黃老之治與司馬遷黃老理論之要義，對黃老思想之流變與司馬遷黃老理論之價值，旁徵博引，言之有據，不失爲黃老學另闢一研究新途徑。以上諸文對於漢初黃老學說之探微與司馬遷與黃老思想之關係，多有所分析與探討，對本論文進行漢高祖與黃老學說之研究裨益良多。

　　就劉邦個人特質而言，如安作璋、孟祥才的《漢高帝大傳》，〔註 86〕以劉邦的活動爲主線，在秦漢之際廣闊的社會背景下，重點論述這一時期波瀾起伏、複雜尖銳、風雲激蕩、動人心魄的政治和軍事鬥爭，並展示時代如何使一個地位卑下的農民變成了創造輝煌業績的英雄。羅慶康的《劉邦新傳》〔註 87〕是一部全面研究劉邦的專著，但它與安作璋、孟祥才合著的《漢高帝大傳》不同，《劉邦新傳》是有選擇、有側重的研究劉邦，本書特點是詳家世而略戰爭，重點在於劉邦建國後的政治、經濟、文化政策方面的透視和評介，對本論文研究提供了不少寶貴資料。林聰舜以劉邦的性恪與政治才華的結合，並以「意豁如」爲主軸核心，強調劉邦個人的特質。〔註 88〕汪惠敏則以領導人的特質來看待劉邦的創業精神。〔註 89〕有的學者則強調劉邦的多種特質，如賴漢屛以劉邦具有審時度勢、順應民心、雄才大略、知人善任四種特質對劉邦作出肯定。〔註 90〕周先民認爲劉邦因能得民心、用人納諫與人格高尚等特質，所以能夠戰勝項羽而得天下。〔註91〕

〔註 83〕　司修武，《黃老學說與漢初政治平議》，（台北：台灣學生書局，民 81 年初版）。

〔註 84〕　劉光義，《司馬遷與老莊思想》，（台北：台灣商務，1986 年 6 月初版）。

〔註 85〕　鄭圓鈴，《《史記》黃老思想研究》，（台北：學海出版社，民國 87 年）。

〔註 86〕　安作璋、孟祥才，《漢高帝大傳》，（北京：中華書局，2006 年 9 月第 1 版）。

〔註 87〕　羅慶康，《劉邦新傳》，（河南：河南大學出版社，2007 年）。

〔註 88〕　林聰舜，《史記的人物世界》〈「意豁如」所呈現的生命風姿與政治能力——劉邦的性恪與政治才華的結合〉，（台北：三民書局，2003 年），頁 95～120。

〔註 89〕　參汪惠敏，《史記政治人物述評》，頁 74～76。

〔註 90〕　賴漢屛，《史記評賞》，（台北：三民書局，1998 年 1 月），頁 32。

〔註 91〕　參周先民，《司馬遷史傳文學世界》，頁 112～143。

就劉邦集團研究而言，如李開元的《漢帝國的建立與劉邦集團——軍功受益階層研究》，﹝註92﹞本書的特點是方法的明快考究和內容的豐富多彩，李氏從史傳的資料中，分析位居中央的「百官公卿」的籍貫與出身，將劉邦稱帝乃至於武帝朝結束的這段時間，將他們依著時間順序一一開出統計列表，李氏並指出軍功受益階層每朝每代都是存在的，從這個集團建國後的地位分析各個朝代的歷史，非常富有啓迪的意義。廖伯源的《歷史與制度——漢代政治制度試釋》，本書所收作者論文六篇，俱討論漢代政治制度史之問題，融合漢代政治制度與政治史之研究，其中第六篇〈試從爵邑制度論楚漢相爭之勝負〉，對於本論文第六章「漢高祖分封諸侯王析論」提供了許多寶貴的資料。作者另一本《漢史論叢》，﹝註93﹞此書內容全屬漢史問題之探討，運用傳世文獻與簡牘文書互證，結合制度史、政治史與文化史之研究，考論秦漢朝廷之論議、官吏士卒之考課、大夫、秘密奏章之封事等制度，見解精闢，考證詳細，頗爲可觀。

關於漢初分封與諸侯王議題，並無專書論著，多半是秦漢史相關書籍中，部份章節有所提及，﹝註94﹞反而期刊論述的成果頗多，後文將另做說明。

（二）期刊

有關劉邦的神異事蹟部份，則有王子今的〈「斬蛇劍」象徵與劉邦建國史的個性〉、﹝註95﹞詹士模的〈漢高祖神奇事蹟研究〉、﹝註96﹞袁達的〈《史記》的志怪和司馬遷的思想〉、﹝註97﹞楊大忠的〈《史記》西漢史中天命神怪思想初探〉﹝註98﹞等等，惟以上諸多文獻，內容雖有涉及劉邦的神異事蹟，但所

﹝註92﹞ 李開元，《漢帝國的建立與劉邦集團——軍功受益階層研究》（北京：生活·讀書·新知三聯書店，2000 年 3 月第 1 版）。

﹝註93﹞ 廖伯源，《漢史論叢》，（台北：五南圖書出版，民國 2003 年 5 月初版）。

﹝註94﹞ 如孟祥才，《秦漢人物散論》，（上海：上海古籍出版社，2005 年 12 月初版）；安作璋、孟祥才，《漢高帝大傳》；高明，《秦漢史論稿》，（台北：五南圖書，2002 年 8 月初版）……等等。

﹝註95﹞ 王子今，〈「斬蛇劍」象徵與劉邦建國史的個性〉，（北京：〈史學集刊〉，2008 年 11 月，第 6 期），頁 20～27。

﹝註96﹞ 詹士模，〈漢高祖神奇事研究〉《嘉義農專學報》第 46 期，1996 年，頁 111～122。

﹝註97﹞ 袁達，〈《史記》的志怪和司馬遷的思想〉《南都學壇》，第 15 卷第 5 期，1995 年，頁 1～7。

﹝註98﹞ 楊大忠，〈《史記》西漢史中天命神怪思想初探〉《船山學刊》，2006 年第 2 期，頁 64～66。

佔篇幅不多，多半只舉其中二、三事件稍作說明與評論，只有詹士模的〈漢高祖神奇事研究〉探討最多，但詹氏所提及高祖的神異事蹟，強調劉邦的成功，是運用「心理權力」，天命神權思想與政權合法性之關係，缺乏其它更有力的說明與論證。本論文將在前人研究的基礎之上，蒐求大量相關資料，試圖探究其可靠性，且深究此等事蹟之出現，對漢帝國建立之裨益及後世對此等神異之事的看法及批評。

就劉邦個人特質方面，黃雲僧的〈漢高祖〉，〔註99〕李波的〈從《史記》看劉邦的用人藝術〉，〔註100〕都提及到劉邦「慢而侮人」的習性，但因是單篇論文，只蜻蜓點水，稍略介紹而已，反而是《史記》文本，在世家或列傳中，有較具體的描述。〔註101〕鮑延毅的〈劉邦與「文化」及文士〉，〔註102〕是少數談論劉邦文化水平的小品文，從劉邦的家庭、與盧綰俱學書、試為吏任泗水亭長、〈手敕太子文〉等史料，證明他具有一定的文化，雖是小品文，卻頗有學術參考價值。

趙烜末的〈楚漢戰爭中劉邦戰略思想試析〉、〔註103〕李威熊的〈創業的

〔註99〕黃雲僧，〈漢高祖〉（台北：《獅子吼》雜誌社，民國 62 年），頁 21～24。

〔註100〕李波，〈從《史記》看劉邦的用人藝術〉《文山師範高等專科學校學報》，第 21 卷第 2 期，2008 年 6 月。

〔註101〕如〈留侯世家〉中，高祖罵酈食其曰：「豎儒，幾敗而公事！」〈陳丞相世家〉中，陳平為高祖分析敵我形勢時說：「今大王慢而少禮，士廉節者不來……然大王恣侮人，不能得廉節之士。」〈魏豹彭越列傳〉中，魏王豹返國探親病為名，回國之後，「即絕河津畔漢」，說出對高祖的觀感「今漢王慢而侮人，罵詈諸侯群臣如罵奴耳，非有上下禮節也，吾不忍復見也。」〈黥布列傳〉中，高祖問黥布「何苦而反？」布曰：「欲為帝耳。」上怒罵之，遂大戰。〈淮陰侯列傳〉中，韓信破齊欲自立為齊王，漢王大怒，罵曰：「吾困於此，旦暮望若來佐我，乃欲自立為王」〈韓信盧綰列傳〉中，周昌向劉邦推薦四壯士時，四人進謁尚未開口，劉邦先將他們侮辱一番。「上謾罵曰：『豎子能為將乎？』四人漸伏，上封之各千戶，以為將。」〈酈生陸賈列傳〉中，「騎士曰：『沛公不好儒，諸客冠儒來者，沛公輒解其冠，溲溺其中。與人言，常大罵，未可以儒生說也。』」〈劉敬叔孫通列傳〉中，劉敬建言匈奴不可擊，劉邦罵劉敬曰：「齊虜！以口舌得官，今迺妄言沮吾軍。」均可見劉邦「好罵」、「無禮」的形象。

〔註102〕鮑延毅，〈劉邦與「文化」及文士〉《國文天地》17 卷 10 期，91 年 3 月，頁 77～78。

〔註103〕趙烜末，〈楚漢戰爭中劉邦戰略思想試析〉《福建論壇》，第 5 期，1994 年，頁 39～46。

典範——劉邦〉，〔註 104〕肖振宇、張永華的〈劉邦統御之術述評〉〔註 105〕、
鄭善諄的〈漢高祖劉邦的領導統御〉，〔註 106〕李波的〈從《史記》看劉邦的用
人藝術〉〔註 107〕等等，前上諸文，對於劉邦成功的原因或其領導謀略與用人
之道，均有可觀之處。

　　就劉邦集團部份，詹士模的〈劉邦集團的興起與滅秦成功的原因〉、〔註
108〕曹家齊的〈劉邦布衣集團與西漢政權的建立〉，〔註 109〕認為劉邦能建立起
統一的西漢政權，是歷史發展的必然結果，而導致這一必然結果的根本原因，
在於劉邦集團有優良素質的布衣集團。

　　就漢初分封與諸侯王議題方面，盛麗麗、呂建濱的〈漢高祖兩度實行
分封制探因〉、〔註 110〕分析了漢初分封諸侯王，乃先異姓再同姓的方式，
最終形成了郡國並行制的局面。湯其領的〈劉邦漢初分封王侯探析〉〔註 111〕
與孟祥才在《秦漢人物散論》〔註 112〕中，收錄的〈論劉邦分封諸王〉與〈劉
邦平定異姓諸侯王述論〉二篇文稿，均認為八個異姓王的分封與覆滅，是
時代與形勢的必然性所致。夏益的〈漢高祖與漢初異姓諸侯王新論〉〔註 113〕
中，乃以諸王悖逆與高祖仁義的全新視角，闡釋漢高祖和異姓諸王間一系
列錯綜複雜的政治軍事關係，試圖矯正漢高祖大肆誅殺功臣的傳統歷史認
知。

〔註 104〕李威熊，〈創業的典範——劉邦〉《幼獅月刊》，第 48 卷第 6 期，民國 67 年
　　　　12 月，頁 13～17。
〔註 105〕肖振宇、張永華，〈劉邦統御之術述評〉《張家口師專學報》，第 18 卷，第 1
　　　　期，2002 年 2 月，頁 17～20。
〔註 106〕鄭善諄，〈漢高祖劉邦傳古的《大風歌》與《鴻鵠歌》〉《歷史月刊》，2004 年
　　　　2 月，頁 130～131。
〔註 107〕李波，〈從史記看劉邦的用人藝術〉《文山師範高等專科學校學報》，第 21 卷
　　　　第 2 期，頁 40～42。
〔註 108〕詹士模，〈劉邦集團的興起與滅秦成功的原因〉，《國立嘉義大學通識學報》，
　　　　民國 93 年 12 月第 2 期，頁 157～180。
〔註 109〕曹家齊，〈劉邦布衣集團與西漢政權的建立〉《徐州師範學院學報》，1996 年
　　　　第 1 期，頁 91～95。
〔註 110〕盛麗麗、呂建濱，〈漢高祖兩度實行分封制探因〉《濮陽職業技術學院學報》，
　　　　第 21 卷第 1 期，2008 年 2 月，頁 123～124。
〔註 111〕湯其領，〈劉邦漢初分封王侯探析〉《江海學刊》，1996 年第 2 期，頁 123～126。
〔註 112〕孟祥才，《秦漢人物散論》，（上海：上海古籍出版社，2005 年 12 月初版）。
〔註 113〕夏益，〈漢高祖與漢初異姓諸侯王新論〉《承德民族師專學報》，第 28 卷第 2
　　　　期，2008 年 5 月，頁 71～74。

　　史云貴的〈西漢郡國並行制探略〉〔註114〕，則對郡國並行制的演變過程，及對漢代政治制度所產生的影響有詳盡的分析，對於西漢行郡國並行制的始末、演變過程，有詳盡的探討。董平均的〈西漢王國分封制度探源〉，〔註115〕對漢初王國度的淵源，作了具體的說明，並與西周五等爵制的區別作了比較分析。唐德榮的〈略論劉邦的分封思想〉，〔註116〕則對劉邦分封思想的形成、發展、主要內容多所論述；而唐氏另一篇〈論郡國並行體制的特點〉〔註117〕乃對西漢郡國並行制的產生、發展和消亡等有詳細的介紹。湯其領的〈漢初封國制探析〉，〔註118〕則對封國制的維護、鞏固西漢政府，恢復發展漢初經濟過程的積極作用，有詳細的分析；而〈西漢郡國並行論〉，〔註119〕係從歷史發展的角度，對漢初封國制進行的動態進行了考察，同時就漢初並行體制下的中央與地方關係的特點做了說明。

　　以上諸多有關漢初分封異、同姓諸侯王、郡國並制等議題論文期刊，對本論文第六章〈漢高祖分封諸侯王析論〉提供了諸多寶貴的參考資料。

（三）碩博士論文方面〔註120〕

　　檢視稍與劉邦相涉的碩博士論文：在本紀部份，有藍敏華的〈《史記·呂后本紀》與其相關問題研究〉、黃原華的〈《史記·秦始皇本紀》研究〉、藍月朗的《史記·項羽本紀》研究。在世家部份，有何玉如的〈《史記》漢初五功臣列入世家〉。在列傳部份，有李素珍的〈《史記》列傳人物人格特質之探討〉、李燕珍的〈從《史記》《漢書》貨殖傳論西漢社會經濟〉。

　　在《史記》中與儒、道思想有關的論文，有王璟的〈漢代養生思想研究——以黃老思想為主〉、李昱東的〈西漢前期政治思想的轉變及其發展——從

〔註114〕史云貴，〈西漢郡國並行制探略〉，《廣西社會科學》，2003 年第 4 期，頁 153
　　　　～155。
〔註115〕董平均，〈西漢王國分封制度探源〉，首都師範大學學報，2003 年第 4 期，頁
　　　　15～19。
〔註116〕唐德榮，〈略論劉邦的分封思想〉，《求索》，2000 年第 5 期，頁 119～123。
〔註117〕唐德榮，〈論郡國並行體制的特點〉，《湖南社會科學》，〈文教·歷史〉，2004
　　　　年第 4 期，頁 148～150。
〔註118〕湯其領，〈漢初封國制探析〉，《史學月刊》1998 年第 6 期，頁 34～38。
〔註119〕湯其領，〈西漢郡國並行論〉，《史學月刊》，2001 年第 4 期，頁 33～37。
〔註120〕國內目前為止，並無任何專門探討劉邦的碩博士論文，以下所舉碩博士論文，
　　　　多半是針對各自研究的主題，故不再另注，若本論文有所引述，則詳注出處，
　　　　以省篇幅。

黃老思想向獨尊儒術的演變〉、鄧金城的〈司馬遷與儒、道思想之關係——以《史記》為討論中心〉、林靜妮的〈《史記》道家思想研究〉、金春燕的〈《史記》論贊的書寫與漢初黃老思想〉、鄭國瑞的〈兩漢黃老思想研究〉。

　　和秦楚之際及劉項有關的論文，有詹崴茹的〈《史記》秦楚之際項羽劉邦兩大集團人物研究〉、張強的〈《史記》人物成敗因素析論〉、徐進興的〈關中對楚漢之爭成敗的影響〉、蔡雅惠的〈《史記》悲劇人物與悲劇精神研究〉、李秋蘭的〈《史記》敘事之書法研究〉。和異姓諸侯王有關的，則有林裕斌的〈漢初異姓諸侯王研究〉、劉軍呈〈西漢前期中央政府與地方諸侯王關係研究〉、任剛的〈史記人物取材研究〉。

　　以上諸多碩博士論文，雖只是針對各自研究的主題論述，但和漢高祖劉邦相關的議題也略有涉及，對筆者論文的研究，提供了若干重要的索線。

第貳章　漢高祖劉邦神異事蹟探析

　　《史記·高祖本紀》是對漢高祖劉邦記載最詳盡的篇章，也是《史記》所佔篇幅最長的篇章之一。李景星在《四史評議》中，曾將其結構分爲五段讀，[註1] 其中「自首至『多欲附者矣』，爲一截，是紀其出身之異」，是則司馬遷在〈高祖本紀〉中，記載了大量劉邦的神異事蹟，然除了〈高祖本紀〉之外，《史記》其它篇章中，亦有諸多有關劉邦的神異事蹟，而班固《漢書·高帝紀》中，有關漢高祖的神異事異，多與《史紀》雷同，這些神異事蹟的可靠性如何？對其稱帝建國有何功用？史學家們對劉邦的神異事蹟又是如何的看待？所代表的意義又如何？本章將藉由史料的爬疏剔抉，深入進行發掘、分析，對以上諸多問題進行研究，期能對劉邦有關諸多的神異事蹟，有進一步的探討與說明。

第一節　〈高祖本紀〉與〈高帝紀〉中有關劉邦的神異事蹟

　　〈高祖本紀〉與〈高祖紀〉中記載了許多劉邦受命而王的神化傳說，高祖之身世從蛟龍所生，到王媼、武負、呂公相人術知其貴，老父不知何人，又不知老父處，處處都帶有神秘的氣息與神異的色彩，突出漢家受命而王，爲漢家政權存在的合理性提供宗教論證，將一個流氓皇帝神化了。[註2] 然而

〔註1〕 這五截分別紀其出身之異、紀其起兵、紀其滅秦、紀其滅楚、紀其定天下。
　　　　李景星，《四史評議》，頁13～14。
〔註2〕 參陳桐生，《中國史官文化與史記》，頁148～149。

關於劉邦諸多神異之處，完全是太史公所認為單純的「天命」嗎？其中是否還有其它的原因？本節將就上述諸多疑點，進行深入細緻的剖析，一探司馬遷筆下高祖的神異事蹟。

一、蛟龍所生

劉邦字季，〔註3〕生處於楚國所屬沛縣豐邑的一個農民之家，〔註4〕楚國文化本身充滿了神話的色彩，而神話是早期人類思想行為之一，總不免與別的行為發生或多或少的關聯，其中尤其容易牽連在一起的，莫過於傳說、歷史和宗教。〔註5〕劉邦的出生即充滿了傳說的神秘氣息。《史記・高祖本紀》曰：

> 其先劉媼嘗息大澤之陂，夢與神遇。是時雷電晦冥，太公往視，則見蛟龍於其上。已而有身，遂產高祖。〔註6〕

《漢書・高帝紀》則載：

> 母媼劉氏嘗息大澤之陂，夢與神遇。是時雷電晦冥，父太公往視，則見交龍於上。已而有娠，遂產高祖。〔註7〕

劉邦的母親劉媼，「夢與神遇」，「遂產高祖」，足見劉邦的出生很特殊，是感天之靈氣而生，以為帝王受命之符。〔註8〕但事實的真象真是如此嗎？

〔註3〕高祖微時但稱劉季，後稱沛公，後稱漢王，後稱皇帝，終其身無所謂名與字也。諱邦者，後世史臣所擬耳。其出生年壽有兩說：一為《史記・高祖本紀》卷八考證，《集解》引皇甫謐曰：「高祖以秦昭王五十一年生，至漢十二年，年六十二。」一說為《漢書・高帝紀》臣瓚注：「帝年四十二即位，即位十二年，壽五十三。」在現有的史料中，對劉邦生年的兩種說法均無必然證實或證偽的作用，在論據不足的情況下，對兩者都只能存疑。又按《漢書》「名邦，字季」此單云字，亦又可疑。按：漢高祖長兄伯，次名仲，不見別名，則季亦是名也。故項岱云：「高祖小字季，即位易名邦，後因諱邦不諱季，所以季布猶稱姓也」。參見崔適著，張烈點校，《史記探源》，頁60；張振台，〈駁《漢高祖劉邦生年考》〉《河南師範大學學報》，（第21卷第4期，1994年），頁49～50；〔唐〕司馬貞，《史記索隱》。收錄於孫曉主編，《二十四史研究資料彙編・史記》第一冊，《綜考・史記索隱》，頁25。

〔註4〕按：劉邦家族成員表、漢高祖大事年表，可參見本論文附錄一、附錄二。

〔註5〕文崇一，《楚文化研究》（台北市：東大圖書，民79年4月初版），頁176。

〔註6〕《史記・高祖本紀》卷八，頁341。

〔註7〕《漢書・高帝紀》卷一上，頁1。

〔註8〕按：將龍作為生命之母是一種世界性的文化普同現象，龍化育生命的內容與方式極為廣泛、多樣，它包括化生宇宙，化育所有生物，決定大地萬物的生

早在《史記·夏本紀》就有記載：「陶唐既衰，其后有劉累，學擾龍于豢龍氏，以事孔甲。孔甲賜之姓曰御龍氏，受豕韋之後。」〔註9〕漢人認爲劉累就是劉氏的始祖。〔明〕郝敬《史記愚按》云：「孔甲好鬼而淫亂，無足稱者。〈本紀〉於諸帝中獨詳其豢龍一事，以爲劉累姓本末。緣劉累爲漢姓所出，而氏本豢龍，故劉累感龍生季，猶龍云爾。夫龍不可豢，豢龍而即氏御龍，猶吞薏而姓姒，吞鳥卵而姓子，皆悠謬之談也。史遷好奇，不詳事理有無，多此類。」實際上並非太史公好奇，而是欲以此來表明劉邦神異的出身。〔註10〕〔明〕凌稚隆在《史記評林》一書，引錄了楊愼所言而揭示了眞實面目：

> 劉媼與神遇，猶薄姬夢黃龍據腹之類，理或有之。若太公往視，則怪甚矣。太公何名，劉媼何姓，遷皆不知，而獨知其人所不能知者，甚矣遷之好怪也。〔註11〕

〔清〕梁玉繩在《史記志疑·卷二》中亦正確地指出：

> 蛟龍見於澤上，雷電晦冥，而劉媼猶夢臥不覺，將與土木何殊？即史所載，其誣已顯，《論衡·奇怪篇》嘗辨之。〔元〕方回《續古今考》云：「好事之人，見劉邦起於亭長爲王爲帝，相與扶合附會，以詫其奇。司馬遷採以成《史》，班固不能改，知道君子，掃除而弗信可也。」〔註12〕

早在一千八百多年前，東漢大思想家王充，也以科學的「因氣而生，種類相產，萬物生天地之間，皆一實也。」〔註13〕之說駁斥了它的虛妄。現在豐縣城北五里處的泡河之上，橫臥著一座石橋，名「龍霧橋」，據傳就是劉邦母親遇龍妊娠的地方。〔註14〕很明顯的，此橋應是後人所建，以附合劉邦出生的

長與凋謝，使婦人感孕子子等等。漢人根據先秦的神龍感孕故事編造劉邦的出生神話，可以證明神龍感孕是我國上古感生神話中的一個重要類型。參張軍，《楚國神話原型研究》，（台北：文津出版社，民國83年1月初版），頁110～111。

〔註9〕《史記·夏本紀》卷二，頁86。

〔註10〕陳桐生，《中國史官文化與史記》，頁149。

〔註11〕〔明〕凌稚隆輯校，〔明〕李光縉增補：《史記評林》（2），頁77。

〔註12〕〔清〕·梁玉繩，《史記志疑》卷二。收錄於孫曉主編，《二十四史研究資料彙編·史記》第四冊，〔清〕·梁玉繩，《綜考·史記志疑》卷二〈殷本紀第三〉，頁117。

〔註13〕〔漢〕王充著，《論衡》，（台北：宏業書局，民國72年4月出版），頁32：另參〔漢〕王充著，袁華忠、方家常譯注：《論衡·物勢》，（台北市：台灣古籍出版社，1997年8月初版），頁229。

〔註14〕安作璋、孟祥才，《漢高帝大傳》，頁18。

神異事蹟。據此，可知司馬遷作史，偶採世俗不經之語，云劉邦受天瑞相而生者，或是後人附會之說，弗信可也。〔註15〕

二、龍顏黑子

劉邦的相貌，有高鼻龍顏，髭鬚長得很好看，左股有黑痣，七十二顆痣所代表的意義，此乃天地之數，九、八相乘之積，以表示他兼具有天地之德。〔註16〕同時具有皇帝相。《史記・高祖本紀》曰：

> 高祖為人，隆準而龍顏，美須髯，左股有七十二黑子。〔註17〕

《漢書・高帝紀》記載此事，完全與《史記》相同。〔註18〕劉邦因為生來即具備討好的長相，加上巧合的特徵，他的父母也迷信以為神異，於是附會蛟龍附身的故事，這本來是鄉間愚夫愚婦迷信的謠言，劉邦卻以此沾沾自喜，自以為是異於常人。〔註19〕中國自古以來，有些真命天子或英雄豪傑的誕生，狀貌會異於常人，如舜與項羽都是重瞳子，〔註20〕那是因為人們把「神」的性質加在人的身上。事實上，真命天子或英雄豪傑的「神」性，是由人的營造而發生的，史家為了替開國皇帝取得「永久的名譽」而編造出來的。司馬遷筆下劉邦的相貌與眾不同，就是由此而來的。〔註21〕

三、貰酒棄責〔註22〕

劉邦好酒，常向王媼、武負兩老婦處賒帳喝酒。〔註23〕有一次劉邦醉酒，

〔註15〕參張高評主編，《史記研究粹編》，頁594。

〔註16〕《史記正義》云：「七十二黑子者，赤帝七十二日之數也。」〔日〕人鎌田重雄云：「七十二是八和九的相乘數，表示兼有天地之德的人應該是做天子的人。」參李威熊，〈創業的典範──劉邦〉《幼獅月刊》，第48卷第6期，民國67年12月，頁13～17。

〔註17〕《史記・高祖本紀》卷八，頁342。左股七十二黑子，〔明〕郝敬《批點史記瑣瑣》卷一註云：「左陽也，應赤帝火德。七十二日之數。五氣各居一方。一歲三百六十日。四方分之。各得九十日。土居中央。並索四方各十八日。皆七十日也。」收錄於孫曉編，《二十四史研究資料彙編・史記》第三冊，〔明〕郝敬《綜考・批點史記瑣瑣》卷一，頁41。

〔註18〕《漢書・高帝紀》卷一上，頁2。

〔註19〕參江惠敏，《史記政治人物述評》，頁69～70。

〔註20〕見《史記・項羽本紀》卷七，頁338。

〔註21〕參詹士模，〈漢高祖神奇事研究〉《嘉義農專學報》第46期，1996年，頁113。

〔註22〕古用簡箚書，故可折，至歲終總棄不責也。見〔唐〕司馬貞，《史記索隱》卷三，收錄於孫曉主編，《二十四史研究資料彙編・史記》《綜考・史記索隱》，頁25。

「武負、王媼見其上有龍，怪之」，每次劉邦來酒店裡，或來酤，或留飲，酒值比平常多出好幾倍。《史記‧高祖本紀》曰：

> 常從王媼、武負貰酒，醉臥，武負、王媼見其上常有龍，怪之。高
> 祖每酤留飲，酒讎數倍。及見怪，歲竟，此兩家常折券棄責。〔註24〕

《漢書‧高帝紀》則載：

> 常從王媼、武負貰酒，時飲醉臥，武負、王媼見其上常有怪。高祖
> 每酤留飲，酒讎數倍。及見怪，歲竟，此兩家常折券棄責。〔註25〕

觀此，則「見其上常有龍」，「見其上常有怪」，這種怪現象，這兩家酒店將他的賒帳一筆勾銷。安作璋與孟祥才所著《漢高帝大傳》中認爲，這些故事都是從劉邦母親遇龍妊娠的故事衍生出來的。大概早在原始社會，龍就成爲華夏民族的圖騰，進入文明社會後，龍也就衍化爲最高統治的象徵。〔註26〕高祖從「感龍而生」、「隆準而龍顏」到「武負、王媼見其上有龍」，都和龍有關，也說明了漢人有意無意地杜撰出如此之多劉邦與龍的故事，目的無非是說明劉邦是龍子龍孫，他後來當上皇帝，只是「天命攸歸」而已。〔註27〕

四、呂公擇婿

呂公善相，一見劉邦，就特別敬重他，引他上座，不顧妻子的反對，執意將女兒嫁給劉邦。《史記‧高祖本紀》曰：

> 呂公者，好相人，見高祖狀貌，因重敬之，引入坐。……呂公曰：「臣
> 少好相人，相人多矣，無如季相，願季自愛。臣有息女，願爲季箕
> 帚妾。」酒罷，呂媼怒呂公曰：「公始常欲奇此女，與貴人。沛令善
> 公，求之不與，何自妄許劉季？」呂公曰：此「非兒女子所知也。」
> 卒與劉季。〔註28〕

〔註23〕〔明〕郝敬《批點史記瑣瑣》按：媼。音奧上聲。婦人長老之稱。王武。二姓王家之媼。武家之負。負「嫗」即婦字。貰音世。與「賒」同。收錄於孫曉編，《二十四史研究資料彙編‧史記》第三冊，〔明〕郝敬《綜考‧批點史記瑣瑣》卷一，頁42。
〔註24〕《史記‧高祖本紀》卷八，頁343。
〔註25〕《漢書‧高帝紀》卷一，頁2。
〔註26〕安作璋、孟祥才，《漢高帝大傳》，頁19。
〔註27〕安作璋、孟祥才，《漢高帝大傳》，頁19。
〔註28〕《史記‧高祖本紀》卷八，頁344。

《漢書・高帝紀》記載此事，幾乎與《史記》完全相同〔註 29〕。司馬遷藉呂公之口，強調劉邦乃貴人之相，從面相美化劉邦的形象，預爲他將來當帝王天子留下線索。〔註 30〕沛縣令想娶其女，呂公卻將女嫁給劉邦，還語帶玄機的對妻子說：「此非兒女子所知也。」姚祖恩在《史記菁華錄》中，對此評論道：「信讖緯家言，是以漢家一代之間不出術數圖緯，是豈非有天下者萬世之龜鑑哉？」〔註 31〕顯示漢初讖緯之說的盛行，也突顯出劉邦不凡的際遇。

五、一家皆貴

劉邦做亭長時，有一次呂后正帶著兩個孩子在田間除草，有一老父相呂后，說她是「天下貴人」，又相惠帝說：「夫人之所以貴者，乃此男也。」再相魯元公主亦貴，說完後就離去了。《史記・高祖本紀》曰：

> 呂后與兩子居田中耨，有一老父過請飲，呂后因餔之。老父相呂后曰：「夫人天下貴人。」令相兩子，見孝惠，曰：「夫人所以貴者，乃此男也。」相魯元，亦皆貴。老父已去，高祖適從旁舍來，呂后具言客有過，相我子母皆大貴。高祖問，曰：「未遠。」乃追及，問老父。老父曰：「鄉者夫人嬰兒皆似君，君相貴不可言。」〔註 32〕

《漢書・高帝紀》載此事，仍幾乎與《史記》完全相同〔註 33〕。太史公進一步再以老父看相之言印證呂公相人術準確，更加強調高祖之得天下，能以弱勝強，戰勝項羽，實由天意於默默中達成。後來歷史證明，漢高帝十二年（西元前二〇四年），高帝崩，孝惠皇帝即位，時年十六。而魯元公主，是漢高祖劉邦和皇后雉的長女，小時遂被追稱「魯元公主」。太史公從呂后寫到孝惠、魯元，再由孝惠、魯元而高祖，最後以點睛結穴之筆點出呂后、孝惠、魯元之貴皆由於高祖。且抬出老父；老父不知何許人，又「不知老父處」，加深了神秘的氣息，也帶有劉邦實得天命的意味。〔註 34〕

〔註 29〕詳見《漢書・高帝紀》卷一上，頁 3～4。
〔註 30〕詹士模，〈漢高祖神奇事研究〉，頁 114。
〔註 31〕〔清〕司馬遷原著，〔清〕姚苧田選評，《史記菁華錄》，（上海：上海古籍出版社，2007 年 5 月），頁 18。
〔註 32〕《史記・高祖本紀》卷八，頁 346。
〔註 33〕詳見《漢書・高帝紀》卷一上，頁 5。
〔註 34〕徐文珊，《史記評介》，頁 140。

六、赤帝斬蛇

　　戰國晚期以來，流行著「陰陽五行」〔註35〕的學說，這種學說把金、木、水、火、土五種物質互相克制的自然現象的概括，應用到人事上來，企圖證明歷史上改朝換代不斷反覆的現象，就是由於這五種物質規律地前後替代而決定的。〔註36〕身處於西漢時代的司馬遷，自然也受到戰國時代學說的影響。

　　赤帝子斬白帝子，〔註37〕是受到陰陽家鄒衍「陰陽五行」學說的影響，即意味著劉邦將取代秦朝。白帝和赤帝均為古代傳說的五方上帝，〔註38〕白帝於五行為金，居於西方。白帝子暗喻為秦朝的後代，秦朝祭禮白帝，以為自己和天上的白帝相應。赤帝於五行為火，居於南方，漢代自稱是赤帝的子孫。《史記·高祖本紀》曰：

> 高祖被酒，夜徑澤中，令一人行前。行前者還報曰：「前有大蛇當徑，願還。」高祖醉，曰「壯士行，何畏！」乃前，拔劍擊斬蛇。蛇遂分為兩，徑開。行數里，醉，因臥。後人來至蛇所，有一老嫗夜哭。人問何哭，嫗曰：「人殺吾子，故哭之。」人曰：「嫗子何為見殺？」嫗曰：「吾子，白帝子也，化為蛇，當道，今為赤帝子斬之，故哭。」人乃以嫗為不誠，欲告之，嫗因忽不見。後人至，高祖覺。後人告高祖，高祖乃心獨喜，自負。諸從者日益畏之。〔註39〕

《漢書·高帝紀》載此事，仍幾乎與《史記》完全相同。〔註40〕拔劍擊斬蛇，漢《舊儀》云：「斬蛇劍長七尺」。又高祖云：「吾以布衣提三尺劍取天下」。二文不同者，崔豹古今注「當高祖為亭長，理應提三尺劍耳；及貴，

〔註35〕陰陽與五行在春秋以前，各有分吟，戰國中期，鄒衍始將陰陽與五行兩種思想進行了結合，發展成為一種有系統的神化的陰陽五行學說。以陰陽相長的矛盾運動，來推動五行圖式的循環往復。這種學說於對《呂氏春秋》、《淮南子》、和《春秋繁露》等書都產生了很大的影響。參朱新林，〈鄒衍五行說考論〉〈江南大學學報〉，第7卷第2期，2008年4月，頁61。

〔註36〕張高評主編，《史記研究粹編》，頁57。

〔註37〕《史記·封禪書》云：「漢興，高祖之微時，嘗殺大蛇。有物曰：『蛇，白帝子也，而殺者赤帝子。』見《史記·封禪書》卷二十八，頁1378。

〔註38〕高祖二年（西元前205年），高祖東征被項羽打敗後，返回關中說：「故秦時上帝祠何帝也？」對曰：「四帝，有白、青、黃、赤帝之祠。」高祖曰：「吾聞天有五帝，而有四，何也？」莫知其說。於是高祖曰：「吾知之矣，乃待我而具五也。」乃立黑帝祠，命曰北時。載於《史記·封禪書》，卷二十八，頁1378。

〔註39〕《史記·高祖本紀》卷八，頁347。

〔註40〕詳見《漢書·高帝紀》卷一上，頁7。

當別得七尺寶劍」，故《舊儀》因言之。〔註41〕此故事的內涵旨在為劉邦製造奪取天下的興論，從「高祖乃心獨喜」一語中可知，劉邦對這神話是情有獨鍾的。從「自負」一語中也可知，劉邦是以此來號召天下的。〔註42〕「斬蛇」神話一如陳勝、吳廣發起鼓動群眾的「篝火狐鳴」〔註43〕方式，開始樹立起劉邦的權威。這一情節，宣示劉邦在流亡生涯開始的第一夜，就具有了放射神異光輝的政治領袖身份，具有了即將開創新的政治史上「赤帝子」的地位。〔註44〕

〔清〕劉統勳《評鑑闡要》卷一〈劉季拔劍斬蛇有老嫗夜哭及亡匿芒碭山中所居常有雲氣目〉下寫道：「斬蛇夜哭，雲氣上覆，多史臣附會興王之詞。然以此而惑眾煽亂者，亦有之矣。」所謂「史臣附會興王之詞」正如「丹書狐鳴之事」〔註45〕屬於「以此而惑眾煽亂者」。〔註46〕《史記評林》中亦錄有楊循吉對此的識見：「斬蛇事，沛公自托以神靈其身，而駭天下之愚夫婦耳。」〔註47〕，此外，〔元〕方回《續古今考》卷二，可以看到這樣的說法：「秦之法嚴而實疏。劉季解縱所送徒，帶劍夜行，略無呵禁。至此斬蛇之事，則必有心。老嫗夜哭，赤帝子殺白帝子，又恐是偽為神奇者之妄言。漢有偽〈泰誓〉三篇出於河內女子，有周武王白魚入於王舟，火流王屋化為鳥二事，後孔壁〈泰誓〉出，乃不然。太史公好奇，怪聞異說，無不備載。有如白魚火鳥之事，出於偽書，則赤帝子之說，無乃與之相似歟？」〔註48〕〔清〕梁玉繩則有精譬的分析，《史記志疑》卷六載：

> 《賈子·春秋篇》、《新序·雜事》二謂晉文公之興也，蛇當道，夢天殺蛇，曰：「何故當聖君道？而蛇死。漢高之興也，亦蛇當徑，斬蛇，而嫗夜哭。」《宋書》「武帝之興也，大蛇見洲裏，射之而青衣搗藥」。何前後事之同乎？《朱子語類》以高祖赤帝子之事為虛。《續古今考》言斬蛇事是偽為神奇，史公好奇載之。凌稚隆《漢書評林》

〔註41〕〔唐〕司馬貞，《史記索隱》卷三。收錄於孫曉主編，《二十四史研究資料彙編·史記》第一冊，〔唐〕司馬貞《綜考·史記索隱》卷三，頁26。
〔註42〕參張強，《司馬遷學術思想探源》，頁11。
〔註43〕見《史記·陳涉世家》卷四十八，頁1950。
〔註44〕王子今，〈「斬蛇劍」象徵與劉邦建國史的個性〉，頁21。
〔註45〕見《史記·陳涉世家》卷48，頁1950。
〔註46〕參王子今，〈「斬蛇劍」象徵與劉邦建國史的個性〉，頁21。
〔註47〕〔明〕凌稚隆輯校，〔明〕李光縉增補，《史記評林》，頁84。
〔註48〕引王子今，〈「斬蛇劍」象徵與劉邦建國史的個性〉，頁21。

引明教英曰：「適然遭蛇而斬之，無足怪者。若神母夜哭，神其事以鼓西行之氣耳。田單守墨而天神下降，陳勝首禍而魚腹獻書，類可概見」。芒、碭雲氣，亦此類。〔註49〕

事實上，老嫗哭訴赤帝子殺白帝子，不僅是神秘的虛構，而且很可能非《史記》所有，而是出於以後的好事者之筆。因爲從漢初到司馬遷時期，關於漢「運」，只有水德、土德說，赤帝子作爲火德的符應，司馬遷顯然撰不出來。同時，《史記》在寫劉邦自起義至立爲沛公以前的事跡時，均稱劉季而不稱高祖，這段故事正發生在此期間，理應稱劉季。但此事不稱劉季而稱高祖，此應爲後人竄入的確證。〔註50〕

七、天子氣奇

中國自古對於「天命」二字極爲崇信，政治上權位之獲得往往被視爲「天命」之授與。萬章問於孟子曰：「堯以天下與舜，有諸？」孟子曰；「否，天子不能以天下與人。」「然則舜有天下也，孰與之？」曰：「天與之。」〔註51〕《史記·五帝本紀》載：「舜子商均亦不肖，舜乃豫薦禹於天。」〔註52〕成湯放桀于南巢，〈商書·仲虺之誥〉曰：「嗚呼，惟天生民有欲，無主乃亂，惟天生聰明時乂，有夏昏德，民墜塗炭。天乃錫王勇智，表正萬邦，纘禹舊服，茲率厥典，奉若天命。」〔註53〕周武王伐紂，稱「敢祇承上帝，以遏亂略，華夏蠻貊。罔不率俾，恭天成命。」〔註54〕周文王克黎，祖伊恐，奔告于紂，紂曰：「我生不有命在天。」〔註55〕可見在遠古之世，帝王由於天命之說即已

〔註49〕　〔清〕梁玉繩，《史記志疑》卷六，收錄於孫曉主編，《二十四史研究資料彙編·史記》〕第四冊，〔清〕梁玉繩，《綜考·史記志疑》卷六〈高祖本紀第八〉，頁201。

〔註50〕　安作璋、孟祥才，《漢高帝大傳》，頁20～21。

〔註51〕　〔漢〕趙岐注，〔宋〕孫奭疏，《孟子注疏·萬章上》，《十三經注疏》〔清〕阮元校勘，（上海：上海古籍出版社，1997年7月第1版），頁2737。

〔註52〕　《史記·五帝本紀》卷一，頁44。

〔註53〕　〔漢〕孔安國傳，〔唐〕孔穎達等正義，《尚書正義》卷八，〈商書·仲虺之誥〉，《十三經注疏》，〔清〕阮元校勘，（上海：上海古籍出版社，1997年7月第1版），頁161。

〔註54〕　〔漢〕孔安國傳，〔唐〕孔穎達等正義，《尚書正義》卷十一，〈周書·武成〉，頁184～185。

〔註55〕　〔漢〕孔安國傳，〔唐〕孔穎達等正義，《尚書正義》卷十，〈商書·西伯戡黎〉，頁177。

存在，傳之後世。〔註 56〕劉邦在稱帝的過程中，同樣也利用天命思想，假借符瑞起義，製造輿論，以獲得人民的擁護，成為未來天下的共主。《史記・高祖本紀》曰：

> 秦始皇帝常曰：「東南有天子氣」，於是因東游以厭之。高祖即自疑，亡匿，隱於芒、碭山澤巖石之間。呂后與人俱求，常得之。高祖怪問之。呂后曰：「季所居上常有雲氣，故從往常得季。」高祖心喜。沛中子弟或聞之，多欲附者矣。〔註57〕

《漢書・高帝紀》則載：

> 秦始皇帝嘗曰：「東南有天子氣」，於是因東游以厭之。高祖隱於芒、碭山澤間。呂后與人俱求，常得之。高祖怪，問之。呂后曰：「季所居上常有雲氣，故從往常得季。」高祖又喜。沛中子弟或聞之，多欲附者矣。〔註58〕

秦始皇常說「東南有天子氣」。所以想借著東巡來鎮懾一下。而劉邦正是東南方的人。劉邦懷疑「天子氣」和自己有關，便逃亡於芒、碭山澤間。別人都不知他藏身處，但呂后每次一找就著，從文中可看出，劉邦「自匿奇，呂后求得更奇；天子氣奇，雲氣更奇」。〔註59〕

　　據〈豐縣志〉載，秦始皇二十八年，望氣者云：「東南有天子氣，遂東行至豐築台，埋寶劍砂石於下，復於城內四隅鑿池，深數丈厭之」。該台設在城中，為秦始皇所建築，預言家認為豐縣有王者氣，欲保持始皇萬世帝業，特築此台以鎮壓之。

〔宋〕朝詩人梁灝咏云：

> 天生王氣何能厭，嬴氏空勞築此臺，
>
> 今日我來臺上看，殘春寂寞野花開。〔註60〕

〔元〕朝徐克昌的同名詩寫道：

> 秦世當年已失鹿，一時哪用築高臺！
>
> 思量此計成何用？風雨而今半草萊。

〔註56〕王壽南，《中國歷代創業帝王》，（台北：台灣商務印書館，2003 年 4 月初版），頁 165。

〔註57〕《史記・高祖本紀》卷八，頁348。

〔註58〕《漢書・高帝紀》卷一，頁7。

〔註59〕張富春，《〔清〕吳見思《史記論文》研究》，（成都：巴蜀書社，2008 年 8 月初版），頁 137。

〔註60〕柳玉振，〈漢高祖的故鄉——豐縣〉《江蘇文物》，民國 67 年 6 月，頁 24。

〔明〕朝的袁遵道亦有同名詩：

> 西出咸陽駕上東，蒼生辛苦恨遭逢。
>
> 古來有德唯天命，厭氣臺空夕照中。

這些詩句表達的基本上是一個意思：秦皇朝氣數已盡，無論用什麼辦法都無法挽回它滅亡的命運。而天命獨鍾的劉邦作為四海乾坤的新主，決不是一個土臺可以壓住的。明朝嘉靖五年（西元 1526 年），黃河水入城，厭氣臺倒塌，此後再沒有恢復起來。今天人們看到的僅僅是故址上的石碑，標明了厭氣臺的方位。〔註61〕

事實上，厭氣台很可能是一個附會的古蹟。歷史記載，秦始皇一生多次出巡，其目的的確是宣揚天子聲威，震懾心懷異志的反叛者。其東巡共三次，〔註62〕都沒有經過豐邑，更沒有在豐邑築台的記載。秦始皇築台，見於記載的只有琅邪台和懷清台。豐邑的築台有可能發生在秦代，但並非奉秦始皇之命，也不是為了厭天子之氣，而最大可能是地方官為城市防衛需要所為。後來因為這裡出了劉邦這個漢朝開國之君，人們有意無意地將築臺與秦始皇和劉邦事聯系在一起，就是十分自然的了。〔註63〕

八、夢蒼龍據

高祖赤帝子神話，連高祖的愛妾薄姬也有所感應。《史記·外戚世家》載曰：

> 及諸侯畔秦，魏豹立為魏王，而魏媼內其女於魏宮。媼之許負所相，相薄姬，云當生天子。是時項羽方與漢王相距滎陽，天下未有所定。豹初與漢擊楚，及聞許負言，心獨喜，因背漢而畔，中立，更與楚連和。漢使曹參等擊虜魏王豹，以其國為郡，而薄姬輸織室。豹已死，漢王入織室，見薄姬有色，詔內後宮，歲餘不得幸。始姬少時，與管夫人、趙子兒相愛，約曰：「先貴無相忘。」已而管夫人、趙子

〔註61〕安作璋、孟祥才，《漢高帝大傳》，頁 22。

〔註62〕第一次在公元前 219 年（秦始皇二十八年），先上鄒峰山，接著封泰山。第二次在公元前 218 年（秦始皇二十九年），經陽武，登之罘。第三次是公元前 210 年（秦始皇三十七年），先至雲夢，接著浮江而下，經丹陽至錢塘，自上游渡浙江，登會稽山，然後北上，最後病逝於沙丘。見安作璋、孟祥才，《漢高帝大傳》，頁 23。

〔註63〕參安作璋、孟祥才，《漢高帝大傳》，頁 23。

兒先幸漢王。漢王坐河南宮成皋臺，此兩美人相與笑薄姬初時約。
漢王聞之，問其故，兩人具以實告漢王。漢王心慘然，憐薄姬，是
日召而幸之。薄姬曰：「昨暮夜妾夢蒼龍據吾腹。」高帝曰：「此貴
徵也，吾爲女遂成之。」一幸生男，是爲代王。其後薄姬希見高祖。
〔註64〕

呂后善妒，致使薄姬「詔內後宮，歲餘不得幸」，而薄姬見到高祖劉邦所說的
話：「昨暮夜妾夢蒼龍據吾腹」，應該是太史公爲描寫薄姬爲得到寵幸，所編
造出來的神話，是按照劉邦赤帝神話而延伸的謊言。就薄姬而言，目的在於
欲得到高祖劉邦的恩寵，就太史公而言，欲突顯出高祖劉邦是赤帝神龍的化
身而異於常人。〔註65〕

九、卜筮最吉

　　卜筮的源由來自於甲骨文的產生，就目前考古所知，早在新石器時代晚
期，甲骨文便已出現，至商代而大盛，周朝還在使用。這主要是當時古人篤
信卜筮，事無大小都求於卜法。〔註66〕最初與占卜有關的活動、官職、著作
皆可稱爲「易」，如《禮記・祭義》曰：「昔者聖人建陰陽天地之情，立以爲
易。易抱龜南面，天子卷冕北面，雖有明知之心，必進斷其志焉，示不敢專，
以尊天也。」〔註67〕這裡的「建陰陽天地之情」，是指從事占卜天意的活動，
以「立以爲易」，是指設立從占卜活動的官職，「易抱龜南面」，此「易」是指
任「易」官職，從事占卜活動的人。〔註68〕《詩經・大雅・綿》也記載著：「爰
始爰謀，爰契我龜。」〔註69〕顯示出定居的地方，都要經占卜來決定。

　　《史記・龜策列傳》亦云；「自古聖王將建國受命，興動事業，何嘗不寶
卜筮以助善！唐虞以上，不可記已。……王者決定諸疑，參以卜筮，斷以蓍

〔註64〕《史記・外戚世家》卷四十九，頁1970～1971。
〔註65〕參孫娟，〈《史記》感生神話與司馬遷表現藝術〉，北京：《唐都學刊》，第22
　　　　卷第3期，2006年5月，頁92。
〔註66〕林慶勳、竺家寧等編著，《文字學》（台北：國立空中大學用書，民國84年9
　　　　月初版），頁73。
〔註67〕〔漢〕鄭玄注，〔唐〕孔穎達等正義，《禮記正義・祭義》，《十三經注疏》〔清〕
　　　　阮元校勘，（上海：上海古籍出版社，1997年7月第1版），頁1601。
〔註68〕魯洪生，《讀懂《周易》》，（北京：中華書局，2008年7月初版），頁4。
〔註69〕〔漢〕鄭玄注，〔唐〕孔穎達等正義，《毛詩正義・大雅・綿》，《十三經注疏》
　　　　〔清〕阮元校勘，（上海：上海古籍出版社，1997年7月第1版），頁510。

龜，不易之道也。」〔註70〕都說明了古人對於卜筮的重視，對於建立國家、承受天命、創辦事業之時，更利用卜筮來助成其事。劉邦入沛時，父老們早就聽說劉季有種種奇怪的徵象，必當富貴，卜筮結果也顯示劉邦最具富貴命。《史記・高祖本紀》曰：

> 諸父老皆曰：「平生所聞劉季諸珍怪，當貴，且卜筮之，莫如劉季最吉。」〔註71〕

《漢書・高帝紀》則載：

> 諸父老皆曰：「平生所聞劉季奇怪，當貴，且卜筮之，莫如劉季最吉。」〔註72〕

由於卜筮所揭示的是天命神意，是溝通天人之間的手段。從前即使是聖人，在做重要的決定前，都要進行占卜。〔註73〕在豐沛起義成功的劉邦，地位與威望原本不如蕭何、曹參等老吏，先是故作姿態地推讓擔任縣令，後經過眾人一致表明的擁護，加上諸父老的說詞與卜筮的吉象，劉邦順利了當上了沛公。經過簡單的準備，舉行隆重的誓師典禮：祠黃帝、祭蚩尤、殺牲以血釁鼓，劉邦當著數千名起義的百姓面前，莊嚴地宣告了與秦皇朝戰鬥到底的決心，也開始了為締造大漢皇朝進行艱苦卓絕奮鬥的光輝起點。〔註74〕太史公藉「諸父老」之口，表達了對於劉邦卜筮最吉的看法，也預留下劉邦將來能成漢帝國創建者的伏筆。

第二節　《史記》其它篇章中有關劉邦的神異事蹟

除了《史記・高祖本紀》與《漢書・高帝紀》中，記載大量有關劉邦的神異事蹟之外，在《史記》其它篇章，亦有多處記載高祖劉邦神異之事，分述如下：

一、望氣成龍

除了秦始皇認為「東南有天子氣」，項羽身邊重要的謀臣范增也有同感。

〔註70〕《史記・龜策列傳》卷一百二十八，頁3223。
〔註71〕《史記・高祖本紀》，卷八，頁350。
〔註72〕《漢書・高帝紀》卷一，頁10。
〔註73〕陳桐生，《中國史官文化與史記》，頁164。
〔註74〕安作璋、孟祥才，《漢高帝大傳》，頁78。

范增知劉邦貪財好色，而當劉邦入咸陽時，珍物無所取，婦女無所幸，可知劉邦的動機不單純，最主要是還是范增看出劉邦有天子之氣。《史記・項羽本紀》曰：

> 范增說項羽曰：「沛公居山東時，貪於財貨，好美姬。今入關，財物
> 無所取，婦女無所幸，此其志不在小。吾令人望其氣，皆爲龍虎，
> 成五采，此天子氣也。急擊勿失。」〔註75〕

太史公記載高祖的「天子氣」，除了經由呂后正面說出，還由反面、側面反映之，陪襯之。經由秦始皇說出：「東南有天子氣」，這還不夠，又從范增之口說出，劉邦的天子氣呈龍虎五彩瑞相。這些都是隱寓高祖之成功，有其先天的條件。〔註76〕此處太史公藉范增之語說明了劉邦所居之處的天子氣，一片片都成爲龍虎的五彩形象，也就是做皇帝的徵兆。事實上，〔日〕人瀧川資言在《史記會注考證》中即指出「皆爲龍虎」三句，是史家假託之也，亞父恐無此言。〔註77〕

秦漢之際，受到陰陽學家鄒衍〔註78〕學說的影響，認爲王朝的興衰可以從「機祥」上看出，帝王應天受命，上天事先會降下祥瑞〔註79〕，《呂氏春秋》亦云：「凡帝王者之將興也，天必先見祥乎下民。……黃帝曰：『土氣勝！』，土氣勝，故其色尚黃，其事則土。……代火者必將水，天且先水氣勝。水氣勝，故其色尚黑，其事則水。」〔註80〕反應出太史公也受陰陽家學說的影響，但他主張帝王應通過修德來挽回天命或改變天命。〔註81〕劉邦的天子氣實是人爲營造的，其工於心計，非常人所能及，甚至連秦始皇及范增的話都被其所用，可看出其刻意僞造天意老謀深算的作風，目的是使人甘心附合，壯大其聲勢，以爲其爭取最後的勝利。

〔註75〕《史記・項羽本紀》卷七，頁311。
〔註76〕參徐文珊，《史記評介》，頁117～118。
〔註77〕〔日〕瀧川龜太郎，《史記會注考證》，頁140。
〔註78〕《漢書・藝文志》於陰陽家錄有《鄒子》四十九篇和《鄒子終始》五十六篇，現均已不存。鄒衍學說的思想，其核心是「五德轉移」。參顧實撰，《漢書藝文志講疏》，（台北：廣文書局，民國59年11月初版），頁134～135。
〔註79〕陳桐生，《《史記》與諸子百家之學》，頁163。
〔註80〕〔漢〕高誘注，《呂氏春秋・有始覽・名類》卷十三，（台北：藝文印書館，民國98年10月初版四刷），頁291。
〔註81〕參陳桐生，《儒家經傳文化與史記》（台北：洪葉文化，2002年9月初版），頁131。

二、沛公殆天授

　　張良原是立志爲韓復仇的亡國貴族青年，自得圯上老人《太公兵法》後十年，本來是要投奔景駒，但與劉邦相會後，張良數以《太公兵法》說沛公，沛公善之，也促成了張良與劉邦的定交之始〔註82〕。因爲張良對別人說《太公兵法》都無人能懂，惟有劉邦善之，故張良認爲劉邦具有「天授」英明的才華。《史記・留侯世家》云：

　　　　良數以《太公兵法》說沛公，沛公善之，常用其策。良爲他人言，
　　　　皆不省。良曰：「沛公殆天授。」故遂從之，不去見景駒。〔註83〕

蘇軾在〈留侯論〉中認爲，高祖勝項羽的原因在於能忍，而高祖能忍以成大事，實得力於張良教之也。〔註84〕而張良爲劉邦策劃，政略多於軍謀，戰略多於戰術。〔註85〕〈留侯世家〉贊則云：「高祖離困者數矣，而留侯常有功力焉，豈可謂非天乎？」〔註86〕太史公無法解釋劉邦爲何常能得力於張良脫困，只好以懷疑的口吻說「豈可謂非天乎？」，劉邦應是有「天授」，才能轉危爲安。

　　類似「天授」之意的說法，在《史記・淮陰侯列傳》之中，也曾被提及。〔註87〕韓信不僅是一位能指揮百萬之軍，「戰必勝，攻必取」〔註88〕的軍事指揮家，也是助劉邦最後擊滅項羽，創建漢家天下的主要功臣。太史公曾評論韓信曰：「楚人迫我京索，而信拔魏、趙，定燕、齊，使漢三分天下有其二，以滅項籍。」〔註89〕當韓信被人舉發欲造反，被劉邦降爲淮陰侯後，在和劉

〔註82〕　〔清〕司馬遷原著，〔清〕姚苧田選評，《史記菁華錄》，頁72。
〔註83〕　《史記・留侯世家》卷五十五，頁2036。
〔註84〕　「觀夫高帝之所以勝而項籍之所以敗者，在能忍與不能忍之間而已矣。項籍惟不能忍，是以百戰百勝而輕用其鋒，高祖忍之，養其全鋒而待其弊，此子房教之也。」引自姚鼐輯，王文濡評校，《古文辭類纂評註》〈卷四〉，論辨類四，（台北：華正書局，民國71年5月初版），頁178。
〔註85〕　賴漢屏，《史記評賞》，頁50。
〔註86〕　《史記・留侯世家》卷五十五，頁2049。
〔註87〕　《史記・淮陰侯列傳》云：「上常從容與信言諸將能不，各有差。上問曰：『如我能將幾何？』信曰：『陛下不過能將十萬。』上曰：『於君何如？』曰：『臣多多而益善耳。』上笑曰：『多多益善，何爲爲我禽？』信曰：『陛下不能將兵，而善將將，此乃信之所以爲陛下禽也。且陛下所謂天授，非人力也。』」參《史記・淮陰侯列傳》卷九十二，頁2628。
〔註88〕　《史記・高祖本紀》卷八，頁381。
〔註89〕　《史記・太史公自序》卷一百三十，頁3315。

邦閒聊談論「將兵、將將」才華時,除了認為高祖善於「將將」外,又說:「且陛下所謂天授,非人力也。」韓信的軍事才能優於劉邦,卻因被誣謀反,君臣兩失,高祖猜忌,韓信戀功而不謙退,終於導致矛盾步步升級,演繹為悲劇。〔註90〕〈酈生陸賈列傳〉中,也補充了劉邦具有「天授」的說法,酈生說齊王曰:

> 夫漢王發蜀漢,定三秦;涉西河之外,援上黨之兵;下井陘,誅成安君;破北魏,舉三十二城;此蚩尤之兵也,非人之力也,天之福也。〔註91〕

陸賈對尉他曰:

> 然漢王起巴蜀,鞭笞天下,劫略諸侯,遂誅項羽滅之。五年之間,此非人力,天之所建也。〔註92〕

酈生與陸賈同樣的都認為一切非人的力量所能及之事,不屬於人事範圍者,皆可以歸之「天」。劉邦的一切成就都在天意安排之中,既然是天意所安排,那麼人力也無法左右,同時歷史規律也範圍不住,司馬遷似乎有意凸顯高祖這方面的氣象,甚至在其病危辭退御醫時,仍以漫罵的口吻說:「吾以布衣提三尺劍取天下,此非天命乎?命乃在天,雖扁鵲何益!」〔註93〕他對自己平民身份打下江山,頗為自豪,認定他的生死都取決於天意,即便是神醫扁鵲復生,也無回之力。所以,他拒絕醫生施治,賜予黃金五十斤,發遣醫生回去。個人生死已無關江山安危,所以劉邦可以利用最後的機會,向世人顯示他的豪爽大度、落拓不羈的性格。雖說有矯意做作之嫌,倒也真有些英雄暮年的悲壯之氣。〔註94〕由此可見,張良、韓信、酈生、陸賈與劉邦本人,都認為劉邦的成就與命運均是來自於天授。

三、五星聚東井

《史記・天官書》提供了許多天官知識,也列數了多種星象變化,司馬

〔註90〕 張大可、徐日輝,《張良蕭何韓信傳》,(南京:南京大學出版社,2002 年 5 月第 1 版),頁 304〜308。

〔註91〕 《史記・酈生陸賈列傳》卷九十七,頁 2695。

〔註92〕 《史記・酈生陸賈列傳》卷九十七,頁 2697。

〔註93〕 王文顏,〈司馬遷筆下的高祖形象〉,《孔孟月刊》,第 27 卷第 12 期,民國 78 年,頁 27〜35。

〔註94〕 孫家洲,《劉邦與漢初三傑》,(西安:陝西人民出版社,2008 年 7 月第 1 版),頁 59。

遷繼承了成熟於戰國時期的星象之學，在某種意義上可以稱作一種軍事天文預測學。〔註95〕〈天官書〉本身也是一部占星著作，這其中的奧秘在於司馬遷要捍衛天命的崇高性，維護天官的純潔性。司馬遷認爲，天命意志通過日月星辰等自然天象向人間傳遞信息，因此占星術對於了解天命是完全必要的。〔註96〕

　　劉邦初入關，出現五大行星會聚於井宿的天象。《史記‧張耳陳餘列傳》云：

> 漢王之入關，五星聚東井，東井者。秦分也，先至必霸。楚雖彊，後必屬漢。〔註97〕

東井是秦的分野。關西正是秦地，劉邦進了咸陽，天上的五星聚於東井，這是得天下的徵兆。對於劉邦建國時期的史實，〈天官書〉中進一步指出「漢之興，五星聚于東井。平城之圍，月暈參、畢七重。」〔註98〕司馬遷出身於史官世家，古代的史官同時身兼占卜視日等工作，占星術等迷信思想的世代流傳，不能不給予他實際的影響。〔註99〕從這些星象的例子可以看出，劉邦在建國的過程，天上星象都預先告示，星變「與政事俯仰，最近天人之符」。〔註100〕同時也帶有受命之符的意味，劉邦後來果眞所向披靡，最後登上了皇帝的寶座。

　　事實上，司馬遷是個治學嚴謹的史官，在動筆寫《史記》之前，曾對史料作過認眞地篩選和辨證，在描述自然異常的記載後，或記載其在人事上的回應，或描述其在因果上的應驗，始終不忘文字上的照應交代。〔註101〕以現代人的眼光來看待星象，這些都是屬於自然現象，但在二千多年前尚未進入科學的時代，司馬遷以其天官知識，具體指點人們如何從天上星象而預測人事，它的重點是放在天人感應之上，同時強調帝王必須重視占星術，通過占星術來把握天人感應關係。〔註102〕

〔註95〕王子今，《史記的文化發掘》，頁327。
〔註96〕陳桐生，《中國史官文化與史記》，頁198。
〔註97〕《史記‧張耳陳餘列傳》卷八十九，頁2581。
〔註98〕《史記‧天官書》卷二十七，頁1348。
〔註99〕楊燕起，《〈史記〉的學術成就》，頁199。
〔註100〕《史記‧天官書》卷二十七，頁1351。
〔註101〕參袁達，〈《史記》的志怪和司馬遷的思想〉，頁1～2。
〔註102〕陳桐生，《中國史官文化與史記》，頁158～159。

四、睢水亡命

　　司馬遷認為，劉邦在勇力方面是不及項羽的，但在謀略上則遠勝項羽。〔註103〕〔清〕王鳴盛則認為劉邦是靠著項羽破秦兵於鉅鹿，才有機會入關，是以鬥智戰勝項羽。〔註104〕漢二年四月，項羽與劉邦大戰於彭城附近之睢水上，漢軍大敗，項羽圍之三匝。《史記·項羽本紀》云：

> 項王乃西從蕭，晨擊漢軍而東，至彭城日中，大破漢軍……圍漢王三匝。於是大風從西北而起，折木發屋，揚沙石，窈冥晝晦，逢迎楚軍。〔註105〕

劉邦被重重包圍，情況非常危急，突然大風從西北起，折木伐屋，揚沙走石，天地昏暗，楚軍大亂。使劉邦得有機會帶數十萬兵逃走。〔註106〕儘管在戰場上劉邦處於劣勢，但老天爺似乎是眷顧著劉邦，在危急之秋，能夠藉著大風、揚沙石而逃過一劫。凌隆稚在《史記評林》對此事曾評論云：「漢王睢水之遁，實相之。淮陰謂陛下殆天授哉，而羽自謂天亡我，亦不可盡非之也。」〔註107〕由此，可看出太史公對於天意，有時是不完全否認的。

五、不宿柏人

　　趙國丞相貫高因怨恨劉邦對趙王無禮，想乘機刺殺劉邦，劉邦「過柏人」，因「柏人者，迫於人也」，連夜離去而躲過一劫，其警覺性之高，令人佩服，有學者認為此乃高祖疑人之佐證。〔註108〕此事記載於《史記·張耳陳餘列傳》：

〔註103〕施丁、廉敏編，《史記研究》，（北京：中國大百科全書出版社，2009 年 1 月第 1 版），頁 63。

〔註104〕《十七史商榷》載：「然當日若非羽破秦兵於鉅鹿，虜王離，殺涉間，……沛公安能入關乎？……沛公始終藉項之力以成事，而反噬項者也，故曰『吾能鬥智不鬥力』，其自道如此。若使夫子評之，必曰：『譎而不正』」。收錄於孫曉主編，《二十四史研究資料彙編·史記》第三冊，〔清〕王鳴盛，《綜考·十七史商榷·史記》卷二，頁 593；另參〔清〕王鳴盛撰，陳文和、王永平等校，《十七史商榷》卷二，頁 12。

〔註105〕《史記·項羽本紀》卷七，頁 321～322。

〔註106〕李威熊，〈創業的典範——劉邦〉《幼獅月刊》，第 48 卷第 6 期，民國 67 年 12 月，頁 13～17。

〔註107〕〔明〕凌稚隆輯校，〔明〕李光縉增補，《史記評林》卷八，頁 48。

〔註108〕王文顏，〈司馬遷筆下的高祖形象〉，頁 32。

漢八年，上從東垣還，過趙，貫高等乃壁人柏人，要之置廁。上過
欲宿，心動，問曰：「縣名爲何？」曰：「柏人。」「柏人者，迫於人
也！」不宿而去。〔註109〕

漢高祖八年，劉邦從東垣回京，路過趙地柏人縣，正準備在柏人過夜時，心
裡忽然有所動，而決定不留宿，而避免了一場災難。學者韓兆琦則認爲此事，
顯然爲後來附會之辭。〔註110〕

第三節　劉邦神異事蹟所代表之意義

　　劉邦得天下是「無土而王」，既沒有先公先君的積德，也沒有家世累代的
財力，而是提三尺劍以布衣取天下，在八年間就獲得了成功。司馬遷對於劉
邦能以一介平民，在數年之間建立西漢帝國，其成就超出歷史的規律，拈一
「天」字作結。劉邦的出身並不高貴，他的家庭也是平常。但是，由於他後
來做了皇帝，成就了令人炫目的基業，尤其是在劉邦登基前後，神化他的活
動愈演愈烈。諸如：蛟龍所生、身顯龍形、貴相不可言、赤帝斬蛇、天子氣、
五星聚東井……等等，有關高祖劉邦諸多的神異事蹟，從這些諸多有關劉邦
神異事蹟的探討中，可發現其中所代表的意義有以下幾點：

一、劉邦微時利用神異事蹟來提升本身政治實力

　　〈高祖本紀〉中對於劉邦微時的記載，可說是最具有神異事蹟的色彩。
大體可分爲三階段。第一階段爲劉邦「出世」與「相貌」。敘述其先劉媼夢與
神遇遂產高祖、及隆準而龍顏、左股有七十二黑子等等神奇之事。第二階段
爲「及壯，試爲吏、爲泗水亭長」。敘述劉邦常從王媼、武負貰酒，武負、王
媼見其上常有龍，怪之，……兩家常折卷棄責、及呂公善相，強調劉邦乃貴
人。第三階段爲「豐西亡匿至二世元年攻沛」。敘述赤帝斬蛇至高祖亡匿隱於
碭山澤岩石之間，劉季上所居上常有雲氣，沛中子弟或聞之，多欲附者。從
表面上看此三階段，劉邦微時確是降世人間的「眞龍天子」，有學者據此認爲

〔註109〕《史記・張耳陳餘列傳》卷八十九，頁2583～2584。此事〈高祖本紀〉亦有
　　　　記載，〈高祖本紀〉云：「高祖之東垣，過迫人，趙相貫高等謀弑高祖，高祖
　　　　心動，因不留。」見《史記・高祖本紀》，頁386。
〔註110〕〔漢〕司馬遷原著，韓兆琦注譯，《新譯史記》〈高祖本紀〉卷八，注釋73，
　　　　（台北：三民書局，2008年2月初版），頁531。

司馬遷在宣揚天命，其實這反映的是漢室對自己崛起歷史的神化，而不是太史公的本意。〔註111〕

劉邦是楚人，楚地在漫長的發展過程中，形成了隆祭祀、事鬼神的文化傳統。《國語·楚語下》載：「民以物享，禍災不至，求用不匱」，〔註112〕「祀，所以昭孝息民、撫國家、定百姓也，不可以已。」〔註113〕這是觀射父答復楚昭王的詢問之辭。從上所引，可看出被統治者的平民，如果注重祭祀，則可以避免災禍，增加收入，甚至不慮匱乏。站在統治階級的立場言，祭祀不但可以安撫國家，也可以消除貴族內部的矛盾和一般平民的不滿。〔註114〕這些好處，正呼應了觀射父所做的結論：「其誰敢不戰戰兢兢以事百神？」〔註115〕生長於楚的劉邦，對於楚好鬼神之風俗，自然根植在深層意識之中。〔註116〕《史記·封禪書》云：「吾甚重祠而敬祭，今上帝之祭及山川諸神當祠者，各以其時禮祠之如故。」〔註117〕劉邦的重祠敬祭，正說明了其骨子裡實保存著楚人好鬼神之事的遺風。李長之則舉語言、風俗習慣、楚歌、楚舞、漆畫藝術……等例子，直接指出：「漢的文化並不接自周、秦，而是接自楚，還有齊。原來就政治上說，打倒暴秦的是漢；但就文化上說，得到勝利的乃是楚。」〔註118〕

劉邦本人出身平民，在秦時任過亭長。他的功臣集團大多出身低微，除了張良家世高貴以外，其餘多為所謂「亡命無賴之徒，立功以取將相」〔註119〕者。趙翼《廿二史箚記》載：

> 漢初諸臣，惟張良出身最貴，韓相之子也。其次則張蒼，秦御史；叔孫通，秦待詔博士。次則蕭何，沛主吏掾；曹參，獄掾；任敖，

〔註111〕參王堯，〈司馬遷與微時劉邦〉，（河南：《南陽師範學院學報》，2006年11月，第5卷第11期），頁72。

〔註112〕易中天注釋，《新譯國語讀本》，（台北：三民書局，1995年11月初版），頁452。

〔註113〕易中天注釋，《新譯國語讀本》，頁455。

〔註114〕文崇一，《楚文化研究》，（台北市：東大圖書，民79年4月初版），頁200。

〔註115〕易中天注釋，《新譯國語讀本》，頁456。

〔註116〕參張強，《司馬遷術思想探想》，頁6～7。

〔註117〕見《史記·封禪書》卷二十八，頁1378。

〔註118〕參李長之，《司馬遷之人格與風格》，頁2～4。

〔註119〕〔清〕趙翼撰，《廿二史箚記》卷二。收錄於孫曉主編，《二十四史研究資料彙編·史記》第三冊，〔清〕趙翼，《綜考·廿二史箚記·史記》卷二，頁631；另參趙翼撰，王樹民校證：《廿二史箚記校證》卷二，頁36。

　　獄吏；周苛，泗水卒史；傅寬，魏騎將；申屠嘉，材官。其餘陳平、
　　王陵、陸賈、酈商、酈食其、夏侯嬰等，皆白徒。樊噲則屠狗者，
　　周勃則織薄曲吹簫給喪事者，灌嬰則販繒者，婁敬則輓車者，一時
　　人才皆出其中，致身將相，前此所未有也。〔註120〕

據是，劉邦微時並無任何憑藉，地位與威望原本也不如蕭何、曹參等老吏，
加上本身受楚文化的影響，為要建立一個新王朝，首先必須堅定人民對新王
朝的信念。

　　秦末局勢的混亂，引起中國古代農民第一次大規模反對封建王朝的戰
爭。從豐西縱徒到奪取沛縣，劉邦在這兩年多時間的活動，主要是在芒碭山
製造輿論、積聚力量、等待時機，為起兵反秦做準備工作。劉邦微時則利用
本身的神異事蹟，進行輿論宣傳，收到了很好的效果。一是擴大了影響，史
稱「沛中子弟或聞之，多欲附者矣」。二是在豐沛起兵時發揮了重要作用。〔註
121〕同時也反應出漢室對自己崛起歷史的神化，積極地將王朝附會於神權，使
人民對王朝的信念堅定不移。就劉邦本身而言，則是利用群眾迷信的心理來
提高自己的威望，壯大聲勢，博得群眾之信仰，以及天下游士之景從，提高
自己本身的政治實力。

　　值得注意的是，劉邦利用神異事蹟提升本身政治實力的作法，在當時可
說是爭取民心，發動群聚的最佳方式，並對後世產生了深遠的影響。其後這
種利用迷信製造輿論、發動群聚的鬥爭方式，便經常為古代的農民起義及改
朝換代的開國帝王所採用。〔註122〕如《魏書·帝紀》曰：「太祖道武皇帝，……
母曰獻明賀皇后，初因遷徒，游於雲澤，既而寢息，夢日出室內，寤而見光
自牖屬天，欻然有感。」《遼史》云：「太祖大聖大明神烈天皇帝……德祖皇
帝長子，母曰宣簡皇后蕭氏。唐咸通十三年生。初，母夢日墮懷中，有娠，
及生，室有神光異香，體如三歲兒，即能匍匐。」《元史》記載：「其十世祖
孛端義兒，母曰阿蘭果火，……阿蘭寡居，夜寢帳中，夢白光自天窗中入，
化為金色神人，來趨臥榻。阿蘭驚覺，遂有娠，產一子，即孛端義兒也。」

〔註120〕〔清〕趙翼撰，《廿二史箚記》卷二。收錄於孫曉主編，《二十四史研究資料
　　　　彙編·史記》第三冊，〔清〕趙翼《綜考·廿二史箚記·史記》卷二，頁631。
〔註121〕參劉磐修，〈從芒碭到豐沛：漢高祖劉邦起兵發微〉，（徐州：《安徽史學》，2008
　　　　年第5期），頁12～15。
〔註122〕參劉磐修，〈從芒碭到豐沛：漢高祖劉邦起兵發微〉，頁13。

等等。〔註123〕可說都是受劉邦製造神話奪取帝王位置的合理理論與社會基礎有關，而劉邦則是利用這一方式最成功的首創者。

二、肯定「天命」的存在，更強調「人為」的作用

中國自古即對「天命」極為崇信。太史公在〈高祖本紀〉中，記載了漢高祖為蛟龍所生、身顯龍形、貴相不可言、赤帝斬蛇、天子氣……等大量的神異事蹟，似乎是肯定「天命」的存在。〔註124〕在〈五帝本紀〉、〈夏本紀〉、〈殷本紀〉、〈周本紀〉、〈秦本紀〉中，亦說明了堯命舜代理天子、禹受天命為夏朝開國君王、契為商的始祖、后稷誕生的神話、舜預言秦將統一六國，透過這些記錄，太史公以為上古三代至秦都是受命於天而王，任何人為的努力也無法改變這命定的大勢。〔註125〕但其在〈六國年表〉序中說：「論秦之德義不如魯衛之暴戾者，量秦之兵不如三晉之彊，然卒并天下，非必險固便形執利也，蓋若天所助焉。」〔註126〕卻表現了他對「天命」的困惑。〔註127〕在〈伯夷列傳〉中，太史公更表現出對「天命」產生的懷疑，該文敘述了太史公所深為敬仰的伯夷、叔齊「義不食周粟」〔註128〕，終於餓死首陽山的悲慘結局後，司馬遷發出了一段深沈而又憤懣的詰問：

> 或曰：「天道無親，常與善人」，若伯夷、叔齊可謂善人者非邪？積仁絜行如此而餓死，且七十子之徒，仲尼獨薦顏淵為好學，然回也屢空，糟糠不厭，而卒蚤夭。天之報施善人，其何如哉？盜跖日殺不辜，肝人之肉，暴戾恣睢，聚黨數千人，橫行天下，竟以壽終，是遵何德哉？此其尤大彰明較著者也。若至近世，操行不軌，專犯忌諱，而終身逸樂，富厚累世不絕。或擇地而蹈之，時然后出言，行不由徑，非公正不發憤，而遇禍災者，不可勝數也，余甚惑焉。〔註129〕

〔註123〕引孫娟，〈《史記》感生神話與司馬遷表現藝術〉，頁93。

〔註124〕近人楊大忠在其論文〈《史記》西漢史中天命神怪思想初探〉中，粗略的統計，共有290處關於天命神怪的思想。楊大忠載見《船山學刊》，2006年第2期，頁64～66。

〔註125〕參李秋蘭，〈《史記》敘事之書法研究〉，國立成功大學中國文學系博士論文，民國97年，頁20～24。

〔註126〕《史記·六國年表》卷十五，頁685。

〔註127〕張大可，《司馬遷評傳》，（南京：南京大學出版社，1994，6月第1版），頁279。

〔註128〕《史記·伯夷列傳》卷六十一，頁2123。

〔註129〕《史記·伯夷列傳》卷六十一，頁2124～2125。

太史公考察了歷史和現實中許多志士仁人與陰歹惡徒的不同命運後，對「天道」產生了懷疑，對其不公給予了譴責。〔註130〕事實上，太史公心目中的天所加於人的影響，只是一種神秘之力所加於人的影響，不能以人的理性加以解釋，並且站在太史公的立場，正因爲感到歷史中有一種不能用人的理性加以解釋的力量，給人類歷史以巨大影響，他才稱之爲天。〔註131〕對此，宋王應麟引《史通》之言，即反駁天命實乃悖理矣：

> 太史公曰：「天方令秦平海內，其業未成，魏雖得阿衡之佐，曷益乎？」
>
> 《史通》曰：「論成敗者當以人事爲主，必推命而言則其理悖矣！」
>
> 〔註132〕

太史公一方面在強調天命的作用，一方面又認爲人並非完全是受天操縱的玩偶，天亦並非完全是神秘的異己力量，在〈高祖本紀〉中，即清楚地說明了「天命」實不能支配人謀。〈高祖本紀〉云：

> 夫運籌策帷帳之中，決勝於千里之外，吾不如子房。鎮國家，撫百姓，給饋餉，不絕糧道，吾不如蕭何。連百萬之軍，戰必勝，攻必取，吾不如韓信。此三者，皆人杰也，吾能用之，此吾所以取天下也。項羽有一范增而不用，此其所以爲我擒也。〔註133〕

太史公借由劉邦之口，清楚明白地說明了劉邦得天下是他善於用人的結果。天意不能支配歷史的變遷，同樣不能支配個人的禍福。〔註134〕對於「人爲」的作用，在〈項羽本紀〉中看得更清楚，項羽將自己「五年卒亡其國，身死東城」〔註135〕的敗因歸罪於天，認爲「天亡也，非用兵之罪也」，〔註136〕對此，王鳴盛云：「項王之失不在粗疏無謀，乃在苛細、多猜疑、不任人。」〔註137〕太史公則毫不含糊地從客觀立場，對項羽敗因，作歷史總結：認爲項羽「背

〔註130〕王珍珍，〈在有所爲與有所不爲之間——略論司馬遷的天命觀〉，合肥：《科教文匯》，2008年04期，頁172。

〔註131〕徐復觀，《兩漢思想史》卷三，頁324。

〔註132〕〔宋〕王應麟，《困學紀聞》卷十一。收錄於孫曉編，《二十四史研究資料彙編・史記》第二冊，〔宋〕王應麟，《綜考・困學紀聞・史記》卷十一，頁663。

〔註133〕《史記・高祖本紀》卷八，頁381。

〔註134〕張大可，《司馬遷評傳》，頁283。

〔註135〕《史記・項羽本紀》卷七，頁339。

〔註136〕《史記・項羽本紀》卷七，頁339。

〔註137〕〔清〕王鳴盛，《十七史商榷》卷二。收錄於孫曉主編，《二十四史研究資料彙編・史記》第三冊，〔清〕王鳴盛，《綜考・十七史商榷・史記》卷二，頁592。

關懷楚，放逐義帝」、「自矜功伐」、「奮其私智」、「不師古」、「欲以力征經營天下」〔註138〕等作為，是其敗亡的主因。從而明確地告訴世人：項羽失敗的責任不在天，而在人，是由項羽本人的種種錯誤所招致。〔註139〕

據此，太史公對於「天命」的詮釋，在面對不同的人物或局勢時，有著不同的解讀。值得注意的是，太史公雖肯定「天命」存在，但他主要的思想傾向不是深信，而是懷疑。反映在《史記》中，所表現的二元論，事實上，講「天命」只是表面文章，強調「人為」才是重點。〔註140〕神異事蹟與「天命」之助，雖然可助劉邦提升其政治實力與說明何以能布衣提三尺劍取天下，但在歷史的真實面，劉邦的成功，不是光靠神異事蹟即可稱王而建漢帝國，而是有著更多「人為」的力量在左右局勢的改變。李長之曾說：「天人之際是什麼？用現在的話講，就是客觀力量和主觀行為的消長結果。」〔註141〕換句話說，除了客觀形勢、歷史條件、天命說等外在的客觀力量之外，最重要的是主觀行為，即是「人為」的作用。二者相輔相成，才能創造新的時代與局勢。

三、劉邦的神異事蹟是《史記》的藝術創作

《史記》的史料多來自《五帝德》、《帝繫姓》、《尚書》、《詩經》、《左傳》、《國語》、《戰國策》、《楚漢春秋》、《世本》以及其他「史記石室金匱之書」，〔註142〕但是史家在史料的取捨上是有他的指導思想的，因而被司馬遷寫進《史記》中的許多史料，基本上能夠代表司馬遷的思想傾向。〔註143〕照理而言，《史記》中記載的史料應該都是可信的。可是事實上卻不盡然。相反的，《史記》中卻存在大量並非實錄的史料，這些「非實錄」的史料，根據大陸學者張宇的研究，大致有具神話色彩與不符合史實等兩種，然而並非實錄的史料與「實錄」相互矛盾，它們是統一的，這其中蘊涵著司馬遷的神仙信仰，天命觀念，而這些都是融入到當時的生死觀中。〔註144〕另一大陸學者張筠也持類似的看

〔註138〕《史記‧項羽本紀》卷七，頁339。
〔註139〕周先民，〈司馬遷的史傳文學世界〉，頁136。
〔註140〕張大可，《司馬遷評傳》，頁284。
〔註141〕李長之，《司馬遷之人格與風格》，頁224。
〔註142〕《史記‧太史公自序》卷一百三十，頁5136。
〔註143〕陳桐生，《中國史官文化與史記》，頁146。
〔註144〕參張宇，〈淺析《史記》存在大量非實錄史料之原因〉，《福建教育學院學報》，2008年第7期，頁53～55。

法；就〈高祖本紀〉而言，採神話材料入史，與太史公的求實精神並不相悖。
張氏認爲：「隨著兩漢讖緯神學的興起，歷史人物神話的傾向昌熾一時。漢統
治者假天命以推行自己的人欲，爲了證明自己是天命攸歸，於是竭力爲自己
尋找高貴的血統和神怪的來源，從而把自己變成上帝在人間的代理人，以建
立其在愚昧人民中之最高信仰。隨即神化劉邦以寵神其祖的趨勢就此蔓延開
來。」〔註145〕這兩位學者所論，均合乎太史公本意，應無大誤。從文獻整理
和運用的角度來看，《史記》實錄最主要的特點是以事實爲依據記述歷史。由
於司馬遷在搜集和運用資料時有嚴格的選擇標準，除傳說時代以外，其所記
述的內容都是以可靠的歷史資料所反映的一定歷史事實爲基礎的。〔註146〕他
認爲黃帝以前的傳說不合經傳，不可相信，因而刪去了大量的神話故事。經
過這樣的甄別，寫入《史記》的神怪，起碼是符合作者的標準，作者起碼是
相信的。司馬遷在寫了神怪本事後，或記載其在人事上的回應，或描述其在
因果上的應驗，始終不忘文字上的照應交代。〔註147〕

　　但《史記》畢竟不是單純的歷史材料的編次，在匯集資料的基礎下，有
作者依託歷史而進行材料的創作，這種創作主要體現爲合理的想象與構思。〔註
148〕《史記》有時也將傳說、神話當作史料記載下來，如〈周本紀〉中有沿襲
《詩經・大雅・生民》篇姜嫄生后稷的記敘，充滿了神話色彩。〈高祖本紀〉
寫劉媼與龍交而生高祖、高祖斬蛇、老嫗夜哭、赤帝斬白帝等，明顯地看出
這些傳說、神話是「姑且存之」、「以疑存疑」，記載這些傳說、神話，旨在說
明這些傳說、神話在當時的存在，所以並不損害《史記》的實錄本質。〔註149〕

　　換句話說，在歷史眞實的基礎上，進行必要合理的想象與構思是《史記》
創作的基本原則之一，因此，在《史記》中爲描寫人物的特點或帝王出身的
背景時，可以看到一些誇大傳說、構思神異事蹟的細節，如果以文學家的眼
光看，這又是極自然的事。另一方面，從殷周以來漢民族迷信風俗的影響，
漢代統治思想的影響，無孔不入的傳統習慣的影響，嚴格的正統教育，都爭
相在司馬遷的思想上尋找結合點，最後形成一股強大的黏合力，牽引著司馬

〔註145〕張筠，〈從對漢高祖的神話材料的處理看司馬遷的歷史觀〉，《康定民族師範高
　　　　等專科學校學報》，2001 年第 2 期，頁 77～80。
〔註146〕楊燕起，《史記》的學術成就》，頁 81。
〔註147〕袁達，〈《史記》的志怪和司馬遷的思想〉，頁 2。
〔註148〕楊樹增，《史記藝術研究》，頁 165。
〔註149〕楊樹增，《史記藝術研究》，頁 173。

遷。這種思想一旦在他的頭腦中形成，就會積澱到他的潛意識中，形成一種心理定勢，不知不覺地流露到他的撰作中，這就是《史記》中神怪描寫產生的根源。〔註150〕如此看來，劉邦的神異事蹟可說是《史記》的藝術創作手法，而非關實錄的本質。

四、班固之「宣漢」思想

比對《漢書·高帝紀》與《史記·高祖本紀》，可發現班固在〈高帝紀〉中，考出一個漢氏的世系來。全文如下：

> 贊曰：《春秋》晉史蔡墨有言，陶唐氏既衰，其後有劉累，學擾龍，事孔甲，范氏其後也。而大夫范宣子亦曰：「祖自虞以上爲陶唐氏，在夏爲御龍氏，在商爲豕韋氏，在周爲唐杜氏，晉主夏盟爲范氏。」范氏爲晉士師，魯文公世奔秦。後歸於晉，其處者爲劉氏。劉向云戰國時劉氏自秦獲于魏。秦滅魏，遷大梁，都于豐，故周市說雍齒曰：「豐，故梁徙也」。是以頌高祖云：「漢帝本系，出自唐帝。降及于周，在秦作劉。涉魏而東，遂爲豐公。」豐公，蓋太上皇父。其遷日淺，墳墓在豐鮮焉。及高祖即位，置祠祀官，則有秦、晉、梁、荊之巫，世祠天地，綴之以祀，豈不信哉！由是推之，漢承堯運，德祚已盛，斷蛇著符，旗幟上赤，協于火德，自然之應，得天統矣！〔註151〕

據此，班固爲了尊漢，竟將高祖的身世誇張上推至「漢帝本系，出自唐帝」，又從「漢承堯運，德祚已盛，斷蛇著符，旗幟上赤，協于火德，自然之應，得天統矣！」中，實看不出班固有通變古今之精神，只能看出本於五德終始說的尊漢之意。

五、小結

綜上所述，可看出劉邦微時的神異事蹟，實爲史、班或劉邦與後人編造、杜撰或穿鑿附會所生。目的是建立起劉邦本身的人脈，爲後來的政局發展取得優勢。值得注意的是，劉邦雖借由神異事蹟提升本身的政治實力，但有著更多「人爲」的力量左右局勢的改變。同時可知太史公雖肯定「天命」的存

〔註150〕袁達，〈《史記》的志怪和司馬遷的思想〉，頁4。
〔註151〕《漢書·高帝紀》卷一下，頁81～82。

在，但更強調「人為」的價值。再者，太史公撰寫《史記》，受到本身思想、時代背景與創作手法等因素的影響，在探討有關劉邦諸多的神異事蹟之際，可發現這是太史公創作《史記》的手法，亦可謂是太史公的「一家之言」。通過以上論述，吾人應可對劉邦的神異事蹟的發生，有更多的理解與認識

第參章　漢高祖劉邦與儒家文化

　　正如第一章所述，目前有關劉邦的研究，多半偏向劉邦個人特質或劉邦集團方面的探討。在學術思想方面，所論不多，即使少數注意及此者，亦多偏向單篇章節的論述，而忽略漢高祖政權下的學術思想，以及對其政權下之思想、文化所產生的影響。漢承秦制，反映在思想文化的領域裡，即為對先秦時期的子學思潮，與戰國末年總結諸子百家之學的繼承和發揚。各家之中，尤以儒家與道家為盛，故本論文所關注之漢高祖政權下的學術思想，即以此兩家為主，期能將漢高祖與儒家文化、黃老文化之間的脈絡關係，做進一步的探討與詮譯，以補前人研究不足之憾。本章將就漢高祖的文化水平、漢高祖對儒家文化態度的轉變、陸賈《新語》中的儒學思想三大旨題，析述漢高祖劉邦與儒家文化的脈絡關係。

第一節　漢高祖的文化水平

　　在《史記》文本中，漢高祖劉邦有許多「好罵」、「無禮」的形象，對於儒者更是輕視與傲慢，而在「好罵」、「無禮」草莽行為的背後，劉邦本人是否真是不學無術的莽夫？從其家庭狀況、與同鄉盧綰壯俱學書、曾任泗水亭長的職務、寫給太子的〈手敕太子文〉、及生前的作品來看，應可解除其中謎惑。其次闡述其重用儒生酈食其、發出〈求賢詔〉、並命陸賈作《新語》、叔孫通制定朝儀、「商山四皓」輔佐太子、太宰祀孔子等事件，可知其對儒家文化態度上前後有所的轉變。

一、漢高祖劉邦的草莽行爲

在《史記》記載漢初功臣的世家與列傳之中，記錄著高祖劉邦許多草莽行爲的史料，顯示出劉邦「好罵」與「無禮」，對於儒者更是輕視與傲慢，不禁讓人想及劉邦的文化水平到底如何？《史記‧高祖本紀》中雖無正面記述其「學歷」的文字，但從相關史料中，可發現他確實讀過書。

其一、漢三年，項羽圍漢王於滎陽，酈食其建議復立六國後世以弱楚，張良借箸進言，一口氣提出八不可，[註1]諫阻了劉邦用酈食其之計謀。〈留侯世家〉載：

> 漢王輟食吐哺，罵曰：「豎儒，幾敗而公事！」令趣銷印。[註2]

劉邦在聽取張良勸阻後，立即大罵酈食其出的餿主意。索隱案：豎者，僮僕之稱。沛公輕之，以比奴豎，故曰「豎儒」也。[註3]事實上，酈食其初被引見沛公時，劉邦正坐在床上洗足，酈食其爲激怒沛公的無禮，曰：「足下欲助秦攻諸侯乎？且欲率諸侯破秦也？」[註4]沛公當時開口即罵曰：「豎儒！」顯示出劉邦對儒者的輕視。

其二、蕭何幫助高祖劉邦起義，其後高祖始終視蕭何爲左右手，面對這位忠心耿耿的老戰友，在情急之下，高祖也忍不住要破口大罵。〈淮陰侯列傳〉載：

> 至南鄭，諸將行道亡者數十人，信度何等已數言上，上不我用，即亡。何聞信亡，不及以聞，自追之。人有言上曰：「丞相何亡。」上大怒，如失左右手。居一二日，何來謁上，上且怒且喜，罵何曰：「若亡，何也？」何曰：「臣不敢亡也，臣追亡者。」上曰：「若所追者誰何？」曰：「韓信也。」上復罵曰：「諸將亡者以十數，公無所追，追信，詐也。」[註5]

[註1] 按：張良所提八不可，並非完全並列，有些本可合併；司馬遷卻故意分列爲八，原因在於：這不是事前從容推敲之辭，難免一語重出，分合失當；再者，「八難」一口氣問下去，更能表現張良的滔滔辭令和急於諫阻劉邦行此下策的迫切心情。清顧炎武《菰中隨筆》云：「留侯藉（借）前箸爲漢王言八不可，實無八件，正是一時口頭語，今千載以下，如見當日設問光景。若後人作文，必加並省（合併、省略），便失神矣！」顧氏所言，可謂讀出了司馬遷爲張良繪影寫心的文外波瀾。參賴漢屏著，《史記評賞》，頁59～60。

[註2]《史記‧留侯世家》卷五十五，頁2041。

[註3]《史記‧酈生陸賈列傳》卷九十七，頁2693。

[註4]《史記‧酈生陸賈列傳》卷九十七，頁2692。

[註5]《史記‧淮陰侯列傳》卷九十二，頁2611。

太史公在此特別強調高祖的一罵、再罵的情節，其用意或許在於顯示高祖對
蕭何的依重，但也可以看出高祖好罵成性的性格。

其三、漢四年，韓信破齊後，欲自立為齊王，當時劉邦正被項羽圍於榮
陽，正盼著韓信來解危，情急之下破口大罵韓信。〈淮陰侯列傳〉載：

漢四年，遂皆降平齊。使人言漢王曰：「齊偽詐多變，反覆之國也，
南邊楚，不為假王以鎮之，其勢不定。願為假王便。」當是時，楚
方急圍漢王於榮陽，韓信使者至，發書，漢王大怒，罵曰：「吾困於
此，旦暮望若來佐我，乃欲自立為王！」張良、陳平躡漢王足，因
附而語曰：「漢方不利，寧能禁信之乎？不如因而立，善遇之，使自
為守。不然，變生。」漢王亦悟，因復罵曰：「大丈夫定諸侯，即為
真王耳，何以假為！」乃遣張良往立信為齊王，徵其兵擊楚。〔註6〕

此處劉邦大罵復罵，一真一假。先是罵韓信趁人之危欲立為齊王，後是顯示
劉邦機智過人，剎那間隱藏已經爆發的情緒，順勢傳達他豁達大度的胸懷。
二罵之間，可見劉邦無賴且機智多變的性格。

其四、劉邦不但對身邊親信無禮，即使面對自己的女婿，也一樣表現得
相當傲慢。〈張耳陳餘列傳〉載：

漢七年，高祖從平城過趙，趙王朝夕袒韝蔽，自上食，禮甚卑，有
子婿禮。高祖箕踞罵，甚慢易之。〔註7〕

劉邦的傲慢無禮，看在趙國丞相貫高的眼裡很不是滋味，「怨高祖辱我王，故
欲殺之。」〔註8〕無奈，事敗被補，在得知趙王被釋放後，仰絕肮而自盡。

其五、黥布英勇善戰，先後為項梁、項羽、劉邦所倚重，在司馬遷筆下
盡顯其匹夫之勇。〈黥布列傳〉載：

與布相望見，遙謂布曰：「何苦而反？」布曰：「欲為帝耳。」上怒
罵之，遂大戰。〔註9〕

黥布實無真反之意，因眼見韓信、彭越均先後被殺，自疑禍將及身，面對漢
高祖的猜忌，在騎虎難下的情況下，只好信口回答，「欲為帝耳。」直接表明
欲挑戰漢王的權勢，無怪乎劉邦會破口大罵。

〔註6〕　《史記·淮陰侯列傳》卷九十二，頁2621。
〔註7〕　《史記·張耳陳餘列傳》卷八十九，頁2583。
〔註8〕　《史記·張耳陳餘列傳》卷八十九，頁2583
〔註9〕　《史記·黥布列傳》卷九十一，頁2606。

其六、陳豨造反的前夕，高祖爲安撫趙國一帶的豪傑，要周昌推薦可用之士，周昌向劉邦推薦四壯士，四人進謁尙未開口，劉邦卻先將他們侮辱一番。〈韓信盧綰列傳〉載：

> 上問周昌曰：「趙亦有壯士可令將者乎？」對曰：「有四人。」四人謁，上謾罵曰：「豎子能爲將乎？」四人慙伏。上封之各千户，以爲將。〔註10〕

明明是想借重人家的才能，但見了面卻先來個下馬威，這招當頭棒喝似表演的性質，顯示出劉邦的無禮與粗魯。

其七、在群雄蜂起抗秦之際，陸賈以客從高祖逐鹿中原，平定天下。常常在劉邦面前說稱《詩》《書》。對儒生原先一向沒有好感的劉邦而言，聽在耳裡，不禁破口大罵。〈酈生陸賈列傳〉載：

> 陸生時時前說稱《詩》《書》。高帝罵之曰：「迺公居馬上而得之，安事《詩》《書》！」〔註11〕

劉邦不喜儒術，是習性，亦是現實需要。用劉邦自己的話來說，就是「爲天下安用腐儒！」〔註12〕「迺公以居馬上而得之，安事《詩》、《書》」？〔註13〕在風起雲湧、兵慌馬亂之際，需要的是謀勇之士，劉邦自認天下要靠「馬上而得之」，認爲儒者在戰場上是派不上用場的，對於現實政局的穩定也毫無助益，故以「迺公」此自揚之辭，回應陸賈的說稱《詩》《書》。

其八、漢七年，韓王信反，劉邦得知其與匈奴欲共擊漢後，漢邦大怒，派了二十萬大軍過句注山，劉敬建言匈奴不可擊，劉邦不聽勸諫，反而破口大罵劉敬爲齊國的狗奴才，只會耍嘴皮求得官位，並將他治罪。〈劉敬叔孫通列傳〉載：

> 是時漢兵已踰句注，二十餘萬兵已業行。上怒，罵劉敬曰：「齊虜！以口舌得官，今迺妄言沮吾軍。」械繫敬廣武。〔註14〕

誠如陳直所言：「齊俗賤奴虜，而刀閒獨愛貴。」齊虜蓋爲當時俗語。〔註15〕罵別人賤奴虜，是極不雅之辭，劉邦的粗俗無禮可見一般。

〔註10〕《史記·韓信盧綰列傳》卷九十三，頁2640～2641。
〔註11〕《史記·酈生陸賈列傳》卷九十七，頁2699。
〔註12〕《史記·黥布列傳》卷九十一，頁2603。
〔註13〕《史記·酈生陸賈列傳》卷九十七，頁2699。
〔註14〕《史記·劉敬叔孫通列傳》卷九十九，頁2718。
〔註15〕陳直著，《史記新證》〈貨殖傳〉，（北京：中華書局，2006年4月），頁153～154。

　　其九、高祖十二年，劉邦擊黥布軍於會甄，因被流矢傷中而病甚。呂后請了醫生幫高祖治病。惟高祖似乎對自己的病情早已知來日無多，遂拒絕醫治。〈高祖本紀〉載：

> 高祖擊布時，爲流矢所中，行道病。病甚，呂后迎良醫。醫入見，高祖問醫。醫曰：「病可治。」於是高祖嫚罵之曰：「吾以布衣提三尺劍取天下，此非天命乎？命乃在天，雖扁鵲何益！」遂不使治病，賜金五十金罷之。〔註16〕

劉邦在病重時，一句「命乃在天」，雖表現出豁達的生死觀，但也不改嫚罵習性，可見劉邦好罵成性。

　　除了司馬遷筆下，太史公所描寫劉邦諸多「好罵」、「無禮」、「輕儒」的形象之外，即在漢代，劉邦善罵的惡名，幾乎是人盡皆知的事實，不論當面或身後，都有人勇於指責劉邦這方面的缺點。茲分述如下：

　　其一、酈食其欲投靠劉邦時，就常聽說劉邦傲慢無禮，卻具有雄才大略，心想跟隨劉邦。劉邦身邊的騎士提醒酈其食，謂劉邦不喜歡儒者，並且時常大罵。〈酈生陸賈列傳〉載：

> 騎士曰：「沛公不好儒，諸客冠儒來者，沛公輒解其冠，溲溺其中。與人言，常大罵，未可以儒生說也。」〔註17〕

太史公借由劉邦身邊騎士所言，說出劉邦「不好儒」、「解其冠」，「溲溺其中」、「常大罵」等粗魯、無禮的行徑，充份地顯示出劉邦不好儒者的形象。

　　其二、韓信亡楚歸漢之初，因未被劉邦重用而逃跑，〔註18〕當蕭何追回韓信後，建議高祖拜韓信爲大將軍時說：

> 王素慢無禮，今拜大將軍如呼小兒耳，此乃信所以去也。〔註19〕

蕭何用「素慢無禮」來評論高祖劉邦，貼切說明了「慢而無禮」是劉邦的習性。

　　其三、楚漢相爭時，高祖節節失利，陳平爲高祖分析敵我形勢時說：

〔註16〕《史記‧高祖本紀》卷八，頁391。
〔註17〕《史記‧酈生陸賈列傳》卷九十七，頁2699。
〔註18〕按：凌稚隆引董份曰：「何屢言信而不用，雖何不能爲力，故予嘗疑信亡，何之謀也。信亡而身追之，追而必薦，要爲奇以聳上耳。」如此看來，韓信的逃跑，實是爲激起劉邦重用的計謀。參凌稚隆，《史記評林》(5)卷九十二〈淮陰侯列傳〉，頁753。
〔註19〕《史記‧淮陰侯列傳》卷九十二，頁2611。

> 今大王慢而少禮，士廉節者不來……然大王恣侮人，不能得廉節之
> 士。〔註20〕

從陳平口中說出「慢而少禮」，故「士廉節者不來」，反映出劉邦常恣侮人的事實，也表達出「廉節之士」，因劉邦「少禮」的習性，而不願爲其效力。

其四、魏豹爲魏王，秦滅後被項羽封爲魏王，後又叛楚歸漢，屬勇銳之夫，反覆無常，人品不足取。以歸視親病爲名，回國之後，「即絕河津畔漢」〔註21〕，說出對高祖的觀感：

> 人生一世閒，如白駒過隙耳。今漢王慢而侮人，罵詈諸侯群臣如罵
> 奴耳，非有上下禮節也，吾不忍復見也。〔註22〕

劉邦「慢而侮人」，「罵詈諸侯群臣如罵奴耳」，連不學無術，德不足立身之徒都不敢領教。

其五、漢五年，高祖戰勝項羽，天下大定。高祖置酒雒陽南宮，詢問群臣其與項羽得失天下的原因。高起與王陵直接說出高祖「慢而侮人」的習性。《史記・高祖本紀》載：

> 高祖置酒雒陽南宮。高祖曰：「列侯諸將無敢隱朕，皆言其情。吾所
> 以有天下者何？項氏之所以失天下者何？」高起、王陵對曰：「陛下
> 慢而侮人，項羽仁而愛人。……與天下同利也。」〔註23〕

劉邦身邊諸將，對劉邦「慢而侮人」的行爲，早已司空見慣，所幸也能見到劉邦的優點，能「與天下同利」，否則實難久處。

其六、劉邦統一天下後，欲廢呂后子劉盈，另立戚姬子如意爲太子，呂后聽取張良建議，迎高祖仰慕已久又屢招不至的「商山四皓」入宮，做爲太子賓客。〈留侯世家〉載：

> 四人皆曰：「陛下輕士善罵，臣等義不受辱，故恐而亡匿。竊聞太子
> 爲人仁孝，恭敬愛士，天下莫不延頸欲爲太子死者，故臣等來耳。」
> 〔註24〕

這四位長者，對劉邦的「輕士善罵」早有耳聞，故「義不受辱」，由此看來，劉邦的「好罵」、「無禮」是眾人皆知之事。

〔註20〕《史記・陳丞相世家》卷五十六，頁2055。
〔註21〕《史記・魏豹彭越列傳》卷九十，頁2590。
〔註22〕《史記・魏豹彭越列傳》卷九十，頁2590。
〔註23〕《史記・高祖本紀》卷八，頁380～381。
〔註24〕《史記・留侯世家》卷五十五，頁2047。

綜上所述，可明顯的看出劉邦「好罵」、「無禮」的形象，同時對於儒者一向是輕視與傲慢，不禁讓人懷疑劉邦似乎不具備文化素養，是個不折不扣的莽夫。《史記・高祖本紀》中雖無正面記述其「學歷」的文字，事實上，從相關史料中，可看出劉邦並非不學無術、胸無點墨之徒。從劉邦的家庭狀況、曾入學讀書、曾任泗水亭長的職務、臨終前寫給太子的〈敕文〉、生前留下的作品等史料來看，可知劉邦算得上是半個知識份子，有一定的文化文平。下文將作進一步的說明。

二、劉邦實具有一定的文化素養

如前所述，在司馬遷筆下，劉邦儘管有著「好罵」、「無禮」的習性，對於儒者原先也是採取輕視與傲慢的態度，但從相關史料中，可發現他畢竟讀過書，是具有一定程度的文化素養。

首先，就其家庭狀況來看。劉邦的次兄劉仲，因能「治產業」，〔註25〕深得父親的讚許，弟弟劉交（異母弟），「好書、多才藝，少時嘗與魯穆生、白生、申公俱受詩於浮丘伯。伯者，孫卿門人也。」服虔曰：「白生，魯國奄里人。浮丘伯，秦時儒生。」師古曰：「孫卿姓荀名況，為楚蘭陵令，漢以避宣帝諱，改之曰孫。」〔註26〕據此，劉交的同窗、老師都是當世有名文人，並與儒家代表人物孫卿有師徒淵源關係。由此可見，劉邦的家庭是重視讀書的。而生長於這樣家庭的子息，受到家風的影響，應該也屬知識份子。

其二、從其「入學」的史料來看。其事見《史記・韓信盧綰列傳》。他與盧綰同里，（豐邑中陽里），而且「同日生」。生日那天，里中鄉親向兩家祝賀：「及高祖、盧綰壯，俱學書，又相愛也」，瀧川資言曰：「書，文字也，高祖學書，故得試為泗水亭長」，〔註27〕里中鄉親鑒於「兩家親相愛，生子同日，壯又相愛」〔註28〕故來相賀。引文中的「壯」，指30歲，；「俱學書」三字，足證劉邦是入過學的。

其三，從其曾任泗水亭長的職務來看。秦制，亭為地方政府的派出機構。

〔註25〕高祖在未央宮蓋成時，擺酒宴諸侯群臣，舉酒杯給他父親敬酒時說：「始大人常以臣無賴，不能治產業，不如仲力。今某之業所就孰與仲多？」按：「仲」即指劉邦的次兄劉仲。見〈高祖本紀〉卷八，頁387。
〔註26〕《漢書・楚元王傳》卷三十六，頁1921。
〔註27〕瀧川龜太郎，《史記會注考證》，頁1050。
〔註28〕《史記・韓信盧綰列傳》卷九十三，頁2637。

《正義》秦法，十里一亭，十亭一鄉。亭長，主亭之吏。高祖爲泗水亭長也。
《國語》有「寓室」，即今之亭也。亭長，蓋今里長也。民有訟諍，吏留平辨，
得成其政。《括地志》云：「泗水亭在徐州沛縣東一百步有高祖廟也。」〔註29〕
亭長的任用，須經選拔。其條件之一，就是須有一定的文化，熟習秦的典章
法令。否則，便難承擔「民有訟諍，吏留平辨」的職責。劉邦既被「試爲吏」，
〔註30〕當上了亭長，這就說明，在文化方面，他是具有一定的水平程度。

其四，從其臨終前寫給太子的〈敕文〉來看。《古文苑》中收有劉邦的一
篇〈手敕太子文〉。在他臨終前不久寫給太子劉盈的，談及自己當年學習情況，
他以追悔口吻這樣說：

> 吾遭亂世，當秦禁學，自喜，謂讀書無益。泊踐祚以來，時方省書，
> 乃使人知作者之意，追思昔所行，多不是。……吾生不學書，但讀
> 書問字而遂知耳，以此故不工，然亦足自辭解。今視汝書，獨不如
> 吾。汝可勤學習，每上疏宜自書，勿使人也。〔註31〕

此文清楚地告訴人們，他生在亂世時，雖然認爲讀書無益，但通過「讀書問
字」後，其文字表達能力（包括書寫），比太子要好；勉勵太子要「勤學習」，
上疏用的應用類文字，最好能自己動手寫，不要讓別人代勞。〔註32〕

其五，從其身前所留下的作品來看。在《漢書‧藝文志》中留有高祖歌詩
二篇，〔註33〕即〈大風歌〉及〈鴻鵠歌〉兩首。〈大風歌〉見於〈高祖本紀〉，
亦曰〈三侯之章〉；〈鴻鵠歌〉見於〈留侯世家〉。〔註34〕試想，劉邦若是個沒
有受過教育的販夫走卒，如何能在晚年唱出此一氣勢磅礴的帝王之歌〈大風
歌〉。「大風起兮雲飛揚，威加海內兮歸故鄉，安得猛士兮守四方！」〔註35〕此
歌只有三句，二十三個字，歷經兩千年，傳誦不輟，魅力不減。由此詩所表達
的意境，展示了劉邦的英雄氣概，也顯示出劉邦並非胸無點墨，不識之無之徒。

〔註29〕〔唐〕張守節，《史記正義》，收錄於孫曉主編，《二十四史研究資料彙編‧史
　　　　記》第一冊，《史記正義》卷八，〈高祖本紀〉，頁277。
〔註30〕《史記‧高祖本紀》卷八，頁342。
〔註31〕〔清〕嚴可均輯，《全上古三代秦漢三國六朝文》，（北京：商書印書館，1999
　　　　年10月第1版），頁5。
〔註32〕參鮑延毅，〈劉邦與「文化」及文士〉，《國文天地》17卷10期，91年3月，
　　　　頁77～78。
〔註33〕〔漢〕班固撰，《漢書‧藝文志》，頁1753。
〔註34〕見顧實撰，《漢書藝文志講疏》（台北：廣文書局，民國59年初版），頁190。
〔註35〕《史記‧高祖本紀》卷八，頁389。

　　綜上所述，可證漢高祖劉邦具有某一程度的文學素養。然而太史公爲何在《史記》諸多篇章中，有意或無意之間描寫劉邦「好罵」、「無禮」、「輕儒」的形象，筆者以爲較可能的解釋有以下二點：

　　其一，此爲太史公塑造人物的特殊寫作手法，目是在於突顯劉邦諸多「好罵」、「無禮」、「輕儒」的形象。太史公擅長以「互見法」來呈現對人物的描寫，往往在寫作技巧的取材上，或剪裁史事、或組織材料以塑造歷史人物。在〈高祖本紀〉中，太史公強調劉邦「仁而愛人」、「喜施」、「意豁如也」、「常有大度」〔註36〕的胸懷，在《史記》其它篇章中，則揭露其不完美的一面，甚至更貼近眞實生活的描寫。進一步而言，太史公除了描寫劉邦「好罵」、「無禮」、「輕儒」外，在其他篇章也有劉邦諸多缺點的描述。例如在〈項羽本紀〉寫劉邦敗亡途中，爲自己活命而數次推自己子女下車、項羽爲使劉邦投降，威脅欲殺其父，劉邦竟說出「吾翁即若翁，必欲烹而翁，則幸分我一杯羹」〔註37〕，顯示出劉邦人格上重大污點，無以對天下；〈蕭相國世家〉寫劉邦猜忌少恩，對漢功臣刻薄；〔註38〕〈留侯世家〉中寫劉邦貪財好色〔註39〕、〈楚元王世家〉寫劉邦久不封其姪，爲的是報復其嫂過去對他的不敬；〔註40〕〈劉敬叔孫通列傳〉寫劉邦當皇帝的耀武揚威；〈張丞相列傳〉寫劉邦好色無賴，擁戚姬而騎周昌頸；〔註41〕〈樊酈滕灌列傳〉揭露了劉邦的自私與殘暴；〔註42〕而〈淮陰侯列傳〉中則借韓信的口，譴責了劉邦誅殺功臣的罪行，道出了「狡兔死，走狗烹；高鳥盡，良弓藏；敵國破，謀臣亡」〔註43〕這一封建社會君臣能共患難而不能共安樂的眞理。太史公正是通過這些深刻的描寫，揭露了

〔註36〕《史記‧高祖本紀》卷八，頁342、357。

〔註37〕《史記‧項羽本紀》卷七，頁328。

〔註38〕詳見《史記‧蕭相國世家》卷五十四，頁2021～2031。

〔註39〕《史記‧留侯世家》載：「沛公入秦宮，宮室帷帳狗馬重寶婦女以千數，意欲留居。樊噲諫沛公出舍，沛公不聽。」由此可看出劉邦的貪財好色，《史記‧留侯世家》卷五十五，頁2037。

〔註40〕見《史記‧楚元王世家》卷五十，頁1978。

〔註41〕《史記‧張丞相列傳》載：「昌嘗燕時入奏事，高帝方擁戚姬，昌還走，高帝逐得，騎周昌項，問曰：『我何如主也？』昌仰曰：『陛下即桀紂之主也。』於是上笑之。」見《史記‧張丞相列傳》卷九十六，頁2677。

〔註42〕如劉邦聽信讒言，即派人至軍中斬了曾助其在鴻門宴解危的樊噲，彭城之役被項羽追殺時，爲逃命而拋棄兩兒欲棄之。參《史記‧樊酈滕灌列傳》卷九十五，頁2651～2673。

〔註43〕《史記‧淮陰侯列傳》卷九十二，頁2627。

劉邦眞實的精神面貌，從而勾消了在〈高祖本紀〉中所作的一些神聖頌揚，而這種「互見法」顯示出司馬遷特殊的創作筆法，以避諱與嫉惡，不明言其非，不隱蔽其事。補充、闡發了漢高祖殘忍、不孝、不慈、刻薄、奸滑、虛僞、好色等醜陋形象的另一面。

其二，《漢書・高帝紀》載：「初，高祖不修文學」〔註44〕，所謂「修」，《說文解字》段注：修者，治也。〔註45〕即「以求盡善」；文學，《論語》稱孔門四科之一。孔門弟子以「文學」著稱者有子游、子夏。疏謂文章博學。舊所稱文學皆此義。〔註46〕據此，可知高祖原本就不擅文學。跟隨他打天下的諸臣也大都是市井出身，多半沒什麼深厚的學問。趙翼《廿二史箚記》載：

> 惟張良出身最貴，韓相之子也。其次則張蒼，秦御史。叔孫通，秦
> 待詔博士。次則蕭何，沛主吏掾。曹參，獄掾。任敖，獄史。周苛，
> 泗水卒吏。傅寬，魏騎將；申屠嘉，材官。其餘陳平、王陵、陸賈、
> 酈商、酈食其、夏侯嬰等，皆白徒。樊噲則屠狗者。周勃則織薄曲、
> 吹簫、給喪事者。灌嬰則販繒者。婁敬則輓車者。〔註47〕

觀此，則劉邦與漢初諸臣大半都是平民布衣出身，與低層文化人士爲伍，口出不雅或無禮之言語，可說是自然之事，而劉邦的「好罵」、「無禮」的習性，實是自身文化不高、以及身處低層環境、加上當時的時代背景影響所致。值得注意的是，高祖不修文學是指天下未定前，天下即定，經由蕭何次律令、韓信申軍法等一連串的整治措施後，立制垂範，而規模稍弘遠矣，這可由劉邦對儒家文化態度的轉變看出其梗概。

第二節　漢高祖對儒家文化態度的轉變

劉邦在其稱帝之前，因身處戰亂，不重視文化，是說得過去的。因爲戰國時期那種百家爭鳴、百花齊放的局面，因秦王朝「焚書坑儒」〔註48〕的影

〔註44〕《漢書・高帝紀》卷一下，頁80。
〔註45〕〔漢〕許愼撰，〔清〕段玉裁注，〔民國〕魯實先正補：黎明文化出版，民國
　　　　六十三年九月初版，頁424。
〔註46〕增修《辭源》，（台北：台灣商務印書館，1978年），頁959。
〔註47〕趙翼，《廿二史箚記》卷二，收錄於孫曉主編，《二十四史研究資料彙編・史
　　　　記》第三冊，《綜考・廿二史箚記・史記》卷二，頁631。
〔註48〕秦始皇三十四年，丞相李斯上言儒生「是古非今」，批評朝政、法令，因此建
　　　　議除了《秦記》、醫藥、卜筮、種樹等書外，一律燒毀，及談論《詩》《書》

響，儒家受到扼制。各學派也乘機攻擊、誹謗儒學。如法家韓非云：「儒者用文亂法」〔註49〕；墨家墨子也認為「儒之道，足以喪天下者，四焉」。即「天鬼不說」、「厚葬久喪」、「弦歌鼓舞」、「以命為貧富壽夭」等足以「喪天下」。〔註50〕造成一種儒學都不好的風氣，從草莽而起的劉邦，無疑受到一定程度的影響。但在他稱帝之後，他是重視文人、重視學識的。從相關文獻與史料中，可看出劉邦透過下列事件，逐漸扭轉了其原先的觀念與態度。此種轉變的過程，現分述如下：

其一，酈食其初投靠劉邦時，曾被劉邦大罵「豎儒」，然而，酈食其是有備而來，對劉邦說：「必聚徒合義兵誅無道秦，不宜倨見長者。」〔註51〕劉邦畢竟胸懷大志，很快放下架子，「延食其上坐，謝之」。〔註52〕後來，酈食其為劉邦出奇謀，攻下陳留，受到劉邦重用，被封為廣野君。這是劉邦任用儒生之始，儒生雖得到重用，但在劉邦內心的深處，依舊對儒生沒有什麼好感。

其二，高祖在天下擾攘時，認為儒者是派不上用場，勇武的壯士才是他企盼羅致的人選。陸生時時前稱說《詩》《書》，對高祖劉邦而言，如何打戰用兵乃現實的第一需要，何暇理治《詩》《書》？且自三代之後，所謂「仁義之師」、「禮讓之軍」已完全脫離現，春秋中期的宋襄公就是堅持要等對方擺好陣式才用兵，而吃了大虧。〔註53〕殆陸賈為劉邦闡釋「逆取而以順守之」的道理，主張「長久之術」是「文武並用」；並指出「極武」則亡，只有「行仁義，法先聖」才能治理好西漢，高帝聽完後心有所動，曰：「試為我著秦所

或以「古非今者」皆誅戮。次年，方士、儒生盧生等為始皇求不到仙藥，之後，盧生、侯生不滿始皇剛愎暴戾而逃亡，始皇大怒，於咸陽坑殺四百六十餘名儒生。詳見《史記·秦始皇本紀》卷六，頁255～258。
〔註49〕《史記·老子韓非列傳》卷六十三，頁2147。
〔註50〕孫詒讓著，李笠校補：校補定本《墨子閒詁·公孟篇》，（台北：藝文印書館，民國70年2月3版），頁845。
〔註51〕《史記·酈生陸賈列傳》卷九十七，頁2699。
〔註52〕《史記·酈生陸賈列傳》卷九十七，頁2699。
〔註53〕《史記·宋微子世家》載：「襄公與楚成王戰于泓。楚人未濟，目夷曰：『彼眾我寡，及其未濟擊之。』公不聽。已濟未陳，又曰：『可擊。』公曰：『待其已陳。』陳成，宋人擊之。宋師大敗，襄公傷股。國人皆怨公。公曰：『君子不困人於阨，不鼓不成列。』子魚曰：『兵以勝為功，何常言與！必如公言，即奴事之耳，又何戰焉？』」襄公在戰爭前夕，大講仁義，結果宋師大敗，襄公被射中大腿，次年因重傷而卒。《史記·宋微子世家》卷三十八，頁1626。

以失天下，吾所以得之者，及古成敗之國。」〔註54〕陸賈凡著《新語》十二篇，從而改變對儒生的偏見。

其三，叔孫通見劉邦憎恨儒服，爲投其喜好，「乃變其服，服短衣，楚制，漢王喜」。又見群臣在朝廷上飲酒爭功，醉或妄呼，拔劍擊柱，完全沒有個規矩，於是乘機進言曰：「夫儒者難與進取，可與守成。臣願徵魯諸生，與臣弟子共起朝儀。」〔註55〕經過一個多月的禮儀練習，諸侯群臣行朝廷大禮時，群臣「莫不震恐肅敬」〔註56〕，「無敢讙嘩失禮者」〔註57〕，劉邦由是方悟，發出「吾乃今日知皇帝之貴也」〔註58〕的喟嘆而重用儒生。

其四，漢十一年，高祖發出〈求賢詔〉，《漢書·高帝紀》載：

> 蓋聞王者莫高於周文，伯者莫高於齊桓，皆待賢人而成名。今天下賢者智能豈能特古之人乎？患在人主不交故也，士奚由進！今吾以天下之靈，賢士大夫定有天下，以爲一家，欲其長久，世世奉宗廟亡絕也。賢人已爲我共平之矣，而不與吾共安利之，可乎？賢士大夫有肯從我游之，吾能尊顯之。〔註59〕

觀此，則劉邦已認識到「賢人」的作用，以及人主與賢人的密切關係，因而希望各級官吏推荐「賢人」而用之，透過重用賢人來穩定當時動亂的社會。所謂「賢士大夫有肯從我游之，吾能尊顯之」，實際上就是歡迎「儒者」參政之意。

其五，劉邦本要廢太子，而立戚夫人所生之子趙王如意，但當他看到他久招不至的「商山四皓」〔註60〕在輔佐太子時，於是改變換太子的意圖。雖然禮請四皓來輔佐太子，是張良爲呂后所獻之計，使太子轉危爲安。但從劉邦對四皓輔佐太子之事，打消了他對戚夫人所生之子趙王如意的期待，而任

〔註54〕《漢書·酈陸朱劉叔孫傳》卷四十三，頁2113。
〔註55〕《漢書·酈陸朱劉叔孫傳》卷四十三，頁2126。
〔註56〕《漢書·酈陸朱劉叔孫傳》卷四十三，頁2128。
〔註57〕《漢書·酈陸朱劉叔孫傳》卷四十三，頁2128。
〔註58〕《漢書·酈陸朱劉叔孫傳》卷四十三，頁2128。
〔註59〕《漢書·高帝紀》卷一下，頁71。
〔註60〕商山四皓，《索隱》：四人，四皓也，東園公、綺里季、夏黃公、甪里先生，按《陳留志》云：園公姓庚，字宣明，居園中，因以爲號。夏黃公，姓崔，名廣，字少通，齊人，隱居夏里脩道，故號曰夏黃公。甪里先生，河內軹人，太伯之後，姓周，名術，字元道，京師號曰霸上先生。參〔唐〕司馬貞《史記索隱》，收錄於孫曉主編，《二十四史研究資料彙編·史記》第一冊，《綜考·史記索隱》卷十五，頁73；〔日〕瀧川龜太郎，《史記會注考證》卷五十五，頁789。

由性情儒弱的太子按部就班繼承大統，〔註61〕這是儒家「禮治」的一次重大勝利，也可看出劉邦受儒家文化的影響。

其六，在廢太子之事作罷後，劉邦在給太子劉盈的手令〈手敕太子文〉中，劉邦對自己不喜讀書作了深刻反省：「洎踐阼以來，時方省書，乃使人知作者之意。追思昔所行，多不是。」〔註62〕說明了他不僅肯自己讀書，且讀書而能切身反省。並要求太子劉盈「汝見蕭、曹、張、陳諸公侯，吾同時人倍年於汝者，皆拜」〔註63〕；表達出勗學之意。因為蕭何、曹參、張良、陳平都是助劉邦建國的元老功臣，同時也具有相當的才華，故勉勵太子應要敬重他們，這與他以前對儒學的漫罵、蠻橫態度相比，形成了鮮明的對照。

其七，《漢書‧高帝紀》記載，高帝十二年，平定季布之亂後，劉邦還親自祭祀孔子：「十一月，行自淮南還，過魯，以太牢祠孔子。」〔註64〕劉邦是第一個到孔子靈前朝拜的封建帝王，若非對孔子有真誠的敬意，他不會作出這種前無所承的舉動。這在儒學發展史上有其獨特的意義，孔子的地位由此被官方正式肯定，標示著漢家天子對儒學的認同，也正代表掌有國家政權的領導者開始認識儒學，表現出對儒學的重視。這一事實本身反映了一種傾向，即孔子和儒學在封建統治者的眼裡，開始獲得它應有的認同。〔註65〕

綜上所述，可知劉邦對儒家文化態度的轉變是漸進的。由排斥轉而到接受，這轉變的過程，除了因儒者對劉邦治理國家有具體的貢獻之外，最主要的原因還是在於社會、經濟、政治發展對於儒學的需求。相對而言，只有適應社會現實，儒學才有立身之處，才能被起用，才能興盛發展。劉邦戎馬一生，始滅秦，繼與項羽爭霸，既得天下，又陷於平定異姓諸侯王的南北征戰中，並未採用儒家仁義學說來治理國家，但以此為契機，他的確改變了對儒家的觀念，而劉邦重視儒學的思想，對西漢諸帝思想無疑產生了影響。如惠帝即位後不久，便除民間「挾書之律」〔註66〕，始使民間

〔註61〕 劉邦對四皓輔佐太子之事，可參《史記‧留侯世家》卷55，頁2044～2047。
〔註62〕 〔清〕嚴可均輯，《全上古三代秦漢三國六朝文》，頁5。
〔註63〕 〔清〕嚴可均輯，《全上古三代秦漢三國六朝文》，頁5。
〔註64〕 〔漢〕班固撰，《漢書‧高帝紀》卷一下，頁76。
〔註65〕 參安作璋、孟祥才，《漢高帝大傳》，頁472。
〔註66〕 按：《漢書‧惠帝紀》載：「三月甲子，皇帝冠，赦天下。省法令妨吏民者；除挾書律。」參《漢書‧惠帝紀》第二，卷二，頁90；又《文選》載：「至於孝惠之世，乃除挾書之律。」〔梁〕蕭統編，〔唐〕李善注：《文選》，卷四十三，〈移讓太常博士書〉，（台北：華正書局，1987年9月初版），頁611。

或山岩壁匿藏之儒家典籍得以面世，後河間獻王鼓勵民眾獻書，儘管說這些作法與當時文化形勢的發展不無相干，然而也與劉邦對儒學態度的轉變有一脈相承的關係，其後漢武帝「罷黜百家，獨尊儒術」，應當說或多或少也受到漢高祖的影響。〔註67〕

值得注意的是，就漢高祖政權下的學術思想而言，對於漢初思想文化的啓迪，所作最大影響的應是陸賈。從劉邦對儒家文化態度的轉變以及漢代學術發展史的角度來看，尤其是漢初儒學發展的演變中，陸賈無疑是漢代第一位力倡儒學的思想家，而陸賈在劉邦政權下之儒學發展史中，亦深俱啓蒙的貢獻。〔註68〕

第三節　陸賈《新語》對漢高祖之影響

漢高祖劉邦得江山是以「馬上得之」，卻不知不可「馬上治之」的道理，因此立國伊始，他就積極尋求確立治國的指導思想，要求大臣陸賈撰「秦所以失天下，吾所以得之者何，及古成敗之國」〔註69〕的治國理論著作。於是陸賈「迺粗述存亡之徵，凡著十二篇。每奏一篇，高帝未嘗不稱善，左右呼萬歲，號其書曰《新語》」。陸賈《新語》一書，雖爲總結秦亡漢興得失的政論著作，然其中所闡述的道理，使漢高祖劉邦接受儒家思想，陸賈啓沃之功，不可謂不大。

就漢高祖劉邦而言，《古文苑》卷第十，錄有漢高祖手敕太子五條中有謂：「吾遭亂世，當秦禁學，自喜謂讀書無益。洎踐祚以來，時方省書，乃使人知作者之意，追思昔所行，多不是。」〔註70〕則他不僅是自己讀書，且能切身反省，這分明得力於陸賈之教。又「堯舜不以天下與子而與他人，此非爲不惜天下，但子不中立耳」，〔註71〕這反映出戰國末期盛行的天下爲公的思想。又勉太子劉盈「每上疏，宜自書，勿使人也」；〔註72〕又教太子「汝見蕭

〔註67〕參項永琴，〈試論陸賈在學術、思想領域的創造性貢獻〉《煙台師範學院學報》，第21卷第1期，2004年3月，頁30。
〔註68〕筆者在本論文附錄三，另有〈陸賈〈新語〉的儒學思想及其影響〉一文可旁參。
〔註69〕《史記·酈生陸賈列傳》卷九十七，頁2699。
〔註70〕〔清〕嚴可均輯，《全上古三代秦漢三國六朝文》，頁5。
〔註71〕〔清〕嚴可均輯，《全上古三代秦漢三國六朝文》，頁5。
〔註72〕〔清〕嚴可均輯，《全上古三代秦漢三國六朝文》，頁5。

曹張陳諸公侯，吾同時人，倍年於汝者，皆拜」；〔註73〕這皆流露出勖學知禮之意。高帝十二年，平定季布之亂後，劉邦還親自祭祀孔子：「十一月，自淮南還，過魯，以太宰祀孔子」。〔註74〕此爲帝王祭祀孔子之始，若非因陸賈而真有所感發，對孔子存有真誠的敬意，他不會作這種前無所承的虛應故事的。〔註75〕

　　然而劉邦在位期間並不長久，〔註76〕加上時代背景處於戰亂時期，又其本人的生活經歷和文化素質低下等諸多因素，終其一生，對儒家學說及其經典《詩》、《書》、《禮》、《春秋》等，他都缺乏較深入的了解。劉邦的崇儒還停留在形式主義的淺層次上。〔註77〕其所關注的是如何解決內憂外患的問題，以及如何治理漢初的帝王事業。事實上，《新語》對劉邦所發生的影響，並不是很大。誠如徐復觀所言：

　　　　陸賈《新語》在劉邦的全部政治意識與政治行爲中所能發生真實的影響，當然比重是很輕的。在二千年大一統的皇權專制政治中，儒家真正的作用，更是如此。但在此種皇帝權制的黑暗中，能浮出若干人生存的價值觀念，能在人倫生活裏面由仁義發生若干相濡以沫的作用，能在層層壓制之下，能代替人民發出疾苦的呼聲，這對於我們民族生命的延續，文化的維持，依然有很重大的意義。在這種地方，我們應給陸賈以相應的評價。〔註78〕

據是，則陸賈《新語》雖對劉邦發生真實的影響比重很輕，但「對於我們民族生命的延續，文化的維持，依然有很重大的意義」。徐氏對陸賈《新語》的觀點，實足以代表目前學界的共同看法。

第四節　小結

　　綜上所述，在《史記》文本中，漢高祖劉邦有許多「好罵」、「無禮」的

〔註73〕　〔清〕嚴可均輯，《全上古三代秦漢三國六朝文》，頁5。
〔註74〕　〔漢〕班固撰，《漢書‧高帝紀》卷一下，頁76。
〔註75〕　徐復觀，《兩漢思想史》卷二，頁104。
〔註76〕　按：高祖五年之前，還處於楚漢戰爭期間，勝負未決，高祖於十二年去世，真正統治時期，不過七年左右時間。
〔註77〕　參孟祥才，《先秦秦漢史論》，濟南：山東大學出版社，2001年9月第1版，頁273。
〔註78〕　參徐復觀，《兩漢思想史》卷二，頁104～105。

形象，對於儒者更是輕視與傲慢，而在「好罵」、「無禮」等草莽行爲的背後，劉邦本人並非是不學無術的莽夫，太史公之所以如此描寫，實是因其特殊的寫作手法，同時又因高祖本身文化水準不高，又身處低層環境，加上當時的時代背景影響所致。

劉邦對儒家文化態度的轉變，原因是儒者對劉邦治理國家有具體的貢獻之外，最主要的還是在於社會、政治、經濟發展對於儒學的需要。再者，就漢高祖政權下的學術思想而言，對於漢初思想文化的啓蒙，影響最大的應是陸賈。吾人藉由考察陸賈《新語》的儒學思想，可以發現，陸賈的儒學思想歸本於仁義學說，很多內容在《論語》中可以找到其淵源，同時吾人可以理解陸賈《新語》對漢高祖劉邦政權下思想、文化所產生的影響，不但轉變了其原先對儒學鄙視的態度，也促使了儒學與君主權力的結合，使儒學逐漸被官方所認可與重視。雖然劉邦在位不久，並沒有將陸賈的仁義思想放在治國重心的理念中，但在漢初最高統治者對古今關係和對儒家文化的態度上，陸賈《新語》實爲漢代學術思想導夫先路者，同時亦在漢初的儒學史上，發揮了承先啓後的歷史貢獻。

統此以觀，本章則於漢高祖之文化水平、漢高祖對儒家文化態度的轉變、《新語》的價值與對漢高祖劉邦的影響，庶幾可曉悉漢高祖與儒家文化之脈絡關係矣。

第肆章　漢高祖劉邦與黃老學說

　　漢初承秦之敝，當時在現實的環境下，百姓生活困苦，百廢待興，漢高祖劉邦所統治的西漢政權，無法立即行解決因長期戰爭所帶來政治與經濟的困擾問題，爲吸取秦亡的教訓，讓人民能從休養生息中，獲取生活的穩定，綜合了《黃帝四經》與老子學說，對諸子百家的思想也有所融合的黃老之術，遂成爲漢初統治者的治國方針。再者，曹參、張良、陳平，這幾位頗具黃老色彩的重要功臣，奉行黃老學說，對於漢初政局的穩定，社會經濟的發展，乃至治國的主張與爲君之道，亦具有深遠的影響。本章將就漢初黃老學說興起之背景、漢高祖與黃老之術、漢初功臣曹參、張良、陳平與黃老之術等三項題旨，探討漢高祖劉邦與黃老學說之間的脈絡關係，經通盤分析研究，期能增補漢高祖政權下，有關黃老學說的學術思想研究之成果。

第一節　漢初黃老學說興起之背景

　　經過了三年的反秦戰爭，四年的楚漢戰爭後，劉邦在群臣的歡呼聲中，登上皇帝寶座，成爲我國第一個以平民建國的皇帝。〔註1〕劉邦在稱帝建國

〔註1〕劉邦（劉季）是在秦二世元年（公元前 209 年）九月起義於沛縣，稱沛公。漢元年（公元前 206 年）十月，沛公至霸上，秦王子嬰降於軹道旁，秦亡。西漢紀年自此始。二月，項羽自立爲西楚霸王，沛公被封爲漢王。漢五年（公元前 202 年）十二月，垓下之戰，項羽失敗自殺，楚漢之爭以漢王勝利而告終。二月甲午，漢王即皇帝位於氾水之陽。參安作璋、孟祥才，《秦高帝大傳》，頁 542～546。按：秦、漢紀年皆以十月爲歲首，帝號紀年和公元紀年之間會有三個月的歲差。又高祖微時但稱劉季，後稱沛公、漢王、皇帝，終其身無所謂名與字。諱邦者，後世史臣所擬耳。否則漢王二年二月立漢社稷，當爲祭文，或爲造名之始歟。參崔適著，張烈點校，《史記探源》，頁 60。

後，在政治上所需面對的最大難題有二，一是長期戰爭所引起的諸多後遺症，
如農村經濟的破產、民生生活的凋弊等等。另一是經過數年休養生息後，所
產生的諸侯王的問題。關於前者，需要老子的清靜無為的治術來處理，後一
個問題，則需要法家尊君卑臣，崇上抑下的思想去解決。〔註2〕漢初黃老學說
興起的背景，可說就是在第一個問題之下而產生的。本節所欲述明者，即是
針對此問題做更進一步的探討，諸侯王的問題，則在本論文後面的章節，另
作說明。

　　要清楚的瞭解漢初黃老學說興起的背景，就必須先從秦始皇的政權說
起。秦始皇自滅六國，統一天下後，採取了一系列鞏固政權的措施，如「車
同軌」、「書同文」，統一度量衡、墮城與銷兵、全國巡行與刻石紀功等，對當
時和以後中國經濟文化的發展，對多民族國家的形成與發展，都產生了巨大
而深遠的影響。但也由於其行多項暴政措施，終導致滅亡。漢初承秦之敝，
社會殘破、民生凋弊，加上經過連年的戰亂，人民渴望休養生息，漢初黃老
學說即是在此種背景之下而興起的。本節先就秦始皇政權做一個簡單的回
顧，藉以引出秦始皇所施暴政對漢初社會所產生的影響。秦施暴政，造成人
民生活的痛苦，加上長期戰爭所引起諸多的後遺症，實是漢初黃老學說興起
背景之主因。

一、秦始皇政權的回顧

　　春秋戰國時代，秦國原本還是一個經濟、文化十分落後的小諸侯國。
但是，經過三百餘年，到戰國時期，秦國竟成為當時中國境內最富強、最
先進的割據大國之一。到公元前二二一年，秦國終於消滅了其它割據政權，
建立了中國歷史上第一個統一的、專制主義中央集權的國家——秦王朝。
〔註3〕

　　秦國之所以能有如此巨大的轉變，最重要的歷史轉折點，主因在於秦孝
公重用商鞅，進行變法。從秦孝公於公元前三六一年繼位，到莊襄王於公元
前二四七年壽終正寢，一百一十四年間，秦國的六個君主：秦孝公、惠文王、
武王、昭襄王、孝文王、莊襄王，為秦國的改革發展做了持續不懈的努力。
其中，孝公任用商鞅變法，使秦國在戰國七雄中實現了最徹底的封建化改革，

〔註2〕參司修武，《黃老學說與漢初政治平議》，頁20。
〔註3〕參林劍鳴，《秦史》，（台北：五南出版社，民國81年出版），頁1。

經濟上的發展、政治上的清明、人口上的激增、軍力上的強大等等表現，讓秦國在關中崛起。〔註4〕對於商鞅變法的成效，《史記‧商君列傳》是如此的記載：

> 秦人皆趨令。行之十年，秦民大說，道不拾遺，山無盜賊，家給人足，民勇於公戰，怯於私鬥，鄉邑大治。〔註5〕

這是商鞅實施變法十年後，秦人都習於遵守法令具體的成效。對此，唐韓愈有一段頗為中肯的評論：

> 秦用商君之法，人以富，國以彊，諸侯不敢抗，及七君而天下為秦。使天下為秦者，商君也。〔註6〕

近人劉福助在《史記解題》亦云：

> 公孫鞅負絕世之異才，變法治國，嚴刑法，重墾耕，尚戰伐，秦遂以國富兵強，為戰霸君，用能六世而吞并諸侯，一統天下，皆遵循其法之效也。〔註7〕

觀是，則商鞅實施「變法治國」，秦國才能夠「家給人足」、「鄉邑大治」，成為「國富兵強」的強國。秦始皇即位後，即藉秦孝公以來六世之餘烈，以風捲殘雲之勢，掃滅六國，統一宇內。於是尊號稱帝，廢封建，行郡縣，設官定律，建立起中央集權的君主專制制度。〔註8〕就當時處於長期動盪不安、戰爭頻繁的時代而言，秦的統一，總結了春秋、戰國以來歷史發展的趨勢，而在政治制度上、文化思想上、經濟形態上都使中國出現亙古未有的新局面，甚至在疆域方面，亦因統一事業的完成而有了進一步的擴展。〔註9〕對於秦始皇一統天下，後人大都持正面的看法，認為是秦始皇的巨大功績。例如：漢昭帝時代的一批以桑弘羊為代表的政治家，就曾公開肯定秦始皇統一大業：

> 秦既併天下，東絕沛水，並滅朝解，南取陸梁，北卻胡、狄，西略

〔註4〕 參孟祥才，《先秦秦漢史論》，頁217。
〔註5〕 《史記‧商君列傳》卷六十八，頁2231。
〔註6〕 〔唐〕韓愈撰，馬其昶校注，《韓昌黎文集校注》卷二〈雜著‧書‧啟〉〈進士策問十三首〉，（台北：世界書局，1960年12月初版），頁107。
〔註7〕 吳福助，《史記解題》，（台北：國家出版社，2003年出版），頁95。
〔註8〕 吳福助，《史記解題》，頁11。
〔註9〕 傅樂成主編，鄒紀萬著，《秦漢史》，（台北：眾文圖書，民83年9月2版），頁10。

氏、羌,立帝號,朝四夷。舟車所通,足跡所及,靡不畢至,非服
其德,畏其威也。〔註10〕

唐太宗同樣也表達了類似的看法:

太宗謂房玄齡等曰:「曩之一天下,克勝四夷,惟秦皇、漢武耳。朕
提三尺劍定四海,遠夷率服,不減二君者。然彼末路不自保,公等
宜相輔弼,毋進諛言,置朕於危亡也。」〔註11〕

對於「曩之一天下」、「克勝四夷」,唐太宗認為只有漢武帝與秦始皇二人。從
中也可看出唐太宗對秦一統天下是持襃揚的態度。

就總體而言,秦始皇為穩定本身政權,所採取的一系列鞏固統一的措施,
如車同軌、書同文、統一度量衡、南平百粵、北逐匈奴,修馳道、築長城等,
這些措施姑且不論動用的人力、物力,對人民所造成的傷害,則對當時中國
經濟文化的發展,對民族國家的形成與認同,的確可說是功在千載,對後世
也產生了巨大而深遠的影響。〔註12〕

二、秦始皇的暴政

秦始皇即位後,實施中央集權君主專制政體,雖然穩定了國家與政權的
統一,但因實施諸多暴政,國運終不得長久,漢初社會民生凋蔽的主因導致
於此,而漢初黃老學說即是在此種背景之下而興起的。

關於秦始皇的暴政,可略分作四方面來檢討。一是徭役繁苛。二是外攘
夷狄。三是嚴刑峻法。四是賦斂繁重。這四件事是造成當時社會貧病紊亂的
最大原因。到了二世,不但沒有改善,反而變本加厲,終於遭到亡國的命運。
要補充說明的是,凡事並沒有絕對的好與壞,利與弊,同樣的道理,功與過
有時也是一體兩面的。本文的主要目的在於陳述秦始皇的暴政措施,因此對

〔註10〕 徐南村,《鹽鐵論集釋》卷八〈誅秦第四十四〉,台北:廣文書局,民國64年
初版,頁220。另參〔漢〕桓寬撰,盧烈紅注譯,《新譯鹽鐵論》,台北:三民
書局,1995年7月初版,頁365。

〔註11〕 〔宋〕歐陽修、宋祁編修,《新唐書・西域上》卷二二一,頁6233。

〔註12〕 秦始皇所採取的一系列鞏固統一的措施,消除了封建割據;加強了中央集權;
促進了經濟文化的交流;鞏固了多民族國家的統一;溝通了共同的民族心理、
價值觀念和倫理親情;保衛了中原百姓地區的生命財產,並創造了一個和平
的生產與生活的環境等等,都是具體而重大的貢獻,惟秦始皇之功績與爭議,
並非本論文討論的主題,故只略提大要,不再贅述。

於秦始皇的所作所爲，只要是有害於人民，不管他對後世是否有餘澤，本文都將其視爲暴政。

（一）徭役繁苛

秦始皇於攻滅六國之後，興建了三個主要的大工程，一是修馳道。二是興宮殿和陵寢。三是築長城。而這些大工程所動用徭役曠日持久，每項大工程都需數以十萬、百萬計的勞動力，讓人民的生活處於水深火熱之中，苦不堪言，最後終導致陳勝、吳廣等布衣之士起義反秦。〔註13〕

1、修馳道

公元前二二一年，秦始皇統一六國。第二年，即下令修建連接全國各重要地區的道路網。最高一級的道路叫馳道。《集解》引應劭的解釋說：「馳道，天子道也，道若今之中道然。」〔註14〕秦始皇帝所建馳道有二條，一條爲向東。始築於秦始皇二十七年，《漢書・賈鄒枚路傳》載：

> 爲馳道於天下，東窮燕、齊，南極吳、楚。江湖之上，瀕海之觀畢至。道廣五十步，三丈而樹，厚築其外，隱以金椎，樹以青松。爲馳道之麗至於此。〔註15〕

這是當時世界上修築的最長的也是規格最高的道路。馳道寬五十步，夯築得堅實而平坦，每一丈植一青松。〔註16〕如此高規格的工程，當然須動用眾多的人力，而人民永無止境的惡夢生活即由此展開。另一條則向北，始築於秦始皇三十五年（公元前212年），《史記・秦始皇本紀》載：

> 三十五年，除道。道九原，抵雲陽，塹山堙谷，直通之。〔註17〕

又《史記・蒙恬列傳》載：

> 始皇欲遊天下，道九原，直抵甘泉。迺使蒙恬通道，自九原抵甘泉，塹山堙谷，千八百里，道未就。〔註18〕

〔註13〕關於徭役來源對象，可旁參近人高敏所著之《睡虎地秦簡初探》，其中〈勞動人民是戍邊徭役主要承擔者〉一文，舉證詳盡，內容精闢，對於徭役的對象與來源，給讀者提供了更清晰的輪廓。參高敏，《睡虎地秦簡初探》，（台北：萬卷樓，民國89年），頁15～21。

〔註14〕《史記・秦始皇本紀》卷六，頁242。

〔註15〕《漢書・賈鄒枚路傳》卷五十一，頁2328。

〔註16〕孟祥才，《中國歷史・秦漢史》，（北京：人民出版社，2009年8月初版），頁109。

〔註17〕《史記・秦始皇本紀》卷六，頁256。

〔註18〕《史記・蒙恬列傳》卷八十八，頁2566～2567。

九原，雲揚均是秦郡名。「塹山堙谷」意爲開山填谷，雖然到甘泉段尚未完工，但沿途高山深谷，在當時科技不發達的時代，靠的完全是人工，所需人力物力不知凡幾，百姓徭役負擔沈重的情況可見一斑。〔註19〕

2、建宮殿和陵寢

秦始皇爲滿足個人的私欲，興建了多座宮殿。每一座宮殿的興建，都動用了數以萬計的勞力。《史記・秦始皇本紀》載：

> 秦每破諸侯，寫放其宮室，作之咸陽北阪上。南臨渭，自雍門以東至涇渭，殿屋複道周閣相屬。所得諸侯美人鐘鼓，以充入之。〔註20〕

又載：

> 於是始皇以爲咸陽人多，先王之宮廷小，……乃營作朝宮渭南上林苑中。先作前殿阿房，東西五百步，南北五十丈，上可以坐萬人，下可以建五丈旗。周馳爲閣道，自殿下直抵南山。表南山之顛以爲闕。爲復道，自阿房渡渭，屬之咸陽……隱宮徒刑者七十餘萬人，乃分作阿房宮，或作酈山。發北山石椁，乃寫蜀、荊地材皆至。關中計宮三百，關外四百餘。〔註21〕

秦始皇在與東方六國戰爭過程中，每攻破一個國家，即仿其國的宮殿樣式在咸陽「北阪」蓋起同樣的宮殿，以至「南臨渭，自雍門以東至涇、渭，殿屋複道周閣相屬」。在消滅六國後，秦更是大肆修建，如在秦三十五年（西元前二一二年），「營作朝宮渭南上林苑中」。這個宮殿相當大，《三輔黃圖》曾如此記載：「可受十萬人，車行酒，騎行炙，千人唱，萬人和，銷鋒鏑以爲金人十二，立於宮門。」〔註22〕這個朝宮的前殿就是有名的阿房宮。〔註23〕唐杜

〔註19〕九原，秦郡名。郡治在今內蒙包頭市西。雲陽，秦郡名。在今陝西淳化西北，其地有秦的離宮。主持此役者爲蒙恬，過程見〈蒙恬列傳〉。徐衛民引史念海曰：「秦直道起由秦林光宮，沿子午嶺主脈北行，經旬邑縣石門關、蔘陵縣艾蒿店、陝西兩省交界的五里墩，至黃陵縣的興隆關（沮源關）後，沿子午嶺西側的甘肅省華池縣東至鐵角城、張家嶢峴，又直北經陝西定邊縣東南，復折東北方向達內蒙烏旗紅慶河、東勝縣西、昭君墳東、至內蒙包頭市西，至秦九原郡縣。」韓按：今陝西富縣之張家灣鄉、甘泉之橋鎮鄉以及志丹縣都留有秦時之直道遺址，平均寬度爲三十米，最寬五十八米，最窄處十餘米。參韓兆琦，《史記箋證》（貳）〈秦始皇本紀〉，（南昌：江西人民出版，2004年12月初版），頁474。

〔註20〕《史記・秦始皇本紀》卷六，頁239。

〔註21〕《史記・秦始皇本紀》卷六，頁256。

〔註22〕何清谷校注，《三輔黃圖校釋》，（北京，中華書局，2005年6月出版），頁156。

牧著名的〈阿房宮賦〉，即以「蜀山兀，阿房出」來形容阿房宮的修建，其工程之偉大是不難想見的。〔註24〕

至於秦始皇陵寢的修建，所動用的人力更是龐大驚人。秦始皇初即位，就在酈山爲自己修墓，統一後，又發全國刑徒七十餘萬人繼續營建，前後歷時數十年。《史記・秦始皇本紀》載：

> 始皇初即位，穿治酈山，及并天下，天下徒送詣七十餘萬人，穿三泉，下銅而致槨，宮觀百官奇器珍怪徒臧滿之。令匠作機弩矢，有所穿近者輒射之。以水銀爲百川江河大海，機相灌輸，上具天文，下具地理。以人魚膏爲燭，度不滅者久之。〔註25〕

《集解》引《皇覽》曰：「墳高五十餘丈，周迴五里餘。」〔註26〕從現已發掘的秦始皇陵陪葬的兵馬俑坑來看，可證明上述記載絕非誇大：總計三個已試掘的兵馬俑坑面積，約三萬零七百八十平方米，這樣宏大的兵馬俑坑，僅是始皇陵整個工程中較次要的一部份。〔註27〕附帶一提的是，建陵所需的大量石材，都是從長安西北二百里的甘泉山運來的，從陵墓的建造上，我們可想見秦始皇是怎樣壓榨與奴役人民。〔註28〕

3、築長城

秦始皇以前，在秦北方已有燕長城，「自造陽至襄平。置上谷、漁陽、右北平、遼西、遼東郡以拒胡」。〔註29〕秦昭王時，「秦有隴西、北地、上郡，

〔註23〕《正義》引〈括地志〉云：「秦阿房宮亦曰阿城，在雍州長安縣西北一十四里。」按：宮在上林苑中，雍州郭城西南面，即阿房宮城東面也。顏師古云「阿，近也。以其去咸陽近，且號阿房。」又據《中國文物地圖集》之陝西分冊，阿房宮遺址在今西安市未央區之三橋鎮南，爲秦朝上林苑內的朝宮遺址。東至皂河西岸，南至上堡子、趙家堡、西至長安縣境內的紀陽寨、周吳村，北至張村、三橋鎮街南一帶。面積約八平方公里。阿房宮前殿遺址東西長一千三百二十米，南北寬約四百二十米，面積爲五十五萬多平方米，是我國古代最大的夯土建築台基。參韓兆琦編著：《史記箋證》（貳）〈秦始皇本紀〉，頁475。
〔註24〕參林劍鳴，《秦史》，頁593。
〔註25〕《史記・秦始皇本紀》卷六，頁265。
〔註26〕《史記・秦始皇本紀》卷六，頁266。
〔註27〕參林劍鳴：《秦史》，頁597～598。
〔註28〕關於秦皇始陵的建築、規模、所動用的人力等等，可參楊哲文，《中國歷代帝王陵寢》，（台北：明文書局，民國七十六年二月初版），頁40～51。林建鳴，《秦史》，頁597～602。王學理、梁云，《秦文化》，（北京：文物出版社，2001年4月初版），頁40～112。
〔註29〕《史記・奴匈列傳》卷一百一十，頁2886。

築長城以拒胡」。〔註30〕趙武靈王「築長城，自代並陰山下，至高闕爲塞。而置雲中、雁門、代郡」〔註31〕。秦始皇帝從三十三年（公元前214年）開始，在趙國長城的南方，「城河上爲塞」〔註32〕。三十四年，「適治獄吏不直者，築長城及南越地」。〔註33〕這樣連結戰國秦、趙、燕長城，西起臨洮、東至今朝鮮平壤南。〔註34〕《史記・蒙恬列傳》載：

> 始皇二十六年……秦已并天下，乃使蒙恬將三十萬眾北逐戎狄，收河南。築長城，因地形，用制險塞，起臨洮，至遼東，延袤萬餘里。
> 〔註35〕

《史記・匈奴列傳》也有類似的記載：

> 後秦滅六國，而始皇帝使蒙恬將十萬之眾北擊胡，悉收河南地。因河爲塞，築四十四縣城臨河，徙謫戍以充之。而通直道，自九原至雲陽。因邊山險塹谿谷可繕者治之，起臨洮至遼東萬餘里。〔註36〕

秦滅六國後，修築長城的目的，除了作爲防守之外，也爲攻擊之用。蒙恬率眾在原秦、趙、燕舊長城的基礎上，修築了「因邊山險塹谿谷可繕者治之，起臨洮至遼東萬餘里」的長城。上引兩條，所提「蒙恬將三十萬眾，北逐戎狄」與「蒙恬將十萬之眾，北擊胡」人數不一，疑是史公疏漏之處，以匈奴的強悍與時常侵犯我國的情況來看，「蒙恬將三十萬眾」的可能性似乎較大。據《文獻通考》載，秦築長城所動用的人力，有四十餘萬之眾。〔註37〕若觀看長城延袤的情形，這數字恐怕是偏保守的估計。

（二）外攘夷狄

秦始皇的攘夷對象，最主要的是匈奴與百越二部份。匈奴自三代以來，即常爲中國邊患，戰國時期，秦、趙、燕均有築長城，目的乃在阻擋其侵擾。「百越」一詞，則始見於《呂氏春秋・恃君覽》。〔註38〕先秦時代，我國東南

〔註30〕《史記・奴匈列傳》卷一百一十，頁2885。
〔註31〕《史記・奴匈列傳》卷一百一十，頁2885。
〔註32〕《史記・秦始皇本紀》卷六，頁253。
〔註33〕《史記・秦始皇本紀》卷六，頁253。
〔註34〕張文立，《秦始皇評傳》，（台北：里仁書局，民89年），頁228。
〔註35〕《史記・蒙恬列傳》卷八十八，頁2565～2566。
〔註36〕《史記・匈奴列傳》卷一百一十，頁2886。
〔註37〕馬端臨，《文獻通考》卷十，（北京：中華書局，2006年11月），頁411。
〔註38〕《呂氏春秋・恃君覽》載：「揚漢之南，百越之際，敝凱諸、夫風，餘靡之地，縛婁、陽禺、驩兜之國，多無君。」這是「百越」一詞首見之記載。參周幼

沿海和嶺南一帶，曾經是古代越人的活動地區，戰國秦漢時期，統稱爲「百越」。〔註39〕秦始皇時代，對於北討匈奴與南伐百越，性質並不相同，對北是防衛性的反攻，對南則是積極的經略。但無論是北討或南伐，均動用了眾多的人力。《史記・秦始皇本紀》載：

> 三十三年，發諸嘗逋亡人、贅壻、賈人略取陸梁地，爲桂林、象郡、南海、以謫遣戍。西北斥逐匈奴，自榆中並河以東，屬之陰山，以爲四十四縣。城河上爲塞。又使蒙恬渡河取高闕、陶山、北假中。築亭障以逐戎人。徙謫，實之初縣，禁不得祠。明星出西方。三十四年，適治獄吏不直者，築長城及南越地。〔註40〕

觀此，則始皇爲「略取陸梁地」，動用了大批謫戍之徒前往。《索隱》謂南方之人，其性陸梁，故曰陸梁。〔註41〕又「以謫遣戍」《集解》引徐廣曰：「五十萬人守五嶺。」《廣州記》云：「五嶺者，大庾、始安、臨賀、揭楊、桂陽。」〔註42〕對抗匈奴與修築長城，二者息息相關，所動用人數，前述蒙恬率眾擊胡、築城已有提及，故不另贅。關於始皇爲用開發南越，用兵之慘烈，《淮南子・人間訓》有一段深刻教訓的記載：

> 又利越之犀角、象齒、翡翠、珠璣，乃使尉屠睢發卒五十萬爲五軍：一軍塞鐔城之嶺，一軍守九嶷之塞，一軍處番禺之都，一軍守南野之界，一軍結餘干之水。三年不解甲弛弩。使臨祿無以轉餉，又以卒鑿渠而通糧道，以與越人戰。殺西嘔君譯籲宋。而越人皆入叢薄中，與禽獸處，莫肯爲奉虜。相置桀駿以爲將，而夜攻秦人，大破之，殺尉屠睢，伏屍流血數十萬。乃發適戍以備之。〔註43〕

秦皇「發卒五十萬爲五軍」和越人作戰，結果卻是「伏屍流血數十萬」。於是

濤：〈試論百越在中華民族發展史上的重要地位〉，《紹興文理學院學報》，第24卷第3期，2003年6月，頁20～26；另參〔漢〕高誘注，《呂氏春秋》第二十卷〈恃君篇〉，（台北：藝文印書館，民國98年10月初版四刷），頁569；林品石註譯，《呂氏春秋今注今譯》，（台北：台灣商務印書館，民74年2月初版），頁644。

〔註39〕黃展岳，《先秦兩漢考古與文化》，（台北：允晨文化，民國88年8月），頁92。

〔註40〕《史記・秦始皇本紀》卷六，頁253。

〔註41〕《史記・秦始皇本紀》卷六，頁253。

〔註42〕《史記・秦始皇本紀》卷六，頁253。

〔註43〕陳麗桂校注，《新編淮南子》下冊〈人間第十八〉，（台北：國立編譯館，民國91年4月初版），頁1315～1316。另參熊禮匯注譯，侯迺慧校閱，《新譯淮南子》，（台北：三民書局，民國2008年1月二版一刷），頁1071～1072。

又發派「謫戍」去防備越人。所謂「適戍」，在一九七五年雲夢秦簡出土後，證明在秦始皇之前早已有之。「適」與「謫」通，有罪懲罰之謂也。〔註44〕

北討匈奴方面，所造成的傷亡亦是慘不忍睹。《漢書・嚴朱吾丘主父徐嚴終王賈傳》載：

> 遂使蒙恬將兵而攻胡，卻地千里，以河爲境。地固澤鹵，不生五穀，然後發天下丁男以守河北。暴兵露師十有餘年，死者不可勝數，終不能逾河而北……又使天下飛芻輓粟，起於黃、腄、琅邪負海之郡，轉輸北河，率三十鍾而致一石。男子疾耕不足於糧餉，女子紡績不足於帷幕。百姓靡敝，孤寡老弱不能相養，道死者相望，蓋天下始叛也。〔註45〕

觀此，則知秦始皇對匈奴用兵的時間長達十數年，人民的死傷不可勝數，嚴重影響到人民的生產力與社會的安定，造成「百姓靡敝」、「道死者相望」的悲慘局面，終於引發人民起義反抗。

（三）嚴刑峻法

秦自商鞅變法以來，便一直奉行法家的精神，其後又以韓非的法家思想爲指導，任用法家代表人物李斯爲相，進行秦的法制建設。秦王朝在「法令由一統、事皆決於法和以刑殺爲威」〔註46〕的立法思想指導下，進行了大規模的立法活動。〔註47〕一九七五年，湖北省雲夢縣睡虎地十一號秦墓出土的一一五五枚（另有殘片八十片）。其內容計有十種：（1）《編年紀》。（2）《語書》。（3）《秦律十八種》。（4）《效律》。（5）《秦律雜抄》。（6）《法律答問》。（7）《封診式》。（8）《爲吏之道》。（9）《日書》甲種。（10）《日書》乙種。這是第一次發現秦簡。〔註48〕其中法律文書包涵了《秦律十八種》、《效律》、《秦律雜抄》和《法律答問》等。其形式已經包括了律、令、式、廷行事和法律問答（官方司法解釋）幾種形式。從秦簡中所記不完整的秦律裡，就有：（1）《田律》。（2）《廄苑律》。（3）《金布律》。（4）《關市律》。（5）《倉律》。

〔註44〕高明，《秦漢史論稿》，台北：五南圖書，2002年8月初版，頁394。
〔註45〕《漢書・嚴朱吾丘主父徐嚴終王賈傳列傳》卷六十四上，頁2800。
〔註46〕葉孝信，《中國法制史》，北京：北京大學出版社，1996年，頁125。
〔註47〕參羅家雲，〈秦代的法治實踐及其歷史教訓〉，《玉溪師範學院學報》，第26卷第7期，2009年，頁22。
〔註48〕張豈之主編，《中國思想學說史》，〈秦漢卷〉，桂林：廣西師範大學出版社，2008年1月初版，頁598。

（6）《工律》。（7）《工人律》。（8）《均工》。（9）《徭律》。（10）《司空律》、（11）《軍爵律》、（12）《置吏律》、（13）《效律》、（14）《傳食律》、（15）《中史雜》。（16）《尉雜》。（17）《行書》。（18）《屬邦》。（19）《除吏律》。（20）《游士律》。（21）《除子弟律》。（22）《中勞律》。（23）《藏律》。（24）《公車司馬律》。（25）《牛羊課》。（26）《傅律》。（27）《戍律》。（28）《捕盜律》。（29）《敦表律》。（30）《廄律》。（31）《賷律》等。除上述所列外，還有禁言的《挾書律》。顯而易見的，秦律的內容繁多、縝密，而且遠不止我們今天能看到的這三十幾種。〔註49〕桓寬在《鹽鐵論》中就曾評論云：「秦法繁於秋荼，而網密於凝脂。」〔註50〕事實上，就秦代百姓而言，也深深感受到秦法繁多，人民動輒得咎，從秦始皇所動用刑徒的人數來看，可反映出秦律的嚴苛與殘酷。

秦始皇於新開拓的疆土，通常是遷移犯罪之人前往居住。《集解》引徐廣曰：「五十萬人守五嶺。」以謫徙民五十萬人，戍五嶺，與越人雜處；秦始皇命蒙恬北擊匈奴時，「因河爲塞，築四十四縣城臨河」，亦是「徙謫戍」前往居住。除此之外，秦始皇的各種興作，也多以刑徒充任。《史記・秦始皇本紀》載：「隱宮刑徒七十餘萬人，分作阿房宮，或作酈山」〔註51〕，另據《文獻通考》卷十，秦始皇所發築長城之人，有四十餘萬之眾。以上這些數字，共計有兩百多萬。這是有文獻記載的，其它沒有記載的，如修馳道、直道，所動用的刑徒，數目也一定相當的大。〔註52〕秦始皇將全國幾乎都變成了一個大監獄，秦施嚴刑酷罰，誠如《漢書・刑法志》所載：「赭衣塞路，囹圄成市。」〔註53〕在如此惡劣氛圍的環境之下，秦之崩潰乃是必然之勢。

（四）賦斂繁重

秦始皇於攻滅六國之後，所興建的多項大工程，如馳道、宮殿、陵寢、長城等等，這些大工程除了需動用數以十萬、百萬計的勞動力之外，更需要龐大的財政經費來支付。再者，秦始皇本人窮奢極慾，貪戀酒色，〔註54〕爲

〔註49〕 張大可、徐日輝著，《張良蕭何韓信評傳》，（南京：南京大學出版社，2002年5月初版），頁252。

〔註50〕 徐南村，《鹽鐵論集釋》卷十〈刑德第五十五〉，頁262。

〔註51〕 《史記・秦始皇本紀》卷六，頁258。

〔註52〕 引自司修武，《黃老學說與漢初政治平議》，頁30。

〔註53〕 《漢書・刑法志》卷二十三，頁1096。

〔註54〕 《史記・秦始皇本紀》載：「先作前殿阿房，東西五百步，南北五十丈，上可以坐萬人，下可以建五丈旗。」又載：「始皇初即位，穿治酈山……穿三泉，

滿足其個人的私欲，亦需要相當大的開銷，而這龐大的支出，最主要的來源，當然還是來自於老百姓的身上，而最容易且方便從老百姓身上取得的財富，就是向人民徵稅。《漢書·食貨志》載：

> 至於始皇，遂并天下，內興功作，外攘夷狄，收泰半之賦，發閭左之戍。男子力耕不足糧饟，女子紡績不足衣服。竭天下之資財以奉其政，猶未足以澹其欲也。海內愁怨，遂用潰畔。〔註55〕

所謂「泰半之賦」，《漢書》顏師古注曰：「泰半，三分取其二。」即百姓將全年收穫的三分之二繳給政府。這種稅法，其苛重，爲古來所僅見。又董仲舒向漢武帝的建言中，道出了秦賦稅制度的不合理，終導致「貧民常衣牛馬之衣，而食犬彘之食」的悲慘局面。〔註56〕董仲舒云：

> 古者稅民不過什一，其求易共；使民不過三日，其力易足。民財內足以養老盡孝，外足以事上共稅，下足以畜妻子極愛，故民說從上。至秦則不然，用商鞅之法，改帝王之制，除井田，民得賣買，富者田連仟伯，貧者亡立錐之地。又顓川澤之利，管山林之饒，荒淫越制，踰移以相高；邑有人君之尊，里有公侯之富，小民安得不困？又加月爲更卒，已，復爲正一歲，屯戍一歲，力役三十倍古；田租口賦，鹽鐵之利，二十倍於古。或耕豪民之田，見稅什五。故貧民常衣牛馬之衣，而食犬彘之食。〔註57〕

據此，則知秦行郡縣制，貧富的差距擴大，形成豪民暴富，貧民則無以爲生。

三、漢初社會現況

在探討漢初社會現況之前，首先要將「漢初」這個時間概念作一限定。這裡所謂「漢初」，是自劉邦沛縣起義，眾人推舉爲沛公起，事在秦二世元年九月（西元前二〇九年），至漢高祖十二年（西元前一九五年）駕崩長樂宮止，共計十四年的時間。所以作如此的限定，是因爲本論文命題是〈漢高祖研究〉，

下銅而致椁，宮觀百官奇器珍怪徒藏滿之。……。以水銀爲百川江河大海，機相灌輸，上具天文，下具地理。以人魚膏爲燭，度不滅者久之。」即可想見始皇的生活之奢移與貪婪。參《史記·秦始皇本紀》卷六，頁265。
〔註55〕《漢書·食貨志》卷二十四上，頁1126。
〔註56〕《漢書·食貨志》卷二十四上，頁1137。
〔註57〕《漢書·食貨志》卷二十四上，頁1137。

取材主要以《史記》為主軸，《史記・高祖本紀》中所載劉邦史實，主要即以沛縣起義始，至駕崩長樂宮止。

　　如上所述，秦始皇滅六國一統天下後，大肆內興功作，外攘夷狄，幾乎無日不在征發。諸多大型的工程與勞役，如建馳道、興宮殿、建陵寢、築長城，讓人民一直無法過著安定的生活，被戰爭和遠戍（伐匈奴、戍五嶺）所破壞的不知多少萬家，幸而僅存的，也被重稅和差役壓迫得毫無生趣。加上禁網嚴密，刑法殘酷，稍有不慎，即身受刑僇。原來秦國的人民，或許尚可忍受，但新被征服的六國人民，過慣了比較自由的生活，對此則無法忍受。始皇死後，趙高弄權，立胡亥為太子，矯詔賜扶蘇死。既而胡亥即位，是為二世。二世論才氣不如乃父，窮奢極慾，則有過之。其帝位鞏固後，便聲色犬馬，縱情享樂。繼續修建酈山與阿房宮，並養了許多狗馬禽獸，徵收民間的菽粟芻藁以為飼料，使得咸陽周圍三百里人民不得穀食。所施峻法更加的嚴苛，故戍卒一呼，很快地就揭開了亡秦的序幕。〔註58〕

　　漢接秦之敝，由於連年的戰爭，「丁壯苦軍旅，老弱罷轉漕」〔註59〕，社會上最嚴重的問題是戶口的減少。而經濟的枯竭，社會的不安，較秦時為甚。《史記・陳丞相世家》載：

> 高帝南過曲逆，上其城，望見其屋室甚大，曰：「壯哉縣！吾行天下，獨見洛陽與是耳。」顧問御史曰：「曲逆戶口幾何？」對曰：「始秦時三萬戶，閒者兵數起，多亡匿，今見五千戶。」〔註60〕

曲逆，《集解》引《地理志》縣屬中山也。〔註61〕高帝七年，漢高祖從平城脫險南歸，路過此地。在秦時，此地原有三萬戶，現僅有秦時的六分之一，減少的原因是「閒者兵數起，多亡匿」。由此可知，戰亂的摧殘，超過一半以上的百姓，只好被迫過著顛沛流離的生活。又〈高祖功臣侯者年表序〉也有類似的記載：

> 漢興，功臣受封者，百有餘人。天下初定，故大城名都散亡，戶口可得而數者十二三，是以大侯不過萬戶，小者五六百戶。〔註62〕

由太史公這兩處記載，則可知漢初天下殘破之梗概，戶口的散亡，已經到了

〔註58〕　參司修武，《黃老學說與漢初平議政治》，頁38～40。
〔註59〕　《史記・項羽本紀》卷七，頁328。
〔註60〕　《史記・陳丞相世家》卷五十六，頁2058。
〔註61〕　《史記・陳丞相世家》卷五十六，頁2058。
〔註62〕　《史記・高祖功臣侯者年表》卷一十八，頁877。

驚人的程度。〔註63〕再者，在民生經濟狀況方面，《史記・平準書》中有具體
的描述：

> 漢興，接秦之弊，丈夫從軍旅，老弱轉糧饟，作業劇而財匱。自天
> 子不能具醇駟，而將相或乘牛車，齊民無蓋藏。〔註64〕

《漢書・食貨志》亦載：

> 漢興，接秦之敝，諸侯並起，民失作業，而大饑饉，凡米石五千，
> 人相食，死者過半。高祖乃令民得賣子，就食蜀漢。天下既定，民
> 無蓋藏，自天子不能具醇駟，而將相或乘牛車。〔註65〕

兩位史學家所述大同小異，惟班固較詳細而具體。無論如何，漢初社會普遍
窮困是事實，國家無法提供天子純一色的駟馬，老百姓則窮到沒有衣被蔽體。
高祖劉邦，在經過三年的反秦戰爭與五年的楚漢相爭，好不容易建立起的西
漢政權，竟是如此局面，怎不令人唏噓？

四、小結

　　過去諸多學者論秦之滅亡，主要是因施暴政所致，但忽略了秦施暴政，
實亦是漢初黃老學說興起之背景，故筆者就此詳加舉證，闡述秦施諸多暴政
的內容，以及對整個國家、社會、人民所造成的影響，此亦是漢初推行黃老
學說的重要關鍵。老子云：「反者，道之動。弱者，道之用」。〔註66〕戰國以
來，長期的戰爭和分裂，使得整個社會和人民都需要一個和平安靜的環境，
以休養生息。秦王朝雖然實現了統一，解決了分裂割據，但並未實現社會經
濟繁榮和人民盼能安居樂業的基本需要，反而變本加厲地橫徵暴斂和濫用民
力，最終激起了人民的怨恨，陳勝、吳廣揭竿而起，繼之楚漢相爭，又是飢
年戰亂。而黃老學說對於久困於秦代苛法與長期兵亂的人民來說，具有抒解
和安慰的作用，再者，自春秋戰國以來，主張個人獨善的出世老莊學派與主
張救濟社會的入世儒、墨學派，都先後失去民心的依附，而嚴峻的法家學說，

〔註63〕司修武，《黃老學說與漢初平議政治》，頁40～41。
〔註64〕《史記・平準書》卷三十，頁1417。
〔註65〕《漢書・食貨志》卷二十四上，頁1127。
〔註66〕參李勉著，《老子詮證》第四十章，（台北：東華書局，民國76年4月初版），
　　　　頁88；另參朱情箏，《老子釋譯・附帛書老子》第四十章，（台北：里仁書局，
　　　　民國74年），頁106；陳鼓應註譯，《老子今註今譯》第四十章（台北：台灣
　　　　商務，民國5月初版），頁153。

對於秦遺民來說，更是一場噩夢。此時，唯一可以按撫新時代人民心靈上需要的，只有黃老一派。〔註67〕

第二節　漢高祖與黃老之術

漢高祖劉邦有沒有讀過老子書，文獻無徵，無法得知，在打天下的過程中，他身邊幾個重要得力的人物，如曹參、張良、陳平等，卻都是習染老子思想甚深的人。曹參篤好清靜黃老、優柔儒儒；張良、陳平是謀略家，則有取於老子的冷峻之智。〔註68〕在打天下的過程中，高祖從曹參、張良、陳平處習染到一些老子的思想觀念，則是毫無問題的。劉邦是事功的人物，他時時以天下為事，自然也注意謀略一方面。〔註69〕正如第三章所言，漢高祖本身原不好儒，從現實的政治局面來看，儒家文化，無法立即解決漢初因長期爭戰，國內政治與經濟所面臨的重重困難。在剛完成統一全國的局勢中，漢高祖首先所需面對的問題，即是如何改變社會經濟的蕭條、如何繼承與總結先秦諸子百家學說、如何適應當時的政治環境等等問題，為吸取秦滅亡的教訓，讓人民能從休養生息中，獲取政局的穩定，綜合了《黃帝四經》與老子學說，對諸子百家的思想也有所吸收和融合的黃老之術，遂成為其治國的理論依據。由於黃老之術主張休養生息，清靜無為，以及偏重刑名等思想，最能適應西漢初期政治、經濟發展的需要，因而成為漢初統治者的治國方針。漢高祖劉邦即是漢初最早認同黃老學說的開國皇帝，他甚至於將黃老思想推廣到全國。

本節首先對黃、老概念稍作爬梳，其次將《黃帝四經》之要義加以說明，最後就漢高祖諸多具體作為與有關老子思想觀念的運用，論述劉邦政權下黃老學說的實踐與應用，期能藉此探討以明漢高祖與黃老之術的脈絡關係。

一、黃、老概述

在先秦著作中，並沒有「黃老」這名稱。黃、老合稱是漢代人的說法。〔註

〔註67〕參林啓彥，《中國學術思想史》，頁65～66。
〔註68〕關於曹參、張良、陳平此三人與黃老學說的關係，將在下節另作論述。
〔註69〕司修武，《黃老學說與漢初政治平議》，頁64。
〔註70〕參林啓彥著，《中國學術思想史》，頁66。

70）「黃老」一詞，見諸史冊，實始於《史記》。〔註71〕《史記・外戚世家》云：「竇太后好黃帝、老子言，帝及太子諸竇不得不讀《黃帝》、《老子》，尊其術。」〔註72〕這一條明確告訴我們「黃老」是指黃帝和老子。〔註73〕黃老之稱雖指的是黃帝、老子，黃老之學卻與黃帝、老子不是一碼事。老子乃道家的始祖之一，著有《道德經》。黃帝乃是史前傳說中的人物。然西漢人所讀《黃帝書》，只是後人托名於黃帝。〔註74〕《史記・五帝本紀》云：「學者多稱五帝，尚矣。然《尚書》獨載堯以來；而百家言黃帝，其文不雅馴，薦紳先生難言之。」〔註75〕《黃帝書》的大量湧現是始於百家爭鳴的戰國時代，而《黃帝書》的種類則是五花八門，並不僅僅是道家一家言。〔註76〕

〔註71〕 黃、老並稱成為一個學派的名稱，始自漢代，而《史記》是最早將黃、老合稱的傳世文獻。《史記》中出現有「黃老」處共有十餘處，如〈封禪書〉載：「會竇太后治黃老言，不好儒術。」〈外戚世家〉載：「竇太后好黃帝、老子言，帝及太子諸竇，不得不讀黃帝、老子，尊其術。」〈曹相國世家〉載：「聞膠西蓋公，善治黃老言，使人厚幣請之。……其治要用黃老術」〈陳丞相世家〉載：「陳丞相平少時，本好黃帝、老子之術。」〈老莊申韓列傳〉載：「申子之學，本於黃老，而主刑名。」「韓非者，韓之諸公子也。喜刑名法之學，而其歸本於黃老。」〈孟子荀卿列傳〉載：「慎到，趙人；田駢、接子，齊人；環淵，楚人；皆學黃老道德之術。」〈樂毅列傳〉載：「樂臣公學黃帝、老子，其本師號曰河上丈人，不知其所出。河上丈人教安期生，安期生教毛翕公，毛翕公教樂瑕公，樂瑕公教樂臣公。」〈袁盎晁錯列傳〉載：「（鄧公）其子章，以脩黃老言，顯於諸公間」〈張釋之馮唐列傳〉載：「王生者，善為黃老言，處士也。」〈田叔列傳〉載：「叔喜劍，學黃老術於樂巨公所。」〈魏其武安侯列傳〉載：「太后好黃老之言，而魏其、武安侯、趙綰、王臧等，務隆推儒術，貶道家。」〈汲鄭列傳〉載：「汲黯學黃老言，治官理民，好清靜。……（鄭當時）莊好黃老之言。」〈儒林列傳〉載：「然孝文帝本好刑名之言，……而竇太后又好黃老之術。……及竇太后崩，武安侯田蚡為相，絀黃老刑名百家之言。」〈太史公自序〉載：「自曹參薦蓋公，言黃老。」參楊頡慧〈西漢前期黃老學說下的法律思想與法治實踐研究〉，鄭州大學博士學位論文，2007年5月；林啓彥：《中國學術思想史》，頁66～67。

〔註72〕 《史記・外戚世家》卷四十九，頁1975。

〔註73〕 〔漢〕王充對於黃老更是給於正面肯定，認為是聖賢中最純的人。《論衡・自然》云：「賢之純者，黃、老是也。黃者，黃帝也；老者，老子也」。見〔漢〕王充，《王充論衡》卷下〈自然〉，台北：宏業書局，民國72年4月出版，頁36。另參〔漢〕王充，袁華忠、方家常譯注：《論衡・自然》，頁1267。

〔註74〕 參姚聖良，〈黃帝傳說的發展演變與黃老學的階段性特點〉，《青海社會科學》，2008年第4期，頁114～118。

〔註75〕 《史記・五帝本紀》卷一，頁46。

〔註76〕 《漢書・藝文志》著錄的「黃帝書」，就分屬於道家、陰陽、曆譜、五行、醫經、經方、房中等諸多門類。歸入道家的「黃帝書」，則主要有《黃帝四

　　戰國時代，諸子百家紛紛託名黃帝著書立說，並且將黃帝尊奉爲本學派的創始人，原因有二：

　　其一，戰國時期，百家爭鳴，各學派都竭力把自己的歷史說得久遠一些，以期壓倒對手。由於黃帝名氣很大，又無確切的文字記載可以稽考，所以諸子百家托古便集中於黃帝。例如，兵家名著《孫子》把黃帝視爲中國歷史的開端，作爲其學說的出發點。法家把黃帝的形象定格爲「法君」，所謂「黃帝作爲君臣上下之義，父子兄弟之禮，夫婦妃匹之合，內行刀鋸，外用甲兵，故時變也。」〔註77〕或謂黃帝有言曰：「上下一日百戰，下匿其私，用試其上，上操度量，以割其下。」〔註78〕雜家《呂氏春秋》裡所講的黃帝，無爲而無不爲，帶有老學的特點。道家《莊子》一書中的黃帝，則變成了寓言裡的人物。值得注意的是，這種依托黃帝的爲本學派造勢的風氣，隨著時間的推移，呈現出現越來越熾熱的趨勢，以致形成「尊古而賤今」〔註79〕的時尚。

　　其二，戰國中期開始，逐步興起以《老子》思想爲法、術、勢相結合爲主體，同時融會陽陰、儒、墨、兵家思想的道法家。他們依託黃帝而立言，撰成了爲數相當可觀的名冠黃帝的著作，例如《漢書・藝文志》所載屬於道家類的黃帝書，便有《黃帝四經》、《黃帝銘》、《黃帝君臣》、《雜黃帝》等多種，班固自注稱「起六國時，與老子相似也」，「六國時賢者所作。」〔註80〕這裡，儘管沒有「黃老」連稱的字樣，但已明顯看出「黃老」相連的某種趨勢。〔註81〕

經》四篇、《黃帝銘》六篇、《黃帝君臣》十篇、《雜黃帝》五十八篇等。《黃帝君臣》十篇，顏注曰：「起六國時，與老子相似也。」《雜黃帝》五十八篇，顏注曰：「六國時賢者所作。」參《漢書・藝文志》卷三十，頁 1730～1731。

〔註77〕〔秦〕商鞅撰，嚴萬里校，《商君書・畫策第十八》卷四，（台北：台灣商務，民國 45 年 4 月初版），頁 32。

〔註78〕〔清〕王先慎撰，《韓非子集解》卷 2〈揚權第八〉，（台北：台灣時代書局，民國 64 年 1 月初版），頁 34。

〔註79〕《淮南子》卷十九〈脩務篇〉載：「世俗之人，多尊古而賤今，故爲道者必托之於神農、黃帝而後能入說」。見陳麗桂校注，《新編淮南子》下冊〈脩務第十九〉，頁 1399。

〔註80〕《漢書・藝文志》卷 30，頁 1731。

〔註81〕參張豈之，《中國思想學術史》〈秦漢卷〉，頁 125～126。

二、黃老帛書與《黃帝四經》

　　黃老帛書是在一九七三年底，長沙馬王堆漢墓所出土的，其中有《老子》的兩種版本，即甲乙寫本。在《老子》乙本前有《經法》、《十大經》、《稱》、《道原》。這四篇古佚書（黃老帛書），經由唐蘭、余明光及陳鼓應等學者經過考證後，指出即爲《漢書·藝文志》中所著的《黃帝四經》。〔註82〕唐氏從四種古佚書的內容、思想方法及思想體系方面作了論證；其次，從四種古佚抄寫於漢文帝初年的時代特點進行分析；再次，從黃老之學的傳授源流和流傳情況進行考察；最後，唐氏指出，漢世之書如《春秋繁露》、《淮南子》、《史記》、《說苑》等多引用古佚書中的詞句，說明這本黃帝之言在漢代曾流行過。唐氏即此認定這四種古佚書就是《黃帝四經》。雖然《黃帝四經》等一批黃帝書早已佚失，如今判斷馬王堆漢墓出土老子乙本卷古佚書究竟爲何種黃帝書，實際上是在沒有參照版本的情況下所進行的一種邏輯推理。〔註83〕但因唐氏所論確有其根據，在沒有更多新資料面世時，本文也認爲這四篇古佚書即爲《黃帝四經》。

三、《黃帝四經》要義

　　《黃帝四經》所包涵的四部古佚書，分別是《經法》、《十大經》、《稱》、《道原》四篇。其中《經法》是講道與法的關係；《十大經》專講黃帝的神話，內容是黃帝如何以義兵統一天下；《稱》講事物變物的規律，《道原》講「道」。這四篇是託黃帝之言，同《老子》一起，恰好合黃老道德之言。這些寫本，據初步考定，約寫定於漢文帝初年。〔註84〕它對於我們了解漢代黃老學說的基本思想幫助很大。它既與《老子》合抄在一起，已被學界普遍視爲研究西漢黃老學說的最重要典籍。〔註85〕

　　據《史記》載，黃老學說大約產生於戰國中期，而在齊國的稷下學宮最先流行。慎到、田駢、接子、環淵等人都是黃老學說的傳播者。〔註86〕此外，

〔註82〕參詹石窗、張欣，〈《黃帝四經》的價值觀及其意義〉，《廈門大學學報》，2009年第2期，頁27。
〔註83〕參張豈之主編，《中國思想學術史》〈秦漢卷〉，頁156～158。
〔註84〕于東新，〈略論漢初的黃老之學與儒學〉，保定，《廊坊師範學院學報》，第23卷第6期，2007年12月，頁16。
〔註85〕參林啓彥編著，《中國學術思想史》，頁66。
〔註86〕《史記·孟子荀卿列傳》云：「慎到，趙人。田駢、接子，齊人。環淵，楚人。皆學黃老道德之術，因發明序其指意。」參《史記·孟子荀卿列傳》卷七十四，頁2347。

法家人物如申不害、韓非等亦治黃老學說。〔註87〕司馬遷在《史記》中將老子、莊子、申不害、韓非四人合傳。老子、莊子是道家，申不害、韓非是法家。道、法兩家有本質上的區別，道家「無爲自化，清靜自正」，〔註88〕就是指老莊而言。老莊學說與黃老學說雖同爲道家學說，但在思想主張方面是有一定的區別。黃老學說則偏重於刑名，如《經法・道法》云：

> 道生法。法者，引得失以繩，而明曲直者也。故執道者，生法而弗敢犯也，法立而弗敢廢。〔註89〕

《十大經・姓爭》云：

> 天德皇皇，非刑不行，穆穆天刑，非德必傾。刑德相養，逆順若成。刑晦而德明，刑陰而德陽，刑微而德彰。其明者以爲法，而微道是行。〔註90〕

《經法》、《十大經》是馬王堆三號漢墓出土的黃老帛書〔註91〕中的二經。黃老帛書的出土使我們看到了主刑名的法家與黃老學說間的師承關係。換句話說，道家學說不完全如後世所說的那樣飄然，僅僅是清靜無爲，此外，它還有向法的一面。〔註92〕從整體上看，《黃帝四經》的價值觀主要淵源於《老子》，〔註93〕與此同時，

〔註87〕《史記・老子韓非列傳》云：「申子之學，本於黃老而主刑名，著書二篇，號曰申子。韓非者，韓之諸公子也。喜刑名法術之學，而其歸本於黃老。」參《史記・老子韓非列傳》卷六十三，頁2146。

〔註88〕《史記・老子韓非列傳》卷六十三，頁2143。

〔註89〕陳鼓應注譯，《黃帝四經今註今譯》《經法・道法》，（台北：台灣商務，2000年10月第1版），頁48。

〔註90〕陳鼓應注譯，《黃帝四經今註今譯》《十大經・姓爭》，頁325。

〔註91〕黃老帛書是在一九七三年底，長沙馬王堆漢墓所出土的，其中有《老子》的兩種版本，即甲乙寫本。在《老子》乙本前有《經法》、《十大經》、《稱》、《道原》。這四篇古佚書，經由唐蘭、余明光及陳鼓應等學著經過考證後，指出即爲《漢書・藝文志》中所著的《黃帝四經》。參詹石窗、張欣，〈《黃帝四經》的價值觀及其意義〉，頁27。

〔註92〕張強，《司馬遷學術思想探源》，頁14～15。

〔註93〕最早參與《黃帝四經》整理和研究工作的學者唐蘭先生說：「從內容來看，這四篇是一本書。從思想方法上說，大體上是繼承老子而加以發揮的。」根據艾畦先生的研究和考證，《黃帝四經》和《老子》兩篇著作中相似或相同的語句和用詞達28處之多。而根據陳鼓應先生的考證，《黃帝四經》中引用《老子》的詞字和概念多達170餘處。這種情況看，許多學者將《黃帝四經》歸入道家行列是有根據的。引自詹石窗、張欣，〈《黃帝四經》的價值觀及其意義〉，頁28。

對法家、儒家等學派的思想也有所吸收和融合。〔註94〕其主要思想內容，要而言之，有以下三端：

第一，《黃帝四經》從天人合一的思想出發，主張效法天地之道。強調謙卑守下，虛懷若谷，知雄守雌，方成大事。認為道虛無形，萬物由生，只能順之，不能違背；崇尚陰柔，但又不是片面地強調陰柔，而是研究平衡與中和，這與道家的思想是有所不同的。

第二，《黃帝四經》提出了一系列治國的主張。在做君王或做官方面，主張要做到知足、寡欲、知時、順理、守信、敬張、誠實，否則，將會給自己帶來危害；在治理天下方面，主張循序漸進，要少斂賦而富民，要以刑罰，使眾崇法治。為達到法治目的，《黃帝四經》既不否定道德的作用，又不輕視刑罰的作用，而是主張順時勢而為，文武并用，先德後刑。顯然，這與法家的思想也是有所不同。

第三，《黃帝四經》提出了為君之道。其中認為「壹言而利之者，士也；壹言而利國者，國士也。是故君子卑身以從道。」〔註95〕同時，《黃帝四經》主張「因地以為齎，因民以為師」，〔註96〕「兼愛無私，則民親上」，〔註97〕認為只有對百姓百般愛護，才能得到百姓的擁戴。此外，還主張君王必須有「術」，不主張一味的「直」。只有做到君王有術，才能更好地治理國家和社會。〔註98〕

綜合言之，《黃帝四經》被視為黃老學說的最重要典籍，此點已為學界所接受，從整體上看，它的價值觀主要淵源於《老子》，與此同時，對法家、儒家等學派的思想也有所吸收和融合。對於久困於秦代苛法與長期兵亂的人民來說，黃老學說有抒解和安慰的作用，能適應當時人心的內在精神要求。漢高祖劉邦及其後繼者所採取的「與民休息」的治國主張與為君之道，與黃老學派主張統治者施政應當「清靜無為」不謀而合。觀此，透過認識《黃帝四

〔註94〕《黃帝四經》所提出的刑德並用、德主刑輔的主張，便是吸收了儒家關於德治的思想和崇德抑刑的主張而形成的。根據唐蘭先生在將《黃帝四經》與《老子》的不同之處進行對比研究後，認為以《黃帝四經》為代表的黃老學派講道法、主刑名，其思想內容具有明顯的法家特徵。參詹石窗、張欣，〈《黃帝四經》的價值觀及其意義〉，頁 28。

〔註95〕陳鼓應注譯，《黃帝四經今註今譯》《十大經·前道》，頁 374。

〔註96〕陳鼓應注譯，《黃帝四經今註今譯》《稱經》，頁 434。

〔註97〕陳鼓應注譯，《黃帝四經今註今譯》《經法·君正》，頁 125。

〔註98〕熊呂茂，〈馬王堆漢墓《黃帝四經》之學派歸屬辨析〉，（長沙：《求索》，2009年 10 月），頁 212。

經》的意涵，則對劉邦實施黃老學說治國的脈絡關係，能有一定程度的理解。

四、劉邦政權下黃老學說的實踐與應用

在剛完成統一全國的局勢中，劉邦首先所需面對的問題，即是如何改善社會經濟的蕭條、如何繼承與總結先秦諸子百家學說、如何適應當時的政治環境等等問題，爲吸取秦滅亡的教訓，讓人民能從休養生息中獲取政局的穩定。劉邦所採取的是與暴秦不同的治國理念，這些理念表現爲「掃除煩苛」、「清靜無爲」、「輕徭薄賦」、「與民休息」、「崇尚節儉」等較爲寬舒的統治政策，其本質就是黃老「無爲」政治的具體表現。〔註99〕其具體的作爲，茲略分述如下：

（一）君佚臣勞，分任責成

《淮南子・主術篇》載：「人主之術，處無爲之事，而行不言之教；清靜而不動，一度而不搖，因循而任下，責成而不勞。」〔註100〕君佚臣勞，分任責成是黃老思想基本的執政觀。劉邦可說是深諳此道。他先後提出「功人」和「功狗」的概念。據《史記・蕭相國世家》記載：「漢五年，既殺項羽，定天下，論功行封。……高祖以蕭何功最盛……，功臣皆曰：『臣等身披堅執銳，多者百餘戰，少者數十合，攻城掠池，大小各有差。今蕭何未嘗有汗馬之勞，徒持文墨議論，不戰，顧反居臣等上，何也？』，高帝曰：『請君知獵乎？……夫獵，追殺獸兔者狗也，……至如蕭何，發蹤指示，功人也。』」〔註101〕劉邦此處所言涉及的雖是眾臣之間的關係，但他揭示的卻是領導者與被領導者的關係。泛化開來，無疑與黃老道家「君無爲而臣有爲」〔註102〕的理論有著極大的相通之處。〔註103〕

〔註99〕 參李庫，〈黃老思想與漢初政治〉，《咸陽師範學院學報》，第24卷第3期，2009年3月，頁10。

〔註100〕 陳麗桂校注，《新編淮南子》上冊〈主術論〉，頁564。

〔註101〕 《史記・蕭相國世家》卷五十三，頁2015。

〔註102〕 《老子》第五十七章云：「我無爲而民自化，我好靜而民人自正，我無事而民自富；我無欲而民自樸。」《莊子・在宥》云：「無爲而尊者，天道也；有爲而累者，人道也。主者，天道也；臣者，人道也。」《莊子・天道》又云：「上必無爲而用天下，下必有爲天下用。此不易之道也。」可見「君無爲而臣有爲」一說由來已久，老莊後學早有此論。見李勉著，《老子詮證》第五十七章，頁118；〔清〕郭慶潘編、王孝魚整理，《莊子集釋》，（台北：木鐸出版社，民國71年9月初版），頁401、465。

〔註103〕 參寧國良，〈論黃老思想與劉邦的治國實踐〉，《西北大學學報》，第35卷第2期，2005年3月，頁110。

（二）減省刑罰，去苛以寬

高祖初入關時，約法三章，蠲削煩苛，《漢書‧高帝記》載：「父老苦秦苛法久矣，誹謗者族，耦語者棄市。……與父老約，法三章耳：殺人者死，傷人及盜抵罪。餘悉除去秦法。吏民皆按堵如故。」〔註104〕同書，〈刑法志〉也載：「漢興，高祖初入關，約法三章曰：『殺人者死，傷人及盜抵罪。』蠲削煩苛，兆民大說。」一統天下後，又因「四夷未服，兵革未息，三章之法不足以禦姦」；〔註105〕惠帝時，廢除「挾書令」；〔註106〕高后元年（前一八七年），除夷三族罪、妖言令（即妖言惑眾罪）；文帝元年（前一七九年）除連坐法，二年（前一七八年）除妖言誹謗罪，十三年（前一六七年）除肉刑，代以笞刑，笞即打板子。文帝本意是減刑，但此舉的結果適得其反。行刑用的竹板子沒有具體規定，法吏多以重者為之，犯人再強健也難以支撐三五百下，刑者多死，僥倖不死者也落得殘疾。《漢書‧刑法志》載：「外有輕刑之名，內實殺人。」〔註107〕明確說明了此刑的缺失，也表達當時百姓對此刑的不滿；景帝即位，改笞五百為三百、三百為二百。中元六年（前一四四年），再次減輕笞刑，笞三百改為二百，笞二百為一百；又定箠令：規定竹片長五尺、寬一寸，最薄的一端半寸，削平子節；行刑時只准打臀部，中間不得換人。此後犯人可以苟活性命了。晁錯為內史，更改律令三十餘章，悉被採納。中元二年（前一四八年），改磔為棄世，允許以腐刑代替死刑。〔註108〕當此之時，賦役輕微，刑罰寬鬆，官安其位，民樂其業，積蓄日增，人口繁息，風俗淳樸，一片升平，時稱有刑措之風。班固在記述這段歷史時，由衷地讚嘆道：「漢興，掃除煩苛，與民休息。至於孝文，加之以恭儉；孝景遵業，五六十載之間，至於移風易俗，黎民醇厚。周云成康，漢言文景，美矣！」〔註109〕

綜上所述，可看出高祖是有選擇性地因襲秦律，入關後與百姓約法三章，

〔註104〕《漢書‧高帝紀》卷一上，頁23。

〔註105〕《漢書‧刑法志》卷二十三，頁1096。

〔註106〕〈挾書令〉是李斯為防諸生不師今而師古，以非當世，惑亂黔首，而向始皇建議所制定。其中規定：老百姓必須把詩、書、百家語交到官府去焚毀，如三十天內不交到官府，要「黥為城旦」。（《集解》引如淳曰：城旦，四歲刑。）參《史記‧秦始皇本紀》卷六，頁255。

〔註107〕《漢書‧刑法志》卷二十三，頁1099。

〔註108〕田昌五，《秦漢史》，頁145～146。

〔註109〕《漢書‧景帝紀》卷五，頁153。

「蠲削煩苛，兆民大說」，此舉正符合黃老思想「我無爲而民自化」，〔註110〕無爲而治的主張。減輕刑罰，則漸漸革除了秦黎民百姓動輒逾法的局面，後繼統治者也陸續廢除了一些不合時宜的刑法，爲恢復社會的安定與秩序，創造了較爲寬鬆的環境。

（三）崇儉禁奢、輕徭薄賦、獎勵農耕

在黃老無爲而治思想的指導下，在經濟管理上，劉邦推行了一系列休養生息的改革措施：（1）崇儉禁奢。爲防止過分地掠民、擾民，劉邦從節欲開始，提出要崇儉禁奢，量入爲出。早在建國之初，蕭何興造未央宮，他就狠加批評道：「天下匈匈，勞苦數歲，成敗未可知，是何治宮室過度也。」〔註111〕盡力減少不必要的開支。而對於必要的財政支出，劉邦則嚴格財政管理，「量吏祿，度官用，以賦於民」，〔註112〕盡量減輕人民負擔。（2）輕徭薄賦。在面對漢初民生凋零的局面，爲恢復生產，劉邦採取的是輕徭薄賦，放寬政策。在其未入咸陽而軍次壩上之時，關中父老以酒食勞軍，他辭謝不受，以示與民更始。建國以後，他便決定「輕田租」，「什伍而稅一」，〔註113〕同時對新開墾的田地，在頭幾年給予完全免賦的優待。這種輕徭薄賦政策，在我國歷史上是少見的。（3）獎勵農耕。漢初因受連年戰爭，兵燹破壞的影響，農民銳減。爲發展農業，改善農民生存狀況，劉邦把「重本抑末」作爲發展封建經濟的基本國策，採取了一系列「毆民而歸之農」〔註114〕的具體措施。政治上解放奴婢。據《漢書‧高帝紀》載，高帝五年劉邦下詔：「民以飢餓自賣爲人奴婢者，皆免爲庶人。」〔註115〕並根據法令，每人還可受田20～30畝，且不論貴賤與階級，每人皆編入戶口，從而使自賣爲奴的這些人獲得解放。同時，對逃亡「相聚保山澤」〔註116〕的農民也給予優惠政策，分給土地和房屋，使之回歸故里，安心生產。諸如此類政策的推行，不僅提高了農民的生產積極

〔註110〕李勉著，《老子詮證》第五十七章，頁118。
〔註111〕《漢書‧高帝紀》卷一下，頁64。
〔註112〕《漢書‧食貨志》卷二十四上，頁1127。
〔註113〕《漢書‧食貨志》卷二十四上，頁1127。
〔註114〕《漢書‧食貨志》卷二十四上，頁1130。
〔註115〕《漢書‧高帝紀》卷一下，頁54。
〔註116〕《漢書‧高帝紀》五年夏詔：「民前或相聚保山澤，不書名數，今天下已定，令各歸其縣，復故爵田宅，吏以文法教訓辯告，勿笞辱。」《漢書‧高帝紀》卷一下，頁54。

性，發展了農業，而且也有利於消除流民等不穩定因素的影響，鞏固漢政權。
〔註117〕

（四）謙下不爭，曲則全

西漢初年，匈奴南下騷擾不斷。自從劉邦平城之役敗北之後，其一直奉行消極避讓的政策。他採用加強邊防的措施，不直接與匈奴對抗，派劉敬爲使者，將公主嫁給單于關氏。《史記‧匈奴列傳》載：「乃使劉敬奉宗室女公主爲單于關氏，歲奉匈奴絮繒酒米食物各有數，約爲昆弟以和親。」〔註118〕首開和親先河，此舉使冒頓對漢朝邊境的騷擾略爲減少。疆防上的謙下不爭，正與老子「水善利萬物而不爭，處衆人之所惡，故幾於道」〔註119〕的黃老思想不謀而合。而劉邦對匈奴的退卻，可看成老子「曲則全，枉則直」〔註120〕的實踐，雖然與當時漢政權的國力有關，但從其採取不與強敵正面衝突的統治策略來看，恐多多少少有一定的程度受到黃老思想的影響。〔註121〕

（五）清虛以待，循名責實 〔註122〕

在歷史上，劉邦的用人思想鮮少有人可與之比擬。縱觀劉邦的用人之術，其最大特點便在於信疑與恩寵的結合。在行軍治國過程中，均充分信任部下，對部下敢於授權。如韓信在拜爲大將軍之後，常握有劉邦授有的數萬軍隊，致使其在滅楚之前，更擁有與劉邦、項羽鼎足而立的強大勢力。而韓信也言：「漢王授我上將軍印，予我數萬眾，解衣衣我，推食食我。」〔註123〕由韓信對劉邦的感念之語，足以看出劉邦對韓信任之深。但在豪傑並起的現實面前，劉邦並未放鬆對臣下的提防和控制。如對韓信，他雖然給予偌大的兵權，但對他也提防最緊。只要任務一旦完成，劉邦立刻收其精兵，使其不致於尾大不掉。劉邦此種不動聲色地分析部下的言行舉止，挖空心思地揣摩制服部下

〔註117〕參寧國良，〈論黃老思想與劉邦的治國實踐〉，頁110。
〔註118〕《史記‧匈奴列傳》卷一百一十，頁2895。
〔註119〕李勉著，《老子詮證》第八章，頁20。
〔註120〕李勉著，《老子詮證》第二十二章，頁50。
〔註121〕參寧國良，〈論黃老思想與劉邦的治國實踐〉，頁111。
〔註122〕《淮南子‧主術篇》載：「故有道之主，滅想去意，清虛以待；不伐之言，不奪之事，循名責實，官使自司。」陳麗桂校注，《新編淮南子》，上冊〈主術篇〉，頁623。
〔註123〕《史記‧韓淮侯列傳》卷九十二，頁2622。

的方法，是他用人方面的高明之處，也是他對黃老循名責實思想的具體運用。
〔註124〕

　　事實上，劉邦在尚未稱帝建漢之前，就已有許多地方將老子的思想觀念
運用得非常習慣自然，茲分述如下：

（一）高度自制力

　　老子說：「知人者智，自知者明，勝人者有力，自勝者強。」〔註125〕劉
邦最大的長處就是善於克制自己。他進軍咸陽之後，欲居止宮殿中而息，因
樊噲、張良之諫，「乃封秦重寶財物府庫，還軍霸上。」〔註126〕這需要高度的
自制力。此事表面看似易而實難。蓋劉邦本「好酒及色」，今入咸陽，可謂極
天下之酒色財寶，焉得而不欲？但他竟能納樊噲、張良之諫而封府庫，還軍
霸上，此在一出身微賤的庸人看來，實在不是一件小事。此可表示其志不在
下，〔註127〕也顯示出劉邦具有高度的自制力，能抵抗外在的誘惑，讓秦人感
到大喜，也為將來取得成功，奠定了好的基礎。在對待秦物與秦遺民的態度
上，劉邦高度的自制力與項羽的粗暴殘忍，優劣立見。

（二）以柔克剛

　　老子說：「勇於敢則殺，勇於不敢則活。」〔註128〕「堅強者死之徒，柔
弱者生之徒。……故強大處下，柔弱處上。」〔註129〕老子有多章節闡述柔弱
與剛強的蘊意，主要目的是表達「柔弱勝剛強」〔註130〕的理念。項羽是剛強
一類型的人，劉邦則是柔弱一類型的，結果劉邦以其柔弱，克服了項羽的剛
強。他對項羽，在不能敵之時，低聲下氣，陪盡小心，不和項羽衝突。他始
則放棄關中給項羽的部將，並且於入漢中之後，燒絕棧道，示無還心；繼則
棄關東給韓信、英布，以樹項羽之死敵。等到時機成熟了，力量夠了，則在
垓下一鼓而擊滅項羽，席捲天下。在垓下會戰之前，劉邦本和項羽約定中分
天下，鴻溝以東歸楚，鴻溝以西歸漢，項羽則歸還劉邦父母、妻子。約定後
後，項羽引兵而東，而劉邦則採納張良、陳平的建議，從後麾兵追殺，於是

〔註124〕寧國良，〈論黃老思想與劉邦的治國實踐〉，頁111。
〔註125〕李勉著，《老子詮證》第三十三章，頁73。
〔註126〕《漢書‧高帝紀》卷一上，卷22～23。
〔註127〕徐文珊，《史記評介》，頁151。
〔註128〕李勉著，《老子詮證》第七十三章，頁146。
〔註129〕李勉著，《老子詮證》第七十六章，頁150～151。
〔註130〕李勉著，《老子詮證》第三十六章，頁78。

才發生了歷史上有名的垓下大會戰，逼死了項羽。這就是運用了老子欲擒故縱，柔弱勝剛強的道理。〔註131〕

（三）善為士者不武；善戰者不怒

漢元年十月，劉邦率兵入關，秦王子嬰素車白馬，係頸以組，向劉邦投降。此時有人建議殺掉子嬰，劉邦卻說：「始懷王遣我，固以能寬容，且人已降服，又殺之，不祥。」〔註132〕然後與秦父老約法三章，悉除秦苛法。他這種不仗勢凌人的表現，正合了老子「善為士者，不武；善戰者，不怒」〔註133〕這句話，和項羽之坑秦降卒四十萬，火燒阿房宮相較，何啻霄壤。在楚漢相爭中，有一次雙方兵臨廣武，對持數月，劉邦支持彭越在梁地起反，斷絕楚軍的糧道，項羽為這件事大傷腦筋，於是弄了個大俎，把劉邦的父親太公綁在上面，告訴劉邦說：「今不急下，吾烹太公。」〔註134〕劉邦聽了絲毫不為所動，反而說：「吾與項羽俱北面受命懷王，曰『約為兄弟』，吾翁即若翁，必欲烹而翁，則幸分我一桮羹。」〔註135〕若照一般常理來解讀，定會認為劉邦此舉甚為大逆不道，毫無人子之情。但若換一個角度來看，在戰場上，貴在「強而避之，怒而撓之」，〔註136〕劉邦不與項羽正面迎戰，又利用項羽惱怒時騷擾他，可說充份運用了孫子兵法的計策，同時也表現出「善戰者，不怒」的道家思想。

（四）鬥智不鬥力

楚漢兩持廣武間，久而不決，弄得「丁壯苦軍旅，老弱罷轉漕」，〔註137〕於是項王對漢王說：「天下匈匈數歲者，徒以吾兩人耳，願與漢王挑戰決雌雄，毋徒苦天下之民父子為也。」〔註138〕此處可看到項羽的磊落態度，項羽不愧為性情中人，說得天真率直。而劉邦則不然，他說：「吾寧鬥智，不能鬥力。」〔註139〕劉邦自知力不過項羽，當然不願與項羽單獨決鬥，劉邦所謂的「鬥智」，

〔註131〕司修武，《黃老學說與漢初政治平議》，頁64。
〔註132〕《史記・高祖本紀》卷八，頁362。
〔註133〕李勉著，《老子詮證》第六十八章，頁140。
〔註134〕《史記・項羽本紀》卷七，頁327～328。
〔註135〕《史記・項羽本紀》卷七，頁328。
〔註136〕李零譯注，《孫子譯注》〈計篇〉，（北京：中華書局，2007年9月初版），頁6。
〔註137〕《史記・項羽本紀》卷七，頁328。
〔註138〕《史記・項羽本紀》卷七，頁328。
〔註139〕《史記・項羽本紀》卷七，頁328。

正是老子冷靜權謀之智，在敵強我弱的戰場上，劉邦運用了計謀、智慧，而不採取武力。

綜上所述，則無論劉邦在尚未稱帝建漢之前，或建漢之後，有意或無意的諸多作為中，可發現許多道家思想的影子，同時表現出濃厚的黃老思想，此乃劉邦本身性格與所接觸的環境因素所致，當時殘破的社會背景也是重要原因之一。除此之外，劉邦身邊有多位具黃老氣息的臣子，他們受過老子思想的薰陶，劉邦長期與之相處，自然容易受其感染。下文即將就漢高祖身邊幾位重要功臣，他們與黃老學說之間的關係進行論述，以增補漢高祖與黃老學說研究不足之處。

第三節　漢高祖重要功臣與黃老之術

在漢初政治界，雖然有很濃厚的老子思想色彩，但那只是戰國末年以來老學發展的流風餘韻，是自然而然的浸潤，而沒有刻意的去提倡。清人王鳴盛在《十七史商榷》云：

> 漢初，黃老之學極盛，君如文、景，官閫如竇太后，宗室如劉德，將相如曹參、陳平，名臣如張良、汲黯、鄭當時、直不疑、班嗣《漢·敘傳》。處士如蓋公《曹參傳》。鄧張《袁盎傳》。王生《張釋之傳》。黃子《司馬遷傳》。楊王孫、自有傳。安丘望之《後漢書·耿弇列傳》等，皆宗之。東方朔《戒子》，以首陽為拙，柱下為工，是亦宗黃老者。〔註140〕

據此，則知漢初，君、官閫、宗室、將相、名臣、處士等皆有好黃老之學者。然而為什麼會有這麼多人相信黃老學說呢？其思想內涵到底有何魅力？司馬談在〈論六家要旨〉中指出了黃老學說的主要思想內涵：

> 其為術也，因陰陽之大順，采儒墨之善，撮名法之要，與時遷移，應物變化，立俗施事，無所不宜，指約而易操，事少而功多。……道家無為，又曰無不為，其實易行，其辭難知。其術以虛無為本，以因循為用。無成勢，無常形，故能究萬物之情。不為物先，不為物後，故能為萬物主。有法無法，因時為業；有度無度，因物與合。〔註141〕

〔註140〕王鳴盛，《十七史商榷》卷六，收錄於孫曉主編，《二十四史研究資料彙編·史記》第三冊，《綜考·十七史商榷·史記》卷六，頁612。
〔註141〕《史記·太史公自序》卷一百三十，頁3289～3292。

觀此，則知黃老學說是採集了各家學說的優點爲己用，並且發揮了道家本身的思想，而形成的一種理論。大體上說，劉邦去世之前，黃老思想在政治上像是一股暗流，在默默中影響著當時的政治。其中曹參、張良、陳平等幾位頗具黃老色彩的重要功臣，對於漢初政局的穩定，社會經濟的發展，乃至治國的主張與爲君之道，具有進步的意義和深遠的影響。故本節即以此三位在漢初與黃老關係頗爲密切且較具代表性的人物進行論述，茲分述如下：

一、曹參奉行「黃老之術」

劉邦即帝位後所採取一些恢復生產、獎勵農耕的政策，還不能說是在有意識地運用黃老思想作指導。老子的思想被公開提倡遵行，而且黃、老並稱，是孝惠二年蕭何去世以後的事。第一個提倡行黃老學說的人，是繼蕭何爲漢相國的曹參。〔註142〕他是劉邦集團的核心人物，也是劉邦的大功臣，論地位僅次於蕭何。曹參軍功總計：「凡下二國，縣百二十二；得王二人，相三人，將軍六人，大莫囂、郡守、司馬、候、御史各一人。」〔註143〕他於高祖六年奉命作齊王劉肥的相國。《史記・曹相國世家》云：

> 高帝以長子肥爲齊王，而以（曹）參爲齊相國。……孝惠帝元年，
> 除諸侯相國法，更以參爲齊丞相。參之相齊，齊七十城。天下初定，
> 悼惠王富於春秋，參盡召長老諸生，問所以安集百姓，如齊故（俗）
> 諸儒以百數，言人人殊，參未知所定。聞膠西有蓋公，善治黃老言，
> 使人厚幣請之。既見蓋公，蓋公爲言治道貴清靜而民自定，推此類
> 具言之。參於是避正堂，舍蓋公焉。其治要用黃老術，故相齊九年，
> 齊國安集，大稱賢相。〔註144〕

曹參擔任齊相國之後，爲治理這個地廣人眾的東方大國而煞費苦心，時蓋公是齊國治黃老之術的著名學者，曹參虛心向蓋公請教治齊之策。蓋公則「爲

〔註142〕《史記・樂毅列傳贊》記載的戰國末至漢初黃老學派的傳授關係是：河上丈
人——安期生——毛翕公——樂瑕公——樂臣公——蓋公——曹參。前六人
都是隱居的學者，曹參是運用黃老之學治國的一位政治家。參《史記・樂毅
傳贊》卷八十，頁2436。
〔註143〕《漢書・蕭何曹參傳》卷三十九，頁2017～2018。
〔註144〕《史記・曹相國世家》卷五十三，頁2029。

言治道貴清靜而民自定，推此類具言之。」充份發揮了老子「我無爲而民自化，我好靜而民自正，我無事而民自富，我無欲而民自樸。」〔註145〕的思想，堪稱是漢初政治影響最大的一代宗師。之後，曹參採用了「清靜無爲」的黃老之術來治理齊國，這是黃老學派在政壇上顯露頭角的開始，齊國也成爲推行黃老之治的最早試驗基地。〔註146〕《史記・樂毅列傳》載：

> 樂臣公學黃帝、老子，其本師號曰河上丈人，不知其所出。河上丈
> 人教安期生，安期生教毛翕公，毛翕公教樂瑕公，樂瑕公教樂臣公，
> 樂臣公教蓋公。蓋公教於齊高密、膠西，爲曹相國師。〔註147〕

表面上看來，曹參之所以選中黃老之術作爲治齊的指導思想，彷彿是蓋公的一番說項起了關鍵作用。其實這一事件背後另有原因。茲分述如下：

（一）受漢初整個社會大環境的影響

曹參雖出身社會下層，但從其做過沛縣獄掾、爲縣中「豪吏」的情況看，他並非單純的草莽武夫，而是讀過書，具有相當的文化知識。自參加豐沛起義後，跟隨劉邦轉戰南北，對秦朝暴政給百姓造成的苦難，加上與民心之所向定有深切的體察。自春秋戰國至秦始皇完成統一大業，整整五個半世紀是在動亂、飢饉，「殺人盈城」和「殺人盈野」中渡過的。繼之而起的是秦王朝殘暴的統治，緊接在後的是楚漢相爭，而戰爭後所形成的現象是人口銳減，經濟殘破，田園荒蕪，哀鴻遍野。面對如此艱窘的社會條件，如何才能鞏固新皇朝的統治？這是劉邦及其臣子們無法回避而必須認真思考的問題。曹參作爲一個具有強烈責任感的政治家，他必須面對全國的形勢，思謀一個最佳治理的方法與策略。〔註148〕

（二）齊國是黃老思想的發源地

春秋末年至戰國時期，齊國自姜尚建國〔註149〕伊始就形成了尚賢與開放的風氣，因而吸引了全國各地的政治家、軍事家，尤其是思想家，前來尋求

〔註145〕李勉著，《老子詮證》第五十七章，頁118。
〔註146〕參孟祥才，《先秦秦漢史論》，頁293。
〔註147〕《史記・樂毅列傳》卷八十，頁2436。
〔註148〕孟祥才，《秦漢人物散論》，頁218～219。
〔註149〕太公望呂尚，姓姜，名尚，又名牙；因其祖先曾封於呂，以地爲氏，故氏呂；周文王時號「太公望」，周武王尊稱他「師尚父」，齊人追稱他「太公」，俗稱「姜子牙」。有關姜尚建國這段史實，可詳參《史記・齊太公世家》卷32，頁1477～1481。

發展的機會和展演的舞臺。位於臨淄南門附近的稷下學宮，雲集著從列國湧來的儒、墨、名、法、道、陰陽等各學派的思想精英。《史記·田敬仲完世家》載：

> 宣王喜文學游說之士，自如騶衍、淳于髡、田駢、接子、慎到、環淵之徒七十六人，皆賜列第，爲上大夫，不治而議論。是以齊稷下學士復盛，且數百千人。〔註150〕

稷下，《集解》引劉向《別錄》曰：「齊有稷門，城門也。談說之士期會於稷下也。」〔註151〕其中道家黃老學派的代表人，田駢、宋鈃、尹文、環淵等，正是在稷下學宮的講學與論辯中，形成了自己的思想體系與學術風格。由於黃老思想產生於齊國，它在這裏勢必會產生相當的影響，具有一定的群衆基礎。曹參選定黃老思想作爲治齊的指導原則，應該是考慮到該思想與齊地的血緣關係。〔註152〕

（三）齊地文化學術水平較高，學術思想較易推行

西漢五經十四博士，〔註153〕今文經各派的創始人，大都爲齊魯儒生。如齊人田何在《易》的傳授中承前啓後。其後弟子，創孟氏《易》的孟喜是東海蘭陵（今山東蒼山）人。創梁丘《易》的梁丘賀是琅琊諸（今山東諸城）人。創費氏《易》的費直是東萊（今山東萊州）人。《尚書》傳承中的關鍵人物是濟南張生。創大夏侯《尚書》的夏侯勝、創小夏侯《尚書》的夏侯建都是東平（今屬山東）人。《詩》傳承中的關鍵人物是齊人浮丘伯。《禮》傳承中的關鍵人物是魯人高堂生。《公羊春秋》傳授中的關鍵人物是齊人胡母生。《穀梁春秋》傳授中的關鍵人物是魯人申公。在五經各家派的創始人中，除了施氏《易》的創始人施讎是沛（今屬江蘇）人、韓《詩》的創始人韓嬰是

〔註150〕《史記·田敬仲完世家》卷四十六，頁1895。
〔註151〕《史記·田敬仲完世家》卷四十六，頁1895。
〔註152〕孟祥才，《秦漢人物散論》，頁219～220。
〔註153〕漢武帝時始立「五經博士」，以教授生徒。經學因此便日漸興盛起來。學派的門戶，遂愈分愈多：《詩》有魯（出於申公）、齊（出於轅固生）、韓（出於韓嬰）三家；《書》有歐陽（生）、大夏侯（勝）、小夏侯（建）三家，同出於伏勝；《禮》有大戴（德）、小戴（聖）、慶（普）三家，同出於高堂生；《易》有施（讎）、孟（喜）、梁丘（賀）、京（房）四家，同出於田何；《春秋》爲公羊傳，有嚴（彭祖）、顏（安樂）二家，同出於胡母生、董仲舒。這便是「五經十四博士」（《慶氏禮》和《穀梁傳》不包括在內）。參林啓彥，《中國學術思想史》，頁89～90。

燕人外，其餘都是齊魯之人。〔註154〕可見齊地在文化學術上的水平是屬於較高的。在此學風鼎盛的區域中，各種學術思想文化，自然有較多的交流機會。曹參選擇在此地推行黃老學說，應和此地的學風鼎盛不無關係。

　　曹參以「清靜無爲」的黃老之術治齊，九年而「齊國安集」，除了蓋公所說的「治道貴清淨而民自定」這麼一句相當籠統的話之外，還有些什麼具體措施呢？對此，有一則材料曲折地有所反映。《史記·曹相國世家》載：

> 惠帝二年，蕭何卒。參聞之，告舍人趣治行，「吾將入相」。居無何，使者果召參。參去，屬其後相曰：「以齊獄市爲寄，愼勿擾也。」後相曰：「治無大於此者乎？」參曰：「不然。夫獄市者，所以並容也，今君擾之，姦人安所容也？吾是以先之。」〔註155〕

據此，則「勿擾獄市」是曹參治齊所實行的最重要的一項具體措施。對此，《集解》引《漢書音義》有所解釋：

> 夫獄市兼受善惡，若窮極，姦人無所容竄；姦人無所容竄，久且爲亂。秦人極刑而天下畔，孝武峻法而獄繁，此其效也。《老子》曰：「我無爲而民自化，我無靜而民自正。」參欲以道化其本，不欲擾其末。〔註156〕

老子的無爲政策，對人民而言，就是不干涉人民的生活，他說：「治大國，若烹小鮮。」〔註157〕這個警句，喻示著爲政之要在安靜無擾，擾則害民。這是老子主張清靜無爲的原因。曹參的以獄市寄後相，正是運用老子「治大國，若烹小鮮」的道理。至於「獄市」，陳直《漢書新證》指出：

> 獄市，注家多不加解釋，或分解爲刑獄及都市。然騷擾監獄，則事所不恒有，余疑獄市爲齊國大市之名，獄爲岳字省文，即齊國莊岳之市。《史記·漢興以來將相名臣年表》，大事紀闌，「高祖六年立大市」。可證西漢初期，在郡縣之外，曾一度選擇大都會立爲大市，此條重要材料，爲一般學者所不注意。以齊國之富庶，當然可在立大市之列，故曾參云獄市勿擾。〔註158〕

焦循《孟子正義》卷六《滕文公章句下》疏「又云」即引曹參屬後相之語，

〔註154〕孟祥才，《秦漢人物散論》，頁273。
〔註155〕《史記·曹相國世家》卷五十四，頁2029。
〔註156〕《史記·曹相國世家》卷五十四，頁2029。
〔註157〕李勉著，《老子詮證》第六十章，頁124。
〔註158〕陳直，《漢書新證》，（天津：天津人民出版社，1979年），頁261。

並指出「獄字合從岳音，蓋謂岳市，乃齊國圜圚之地，奸人所容，故當勿擾之耳。」這似乎又給陳說提供了一個旁證。〔註159〕而趙岐《孟子注疏》卷六《滕文公章句下》注「而置之莊獄之間數年」中之「莊獄」皆齊街里名也。〔註160〕換句話說，「莊獄」指的是齊都首善之區也。近人司修武則將「獄市」從字面上來做詮釋，司氏認為「獄」是禁錮犯之處，「市」是買賣交易的場所，龍蛇雜居，藏污納垢。自古以來，破壞社會秩序，危及國家的人，不是安份守己的善良百姓，而是寄身「獄市」的游滑無賴。因為這個緣故，所以才要妥善的安置他們，免得流溢泛濫，造成國家的災害。〔註161〕司氏以此解釋，似乎也說得過去；但陳氏以「獄為岳字省文」、「齊國之富庶」，推論「可立大市之列」，加上焦循疏「獄字合從岳音，蓋謂岳市」之引證，趙岐注「莊獄」皆齊街里名之旁證，符合當時齊國繁榮的景象。兩相對照，陳氏之說較為貼切，故本論文以陳說為是。

從上所述，基本上可以確認「獄市」指齊莊岳大市，引申當泛指齊地的集市。勿擾獄市，就是政府對集市交易採取不干涉政策，亦即實行市場開放。這樣做，保證了商品流通的順利進行，刺激了生產的發展，進而使社會經濟變得活躍。隨著經濟形勢的好轉，堆積如山的社會問題——諸如就業謀生等，也都能迎刃而解。曹參運用了黃老術治國，以短短九年時間便達到「安集」的水準，於此也顯現出其卓著的效用。〔註162〕

曹參以黃老之術治理國事的另一具體表現，就是「因循守成」。曹參到了長安，繼任漢相，「舉事無所變更，壹遵蕭何約束」。這件事和前一件事基本原則是一致的，不過前者是理民，而後者則是治吏。他為了貫徹這個原則，特別把「言文深刻，欲務名聲」的官吏免職，代以「訥於文辭，厚重長者」。諸事安排就緒之後，他就日日飲酒，不事事。《史記・曹相國世家》云：

> 參代何為相國，舉事無所變更，一遵蕭何約束。擇郡國吏木訥於文辭，重厚長者，即召除為丞相史。吏之言文刻深，欲務名聲者，輒斥去之。日夜飲醇酒。卿大夫已下吏及賓客見參不事事，來者皆欲有言。至者，參輒飲以醇酒，閒之，欲有所言，復飲之，醉而後去，

〔註159〕張豈之主編，《中國思想學說史》〈秦漢卷〉，頁136。
〔註160〕〔漢〕趙岐注，〔宋〕孫奭疏，《孟子注疏》，《十三經注疏》〔清〕阮元校勘，（上海：上海古籍出版社，1997年7月第1版，頁2712。
〔註161〕司修武，《黃老學說與漢初政治平議》，頁79。
〔註162〕張豈之主編，《中國思想學說史》〈秦漢卷〉，頁137。

終莫得開說，以爲常。相舍後園近吏舍，吏舍日飲歌呼。從吏惡之，
無如之何，乃請參游園中，聞吏醉歌呼，從吏幸相國召接之。乃反
取酒張坐飲，亦歌呼與相應和。參見人之有細過，專掩匿覆蓋之，
府中無事。〔註163〕

曹參入相後種種帶有近乎表演成分的「無爲」舉動，明顯的是受黃老之說的
影響，成功安然地讓「府中無事」。但值得注意的是，劉邦生前曾與大臣刑白
馬盟曰：「非劉氏王，天下共擊之。」〔註164〕當劉邦駕崩後，能否與處心積慮
地大封諸呂、危劉氏宗室的呂后相安無事，是朝廷重臣任職的首要條件，與
其說曹參「日夜飲醇酒」，是求「清靜」，不如說是爲了「避禍」，因爲「清靜
無爲」並不一定必須是「杯中日月」，而且曹參在齊地執政時奉行「黃老之術」，
卻並未沈溺於酒。〔註165〕

對於曹參繼蕭何爲相，史家有所謂的「蕭規曹隨」之稱，而曹參隨蕭，
是不是眞正的清靜無爲呢？站在老子的立場，所謂「無爲」是一切放下，眞
的無所事事。而曹參雖「舉事無所變更」，卻要「壹遵蕭何約束」，問題在於
蕭何任相國時，曾經多所擘劃，如劉邦自認不如蕭何之處：「鎮國家，撫百姓，
給饋餉，不絕糧道」；〔註166〕劉邦入關中後，蕭何奉漢高祖之命，疏理秦法，
取其宜於時者，制定律令，奠定了漢代法律的基礎。毫無疑問的有所作爲（有
爲），現在曹參遵照辦理，以老子「無爲」的標準衡量，應不能算是無爲。但
曹參雖未經營造作，他卻遵照蕭規辦理，所以亦不能算是無爲。〔註167〕故對
於「蕭規曹隨」較合理的解釋應是「因循守成」。換句話說，曹參的治國理念，
主要指的是「清靜無爲」與「因循守成」。這與司馬談所論道家之「要旨」是
吻合的。司馬談在〈論六家要旨〉一文中就曾說：「道家無爲，又曰無不爲，
其實易行，其辭難知，其術以虛無爲本，以因循爲用。」〔註168〕而司馬談此
處所說的道家，疑非老、莊之道家，乃屬黃老學家。

透過以上分析，得知曹參由原先治齊的經驗，繼而代蕭何爲漢相，將黃
老思想由地方擴大到中央。由於舉事無所變更，一遵蕭何約束，故百姓歌之

〔註163〕《史記・曹相國世家》卷五十四，頁2029～2030。
〔註164〕《史記・呂太后本紀》卷九，頁400。
〔註165〕蔣非非，〈漢初蕭曹相位之爭〉，《北京師範大學學報》，2003年第5期，頁98。
〔註166〕《漢書・高帝紀》卷一下，頁56。
〔註167〕參司修武，《黃老學說與漢初政治平議》，頁80～81。
〔註168〕《史記・太史公自序》卷一百三十，頁3292。

曰：「蕭何爲法，顜若劃一；曹參代之，守而勿失。載其清淨，民以寧一。」〔註169〕其所採取的主要措施是「清靜無爲」與「因循守成」，這二種措施是相輔相成的，二者的結合就是我們通常所說的「無爲而治」，爲了避免呂后的疑忌，繼任相國之後「日夜飲醇酒，不事事。」不僅相府無事，天下也相安無事。無怪乎太史公對曹參推行清靜無爲的黃老政治興起讚頌之情，《史記·曹相國世家》載：

> 太史公曰：曹相國參攻城野之功所以能多若此者，……參爲漢相國，
> 清靜極言合道。然百姓離秦之酷後，參與休息無事，故天下俱稱其
> 美矣。〔註170〕

漢初劉邦功臣曹參奉行「黃老之術」，「故天下俱稱其美矣」，史公深意正在於此。

二、張良從赤松子游

漢家建國以后，劉邦深感功臣驍將是劉氏江山的最大威脅，這位提三尺劍取天下的馬上皇帝，爲了漢皇朝的長治久安，於是把鬥爭矛頭指向異姓諸侯王和一切有謀反嫌疑的名臣猛將。在這種特殊的政治情勢下，一些足智多謀之士運用老子柔弱處下之術而得以保全首領；而另一些自矜功伐，不諳急流勇退人物、貪於富貴的功臣則死於非命，張良即是前者最重要的代表人物之一。

在秦王朝時代，張良曾經謀刺始皇失敗而遁逃，隱居在下邳。《史記·留侯世家》載：

> 良嘗學禮淮陽。東見倉海君，得力士，爲鐵椎重百二十斤。秦皇帝
> 東游，良與客狙擊秦皇帝博浪沙中，誤中副車。秦皇帝大怒，大索
> 天下，求賊甚急，爲張良故也。良乃更名姓，亡匿下邳。良嘗閒從
> 容步遊下邳圯上。有一老父，衣褐，至良所，直墮其履圯下，顧謂
> 良曰：「孺子，下取履！」良愕然，欲毆之。爲其老，強忍，下取履。
> 父曰：「履我！」良業爲取履，因長跪履之。……出一編書，曰：「讀
> 此則爲王師者矣。後十年興。十三年孺子見我濟北，穀城山下黃石
> 即我矣。」遂去，無他言，不復見。旦日視其書，乃《太公兵法》

〔註169〕《史記·曹相國世家》卷五十四，頁2031。
〔註170〕《史記·曹相國世家》卷五十四，頁2031。

也。良因異之，常習誦讀之。〔註171〕

這節文字跡近乎神話。「十三年孺子見我濟北」、「且日視其書，乃《太公兵法》也」云云，故事中只有張良與黃石老人兩個當事者，誰見，誰知，誰傳，已無從查考，殊未足信。但這件事對張良個性的形成、開展，很有象徵意義。圯上老人要張良爲之拾履、納履，意在鍛煉少年張良的個性，使他從匹夫之勇趨於隱忍、成熟。隱忍、成熟是成大事業者必不可少的內在修養。〔註172〕亦即侯嬴之使公子執轡，〔註173〕王生之使張釋之結襪，〔註174〕古人以強忍成就豪傑類多如此。〔註175〕蘇軾〈留侯論〉載：

> 古之所謂豪傑之士者，必有過人之節，人情有所不能忍者。匹夫見辱，拔劍而起，挺身而鬥，此不足爲勇也。天下有大勇者，卒然臨之而不驚，無故加之而不怒，此其所挾持者甚大，而其志甚遠也。
> 〔註176〕

蘇氏認爲張良成功的關鍵於能忍，劉、項成敗的關鍵也在能忍與不能忍之間，而劉邦能忍所以成大事，得力於張良的成全。蘇氏強調圯上老人藉取履、納履來折張良少年剛銳之氣，使張良能忍小忿而就大謀，點明了張良在嶄露頭角之前一次極重要的性格改變；求力士，擊秦始皇博浪沙中的張良，仍是一個不脫游俠性格的剛烈少年；爲圯上老人拾履、納履，並三候老人於橋上的張良，已是一個沉得住氣，懂得道家陰柔之術，能擔當智囊重任的成熟人物。〔註177〕後來張良輔佐劉邦，亡秦滅楚，遇事沉著，謀深慮遠，卒成不世之偉業，受那位圯上老人的鍛煉，不能說是毫無關係的。〔註178〕

〔註171〕《史記‧留侯世家》卷五十五，頁2034～2035。
〔註172〕賴漢屏，《史記評賞》，頁48～49。
〔註173〕事詳參《史記‧魏公子列傳》卷七十七，頁2378～2389。
〔註174〕事詳參《史記‧張釋之馮唐列傳》卷一百零二，頁2756。
〔註175〕吳福助，《史記解題》，頁76。
〔註176〕〔清〕姚鼐輯，王文濡校註，《古文辭類纂評註》卷四，〈蘇子瞻留侯論〉，頁176～177。
〔註177〕林聰舜，《史記的人物世界》，頁121～122。
〔註178〕近人王仲孚認爲：圯下取履故事，顯然極不尋常，這位「圯上老人」並非神仙中的「黃石公」，而是一位從事反秦活動的有心人。原來張良在博浪沙一擊，天下震驚，必然引起地下反秦志士的注意，覺得張良資質不凡，膽識過人，只是年少氣盛，忍耐不足，以致易於輕舉妄動，如欲成就大事，自需一番磨練，特別要在忍耐上痛下功夫。待老人一再考驗張良的忍耐力之後，認爲系可造之材，便對他進一步指導。王氏所論，頗符合當時局勢，可備旁參。參

　　張良以老子之術做底子，而以兵法權謀做表面，他把這兩種學問水乳交融般地糅合在一起，在運用上達到爐火純青、出神入化的境地。〈留侯世家〉詳實記載了張良諸多事蹟，每一件事都娓娓道來，似乎平淡之至，似乎每件事張良都毫不費力就做好了。其實上，張良的每一件重大策劃，都影響著楚漢相爭的成敗，都是驚天動地的。正如《老子》第六十四章所載：「其安易持，其未兆易謀。其脆易泮，其微易散。」〔註179〕張良的所作所爲是具有道家智慧的，而劉邦最能夠了解張良這種看似沒有驚天動地的功勞，卻主宰了楚漢相爭命運的貢獻。劉邦在取得勝利後，曾語重心長地說出：「運籌策帷帳之中，決勝於千里之外，吾不如子房。」即充份地顯示他對張良智術高明的肯定。以下就其輔佐劉邦時的重要功績，擇其要而分述如下：

（一）佐助劉邦滅秦

　　當劉邦西入武關，欲攻擊秦嶢關下的守軍時，張良先警告劉邦秦軍尙強，未可輕。接著用重寶收買秦將奏效，避免了攻堅作戰。隨後又勸劉邦趁秦軍鬆懈時，揮兵急擊秦軍，「大破之，（遂）北至藍田，再戰，秦兵竟敗。遂至咸陽，秦王子嬰降沛公」，〔註180〕順利地推翻了秦王朝。《孫子兵法》中有「利而誘之、亂而取之」，和「攻其無備，出其不意」的論述，〔註181〕張良之策，可說是和《孫子兵法》如出一轍，乃運用智術取勝。

1、謀取漢中之地

　　秦亡，項羽自立爲西楚霸王，號令天下，分封諸侯。劉邦被封於巴、蜀、漢中之地。巴、蜀兩地均處偏塞，是秦代流放罪人之地。至於漢中，項羽雖允封給劉邦，卻將關中要地分封給秦將章邯等三人，欲藉其力以封漢軍。張良審時度勢，建議漢王目前切不可與楚正面爭鋒，應隱忍不發以籌長遠。一方面力圖擴大勢力範圍，取得較大的迴旋餘地；一方面以具體行動示漢王決不敢與楚爭天下，以麻痺項王。〔註182〕首先他透過項伯爲劉邦請得漢中地，爲日後出關併三秦打下基礎。當劉邦入漢中時，張良又勸他燒絕棧道，示無

　　　　王仲孚，〈鼓蕩秦漢風雲的張良〉，《中央月刊》，第 9 卷第 3 期，1977 年 1 月，
　　　　頁 115。
〔註179〕李勉著，《老子詮證》第六十四章，頁 132。
〔註180〕《史記‧留侯世家》卷五十五，頁 2037。
〔註181〕見李零譯注，《孫子譯注》〈計篇〉，頁 6。
〔註182〕參賴漢屛，《史記評賞》，頁 51。

還心，並以齊王田榮反書示項羽，使項羽發兵擊齊，拖住項羽主力，使劉邦得以還定三秦，並趁虛攻入彭城。〔註183〕張良的冷靜、理智與其黃老信念，不但成功地擴大了漢軍的根據地，養成羽翼，且麻痺項羽，拖住楚軍，累積了本身的實力。

2、勸阻復立六國

劉邦被困於滎陽，與酈食其計議復立六國，想藉此增加友邦，削弱楚的力量，這是開歷史倒車的做法，張良借箸勸阻劉邦，痛陳「八不可」，只提出質疑，讓漢王自己判斷，實屬「不居智者」的具體表現，頗有黃老思想的色彩。〔註184〕細觀張良所述之「八不可」，實多不合邏輯，其重點在於虛張聲勢，誇大其實，以勸阻劉邦。滹南遺老王若虛就曾明確地指出：「張良八難，古今稱頌，以爲美談，竊疑此論甚疏。夫桀、紂已滅，然後湯、武封其後，而良云『度能制桀之命』、『得紂之頭』，豈封於未滅之前耶？酈氏所以說帝，特欲繫眾人之心，庶幾叛楚而附漢耳，非使封諸項氏也，奈何其以湯、武之事勢相較哉？湯、武雖殊時，事理何異？『制死命』與『得其頭』，亦何以分列爲兩節？『表商容之閭，釋箕子之拘，封比干之墓』，此本三事，而并之者，以其一體也；至於『倒置干戈』、『休馬』、『放牛』，獨非一體乎？而復析之爲三，何哉？八難之目，安知無誤耶！」〔註185〕王氏所言，可謂一針見血，點出張良之語，只是以氣勢壓人，其說甚覺無謂；而酈生謂湯、武之事，更屬荒謬，自不待言。

3、立韓信為齊王

韓信本爲漢王所拜大將，統率漢軍轉戰齊、趙之間，軍威極盛，其智、勇、實力均足以自立。因此，漢王既倚重其才能，又不能不防備他。韓信也深知漢王之意，常懷戒懼之心。他是漢王軍中一個相當重要卻最又不穩定的人物。當韓信破齊後，欲自立爲齊王，這時正碰上漢王被楚軍圍困於滎陽。接到韓信文書，漢王破口大罵：「吾困於此，且暮望若來佐我，乃欲自立爲王！」〔註186〕所幸張良、陳平在側，躡漢王足，因附耳語曰：「漢方不利，寧能禁信

〔註183〕林聰舜，《史記的人物世界》，頁123。

〔註184〕參《史記·留侯世家》卷55，2040～2041。

〔註185〕轉引自韓兆琦編著，《史記箋證》（陸）〈留侯世家〉，頁3510；另參〔金〕王若虛，《滹南遺老集》卷十七，收錄於孫曉主編，《二十四史研究資料彙編·史記》第二冊，王若虛，《綜考·滹南遺老集·史記辨惑》卷十七，頁633～634。

〔註186〕《史記·淮陰侯列傳》卷九十二，頁2621。

之王乎？不如因而立，善遇之，使自爲守。不然，變生。」〔註187〕若非漢王用張良、陳平之策，說不定就會激怒韓信，背漢王自立，統一天下的大業，就成未定之天了。〔註188〕張良提醒劉邦對韓信要「善遇之」，就是要漢王從「忍」字下工夫，而「忍」就是不爭，《道德經》第六十八章云：「善戰者不怒，善勝敵者不與」。〔註189〕張良的冷靜、理智與黃老信念，再一次助漢王化解了可能產生的危機。

4、建言劉邦毀約，窮追項羽

楚漢之戰的第五年，項王兵敗氾水，兵疲食盡，乃與漢王約，願分天下，割鴻溝以西地歸漢，鴻溝以東屬楚。約定，項王撤兵東歸，漢王也準備西返。這時張良進言：「漢有天下太半，而諸侯皆附之。楚兵罷食盡，此天亡楚之時也，不如因其機而遂取之。今釋弗擊，此所謂『養虎自遺患』也。」〔註190〕漢王聽其言，引兵追項王，終於會合各路諸侯軍，包圍項羽於垓下，迫其走投無路，自殺東城。〔註191〕對於此事件，〔明〕楊升庵在〈張良鴻溝之諫〉一文中說：

> 項羽兵少食盡乃中分天下，漢王欲西歸，張良諫曰：「今釋弗擊，是養虎自遺患也。」程子曰：「張良才識高遠，有儒者氣象，而亦以此說漢王，不義甚矣。」升庵楊子曰：「程子之言迂矣。張良此言正所以爲義也，且張良之佐漢本爲報韓仇，韓仇者誰？先則無道秦，後則不仁之羽也。且秦之無道甚於商紂，羽之不仁埒於嬴秦，高祖之誅秦滅項，何異於《書》所謂兼弱攻昧，取亂侮亡，《易》所謂湯武革命，順天應人。乘此機不取，則大事去矣，天下何時而息肩乎？程子之所謂義，必欲漢王守小信而西歸，項羽復熾，則天下生靈死於干戈者又不止長平四十萬而已，儒者立論何其迂哉。」〔註192〕

（《四庫全書・升庵集》卷四十七）

是則楊升庵從國家早日統一，人民少受戰火磨難的角度立論，站在過去歷史的高度來看問題。楊氏之說頗能切中時要，秦之暴，楚漢之爭，人民無法過

〔註187〕《史記・淮陰侯列傳》卷九十二，頁2621。

〔註188〕參賴漢屏，《史記評賞》，頁53～54。

〔註189〕李勉著，《老子詮證》第六十八章，頁140。

〔註190〕《史記・項羽本紀》卷七，頁331。

〔註191〕參賴漢屏，《史記評賞》，頁52～53。

〔註192〕《四庫全書・升庵集》卷四十七，轉引自張大可、徐日輝，《張良蕭何韓信評傳》，頁316。

一天安寧的日子，百姓均苦苦盼望著能早日結束戰爭，恢復過往正常的生活。張良獻策追霸王之舉，是求大局而捨小信，其意義不在報亡韓之仇，而是順應民心，出民水火的義舉。因此，我們不能把張良視為效忠劉漢、不忘故韓的忠臣謀士，應該承認他是推動歷史前進、救民於水深火熱之中的大英雄。〔註193〕再從另一角度來看，非常時刻當使用非常手段，為天下蒼生百姓著想，儒家的仁義觀念有時並不是那麼重要，吾人在對待歷史人們，首先要看他們對老百姓有何貢獻，不能用籠統的「成王敗寇」、「各為其主」來看待他們。惟有如此，才能得出客觀的結論，給予古人公正合理的評價。

5、立雍齒為什方侯

項羽既滅，漢王統一大業告成，論功行賞，諸將爭功，竊竊私語，軍心浮動，張良提醒劉邦此乃功臣謀反的前兆，劉邦大為驚異，頓時感到事態嚴重，擔憂地詢問張良如何是好。張良則問劉邦：「上平生所憎，群臣所共知，誰最甚者？」〔註194〕劉邦脫口說出：「雍齒與我故，數嘗窘辱我，我欲殺之，為其功多，故不忍。」〔註195〕於是張良獻策，建議漢王先封他最憎惡的雍齒為什方侯。群臣見此，皆喜曰：「雍齒尚為侯，我屬無患矣！」〔註196〕才使眾功臣穩定下來。化解了諸將為顧及自身安危而可能興起叛亂的念頭，有效地將諸將不安的心壓制下來，能忠心地為其效命。對於這件事，司馬光的看法是比較深入的，《資治通鑑》載：

> 張良為高帝謀臣，委以心腹，宜其知無不言；安有聞諸將謀反，必待高帝目偶語，然後乃言之邪！蓋以高帝初得天下，數用愛憎行誅賞，或時害至公，群臣往往有觖望自危之心；故良因事納忠以變移帝意，使上無阿私之失，下無猜懼之謀，國家無虞，利及後世，若良者，可謂善諫矣。〔註197〕

是則張良非常了解劉邦「數用愛憎行誅賞」的作風，也深能體會群臣「有觖望自危之心」的疑懼，建議封雍齒為什方侯，不但可表現劉邦的大度胸懷，且能使「下無猜懼之謀」，目的在於使「國家無虞，利及後世」。司氏之說可謂深得史公之微旨，亦顯見子房之善諫矣。

〔註193〕參張大可、徐日輝，《張良蕭何韓信評傳》，頁316。
〔註194〕《史記‧留侯世家》卷五十五，頁2043。
〔註195〕《史記‧留侯世家》卷五十五，頁2043。
〔註196〕《史記‧留侯世家》卷五十五，頁2043。
〔註197〕司馬光著，《資治通鑑‧漢紀三》卷十一，頁370。

6、平息宮廷之爭

劉邦統一天下後，後宮發生了廢立太子的政治危機。劉邦本有改立戚姬之子如意爲太子的念頭，而呂后爲保太子劉盈能繼位，於是求計於張良，張良建議迎隱居商山四皓入宮爲太子賓客，他深知這四位是高祖仰慕已久卻又屢招不至之天下名士。當高祖見到四皓爲太子劉盈羽翼後，終打消了廢立之意。張良爲此計，並非厚呂氏而薄戚姬，他考慮的是大亂初平，國基初奠，民心思治，必須保持大局的穩定。〔註198〕太史公稱「留侯本招此四人之力也」。〔註199〕後人對此多有贊論。宋人張豐〈子房論〉曰：

> 按高祖之爲人，出於草莽戰爭之中，豈知所謂廢嫡立庶之説耶！故孫叔通之徒極其説不納，亦無足怪也。至於子房乃引四老人而輔之，從容於片言之際而太子得不易，雖有戚姬如意之愛卒不能問。彼子房以爲高帝者，雖非理之所能曉，至於感之以利害之計，則足以攄其平日之惑，彼能屈其所難致者而爲之臣，則天下之心歸之，天下之心歸之，而吾舍之，則必有禍。彼高帝雖不願天下之所當立，而亦知天下之所歸者之不可易也，此子房之所以爲智歟！
>
> （《四庫全書‧柯山集》卷三十七）〔註200〕

張良之智謀，運用劉邦敬重四皓而不能得的心態，順利地化解宮廷之爭。對此，元代楊翮亦作〈四皓論〉曰：

> 漢高帝欲廢太子而立趙王如意，呂后用張良計，召四皓爲太子客，而太子之位遂定。夫此四人者，當秦之帝隱於山中，高帝欲致之而不能者也，太子侍宴而此四人乃從之，高祖於其一見之頃，則悵而問知其姓名，則驚而喜。當是之時，蓋已格其易太子之心矣！故此四人者，不勞聲色，不費説辭，而卒能回高祖於偏愛之時，存太子於將廢之頃，使其非有高世之重望章章乎？
>
> （《四庫全書‧佩玉齋類稿》卷九）〔註201〕

廢長立幼，本爲皇家權力之爭，但皇權與宗法制度緊密相連，張良出計支持

〔註198〕參賴漢屏，《史記評賞》，頁55。
〔註199〕《史記‧留侯世家》卷五十五，頁2047。
〔註200〕《四庫全書‧柯山集》卷三十七，轉引自張大可、徐日輝，《張良蕭何韓信評傳》，頁319。
〔註201〕《四庫全書‧佩玉齋類稿》卷九，轉引自張大可、徐日輝，《張良蕭何韓信評傳》，頁320。

太子劉盈，是識大體的表現，不僅維護了宗法制度傳嫡的秩序，更重要避免了一場太子之爭，消弭了可能發生的宮庭內鬥。

　　檢視張良一生，其事功極多。〈留侯世家〉記張良功業十一項，除上述之外，他如諫沛公放棄秦宮重寶、美女，還軍霸上；在鴻門宴上出漢王於刀俎之間……這些規劃對漢王戰勝項羽、終成帝業都有極大的影響。〔註202〕西漢建國以後，他並沒有擔任顯要的官職，身體有病固然是重要原因，但最根本的恐怕還是他信奉道家，淡於名利，在眼見漢高祖即得天下後，大誅功臣，韓信、彭越、黥布、陳豨諸大將，一個個被誅殺，他非常清楚劉邦統治集團的本性，更清楚功高者的危險，因而有預見性地採取了種種防患於未然的措施。

　　張良在輔佐劉邦奪取天下之後，劉邦讓他在齊地自擇三萬戶，可是他卻選擇了第一次與劉邦見面的留，作為自己的封地，此舉不僅表示忠邦，更表明他對富貴爵祿的淡薄。〔註203〕《史記·太史公自序》中曰：「運籌帷幄之中，制勝於無形，子房計謀其事，無知名，無勇功，圖難於易，為大於細。」〔註204〕細觀張良處事與作為，他都是在虛處、細處、小處、易處用力，將老子「圖難於易、為大於細」的思想，化為政治、軍事智慧。其對於君主可以共患難不可以共安樂，有著比較清醒的認識。他將自己功成身退的思想，用「願棄人間事，欲從赤松子游耳」、「學辟穀，道引輕身」來自述其人生態度。《史記·留侯世家》載：

　　家世相韓，及韓滅，不愛萬金之資，為韓報讎彊秦，天下振動。今以三寸舌為帝者師，封萬戶，位列侯，此布衣之極，於良足矣。願棄人間事，欲從赤松子游耳。乃學辟穀，道引輕身。〔註205〕

這是老子功成身退思想的形象說明。凌稚隆引劉子翬曰：「良從赤松子游，蓋婉其辭以脫世網，所謂『鴻飛冥冥，弋人何慕』焉」。又引邵寶曰：「志欲退以避禍，辟穀其術耳。」袁黃曰：「張良辟穀，曹參湎於酒，陳平湎於酒與婦人，其皆有不得已乎？其憂思深，其道周，其當呂氏之際乎？」〔註206〕實際

〔註202〕賴漢屏，《史記評賞》，頁56。
〔註203〕陳桐生著，〈《史記》與諸子百家之學〉，頁93。
〔註204〕《史記·太史公自序》卷七十，頁3312。
〔註205〕《史記·留侯世家》卷五十五，頁2048。
〔註206〕轉引自韓兆琦編著，《史記箋證》（陸）〈留侯世家〉，頁3523～3524。

上，張良明白，一個功臣要想在和平時期平安無事，最要緊的就是對權位功名、富貴利祿，採取一種恬淡的態度。〔註207〕司馬光曾對張良「學辟穀」的行動所孕含的深意有所評論：

> 夫生之有死，譬猶夜旦之必然；自古及今，固未有超然而獨存者也。以子房之明辨達理，足以知神仙之爲虛詭矣；難其欲從赤松子游者，其智可知也。夫功名之際，人臣之所難處。如高帝所稱者，三傑而已；淮陰誅夷，蕭何繫獄，非以履盛滿而不止耶！故子房託於神仙，遺棄人間，等功名於外物，置榮利而不顧，所謂「明哲保身」者，子房有焉。〔註208〕

觀此，可看出司馬光是深知張良的心意，評子房「明辨達理」，能做到「等功名於外物，置榮利而不顧」，進而「明哲保身」，實屬公允的評論。清人湯諧《史記半解》亦云：「留侯一生作用，著著在事外，步步在人前。」〔註209〕又云：「故其平生輔漢，不惟無勇功，亦且不居智名。雖知無不言，言無不盡，而屬意措詞，常超然於功罪之表。至於天下已定，漢高欲立太子，則更暗用商山（四皓），全不露相。蓋其所以用人處，正其所以自全處，而忠孝大節與知幾苦心，一以貫之矣。」〔註210〕湯氏的評論，十分精闢。張良以其智輔佐劉邦，不僅善處事，尤善處身，雖功蓋天下，卻不讓高祖感到「威鎮其主」；雖有「運籌帷帳，決勝千里」的才能，卻能始終不遭高祖與同僚的猜忌，若非有聰明的智慧、柔軟的身段，豈能如此從容而全身退去。

　　綜觀子房一生事業，他以黃老哲學與秦朝鬥、與項羽爭、與其他功臣們周旋，同時又得留著一分心思應付劉邦與呂后。他那種以柔克剛、欲取反予、出爾反爾的種種手段，他那種遠事避禍、明哲保身的立場與態度，與其說是處事圓滑，不如說他是奉行黃老學說的活標本。

〔註207〕參孟祥才著，《秦漢人物散論》，（上海：上海古籍出社，2005 年 12 月第 1 版），頁 213～214。

〔註208〕〔宋〕司馬光編著，《資治通鑑》卷一〈漢紀三〉，頁 363。另參〔宋〕司馬光原著，李國祥、顧志華、陳蔚松主編：《資治通鑑漢紀三》高帝五年，（台北：台灣古籍出版社，2000 年 11 月初版），頁 579。

〔註209〕〔清〕湯諧撰，《史記半解》〈留侯世家〉，（上海：上海古籍出版社，1995 年 1 月出版），頁 6。

〔註210〕〔清〕湯諧撰，《史記半解》〈留侯世家〉，頁 6。

三、陳平治黃帝老子之術

在劉邦陣營中，陳平是唯一可以與張良匹配的謀士。在亡秦滅楚、建立漢朝的過程中扮演了一個重要的謀士角色。《史記》說他「少時，本好黃帝、老子之術」，〔註211〕《漢書》亦云其「少時家貧，好讀書，治黃帝、老子之術」。〔註212〕兩位史學家一致認為陳平乃是不折不扣的黃老學派人物。從漢初黃老學派在政壇上的表現來看，黃老學派有兩條路；一路是自然渾樸，一路是陰謀權術。曹參走的是前一路，講究「清靜無為」、「因循守成」；陳平走的是後一路，講究陰謀權術。他一生玩弄權術，為劉邦參贊軍政是如此，待人處世亦是如此。〔註213〕

陳平未發跡前，曾為里社宰，「分肉食甚均」，〔註214〕顯示出具有吏治的天分。楚漢相爭，漢處劣勢，項羽圍漢王於滎陽，賴陳平重金離間之策，分裂項王與其重要將領間的關係，助漢王逃脫。《史記・陳丞相世家》載：

> 陳平既多以金縱反閒於楚軍，宣言諸將鍾離眛等為項王將，功多矣，然而終不得裂地而王，欲與漢為一，以滅項氏而分王其地。項羽果意不信鍾離眛等。……漢王為太牢具，舉進。見楚使，即詳驚曰：「吾以為亞父使，乃項王使！」復持去，更以惡草具進楚使。楚使歸，具以報項王。項王果大疑亞父。〔註215〕

韓信破齊自立，漢王怒罵，陳平躡足，因許其王而偽遊雲夢，執殺之，用的是陳平之策；〔註216〕高帝七年，劉邦率大軍親征匈奴，冒頓揮四十萬精兵圍劉邦於白登。劉邦被圍七日，漢兵內外不得相通，亦不能得食，形勢十分危殆。用的也是陳平「奇計」。《史記集解》引桓譚《新論》曰：

> 或云：「陳平為高帝解平城之圍，則言其事秘，世莫得而聞也。……」
> 吾應之曰：「此策乃反薄陋拙惡，故隱而不泄。高帝見圍七日，而陳平往說閼氏，閼氏言於單于而出之，是以知其所用說之事矣。彼陳平必言漢有好麗美女，為道其容貌天下無有，今困急，已馳使歸迎

〔註211〕《史記・陳丞相世家》卷五十六，頁2062。
〔註212〕《漢書・張陳王周傳》卷四十，頁2038。
〔註213〕司修武，《黃老學說與漢初政治平議》，頁87。
〔註214〕《史記・陳丞相世家》卷五十六，頁2052。
〔註215〕《史記・陳丞相世家》卷五十六，頁2055～2056。
〔註216〕信被縛事，詳見《史記・陳丞相世家》卷五十六，頁2057；《史記・淮陰侯列傳》卷九十二，頁2627。

取，欲進與單于，單于見此人必大好愛之，愛之則閼氏日以遠疏，不如及其未到，令漢得脫去，去，亦不持女來矣。蓋閼氏婦女，有妬忌之性，必憎惡而事去之。〔註217〕

《漢書》本傳對此，則十分曖昧地說：「其計秘，世莫得聞。」〔註218〕又說：自平追隨高帝，至天下底定，「凡六出奇計，……其計或頗秘，世莫得聞也」。〔註219〕其中定多大詭於正的小道。至於「六出奇計」所指爲何，王先謙引錢大昭曰：「間疏楚君臣，一奇計也；夜出女子二千人滎陽東門，二奇計也；躡漢王立信爲齊王，三奇計也；僞游雲夢縛信，四奇計也；解平城圍，五奇計也；其六當在從擊臧荼、陳豨、黥布時，史傳無文。」凌稚隆曰：「平出奇計不只六也，嗣后囚讒致上，使上自誅，一；帝崩，馳至宮，哭甚衰，二；佯不治宰相事，飲酒戲婦女，三；呂后欲王諸呂，平僞聽之，四；呂后崩，平與勃合謀，卒誅諸呂，立文帝，五；既誅諸呂，以右丞相讓勃，不居功，六；前六計者佐高帝定天下，而后六計則事太后以自全耳。總之了結魏無知稱「奇謀之士」一句案。」〔註220〕

呂氏擅權時，陳平極懂得虛與委蛇之道，呂后使爲丞相，呂嬃爲先前陳平爲高帝謀執樊噲事，餘恨未消，屢次在呂太后面前進讒言，謂陳平爲相，「不治事，日飲醇酒，戲婦人」，〔註221〕陳平聞之，更加縱情聲色，以示呂后己無心問政，於是呂后心暗喜，當著呂嬃面數落她：「鄙語曰：『兒婦人口不可用。』顧君與我何如耳，無畏呂嬃之讒。」〔註222〕及呂后崩，陳平與太尉合謀，剷除諸呂，迎立文帝，所用的，正是老子「將欲奪之，必固與之」〔註223〕的哲學。

對於自己常出奇計，與「欲取固與」的權謀行逕，陳平有自知之明，而竊不自安，他曾自我表白說：「我多陰謀，道家之所禁。吾世即廢，亦已矣，

〔註217〕桓譚，《新論》，引自《史記集解》，《史記‧陳丞相世家》卷五十六，頁2057～2058。
〔註218〕《漢書‧張陳王周傳》卷四十，頁2045。
〔註219〕《漢書‧張陳王周傳》卷四十，頁2045。
〔註220〕引自韓兆琦編著，《史記箋證》（陸）〈陳丞相世家〉，頁3551。按：陳平是由魏無知的引荐才開始受劉邦重用。可參《史記‧陳丞相世家》卷56，頁2053～2054。
〔註221〕《漢書‧張陳王周傳》卷四十，頁2048。
〔註222〕《漢書‧張陳王周傳》卷四十，頁2048。
〔註223〕李勉著，《老子詮證》第三十六章，頁79。

終不能復起，以吾多陰禍也。」〔註224〕其顧忌，明白顯示了黃老道家在權謀化先秦道家哲學過程中的矛盾與疑慮。韓信既執、平以籌謀，封戶牖侯；卻謙辭，不敢居功。呂后既除，陳平謝病，讓功周勃。識時務、知進退、謙下能讓，卻又機詐詭譎，陳平活用了《老子》的陰柔哲學。〔註225〕

　　劉邦對陳平則是既欣賞又不全然放心，這可從劉邦臨終前，說出對陳平的評價看出端倪，〈高祖本紀〉載：

> 呂后問：「陛下百歲後，蕭相國即死，令誰代之？」上曰：「曹參可。」
> 問其次，上曰：「王陵可。然陵少戇，陳平可以助之。陳平智有餘，
> 然難以獨任。」〔註226〕

陳平靈敏慧黠，達於事理，通於世故，長於辭令，能出奇計解危難，亦能明哲保身，對於繼任相國的人選，劉邦認為「陳平智有餘」，給予其充份的肯定，但由於他一生充滿了陰謀與詭計，所以「難以獨任」，言語中多少帶有幾分不信任。

　　〔清〕王鳴盛對於陳平的「奇謀」，則是直接持否定的看法：

> 陳平，小人也。漢得天下皆韓信功。一旦有告反者，閭左蜚語，略
> 無證據，平不以此時彌縫其隙，乃倡偽游雲夢之邪說，使信無故見
> 黜，其後為呂后所殺，直平殺之耳。迨高祖命即軍中斬樊噲，而平
> 械之歸。噲，呂氏黨也，故平活之。其揣時附勢如此。且平六出奇
> 計，而其解白登之圍，特圖畫美人以遺閼氏，計甚庸鄙，又何奇焉！
>
> 〔註227〕

平心而論，王氏之評過於嚴苛，亦欠公允。舉韓信之死為例，其原因絕非單一，韓信軍事才能雖然是第一流的，但他的政治眼光卻是短淺的，在處理與劉邦的關係上，他既缺乏蕭何忠心到底的品格，又缺乏張良功成身退的機智。〔註228〕事實上，劉邦極欲剷除的對象，正是對於漢家政權具有威脅性的異姓諸侯，韓信如此、彭越、英布亦是如此。王氏怪罪於陳平，認為韓信是因陳平而被殺，實屬未當。

〔註224〕《漢書·張陳王周傳》卷四十，頁2050。
〔註225〕陳麗桂，《秦漢時期的黃老思想》，（台北：文津出版社，1997年2月初版），頁166。
〔註226〕《史記·高祖本紀》卷八，頁391～392。
〔註227〕王鳴盛，《十七史商榷》卷三，收錄於孫曉主編，《二十四史研究資料彙編·史記》第三冊，《綜考·十七史商榷·史記》卷三，頁602。
〔註228〕孟祥才，《秦漢人物散論》，頁83～109。

陳平除了以「奇謀」著稱外，尚有刑名的素養。下文將以其與文帝對話的一段情節進行說明。文帝曾問右丞相勃「天下一歲決獄幾何？」「天下一歲錢穀出入幾何？」周勃慨答「不知」，因為羞愧而「汗出沾背」。文帝轉問左丞相陳平，平答以「有主者」，「問決獄，責廷尉；問錢穀，責治粟內史」。文帝再問平：「君所主者何事？」平答：「宰相者，上佐天子理陰陽，順四時；下育萬物之宜，外鎮撫四夷諸侯，內親附百姓，使卿大夫各得任其職焉。」〔註229〕對此事件，凌稚隆則有深入的見解，其曰：

> 一歲治獄，可以知民俗厚薄；一歲錢穀，可以知國計虛實，此真宰相任，而平乃責之廷尉、治粟，烏得謂知其任哉？異日者，魏相奏殺父兄及夫者數，何以不責在廷尉；奏發倉廩故事詔書數，何以不責在治粟？若平言，魏相為不知任耶？則何以後世稱相「知大體」？
> 〔註230〕

又引楊維楨曰：

> 宰相於天下事無不知，況於獄數係民命，錢穀係國命，廷尉、內史其職主也，而一歲生殺、出納之數，上計冢宰者，獨可不知乎？平所學黃老術，戰國之縱橫說爾。其陳相職於帝者，平果能之否乎？亦不過剿言之妄帝耳。帝善其言，而勃又慚其言而去，遂專相以為德也，君子哂之。〔註231〕

據此，則可看出陳平對於文帝詢問「一歲治獄」、「一歲錢穀」的問題，並沒有正面的回答，而是「不過剿言之妄帝耳」，但呈現的效果，卻能讓文帝滿意，充份顯示其運用黃老之術所具有的機智、識時、權謀與通變能力。除此之外，亦可看到其具有極高的刑名素養。〔註232〕

綜上所述，在跟隨劉邦打天下的功臣中，陳平是少數幾個能免於鼎鑊，且能善始善終的人。他一生機智過人，善用計謀，用柔、謙、退等道家基本原則，適時進退而不急於求功，識安危、知禍福，謀定而動，表現了高度的政治智慧。太史公贊陳平，曰：

> 傾側擾攘楚魏之間，卒歸高帝。常出奇計，救紛糾之難，振國家之

〔註229〕這段情節詳見《史記・陳丞相世家》卷五十六，頁2061～2062。
〔註230〕引自韓兆琦編著，《史記箋證》（陸）〈陳丞相世家〉，頁3562。
〔註231〕引自〔明〕凌稚隆輯校，〔明〕李光縉增補：《史記評林》〈陳丞相世家〉，頁706。
〔註232〕參陳麗桂，《秦漢時期的黃老思想》，頁166。

　　患。及呂后時，事多故矣，然平竟脫。定宗廟，以榮名終，稱賢相，

　　豈不善始善終哉！非知謀，孰能當此者乎？〔註233〕

可謂言簡意賅，深得要領。史公稱讚他「豈不善始善終哉！非知謀，孰能當
此者乎？」這或許該歸功於他的「好讀書，治黃帝、老子之術」〔註234〕吧！

〔註233〕《史記・陳丞相世家》卷五十六，頁 2062～2063。

〔註234〕《漢書・張陳王周傳》卷四十，頁 2038。

第伍章　漢高祖的帝王之道

　　司馬遷在《史記·高祖本紀》中以縱橫不亂的生動筆法，詳盡描寫了劉邦由斬蛇起義、入關滅秦、楚漢相爭、戰勝項羽、稱帝建漢，以及誅殺功臣，穩定漢初局面的種種過程，表現出劉邦「意豁如也」〔註1〕的帝王氣度。漢十二年（公元前 195 年），劉邦在病危時說出：「吾以布衣提三尺劍取天下，此非天命乎？命乃在天。」〔註2〕表面上看來，劉邦似乎認為「天命」是左右著人事變化的主因，然而事實上卻並不如此。因為當天下大定，劉邦置酒雒陽與諸將討論其何以得天下時，即清楚地表達了「天命」實不能支配人謀。〈高祖本紀〉云：

> 夫運籌策帷帳之中，決勝於千里之外，吾不如子房。鎮國家，撫百姓，給饋餉，不絕糧道，吾不如蕭何。連百萬之軍，戰必勝，攻必取，吾不如韓信。此三者，皆人杰也，吾能用之，此吾所以取天下也。項羽有一范增而不用，此其所以為我擒也。〔註3〕

是乃太史公借劉邦之口，清楚說明了劉邦得天下是因他善於用人的結果。不過，光是善於用人單方面的因素，仍不足以充份說明劉邦以平民建國的史實，除了善於用人之外，劉邦的統御之術、具有領袖性格的人格特質、以及時勢的結果，對於其開創西漢、一統帝業均有一定程度的影響。本章即以漢高祖的帝王之道為主題，透過〈高祖本紀〉文本的深入解讀、與高祖相關篇章的聯系，以尋繹太史公筆法的背後深意，對劉邦何以成為中國歷史上第一個布衣帝王，做一通盤全面的探討與分析。

〔註1〕 《史記·高祖本紀》卷八，頁342。
〔註2〕 《史記·高祖本紀》卷八，頁391。
〔註3〕 《史記·高祖本紀》卷八，頁381。

第一節　漢高祖的用人特性

　　中國歷代皇朝，君主對於人才選用的標準，通常都是以德才兼備為最主要的首選目標。宋司馬光《資治通鑑》云：

> 夫聰察強毅之謂才，正直中和之謂德。才者，德之資也；德者，才之帥也。雲夢之竹，天下之勁也；然而不矯揉，不羽括，則不能以入堅。棠谿之金，天下之利也；然而不鎔範，不砥礪，則不能以擊強。是故才德全盡謂之「聖人」，才德兼亡謂之「愚人」；德勝才謂之「君子」，才勝德謂之「小人」。〔註4〕

據是，則司馬氏將人的類型分為才德全盡的聖人；才德兼亡的愚人；德勝才的君子；才勝德的小人。司馬光論才與德，強調用人要講究德才兼備。他認為「才者，德之資也；德者，才之帥也。」如果兩者兼全謂之聖人，是最好不過了。人才既然包含德與才兩個方面，那麼，哪方面較重要呢？在舉賢用能中如何妥善處理德與才的關係呢？司馬光總結歷代經驗教訓後，得出了精闢的見解：

> 凡取人之術，苟不得聖人、君子而與之，與其得小人，不若得愚人。何則？君子挾才以為善，小人挾才以為惡。挾才以為善者，善無不至矣；挾才以為惡者，惡亦無不至矣。愚者雖欲為不善，智不能周，力不能勝，譬如乳狗搏人，人得而制之。小人智足以遂其奸，勇足以決其暴，是虎而翼者也，其為害豈不多哉！夫德者人之所嚴，而才者人之所愛；愛者易親，嚴者易疏，是以察者多蔽於才而遺於德。自古昔以來，國之亂臣，家之敗子，才有餘而德不足，以至於顛覆者多矣，豈特智伯哉！故為國為家者，苟能審於才德之分而知所先後，又何失人之足患哉！〔註5〕

觀是，則凡取人之術，若得不到聖人與君子的情況下，與其得到小人，不如得到愚人。原因在於「君子挾才以為善」，「小人挾才以為惡」。小人挾才為惡，則惡亦無不至矣。由此可知，國之亂臣與家之敗子，才有餘而德不足，以至於顛覆者多矣。司馬氏之見，道出了歷史興衰與舉賢用人之關係，也道出了為國為家者，慎選才德的重要性。

〔註4〕司馬光編著，元胡三省音注，《資治通鑑》卷一〈周紀一〉，（北京：中華書局，1956年6月第1版），頁14。

〔註5〕司馬光編著，元胡三省音注，《資治通鑑》卷一〈周紀一〉，頁14～15。

劉邦生處的時代，早於司馬光 1200 多年，劉邦在打江山的時侯，司馬氏的《資治通鑑》尚未問世。司馬光的德才之論，自然也無法影響到劉邦用人的策略，劉邦選才是有自己一套的眼光。檢視《史記》各篇章，很明顯地看出劉邦對於人才的選擇，並非是以才德爲主要考量，而是以提升本身集團的戰鬥力爲主，凡是能夠增加自己實力的人才，可說是來者不拒。或許就是因爲如此，劉邦網羅了許多豪傑之士爲自己賣命，其中，有不少是從項羽處轉投靠過來的謀士或宿將。反觀項羽，自始至終缺乏對人才的認知，自恃甚高，難與人交好，兩相比較，優劣立見，劉項之爭，勝負之數可預卜矣。整體而言，劉邦用人的特性約有三端，茲分別說明如下：

一、善於羅致人才

劉邦羅致人才是不問其出身背景的，正如班固所言：「自監門戍卒，見之如舊。」〔註6〕劉邦部下有的出身貧苦，周勃「以織薄曲爲生，常爲人吹簫給喪事」〔註7〕；樊噲「以屠狗爲事」〔註8〕；灌嬰乃「販繒者也」〔註9〕；陳平「少時家貧，好讀書」〔註10〕；夏侯嬰「爲沛廄司御」〔註11〕；韓信「貧無行，不得推擇爲吏，又不能治生商賈，常從人寄食飲，人多厭之者」〔註12〕；欒布「窮困，賃庸於齊，爲酒人保」〔註13〕；酈食其「家貧落魄，無以爲衣食業」〔註14〕如此等等，但他們有一個共同特點，即皆是能「匡國家難」〔註15〕的「壯士」、「智者」、「戰將」。〔註16〕

有的出身於小官吏，如曹參是秦獄掾，蕭何是秦主吏掾，張蒼乃秦御史，周昌爲秦時卒史，酈食其爲里監門；有的則出身於豪富大家，如王陵「始爲縣豪」〔註17〕，但倒向劉邦後，雖母遭烹，對漢家事業卻堅定不移；有的則

〔註6〕《漢書・高帝紀》卷一下，頁80。
〔註7〕《史記・絳侯周勃世家》卷五十七，頁2065。
〔註8〕《史記・樊酈滕灌列傳》卷九十五，頁2651。
〔註9〕《史記・樊酈滕灌列傳》卷九十五，頁2667。
〔註10〕《史記・陳丞相世家》卷五十六，頁2051。
〔註11〕《史記・樊酈滕灌列傳》卷九十五，頁2663。
〔註12〕《史記・淮陰侯列傳》卷九十二，頁2609。
〔註13〕《史記・季布欒布列傳》卷一百，頁2733。
〔註14〕《史記・酈生陸賈列傳》卷九十七，頁2691。
〔註15〕《史記・絳侯周勃世家》卷五十七，頁2080。
〔註16〕參羅慶康，《劉邦新傳》，頁102。
〔註17〕《漢書・張陳王周傳》卷四十，頁2046。

出身於相家，如謀士張良，爲漢高祖畫策大臣，其一謀一畫，無不繫漢之得失安危；還有的是出身罪囚、群盜。如黥布「及壯，坐法黥……亡之江中爲群盜」〔註18〕。彭越「常漁鉅野澤中，爲盜」〔註19〕。邴嚴侯黃極忠也是「群盜長」〔註20〕。這些人敢於造反，反抗性極強。整體而言，不論之前他們的出身如何，他們在投靠劉邦之後，多能發揮所長，而成爲劉邦得力助手與幹將。

除了不問出身之外，劉邦羅致人才也不問國別，只要是忠心歸附之士，同樣予以重用。其中不少降將，如燕降將溫疥、趙降將程黑、梁降將衛肬、齊降將旅罷師、趙降將張瞻師、楚降將許猜、以後都封了侯。〔註21〕劉邦對歸降的臣子，大都以寬厚待之，如齊田橫敗後，「與賓客亡入海」〔註22〕。劉邦知道田橫兄弟本定齊，擔心賢者多附之而成爲亂源，於是「遣使者赦橫」〔註23〕，並允許來降者「大者王，小者侯」〔註24〕。

另外，劉邦對人才只問大節，很少問小節。對於反叛過他，或所怨恨之人，劉邦往往是不計前嫌而納爲己用。誠如《三國志‧魏書‧武帝紀》所載：

> 有行之士未必能進取，進取之士未必能有行，陳平豈篤行，蘇秦豈守信邪？而陳平定漢業，蘇秦濟弱燕，由此言之，士有偏短，庸可廢乎？〔註25〕

劉邦於重用人才時，即能用長避短，既往不究。如季布，爲任俠有名之士，本屬項羽，曾經在戰場上數度擊敗劉邦，「數窘漢王」〔註26〕，讓劉邦深感痛恨。項羽滅亡後，劉邦便想懸賞千金擒拿季布，並表示有敢藏匿者，滅其三族。後朱家爲其辯護曰：「臣各爲其主用，季布爲項籍用，職耳。」〔註

〔註18〕《漢書‧韓彭英盧吳傳》卷三十四，頁1881。
〔註19〕《漢書‧韓彭英盧吳傳》卷三十四，頁1878。
〔註20〕《漢書‧高惠高后文功臣表》卷十六，頁608。
〔註21〕漢八年（公元前199年）丙辰封溫疥爲惸頃侯；漢八年十月癸酉封程黑爲曆簡侯；漢八年十二月丁未封衛肬爲武原靖侯；漢八年六月壬子封旅罷師爲共嚴侯；漢九年十二月壬寅封張瞻師爲平嚴侯；漢十二年正月乙丑封許猜爲嚴敬侯。參《漢書‧高惠高后文功臣表》卷十六，頁586～612。
〔註22〕《漢書‧高帝紀》卷一下，頁57。
〔註23〕《漢書‧高帝紀》卷一下，頁57。
〔註24〕《漢書‧高帝紀》卷一下，頁57。
〔註25〕〔晉〕陳壽，《三國志》卷一，（北京：中華書局，2005年2月），頁44。
〔註26〕《史記‧季布欒布列傳》卷一百，頁2729。
〔註27〕《史記‧季布欒布列傳》卷一百，頁2729。

27〕劉邦隨後承認是自己的不對，不但赦免了布，季布被劉邦召見時，向劉邦謝罪，劉邦還任命他當了郎中；又如雍齒，乃高祖所痛恨之人，因其先叛漢降魏，劉邦「怨雍齒與豐子弟叛之」〔註28〕，其後歸漢，劉邦聽從張良，「封雍齒爲什方侯」〔註29〕；郎中田叔、孟舒等十人，雖曾「自髡鉗爲王家奴，從王就獄，王實不知其謀。」〔註30〕劉邦知道他們是賢者，「漢廷臣無能出其右者」〔註31〕，於是「盡拜爲郡守、諸侯相」〔註32〕；黥布之相朱建，曾阻止黥布謀反，劉邦得知後，不但不誅殺他，反而封他爲平原君。〔註33〕

　　大陸學者羅慶康曾經對漢初功臣的出身背景作過統計，漢初列侯 137 人中，出身貧苦的達 56 人，出身小吏卒的達 24 人，出身官僚豪富者 48 人，據此統計，則出身下層之士達 65%，〔註34〕已超過總列侯人數的一半。由此可見，劉邦所羅致的人才，大多出身低微。

　　綜合言之，在天下未定時，劉邦選用人才的標準，只重其才而不考其行。出身背景、原屬國別、志節操守都不是其所考量的主要條件，只要是能提升本身集團的戰鬥力，增加自己的實力，可說是來者不拒。

二、善於用人（量才適用）

　　《呂氏春秋・知度篇》云：

> 有術之主者，非一自行之也，知百官之要也。知百官之要，故事省
> 而國治也。〔註35〕

　　《呂氏春秋・分職篇》亦云：

> 夫君也者，處虛素服而無智，故能使眾智也；智反無能，故能使眾
> 能也；能執無爲，故能使眾爲也。〔註36〕

〔註28〕《史記・高祖本紀》卷八，頁 352。
〔註29〕《史記・留侯世家》卷五十五，頁 2043。
〔註30〕《漢書・高帝紀》卷一下，頁 67。
〔註31〕《漢書・高帝紀》卷一下，頁 67。
〔註32〕《漢書・高帝紀》卷一下，頁 67。
〔註33〕詳見《史記・酈生陸賈列傳》卷九十七，頁 2701～2702；《漢書・酈陸朱劉叔
　　　孫傳》卷四十三，頁 2116。
〔註34〕參羅慶康，《劉邦新傳》，頁 102～104。
〔註35〕〔漢〕高誘注，《呂氏春秋》第十七卷〈知度篇〉，頁 467～468。
〔註36〕〔漢〕高誘注，《呂氏春秋》第二十五卷〈分職篇〉，頁 713。

上引二條，則「知百官之要，故事省而國治也」，可說是法家的尚賢思想；「智反無能，故能使眾能也」，可說是道家無爲思想的補充。綜觀劉邦的用人策略，與之多少有不謀而合之處。

楚漢戰爭中，劉邦本身有自知之明，能夠清楚了解對於自己成功的原因。這在他戰勝項羽後，在洛陽南宮酒會列侯諸將的總結中，道出自己之能取天下是因能知人，並擅用人才。《史記·高祖本紀》載：「此三者（子房、蕭何、韓信三人），皆人傑也，吾能用之，此吾所以取天下也。」〔註37〕劉邦很清楚自己並非最「賢」之人，他的成功完全在於自己善於用人。

韓信出身卑微，早年貧苦無依，受人凌辱，初投身軍旅時屢不受重用，直至蕭何向劉邦推薦，始露頭角。因他有非凡的軍事才能，劉邦就讓他獨當一面，自行決策作戰，後爲劉邦破魏、破代、破趙、降燕、破齊，最後破項羽於垓下；張良、陳平在運籌帷幄方面獨領風騷，劉邦就把他們留在自己的身邊做顧問，使劉邦在危境中能夠化險爲夷；蕭何是劉邦手下治民理財能手，劉邦便將後方各種大權盡量讓蕭何獨撐，發揮其才能。劉邦在與項羽對抗的五年之間，「常失軍亡眾，逃身遁者數矣。然蕭何常從關中遣軍補其處」，〔註38〕爲劉邦在前方放手作戰，提供了堅實的物質基礎。難怪在勝利後，劉邦論功行封時，將蕭何放在第一位；樊噲〔註39〕本以屠狗爲事，高祖爲沛公時，以噲爲舍人，劉邦看中其膽識，後任其爲參事。噲樊以一個狗屠，敢於在刀光劍影之中，誚讓叱咤風雲的項羽，而脫沛公於難；灌嬰本爲賣繒的商販，後輔佐劉邦打天下，而封侯拜相，澤及子孫；酈食其、陸賈二人，本來才華在於游說，用兵作戰非其所長。劉邦則量才用人，安排他們進行游說工作。酈食其靠游說降服了齊七十餘城；陸賈則二次出使南越，平定邊疆，爲漢王朝的穩定創造了良好的基礎。

對於劉邦擅用人才的事實，韓信有一段話頗爲中肯，韓信說：「陛下不能將兵，而善將將，此乃信之所以爲陛下禽也。且陛下所謂天授，非人力也。」〔註40〕在這裡，韓信道出了劉邦的才能在於「將將」，也就是善於利用人才，

〔註37〕《史記·高祖本紀》卷八，頁381。

〔註38〕《史記·蕭相國世家》卷五十三，頁2016。

〔註39〕〈項羽本紀〉與〈樊噲傳〉兩處俱敘噲入鴻門事。〈紀〉則豐贍，〈傳〉則簡至，俱如畫筆。轉引自楊燕起、陳可青、賴長揚，《歷代名家評史記》，陳仁錫，《陳評史記》，頁647。

〔註40〕《史記·淮陰侯列傳》卷九十二，頁2628。

在一定程度上揭示了劉邦成功的秘密。清人林伯桐對於劉邦的善於用人，表達了更為精闢的看法：

> 漢高輕士善罵，大抵近其前者多頑鈍無恥之士，然於人才實能留心。略地陳留，則時時問邑中賢士豪傑，討陳豨則問趙有壯士可將者乎？於田橫之客，則莫不加禮；於張耳之客，則莫不錄用。酇侯一言而將淮陰；留侯一言而封雍齒。不獨氣奪於四皓，心折於三傑也。知人善任，宜其屈群策也夫。〔註41〕

觀是，則高祖「輕士善罵」，但卻能「時時問邑中賢士豪傑」，注意尋覓人才，又能「知人善用」，林氏的觀察，頗為細膩且深得核心，蓋悉高祖善於用人之旨義也。

三、善與人同利

　　劉邦用人的特性，也表現在「與人同利」的豁達胸懷。在楚漢相爭的過程中，劉邦深知平民野心家急於出頭的欲望，常大方地將勝利的成果與部下同享。彭越的部隊本無所歸屬，漢二年（公元前205年），劉邦率諸侯擊楚途中，越將其兵三萬餘人歸漢於外黃，劉邦馬上察覺他的企求，乃拜彭越為魏相國，賦予他梁地實際統治權，從此彭越在梁單打獨鬥，為漢賣命，不須劉邦一兵一卒，卻成為項王的心腹大患。

　　至於韓信，則以少數兵力在黃河以北獨當一面，不斷擴大戰果，且屢次以新收編的降卒挹注劉邦滎陽、成皋的戰局，而劉邦也能適時的給予回饋，封韓信為齊王。這就表示劉邦能「與人同利」。〈留侯世家〉有一段話把劉邦這種「與人同利」的性格描述得非常生動，「至彭城，漢敗而還，至下邑，漢王下馬踞鞍而問曰：『吾欲捐關以東等棄之，誰可以共功者？』」〔註42〕劉邦為了能夠戰勝楚軍，是毫不吝惜的可以將關東土地完全「捐」出來，裂土分封而「與人同利」。

　　漢五年（公元前202年），劉邦追項羽軍至陽夏，與韓信、彭越期會，合擊楚軍，至固陵，而韓信、彭越未至，結果劉邦被項羽打得大敗。在這種極為不利的情況下，張良建議劉邦與信、越共分天下：「自陳以東傅海，盡與韓

〔註41〕 清林伯桐，《史記蠡測》，收錄於《二十五史三編》第一冊《史記》之屬，（長沙市，岳麓書社出版，1994年12月第1版），頁976上～下。
〔註42〕 《史記·留侯世家》卷五十五，頁2039。

信。睢陽以北至穀城，以與彭越，使各自爲戰，則楚易敗也。」〔註43〕劉邦
馬上執行，最終徹底打敗項羽，贏得了楚漢戰爭的勝利。由「使各自爲戰」，
可見韓信、彭越這兩路一點也不須劉邦操心，劉邦所做的正是「與人同利」，
使他們完成劉邦滅項的目標。〔註44〕

　　綜上所述，則劉邦除了善於羅致人才外，也善於用人，善於與人同利，
所以身邊人才濟濟，各盡其力。清趙翼在總結西漢初期的政治結構時，稱此
爲「漢初布衣將相之局」，《廿二史箚記》云：

> 漢初諸臣，惟張良出身最貴，韓相之子也。其次則張蒼，秦御史；
> 叔孫通，秦待詔博士。次則蕭何，沛主吏掾；曹參，獄掾；任敖，
> 獄吏；周苛，泗水卒史；傅寬，魏騎將；申屠嘉，材官。其餘陳平、
> 王陵、陸賈、酈商、酈食其、夏侯嬰等，皆白徒。樊噲則屠狗者。
> 周勃則織薄曲吹簫給喪事者，灌嬰則販繒者，婁敬則輓車者，一時
> 人才皆出其中，致身將相，前此所未有也。〔註45〕

在這裡，趙翼清楚地指出劉邦的功臣集團的份子中，除張良家世高貴以外，
其次則爲秦御史、秦待詔博士、吏掾、獄吏、卒史、騎將、材官、白徒、屠
狗者、織薄曲吹簫給喪事者、販繒者、輓車者等等，「一時人才皆出其中，致
身將相，前此未有也」。他們大多是出身低微。或許是「物以類聚」，劉邦本
身是布衣起家，其臣亦大都是「亡命無賴之徒」〔註46〕。

　　綜上所述，劉邦用人是不拘一格，上至貴族之子，下至輓車者，均有爲
劉邦所用。這些人才並非是一來就歸附於他，而是因爲劉邦能用人能盡其長、
從善如流、有大胸襟、不吝惜，故人才越聚聚多，終於成就了大事業。

第二節　劉邦的統御之術

　　中國傳統的歷史，自黃帝以來，都是由帝胄貴族做皇帝，統率天下；劉
邦以一介平民，建立西漢帝國，改變了這個歷史的傳統。帝王掌握國家的政

〔註43〕《史記·項羽本紀》卷七，頁331～332。
〔註44〕參李波，〈從《史記》看劉邦用人藝術〉，頁41。
〔註45〕趙翼，《廿二史箚記》卷二，收錄於孫曉主編，《二十四史研究資料彙編·史
　　　　記》第三冊，《綜考·廿二史箚記·史記》卷二，頁631。
〔註46〕趙翼，《廿二史箚記》卷二，收錄於孫曉主編，《二十四史研究資料彙編·史
　　　　記》第三冊，《綜考·廿二史箚記·史記》卷二，頁631。

治大權於一身，爲維持國家的穩定與局勢的發展，領導人必須具備良好的統御能力，才能使國家長治久安。《商君書‧算地篇》云：「聖人審權以操柄，審數以使民。數者，臣主之術而國之要也。故萬乘失數而不危，臣主失術而不亂者，未之有也。」〔註47〕此處的「審權」、「審數」，指的就是君主的帝王之術，也就是駕馭人民和臣下的一套術數。法家商鞅的馭民術不外兩種：一種是消極的禁，一是積極的勸，禁又須愚民和重刑。在《商君書‧墾令篇》中說：

> 民不貴學則愚，愚則無外交，無外交則國安而不殆。民不賤農，則勉農不偷；國安不殆，勉農而不偷，則草必墾矣。〔註48〕

> 愚農不知，不好學問則務疾農，知農不離其故事，則草必墾矣。〔註49〕

愚民之外，還須重刑，使人民既愚又怕，人民就如牛馬，成奴隸，完全馴服聽君主鞭撻驅使了。《商君書‧去彊篇》上說：

> 重罰輕賞，則上愛民，民死上，重賞輕罰，則上不愛民，民不死上。與國行罰，民利且畏，行賞民利且愛。……王者刑九賞一，彊國刑七賞三，削國刑五賞五。……以刑去刑國治；以刑致刑國亂。故曰行刑重輕，刑去事成國彊，重重而輕輕，刑至事生國削，刑生力，力生彊，彊生威。〔註50〕

這一套是奴隸社會、封建時代對付奴隸和農奴、農民的辦法。至於馭臣術，法家韓非子則說得相當透徹，他提出張君權，貴王弱臣的觀點。如：

> 有道之君，不貴其臣，貴之富之，備將代之，備危恐殆。〔註51〕

> 明主之所導制其臣者，二柄而已矣。二柄者，刑德也。何謂刑德？曰：「殺戮之謂刑，慶賞之謂德。」爲人臣者，畏誅罰而利慶賞，故人主自用其刑德，則群臣畏其威而歸其利矣。〔註52〕

> 賞罰者，利器也，君操之以制臣，臣得之以擁王。故君先見所賞，

〔註47〕商鞅撰，嚴萬里校，《商君書‧算地篇》卷二，頁14。

〔註48〕商鞅撰，嚴萬里校，《商君書‧墾令篇》卷一，頁2～3。

〔註49〕商鞅撰，嚴萬里校，《商君書‧墾令篇》卷一，頁4。

〔註50〕商鞅撰，嚴萬里校，《商君書‧去彊篇》卷一，頁8～9。

〔註51〕〔清〕王先慎，《韓非子集解》卷二〈揚權〉，頁34。

〔註52〕〔清〕王先慎，《韓非子集解》卷二〈二柄〉，頁26。

> 則臣鬻之以爲德。君先見所罰,則臣鬻之以爲威。故曰:國之利器,
> 不可以示人。〔註53〕

> 君無見其所欲,君見其所欲,臣自將雕琢;君無見其意,君見其意,
> 臣將自表異,故曰:去好去惡,臣乃見素;去歸去智,臣乃自備。……
> 明君無爲於上,群臣竦懼乎下。明君之道,使智者盡其慮,而君因
> 以斷事,故君不窮於智,賢者敕其材,君因而任之,故君不窮於能,
> 有功則君有其賢,有過則臣任其罪。〔註54〕

這種帝王術的權術,是完全站在君主的立場。「不貴其臣」,是不要太誇獎臣子,要只挑毛病,要顯出自己比臣下高明萬倍。君主「導制其臣者」,主要是「二柄而已也」,即刑與德。君王掌有賞封與生殺大權,是故能以此來駕御臣下,以立德威。君主要喜怒無常,好惡不形於色,以免給臣下有可乘的機會。使臣下害怕,不敢揣摩、謊報、作試探,只有老老實實說實話。名譽都歸自己,盡一切辦法樹立自己權威,教人民都奉我爲神。做錯了都推給臣下,找代罪羔羊。如果出了大亂子,實在推託不了,還可下罪己詔。再不行,還可傳位給太子,或下大赦令。其他還有行封禪禮、藉田禮、郊祀、廟祀、祭孔禮……一切都是站在君主的立場。〔註55〕

　　中國古代的帝王中,劉邦可說是最善於運用統御術者之一。自反秦戰爭,楚漢戰爭,至建立西漢帝國,劉邦發揮了其卓越的領導才能,充份地運用儒、法、道家等各種手段,爲西漢王朝奠定了堅定的事功基礎。茲以下列五項要點,分析說明劉邦的統御之術。

一、製造輿論、提升實力

　　正如本論文第二章所言,劉邦微時諸多的神異事蹟,實多爲劉邦與後人編造、杜撰附會所生。劉邦利用身世從蛟龍所生等神異事蹟,神化自己,使他人對自己產生神祕感,敬畏感,從而達到令他人追隨自己,服從自己,目的是建立起本身的人脈,爲後來的政局發展取得優勢。

　　這種神異的事例,並非劉邦首創,早自先秦時期即已有之。如殷祖契

〔註53〕〔清〕王先慎,《韓非子集解》卷十〈內儲說下〉,頁182。
〔註54〕〔清〕王先慎,《韓非子集解》卷一〈主道〉,頁18。
〔註55〕參朱星,《中國皇帝評論》,(北京:中華書局,2005年10月),頁41～47。

和秦祖大業，都被說成是其母吞玄鳥卵而生，〔註 56〕周祖棄被說成是其母踐巨人腳印而生。〔註 57〕總之，他們不是凡人所生，故其後代子孫享有天下。但先秦時期統治者對這些神異事蹟的運用比較單純，多數是對其出生人種的神化。而劉邦對此神異事例的運用，要比其前代君王更全面，更高明。他不僅神化自己的出生，說自己的母親「嘗息大澤之陂，夢與神遇」、「蛟龍於其上」、「已而有身」，〔註 58〕於是產下自己；而且還說自己是「左股有七十二黑子」，〔註 59〕是與眾不同的異人。還假託一「不知其處」的老父相面，說他是「貴不可言」的貴人。又編造一個赤帝子下凡，斬了化為蛇的白帝子的故事，神化自己為上帝之子。又讓妻子呂雉宣揚他為了躲避秦始皇對東南天子氣的鎮壓，亡匿山澤，但是個「所居常有雲氣」的神奇人物。對高祖蛇白蛇之事，楊循吉說：「斬蛇，沛公自托以神靈其身，而駭天下之愚夫婦耳！」〔註 60〕對劉邦所居常有雲氣之事，徐孚遠說：「高祖隱處，豈不陰語呂后耶，隱而求，求而怪，皆所以動眾也。」〔註 61〕《史記》中提及有關劉邦身上種種的神異之事，尚有「武負、王媼見其上常有龍」、「漢王之入關，五星聚東井」……等等，都是他本身或後人所神化，借以威眾而編造出來的。這些在今天看來有些荒唐可笑，但在劉邦所處的時代，卻是十分有用的。

　　劉邦透過種種神異事蹟的宣傳，製造出輿論，以爭取民心，果然達到「沛中子弟或聞之，多欲附者矣」〔註 62〕的效果。陳涉起義，他也趁機造反，奪取沛縣後，諸父老皆曰：「平生所聞劉季諸珍怪，當貴，且卜筮之，莫如劉季最吉。」〔註 63〕眾人都擁立他為沛公，當他真的做了漢王，做了皇帝，這些

〔註 56〕　《史記・殷本紀》載：「殷契，母曰簡狄，有娀氏之女，為帝嚳次妃。三人行浴，見玄鳥墮其卵，簡狄取吞之，因孕生契。」見《史記・殷本紀》卷三，頁 91；《史記・秦本紀》載：「秦之先，帝顓之苗裔孫曰女脩。女脩織，玄鳥隕卵，女脩吞之，生之大業。」見《史記・秦本紀》卷五，頁 173。

〔註 57〕　《史記・周本紀》載：「周后稷，名棄。其母有邰氏女，曰姜原。姜原為帝嚳元妃。姜原出野，見巨人跡，心忻然說，欲踐之，踐之而身動如孕者。」見《史記・周本紀》卷四，頁 111。

〔註 58〕　《史記・高祖本紀》卷八，頁 341。

〔註 59〕　《史記・高祖本紀》卷八，頁 342。

〔註 60〕　〔明〕凌稚隆輯校，〔明〕李光縉增補，《史記評林》，頁 84。

〔註 61〕　瀧川龜太郎，《史記會注考證》〈高祖本紀〉卷八，頁 154。

〔註 62〕　《史記・高祖本紀》卷八，頁 348。

〔註 63〕　《史記・高祖本紀》卷八，頁 350。

神異事蹟所引起的作用就更大了，身邊的臣子也都將其視為神人。〔註64〕〈留侯世家〉贊云：「高祖離困者數矣，而留侯常有功力焉，豈可謂非天乎？」〔註65〕〈淮陰侯列傳〉中韓信則云：「且陛下所謂天授，非人力也。」〔註66〕可見劉邦是個製造輿論的高手，連身邊大臣都受到影響。

二、爭取民心、壯大聲勢

民心的向背決定事業的成敗，自古有言，得民心者得天下。孟子曰：「桀、紂之失天下也，失其民也；失其民者，失其心也。得天下有道；得其民，斯得天下矣。得其民有道；得其心，斯得民矣。」〔註67〕太史公在〈高祖本紀〉與〈項羽本紀〉中，可看出劉邦的統御之術是非常注重民心的向背。從得民心者劉邦之勝利與失民心者項羽之失敗的鮮明對比，可以明顯而深刻地總結出「得民心者得天下」的歷史規律，此也正是儒家思想的核心。

在秦末劉、項反秦階段，出身貴族的項羽雖勇誅暴秦，成為眾望所歸的大英雄而稱霸一時，但是他只知滅秦，不懂安民，他無視民心，以暴易暴，所過之處無不殘滅，致使「天下多怨，百姓不親附，特劫於威強耳。名雖為霸，實失天下心」〔註68〕。另一方面，從平民百姓脫穎而出的劉邦，卻是「仁而愛人」，以民為本，處處以得民心為務。在秦失其政時，他在沛揭竿而起，反抗暴秦；能很快攻入咸陽，就是順應民心的結果。〈高祖本紀〉載：「又與秦軍戰於藍田南，益張疑兵旗幟，諸所過毋得掠鹵，秦人憙，秦軍解，因大破之。」〔註69〕進入咸陽後，劉邦不殺子嬰，聽樊噲、張良之言，不燒、不殺、不搶，還軍霸上，召諸縣父老豪傑，宣布了他的政策：

> 「父老苦秦苛法久矣，誹謗者族，偶語者棄市。吾與諸侯約，先入關者王之，吾當王關中。與父老約，法三章耳：殺人者死，傷人及盜抵罪。餘悉除去秦法。諸吏人皆案堵如故。凡吾所以來，為父老除害，非有所侵暴，無恐！且吾所以還軍霸上，待諸侯至而定約束

〔註64〕肖振宇、張永華，〈劉邦統御之術述評〉，（河北：《張家口師專學報》，第18卷，第1期，2002年2月），頁17～18。

〔註65〕《史記·留侯世家》卷五十五，頁2049。

〔註66〕《史記·淮陰侯列傳》卷九十二，頁2628。

〔註67〕〔漢〕趙岐注，〔宋〕孫奭疏，《孟子注疏》卷七下〈離婁章句上〉，頁1356。

〔註68〕《史記·淮陰侯列傳》卷九十二，頁2612。

〔註69〕《史記·高祖本紀》卷八，頁361。

耳。」乃使人與秦吏行縣鄉邑，告諭之。秦人大喜，爭持牛羊酒食
獻饗軍士。沛公又讓不受，曰：「倉粟多，非乏，不欲費人。」人又
益喜，唯恐沛公不爲秦王。〔註70〕

「秦人大喜」、「人又益喜」、「唯恐沛公不爲秦王」，寥寥數語，寫盡秦民擁戴
劉邦之心。〔註71〕除秦苛法，約法三章，〔註72〕是以德繼暴；安定民心，待
諸侯而定約束，是以治繼亂，以讓代爭，以退爲進。

　　在楚漢爭天下階段，劉勝項敗的主要原因之一，也在於劉邦能夠實踐「得
民心者得天下」的歷史規律。從〈高祖本紀〉劉邦對待義帝被項羽所殺一事
的態度，可以清楚看到劉邦是如何順應民心，利用民心。

　　項梁起事後，用范增謀，覓得楚懷王散居民間的孫子爲楚懷王，以號召
天下。秦滅，項羽自封西楚霸王，乃尊懷王爲義帝。他怨恨義帝沒有分派自
己入關破秦，把機會給了劉邦，因此，遷逐義帝於郴縣，繼又殺之於江中。
義帝雖爲傀儡，但他畢竟是楚人心中復國的堡壘，諸侯義軍的精神領袖。項
羽殺義帝，盡失楚人之心，並失天下諸侯之心。劉邦聽到這消息，立刻大事
張揚：「袒而大哭，遂爲義帝發喪，臨三日」，〔註73〕並發使者遍告諸侯：

天下共立義帝，北面事之。今項羽放殺義帝於江南，大逆無道。寡
人親爲發喪，諸侯皆縞素。悉發關內兵，收三河士，南浮江漢以下，
願從諸侯王擊楚之殺義帝者。〔註74〕

短短百字訃告，可稱天下妙文。義帝本項羽所立，訃文卻說「天下共立義帝」，
把諸侯全部拉到自己一邊。當時諸侯誰也沒把義帝放在心上，訃文卻說「北
面事之」，把義帝的地位抬得極高。「寡人親臨發喪」，不過藉此擴大事態；「諸
侯皆縞素」，顯然意在壯大自己的營壘，陷項羽於孤立。「願從諸侯王擊楚之
殺義帝者」，「願從」二字尤爲絕妙，把諸侯推到擊楚聯軍的主導地位，自己

〔註70〕　《史記‧高祖本紀》卷八，頁362。
〔註71〕　賴漢屏，《史記評賞》，頁34。
〔註72〕　《漢書‧刑法志》曰：「漢興，約法三章，網漏吞舟之魚，然其大辟尚有夷三
　　　　族之令。」又考惠帝四年始除挾書律，呂后元年始除三族罪、妖言令，文帝
　　　　元年始除收孥諸相坐律令，二年始除誹謗律，十三年除肉刑，然則秦法未嘗
　　　　悉除，三章徒爲虛言，《續古今考》所謂「一時姑爲大言以慰民」也。蓋三章
　　　　不足禁姦，蕭何爲相，采摭法作律九章，疑此等皆在九章之內，史公只載入
　　　　關初約耳。引自〔清〕梁玉繩撰，《史記志疑》卷六，頁220。
〔註73〕　《史記‧高祖本紀》卷八，頁370。
〔註74〕　《史記‧高祖本紀》卷八，頁370。

則甘隨其後，以爲從屬。劉邦把這篇訃文送給各諸侯，以激怒天下，使人心共憤。而且，藉以表明漢楚之爭並非兩家互爭天下，而是漢以順討逆，以有道伐無道。〔註 75〕劉邦由此把握機會，以義帝的死爲名義而大肆動作。在民心上加深了根基，在軍事上又增加統率諸侯，共同誅項的可能。〔註 76〕就這樣，他自己成了大仁大勇者，贏得了天下人心。

在一些細微處，劉邦同樣不忘以愛民、親民的方式展現其統御之術。漢二年（公元前 205 年），劉邦率軍正面向東發展，凡帶來一萬人或是帶著一個郡歸降的將領，都封爲萬戶侯，〔註 77〕並下令將秦朝皇家的園林獵場全部開放，「皆令人得田之」〔註 78〕；出關至陝西時，「撫關外父老」〔註 79〕，對那裡的父老們安撫慰問；入關至櫟陽時，「存問父老，置酒」〔註 80〕，同樣地向父老們表示慰問，同時還大擺筵席；當在垓下滅項羽後，他又「以魯公號，葬項羽穀城」〔註 81〕，以安定魯地人心。在思想上始終重視民心，在行動上處處爭取民心，劉邦在得天下之前已牢牢地控制住了百姓之心。

三、不吝封賞、激勵臣下

政治領袖領導能力的另一表現，在於能賞罰公正。賞罰公正，才能夠讓那些努力的人繼續努力，不努力的人也能因此激勵他的努力心。其中封賞是歷代君王常用的手段。而封賞的內容，可以是用土地、爵位、稱號或財物賞賜給手下，從而達到使他們感恩戴德，效忠自己。如周武王滅商後，「封尚父

〔註 75〕 賴漢屏，《史記評賞》，頁 34～35。

〔註 76〕 周先民，《司馬遷的史傳文學世界》，頁 122。

〔註 77〕 《史記·高祖本紀》云：「諸將以萬人若以一郡降者，封萬戶」。見《史記·高祖本紀》卷八，頁 369。

〔註 78〕 《史記·高祖本紀》卷八，頁 369。

〔註 79〕 《史記·高祖本紀》卷八，頁 370。

〔註 80〕 《史記·高祖本紀》卷八，頁 377。

〔註 81〕 《史記·高祖本紀》卷八載：「爲義帝爲喪，袒而大哭」與「以魯公號，葬項羽穀城發」其實都有政治目的。前者是爲壯大自己的營壘，陷項羽於孤立；後者是爲爭取民心，累積本身政治實力。劉邦爲達政治目的，用計之深，由此可見。王鳴盛云：「天下豈有我殺之即我哭之者？不知何處辦此一副急淚？千載下讀之笑來。」王氏之見，可謂「一針見血」，揭穿了劉邦的假情假意。見《史記·高祖本紀》卷八，頁 379；王鳴盛，《十七史商榷》卷二，收錄於孫曉主編，《二十四史研究資料彙編·史記》第三冊，《綜考·十七史商榷·史記》卷二，頁 594。

於營丘，曰齊，封弟周公旦於曲阜，曰魯。封召公奭與燕。封弟叔鮮於管，弟叔度於蔡，餘各以次受封。」〔註82〕晉公子重耳流亡在外19年，回國為君後，「賞從亡者及功臣。大者封邑，小者尊爵。」〔註83〕這些賞封，全在事成後，雖也是出於統治者的需要，但來得較自然。

像這種常規的統御手段，劉邦自然是不會放過的。他當了皇帝後，就封韓信為楚王，彭越為梁王，英布為淮南王，韓王信為韓王，張耳為趙王，臧荼為燕王，吳芮為長沙王，史稱之為「漢初異姓諸侯王」。劉邦深諳封賞的目的是為了用人、誘人。正如道家《老子》三十六章所云：「將欲奪之，必固與之，是謂微明。」〔註84〕但劉邦的封賞與其它君王的分封有不同之處，無功先賞是激勵，是爭取，是眼前急需；功後封賞是酬勞，是慰藉，是為將來能再為己賣命效力；對於此種的分封方式，茲分述如下：

（一）無功先賞

劉邦在急需用人時，往往採用無功先賞的手段，以利為誘餌，達到為其所用的目的。《孫子兵法・九地篇》云：

> 善用兵者，攜手若使一人，不得已也。……施無法之賞，懸無政之令。
>
> 犯三軍之眾，若使一人。……夫眾陷於害，然後能為勝敵。〔註85〕

孫武主張在戰爭非常時期，應施行超出慣例的獎賞，激勵三軍，驅卒赴戰。士兵所以甘冒風險，拼死不顧，並非惡生好死，實為求重賞而已；「香餌之下，必有懸魚；重賞之下，必有死夫。」〔註86〕劉邦在楚漢戰爭時，即多次用此方式，激勵部下，獲得很好的戰果。

如漢五年（公元前202年），劉邦追項羽軍至陽夏，與韓信、彭越期會，合擊楚軍，至固陵，而韓信，彭越未至，結果劉邦被項羽打得大敗。在這種極為不利的情況下，劉邦採用張良的建議：「自陳以東傅海，盡與韓信。睢陽以北至穀城，以與彭越，使各自為戰」。〔註87〕誘使二人出兵，會至垓下，最終徹底打敗項羽，贏得了楚漢戰爭的勝利。

〔註82〕《史記・周本紀》卷四，頁127。
〔註83〕《史記・晉世家》卷三十九，頁1662。
〔註84〕李勉著，《老子詮證》第三十六章，頁79。
〔註85〕李零譯注，《孫子譯注》〈九地篇〉，頁116。
〔註86〕《後漢書・耿純傳》：「重賞甘餌，可以聚人者也。」李賢注引《黃石公記》：「芳餌之下，必有懸魚；重賞之下，必有死夫。」
〔註87〕《史記・項羽本紀》卷七，頁331～332。

又如漢十年（公元前197年），陳豨反趙地，劉邦去平叛，至邯鄲，得知本地有四位庶人壯士可以爲將帶兵，劉邦馬上召來四人，「封之各千戶，以爲將」。〔註88〕此舉引起劉邦手下一些長期追隨者心中的不平，劉邦說：「陳豨反，邯鄲以北皆豨有，吾以羽檄徵天下兵，未有至者，今唯獨邯鄲中兵耳。吾胡愛四千戶封四人，不以慰趙子弟！」〔註89〕劉邦的話，反映出他封賞的實質，完全是出於統御的需要。在劉邦的無功重賞之下，不僅爭取到了趙地的四位壯士，而且慰藉了趙地子弟，使趙地人人爲其力，果不其然，漢兵很快地就擊敗了陳豨叛軍，劉邦的政權也得以鞏固。

（二）憎恨者先賞

一般君主封賞的習慣是先封功勞大者，或與君主關係較親近者。但劉邦的封賞有時根據情況需要，不完全按常規進行。漢六年（公元前201年），劉邦已當皇帝，封蕭何、張良、曹參等親信20餘人，其它有功之人還未及封，對於那些未得封爵的功臣們，則「日夜爭功不決」〔註90〕，劉邦在雒陽宮看見將領三三二二地坐在沙堆上，不知在議論甚麼，詢問張良後才知「此謀反耳」，〔註91〕氣氛十分地緊張。劉邦聽從張良計，先封平時最憎恨的雍齒爲什方侯。劉邦之所以痛恨齒雍，是有其原由的。秦末大亂，劉邦打敗秦軍後，命雍齒駐守豐鄉。雍齒經魏國人周市誘反，遂行背叛；劉邦攻打自己的老家豐地不勝，故「怨雍齒與豐子弟叛之」。〔註92〕後雍齒雖也跟隨了劉邦，但劉邦始終耿耿於懷，從心中厭惡痛恨。劉邦封仇人雍齒爲侯，這種忍小忿，對自己所惡之人，亦給予封侯的統御之術，很明顯的是做給別人看的，此招十分有效，使其它有功之臣皆喜，認爲「雍齒尚爲侯，我屬無患矣」，〔註93〕功

〔註88〕《史記・韓信盧綰列傳》卷九十三，頁2641。
〔註89〕《史記・韓信盧綰列傳》卷九十三，頁2641。
〔註90〕《史記・留侯世家》卷五十五，頁2042。
〔註91〕對於謀反一事，史家們多認爲不可能發生。劉知幾曰：「群小聚聚，俟問方對，高祖不問，竟欲無言耶？且諸將圖亂，密言台上，猶懼覺知；群議沙中，何無避忌？然則復道之望，坐沙而語，是敷衍妄益耳。《史通・暗惑》王維楨曰：「沙中之人，怏怏不平見於詞色，未必謀反，但留侯爲弭亂計，故權辭以對耳。」茅坤曰：「沙中偶語，未必謀反也，謀反乃滅族事，豈野而謀者？子房特假此恐嚇高帝。及急封雍齒，則群疑定矣。」引自韓兆琦，《史記箋証》（陸）〈留侯世家〉，頁3515～3516。
〔註92〕《史記・高祖本紀》卷八，頁352。
〔註93〕《史記・留侯世家》卷五十五，頁2043。

臣們好比吃下了定心丸，劉邦也成功的化解了一場可能形成的權利鬥爭之紛擾。

綜上所述，則知高祖對於賞封之事，不但果決大方，且富有濃厚的政治手腕。對此，蘇洵有一段話頗為詳肯：

> 昔者，漢高非一見韓信而授以上將，解衣衣之，推食哺之，一見黥布，而以為淮南王，供具飲食如王者：一見彭越，而以為相國。當是時，三人者未有功於漢也。厥後迫項籍垓下，與信約而不至，捐數千里之地以畀之，如棄敝屣。項氏未滅，天下未定，而三人者，已極富貴矣。何則？高帝知三人者之志大，不極於富貴，則不為我用。雖極於富貴而不滅項氏，不定天下，則其志不已也。至於樊噲，滕公、灌嬰之徒則不然。拔一城，陷一陣，而後增數級之爵，否則，終歲不遷也。項氏已滅，天下已定，樊噲、滕公、灌嬰之徒，計百戰之功，而後爵之通侯。夫豈高帝至此而嗇哉？知其才小而志小，雖不先賞，不怨，而先賞之，則彼將泰然自滿，而不復以立功為事故也。〔註94〕

觀是，蘇氏分析出韓信、黥布、彭布「三人者之志大，不極於富貴，則不為我用」而「樊噲，滕公、灌嬰之徒則不然」。從中，可知高祖不但善於識人，也深懂人心，對樊、滕、灌等三人，高祖「知其才小而志小，雖不先賞，不怨」，而韓、黥、彭三人則是「極於富貴而滅項氏，不定天下，則其志不已也」，劉邦運用其識人的經驗，而對憎恨者先賞，實為高明智慧的表現。

四、侮慢他人、建立威勢

在《史記》文本中，漢高祖劉邦有許多「好罵」、「無禮」的形象，對於儒者更是輕視與傲慢。劉邦侮慢他人，建立權勢的第一招就是罵人。他時常開口閉口說「乃翁」、「爾翁」，蕭何說他「素慢無禮」、陳平說他「慢而少禮」，魏豹說他「慢而侮人，罵詈諸侯群臣，如罵奴耳」。劉邦不但罵欒布，對酈食其也罵，陸賈也罵、韓信也罵，甚至故交蕭何也罵〔註95〕，幾乎罵遍手下的

〔註94〕〔宋〕蘇洵著，曾棗莊、金成禮箋注，《嘉祐集箋注》，頁89～90。

〔註95〕蕭何自劉邦舉事之初，即跟隨劉邦。〈蕭相國世家〉提及蕭何之功，首舉收秦律令圖書、進韓信、鎮關中而功在萬世知矣。末記與曹參素不相能而舉以自代，則公忠體國具見矣，中間但著其虛已受言，以免猜忌，雖定律受遺概不

文臣武將。劉邦「與人言，常大罵」或許是他的性格特點〔註 96〕。但另一個角度來看，其實也是他統御手下的一種手段。藉由罵人，使別人感覺受到侮辱，好似做錯什麼事而惴惴不安，被罵之人又不至於因此小事而敢與劉邦撕破臉，公然反抗，影響到自己的前程。這樣以法家的「勢」（權威），在心理上就戰勝了對方，久而久之，別人也就習慣成爲他的馴服工具。如管理能臣蕭何，在劉邦面前是俯首貼耳，軍事奇才韓信，在劉邦面前也是處處被動，不能說這與劉邦平時常罵人的心理震懾沒有關係。

劉邦侮慢他人，建立權勢的第二招就是召見人時洗足。一般而言，禮賢下士是統治者招攬賢人慣用的信條。周公爲招攬人才而一沐三握髮，一飯三吐哺，這早已是漢以前歷史上的美談。《孟子·離婁篇》載：「君之視臣如手足，則臣視君如腹心；君之視臣如犬馬，則臣視君如國人；君之視臣如土芥，則臣視君如寇讎。」〔註 97〕更強調了君臣之間應互相尊重對方。但劉邦卻反其道而行，對於人才的面談，尤其是不羈之才的晉見，常用一邊洗足一邊召見這種極無禮的方式來對待。如酈食其是高陽有才的狂生，「縣中豪傑不敢役」〔註 98〕，經人介紹要見劉邦，劉邦召見他時，竟使兩二女子洗足，氣得酈食其直說：「誅無道秦，不宜倨見長者」。但就是這樣一個狂生，在劉邦洗足召見之後，卻死心蹋地爲劉邦獻計獻策，最後竟爲劉邦奪取齊國犧牲了自己。〔註 99〕

英布（？～西元前 196 年），又名黥布，（今安徽六安）人，平民出身。年輕時，有人給他相面，預言他將來「當刑而王」。壯年時，因觸犯秦皇朝的法律，果然被處以黥刑。從此，又名黥布。反秦戰爭時，黥布以兵屬項，常

著於篇，觀此可識立言之體要。由此可見蕭何與劉邦不但是故交，亦是劉邦身邊極爲重要之功臣。見〔清〕方苞，《望溪集外集補遺》卷二，收錄於孫曉編，《二十四史研究資料彙編·史記》第三冊，《綜考·望溪集外集補遺·史記評語》卷二，頁 99。

〔註 96〕劉邦罵遍手下的文臣武將，可參本論文第三章第一節，劉邦「好罵」、「無禮」、「輕儒」的形象。

〔註 97〕〔漢〕趙岐注，〔宋〕孫奭疏，《孟子注疏》，〈離婁篇下〉，頁 2726。

〔註 98〕《史記·酈生陸賈列傳》卷九十七，頁 2691。

〔註 99〕《史記·酈生陸賈列傳》載：「淮陰侯聞酈生伏軾下齊七十餘城，迺夜度兵平原襲齊。齊王田廣聞漢兵至，以爲酈生賣己，迺曰：『汝能止漢軍，我活汝，不然，我將亨汝！』酈生曰：『舉大事不細謹，盛德不辭讓。而公不爲若更言！』齊王遂亨酈生，引兵東走。」事見《史記·酈生陸賈列傳》卷九十七，頁 2696。

爲軍鋒，因得立爲九江王，據地養其全力，其去就實繫楚漢之輕重。漢使隨何說之歸漢。遂共滅楚垓下，王淮南。〔註100〕在此之前，劉邦召見黥布時，黥布先被劉邦羞辱，後又「大喜過望」，其中轉折，可看出劉邦用人高明之處。〈黥布列傳〉載：

> 淮南王至，上方踞牀洗，召布入見，布大怒，悔來，欲自殺。出就舍，帳御飲食從官如漢王居，布又大喜過望。……布使者頗得故人幸臣，將眾數千人歸漢。漢益分布兵而與俱北，收兵至成皋。四年七月，立布爲淮南王，與擊項籍。〔註101〕

英布同隨何一同謁見劉邦時，滿以爲會受到劉邦隆重而熱烈的歡迎，結果是劉邦踞床洗足時，漫不經心地召見了他。虛榮心極強的英布，頓時感到莫大的污辱，痛悔自己背楚歸漢，甚至一時產生了自殺的念頭。可是，英布來到劉邦爲他安排的館舍，發現「帳御飲食從官如漢王居」，布又大喜過望。英布在叛楚歸漢後，對劉邦集團最大的貢獻，在於當時劉邦新敗於彭城，擔心項羽追擊，黥布起兵攻楚，項羽使項聲、龍且攻淮南，相持數月，遲滯了項羽攻漢的行動，使劉邦得以從容撤退，重新部署，度過最危險的時刻。〔唐〕顏師古在評論劉邦如此對待英布時說：

> 高祖以布先久爲王，恐其意自尊大，故峻其禮，令布折服，已而美其帷帳，厚其飲食，多其從官，以悅其心，此權道也。〔註102〕

唐張守節在《正義》中則云：

> 高祖以布先分爲王，恐其自尊大，故峻禮令布折服，已而美其帷帳，厚其飲食，多其從官，以悅其心，權道也。〔註103〕

兩條內容幾乎一致，顏、張皆認爲，劉邦對黥布的態度，因「恐其自尊大」，故須以「峻禮」折服，此觀點正是劉邦習慣用人的伎倆之一。明人鍾惺對劉邦用人的方式，曾有一段話頗爲精闢：

> 帝王初興，其智勇盡取之臣下，又皆其故等夷，必有一種意外舉措，先制其命，奪其魄，使不敢動，而後能爲吾用……高祖自謂不如留侯、蕭何、韓信，而又曰此三人皆人傑也，吾能用之，此吾所以取

〔註100〕吳福助，《史記解題》，頁116。

〔註101〕《史記·黥布列傳》卷九十一，頁2602。

〔註102〕《漢書·韓彭英盧吳傳》卷三十四，頁1886。

〔註103〕《史記·黥布列傳》卷九十一，頁2602。

天下。二語殊占地步，非謙遜歸功臣之言，正自明其能驅策智出三
人上耳。〔註104〕

據此，則劉邦盡取臣下是「先制其命，奪其魄」，目的在於「使不敢動，而後
能爲吾用」，充分發揮了用人的藝術。鍾氏所言，頗爲鞭辟入裡，足能詮釋出
劉邦的統御之術。

在《史記‧黥布列傳》中，高祖「誅梁王彭越，醢之，盛其醢徧賜諸侯」
〔註105〕的殘忍舉動，亦是建立威勢以樹立其統御之術的另一實例。對此，〔清〕
郭嵩燾是如此地評論：

> 貫高說趙王反，蒯通說韓信反，高祖皆赦之，所爲必誅信、越者，
> 畏其能耳。既致之死，其猜忌之心應已釋然矣，又醢之以賜諸侯，
> 此何爲也？蓋將以威脅諸侯，使之懾不敢發耳。高帝以布衣有天下，
> 專欲以威制人，秦世之所以用法刻深，亦此意也。嗚呼，秦漢之際，
> 天地之一大變也！〔註106〕

據此，高祖以「以威制人」、與秦世「用法刻深」相提並論，無異道出了高祖
行黃老之術，主刑名的一面。

五、殺戮異已、穩定政權

君王殺大臣，歷代歷朝皆有，因爲它是君王最基本的統御手段。但爲了
維持漢皇朝的長治久安而大肆殺戮臣下的，首先其例者，應算劉邦。劉邦建
立西漢皇朝後，論功行賞，陸續分封了八個異姓王，分別是楚王韓信、梁王
彭越、淮南王英布、韓王信、趙王張敖、燕王臧荼、燕王盧綰、和長沙王吳
芮。其中盧綰被封爲燕王之前，占據燕國王位的是臧荼。

劉邦所封的異姓諸侯王，大部分是在楚漢戰爭中和勝利後分封的，當時，
劉邦的分封，一方面是出於戰勝項羽的需要，另一方面是受到秦末頗有群眾
基礎的社會分封思潮的影響。〔註107〕在分封諸侯王的同時，法律層面本就有
限制王國權力，諸侯王必須遵守漢法，以保證君臣尊卑的名實一致，如諸侯

〔註104〕林伯桐撰，《史記蠡測》，收錄於張舜徽主編，《二十五史三編》，嶽麓書社出
版，1995 年，頁 976 上～下。
〔註105〕《史記‧黥布列傳》卷九十一，頁 2603。
〔註106〕〔清〕郭嵩燾撰，《史記札記》卷五上，頁 309～310。
〔註107〕孟祥才，《秦漢人物散論》，頁 81。

王不得使用天子儀制，沒有中央虎符，不得擅自發兵，王國官吏要按照中央法令設置，王國不得召納亡命和中央爭奪人口，諸侯王要定期入朝觀見……等等。

然而，漢初王國是名副其實的國中之國，與中央是國與國的關係，彼此疆界嚴格清楚。〔註108〕諸侯王有治理王國的全權，王國官員除太傅、丞相等少數二千石官員漢廷代置以外，其餘諸官均由王自行任用，王享有一國完全的軍政諸權，可以為所欲為，〔註109〕形成了半獨立的割據政權。此種局面，自然對西漢中央政府構成了嚴重威脅。與之相比較，漢朝中央政府直接統轄的地區卻只有關中、漢中和巴蜀等十五郡，直接兵力所及，大體不出今日隴海鐵路河南的沿線左近，雖然較為富庶，但偏在西部，總面積也較關東小得多，除關中外，廣大的地區，一開始便都直接控制在異姓的諸侯王手上，這樣就難以形成漢中央對地方，尤其是對諸侯王國的有效控制。〔註110〕

劉邦對於割據一方的異姓諸感到憂慮與不安，因凡有奪其產業可能性的人，都有可能會有叛亂行為。事實上，不管他們是否謀反，其被誅是歷史的必然。因為在封建君主專制時代，愈是有才能、有大功的臣子，對君王威脅也就愈大，君王對他們也就愈不放心，一旦時機成熟，君王就要採取殺戮行動。這也正如韓信被捕所言：「果若人言：『狡兔死，良狗亨；高鳥盡，良弓藏；敵國破，謀臣亡』天下已定，我固當烹！」〔註111〕劉邦當了皇帝後，除殺韓信、彭越外，被他直接或間接殺戮的大臣，還有黥布、韓王信，陳豨等這些有才華、立大功的著名人物。由於這些著名人物的相繼被殺，使漢家皇權受威脅的可能性大大減弱。

除了殺戮漢初異姓功臣外，最能說明劉邦用殺戮統御手下的例子，應屬斬殺丁公一事。丁公原是項羽手下的一個將領。彭城大戰時，他為項羽在彭城西追擊劉邦，兩個人短兵相接，眼看就要抓住劉邦時，劉邦著急地回頭向

〔註108〕《張家山漢墓竹簡》《賦律》載：「以城邑亭障反，降諸侯，及守乘城亭障，諸侯人來攻盜，不堅守而棄去之若降之，及謀反者，皆腰斬。其父母、妻子、同產，無少長皆棄世。」《張家山漢墓（二四七號）竹簡》，第133頁）說明了漢中央與諸侯王國之間有嚴格的疆界。轉引自田昌五、安作璋，《秦漢史》，（北京：北京人民出版社），頁143。

〔註109〕田昌五、安作璋，《秦漢史》，頁143～144。

〔註110〕參孟祥才，《秦漢人物散論》，頁83；徐復觀，《兩漢思想史》卷一，頁168。

〔註111〕《史記・淮陰侯列傳》卷九十二，頁2627。

丁公喊道:「兩賢豈相戹哉?」〔註112〕丁公感於劉邦之言,就放了他。項羽被消滅後,丁公求見劉邦,劉邦不但不感謝丁公,反而「以丁公徇於軍曰:『丁公為項王臣不忠,使項王失天下者,迺丁公也』。遂斬丁公,曰:『使後世為人臣者無效丁公!』」〔註113〕。劉邦斬丁公事,前人有諸多探討,凌稚隆引董份曰:

> 敘丁公事,以見季布忠于項王,且明高祖賞不記仇,罰不私德,布以榮,丁以殺,又為忠不忠之戒。〔註114〕

又引張之象曰:

> 季布之忠,雖有怨而必用;丁公之不忠,雖有德而必斬,書附於此,見高帝善用賞罰也。〔註115〕

據此,則董、張之說,都偏向於高祖之殺丁公,是因其不忠,但若回過頭看,忠不忠於主,其實並不是劉邦唯一考量,如陳平、韓信、黥布等人,以前都曾跟隨過項羽,後再轉投於劉邦,劉邦並沒有因為他們之前對項羽的不忠,而給予懲處,反而採取接納並給予重用。至於高祖善賞罰,是否在於臣下忠與不忠?對此問題,姚苧田另有不同的看法:

> 高祖名為大度,而恩仇之際,實不能忘。如季布、雍齒初實欲誅之,以屈於公義而止。又如戛羹小怨,而終不忘情於丘嫂,他可知矣。丁公短兵急接之時,窘迫可知,雖以譎詞幸免,而怒之者實深,故因其來謁而斬之,其本心未必果責其不忠於項王也。不然,何以不并誅項伯乎?〔註116〕

是則姚氏從高祖的心理層面來看待此事。高祖之所以會斬殺丁公,說穿了就是「有仇必報」,其內心的想法是「恩仇之際,實不能忘」,正如一般人對於傷害過自己的人,總有怨恨之心,「而怒之者實深」,說明了劉邦雖胸懷「大度」,但也有平凡人性的一面。在當上皇帝,掌有生殺大權之後,運用領導統御之術,對於所惡之人,最直接的方式,就是殺戮了事,無關乎丁公是否忠

〔註112〕《史記·季布欒布列傳》卷一百,頁2733。
〔註113〕《史記·季布欒布列傳》卷一百,頁2733。
〔註114〕〔明〕凌稚隆輯校,〔明〕李光縉增補,《史記評林》〈季布欒布列傳〉卷一百,頁41。
〔註115〕〔明〕凌稚隆輯校,〔明〕李光縉增補,《史記評林》〈季布欒布列傳〉卷一百,頁41。
〔註116〕姚苧田,《史記菁華錄》卷四,〈季布欒布列傳〉,頁155~156。

於君主。姚氏之說實不無道理。然太史公描寫高祖斬殺丁之事，恐另有其它涵意：吾人仔細比對《史記‧伍子胥列傳》來看，則劉邦之斬殺丁公，與句踐滅吳後，同時殺了吳之內奸伯嚭，且責其「不忠於其君」、「與己比周」〔註117〕事同。凡此等等，皆可見太史公的一種態度，即痛疾賣主賣友之輩，對於叛主求榮人物的一種憎恨與憤慨，而不是爲了表現劉邦、句踐的「善用賞罰」。〔註118〕

第三節　漢高祖的人格特質

人格的定義，各家說法不一，《雲五社會科學大辭典》將人格界定爲：

> 人格是個體與環境交互作用的過程中，所形成的一種獨特的身心組織，而此一變動緩慢的組織，使個體於適應環境時，在需要、動機、興趣、態度、價值觀念、氣質、性向、外形及生理等方面，各有不同於其它個體之處。〔註119〕

張春興在《心理學》中，綜合各家意見，將人格一詞界定爲：

> 人格是個人在對人、對己、對事物，乃至對整個環境適應時所顯示的獨特個性；此獨特個性，係由個人在其遺傳、環境、成熟、學習等因素交互作用下，表現於身心各方面的特徵所組成，而該等特徵又具有相當的統整性與持久性。〔註120〕

據上所引，則人格有兩個主要概念；即個性與特徵，而個性又爲特徵所組成。換言之，一個人的個性只有一個，但組成個性的特徵卻有很多。同時，人格並非單純的實體，而是各種特性的綜合，離不開遺傳與環境、學習與成熟相互間的影響。〔註121〕綜合言之，人格是一個複雜的結構，它包含著許許多多的性格側面。劉邦作爲社會的一個存在個體，其人格當然也不例外。他的人格中，既有令人欽佩讚嘆的地方，也有令人鄙夷不屑的一面。本節即從心理

〔註117〕《史記‧伍子胥列傳》卷六十六，頁2181。
〔註118〕參韓兆琦編著，《史記箋證》（捌）〈季布欒布列傳〉，頁5116～5117。
〔註119〕王雲五主編，《雲五社會科學大辭典》第九冊，《心理學》，（台北：台灣商務印館，1986年），頁202。
〔註120〕張春興，《心理學》，（台北：台灣東華書局，民國66年），頁362。
〔註121〕參國立編譯館，《教育心理學》，（台北：正中書局，民國69年8月初版），頁197～199。

學的角度切入，以《史記》文本爲材料，來探究劉邦人格特質的各個側面，並分析其複雜的人格特質與其事業成功的脈絡關係。

一、寬宏大度、意豁如也

　　寬宏大度是劉邦擁有成就大事業的重要人格特質。《史記・高祖本紀》載：「高祖爲人……仁而愛人，喜施，意豁如也。常有大度」。〔註122〕即清楚地說明了高祖灑脫、不沾滯、豁得開的一面。這使他能拋棄瑣細的禮儀、虛僞的排場，與屬下君臣相得，又能用度外之人；使他在機會來臨時，敢於義無反顧的下注，不致逡巡不決，延誤良機。尤有進者，此一豁達大度的性格，使劉邦的政治才華能充分發揮，使他能順應社會的脈動，擬出正確的戰略與吸引人心的政治策略。〔註123〕

　　劉邦在打江山的過程中以及取得了天下之後，做了許多有「大度」的事，茲略舉數例說明如下：

　　首先，秦二世三年（公元前 207 年）楚懷王以沛公爲碭郡長，封爲武安侯。這時楚把主力擺在北路，以宋義爲首救趙（宋義後爲項羽所殺）；另外想派一支軍隊向西略地，伺機進入關中滅秦。這時秦軍尚強，楚兵新破，諸將多不敢輕捋秦之虎鬚，「獨項羽怨秦破項梁軍，奮，願與沛公西入關。」〔註124〕但懷王諸將皆認爲：項羽行事作風過於僄悍兇殘，而劉邦是一個寬厚長者，可派他率軍西進。就這樣，劉邦得到「扶義而西」〔註125〕的機會。他率領的是一支不滿萬人的部隊，這時秦軍主雖被吸引在黃河以北，但入關的道路卻仍是強敵環伺，稍一不愼就會全軍覆沒。劉邦毅然承當擔此一危險的任務，此一冒險卻使他得以擺脫項羽，得到獨立發展的機會，並得以首先進入關中，接受秦王子嬰投降。劉邦的豁開一切、勇於冒險的性格，讓他嚐到甜美的果實。〔註126〕

　　再次，劉邦的「大度」，因爲他不拘於瑣細的禮儀，這使他對游走諸侯間

〔註122〕《史記・高祖本紀》卷八，頁 342。
〔註123〕參林聰舜，《史記的人物世界》，頁 96～97。
〔註124〕《史記・高祖本紀》卷八，頁 356。
〔註125〕《正義》曰：「遣長者扶持仁義而西，告諭秦長少，令降下也。」參《史記・高祖本紀》卷八，頁 356～357。
〔註126〕參林聰舜，《史記的人物世界》，頁 104。

人才，尤其是布衣，具有磁鐵般的吸引力。酈食其引頸等候劉邦的例子頗具
代表性：

> 及陳勝、項梁等起，諸將徇地過高陽者數十人，酈生聞其將皆握齪
> 好苛禮自用，不能聽大度之言，酈生乃深自藏匿。後聞沛公將兵略
> 地陳留郊，沛公麾下騎士適酈生里中子也，沛公時時問邑中賢士豪
> 俊。騎士歸，酈生見謂之曰：「吾聞沛公慢而易人，多大略，此真吾
> 所願從游，……。〔註127〕

酈食其，陳留高陽人，家境貧寒，對奮起抗秦的陳勝、項梁寄予很大希望，
但酈食其發現這些人心胸狹窄，不足為交，因此一直隱居未出。當劉邦攻打
陳留時，酈食其得知劉邦雖「慢而易人」，但「多大略」，故願跟隨他。由於
劉邦具有「大度」的人格特質，才智之士，自然覺得跟隨劉邦能發揮才幹，
有前途，所以劉邦的陣營自然是人才濟濟了。

　　再次，在天下未定時，劉邦選用人才的標準是，只重其才而不考其行。
對於歸降者多為寬厚，陳平即是一例。陳平原是項羽手下的都尉，因得不到
重用，而投奔劉邦。劉邦卻不忌前嫌，任命陳平為都尉和陪乘官。並且在大
將周勃和灌嬰攻擊陳平「盜嫂受金」、「反覆亂臣」〔註128〕的情況下，經過詢
問，查明情況後，力排眾議，仍然堅持重用他。又如雍齒亦是一例，雍齒嘗
數辱劉邦，劉邦未嘗不「欲殺之」，〔註129〕然而因愛其才、貴其功，則忍而不
殺且用之，已屬不易。在天下既定之後、群臣不安之時，又聽張良計，先封
仇人雍齒，以安群臣之心。這種忍小忿、顧大局的胸懷，不用說項羽，古往
今來又能有幾人？〔註130〕

　　再次，劉邦對其死對頭項羽死後的善後工作，處理得也很大度。楚漢相
爭，最終的結局雖然是劉邦戰勝了項羽，但劉邦仍視項羽為英雄，不但沒有
侮辱他，反而以魯公禮安葬於谷城，並親自為他發喪，後灑淚而去，表現出
一種「英雄惜英雄」的「大度」胸懷。更屬少見的是，對待項羽的家族同姓，
不但免於誅殺，甚致還給予封侯或賜姓劉。〔註131〕對於曾經是爭得你死我活

〔註127〕《史記‧酈生陸賈列傳》卷九十七，頁2691～2692。
〔註128〕事見《史記‧陳丞相世家》卷五十六，頁2054。
〔註129〕《史記‧留侯世家》載：「雍齒與我故，數嘗窘辱我。我欲殺之，為其功多，
　　　　故不忍。」見《史記‧留侯世家》卷五十五，頁2043。
〔註130〕周先民，《司馬遷的史傳文學世界》，頁128。
〔註131〕《史記‧項羽本紀》載：「諸項氏枝屬，漢王皆不誅。乃封項伯為射陽侯。桃
　　　　侯、平皋侯、玄武侯皆項氏，賜姓劉。」見《史記‧項羽本紀》卷七，頁338。

的仇家，最後能做到以禮安葬，善待族人，劉邦的「大度」，在心理學上的解釋，可以說「超我」（superego）〔註132〕的一種人格表現，也可說是功成名就後的一種灑脫與寬宏。此種灑脫與寬宏，對其維持漢朝天下的穩固有其正面的效果。

清人李晚芳《讀史管見》對高帝的寬宏大度，則給予高度的肯定。《讀史管見》載：

> 〈高紀〉字字是寫帝王氣象，豁達大度，涵蓋一切，前虛寫，後實寫。前如慢易諸吏，豐西縱徒，斬蛇，沛中多附；後如南宮置酒，未央上壽，沛中留飲，處處畫出豁達大度，病甚卻醫，至死亦不失本色，語語入神。〔註133〕

李氏從「帝王氣象」與「豁達大度」來看待高祖的優點，但似不夠全面與深入，正如前所述，人格並非單純的實體，而是各種特性的綜合。劉邦雖有「意豁如、大度」的胸懷，但亦有其圓滑虛偽、無情無信的一面；吾人在讀〈高祖本紀〉時，對於劉邦的優點與缺點，都應有所分析，始不失史公背後之旨義。

二、圓滑虛偽、無情寡信

劉邦的人格特質中，可發現其圓滑虛偽的一面，這主要表現在他善於收買人心上。當然我們也可以將它視為策略上的一種必要虛偽。孟子曾說過：「桀、紂之失天下也，失其民也。失其民者，失其心也。得天下有道，得其民，斯得天下矣。得其民有道，得其心，斯得民矣。」〔註134〕簡單地說，即所謂「得民者昌，失民者亡」，劉邦可說是深諳此道。從他在關中的言行以及對義帝的態度上，即可明其動機與目的。

劉邦之所以急著入關，很明顯的就是為了要做關中王。進了咸陽後，本欲「止宮休舍」。怎奈張良、樊噲極力勸阻，這才作罷。於是便將秦宮中的珍貴寶物，所有的府庫全部封存，回軍霸上。但他卻對百姓說，自己之所以入

〔註132〕超我在人格結構中，居於管制地位的最高部分，是由於個人在社會化的歷程中，將社會規範、道德標準、價值判斷等內化之後形成的結果。平常所說的良心、良知、理性等，均屬超我的功能。張春興，《心理學》，頁370。

〔註133〕李晚芳，《讀史管見》，轉引自楊燕起、陳可青、賴長揚編，《歷代名家評史記》，頁357。

〔註134〕〔漢〕趙岐注，〔宋〕孫奭疏：《孟子注疏》卷七下，〈離婁章句上〉，頁2721。

關，並非爲侵佔，而是爲解救百姓於水火；之所以回軍霸上，是爲了等候諸侯們到來，訂立條約。卻不說自己一時的力量，還很薄弱，不足以稱王關中。百姓們獻牛羊酒食，他再三謙讓，說怕大家破費，以致百姓惟恐劉邦不做關中王。實際上，劉邦後來東定三秦後，命蕭何留守關中。〔註135〕「漢王數失軍遁去，何常興關中卒，輒補缺。」〔註136〕在此可見劉邦是多麼地圓滑虛僞，眞可謂善於「順水推船」、「幡然改悟」者，不然，其開始欲「止宮休舍」，則又何說！再說劉邦對義帝的態度。《史記・高祖本紀》載：

> 三月，漢王從臨晉渡，……至雒陽。新城三老董公遮說漢王以義帝死故。漢王聞之，袒而大哭。遂爲義帝發喪，臨三日。發使者告諸侯曰：「天下共立義帝，北面事之。今項羽放殺義帝於江南，大逆無道。寡人親爲發喪，諸侯皆縞素。悉發關內兵，收三河士，南浮江漢以下，願從諸侯王擊楚之殺義帝者。」〔註137〕

項梁當初之所以立義帝（即楚懷王孫心），就是想找一個政治靠山，換取天下人的認同。漢王二年（西元前 205 年）三月，項羽殺義帝，正好給劉邦替天行道討賊誅項的絕妙藉口。於是他再次展現其圓滑虛僞的人格特質：先是「袒而大哭」，似不勝悲，這是感情上的投資；繼之發喪公祭，似無比忠心，這是道義上的鋪墊；然後公告諸侯，發兵討逆，〔註138〕從現實面來看，項羽殺義帝，對劉邦是百利而無一害。因爲當初義帝與諸將的承諾是，先入關中者王之。所謂「王之」，也僅是王關中而已，而關外卻還有他義帝在，那樣的話，即使劉邦先入定關中，關外的義帝還是名義上的最高統治者。項羽殺了義帝，剛好給劉邦幫了個大忙，方便了他做天下的共主。劉邦高高地舉著「擊楚之殺義帝者」的旗子，以義帝的忠誠子民身份出現，既順應了民心，又有了進擊項羽的正義藉口，正所謂「師出有名」，眞是「一箭雙雕」。〔註139〕

劉邦的人格特質中，亦有無情無信的一面。如「鴻溝之約」後，項羽釋放劉邦父母，守約退兵東去，劉邦卻背信棄義，毀約偷襲項羽；廣武陣前，劉邦寧願分吃烹父之羹而不放過項羽；逃命途中，劉邦多次推墮親生子女於

〔註135〕佟守琴，〈劉邦的性格與其功業的關係〉，《昭烏達蒙族師專學報（漢文哲學社會科學版）》2002 年 2 月，第 23 卷第 1 期，頁 59。
〔註136〕《史記・蕭相國世家》卷五十三，頁 2015。
〔註137〕《史記・高祖本紀》卷八，頁 370。
〔註138〕參周先民，《司馬遷的史傳文學世界》，頁 122。
〔註139〕參佟守琴，〈劉邦的性格與其功業的關係〉，頁 59～60。

車下，以求自己逃生；爲得韓信之用而解衣推食，無比誠懇，功成之後竟恩將仇報，殺之而後快。〔註140〕彭越協助劉邦反秦、反項，以軍功被封爲梁王。後爲劉邦、呂后所猜忌而強加罪名，予以殺害。彭越被誅後，劉邦竟將其屍體「醢之，盛其醢遍賜諸侯」，〔註141〕其殘忍、無情的做法，不僅未到收到防患於未然的效果，而且使得功臣人人自危，膽顫心驚，導致了新的動亂。

三、能屈能伸、能忍能讓

所謂「好漢不吃眼前虧」、「大丈夫能屈能伸」，我們可以把這句話看作英雄路短的一種自我解嘲，也可以把它理解爲一種暫短的臥薪嘗膽式的策略。項羽以一句「無顏見江東父老」，〔註142〕而不願東渡烏江，固然有氣壯山河的豪邁氣概，但也就此了結了可能延續的功業。劉邦則不然，在項羽宰制天下時，膽敢與項羽爭天下的，就只有劉邦一人（其他如齊、趙等國雖與項羽交惡，但只想獨立稱王）。而劉邦的意志力就在他能屈能伸的性格上，得到更好的發揮。因爲能屈能伸就是拿得起放得下，劉邦敢鬥強他無數倍，諸侯將見之「無不膝行而前，莫敢仰視」〔註143〕的項羽，屢次大敗都咬緊牙根苦撐，堅持到最後勝利，是意志力的充分展現，這是拿得起。同時劉邦並不暴虎馮河，在形勢不利時，能忍一時之辱，如失掉關中後，能退到漢中等候機會；在滎陽、成皋前線屢次被圍，能深壁不出，避免在不利的情況下決戰，這是放得下。正是拿得起放得下的性格在背後支持者，使他能屈能伸，幾次山窮水盡，卻又柳暗花明。〔註144〕

劉邦能屈能伸、能忍能讓的性格，從鴻門宴的坐次安排中，可以得到進一步的印證。《史記・項羽本紀》載：

> 項羽即日因留沛公與飲。項王、項伯東嚮坐，亞父南嚮坐。亞父者，
> 范增也。沛公北嚮坐，張良西嚮侍。〔註145〕

〔註140〕參周先民，《司馬遷的史傳文學世界》，頁142。
〔註141〕《史記・黥布列傳》卷九十一，頁2603。
〔註142〕楚漢相爭，項羽被漢軍困在垓下，四面楚歌。後項王帶領騎士衝殺，退到烏江西岸，烏江亭長勸項羽渡江回到江東，據地爲王。項羽笑曰：「縱江東父兄憐而王我，我何面目見之？」乃自刎而死。見《史記・項羽本紀》卷七，頁336。
〔註143〕《史記・項羽本紀》卷七，頁307。
〔註144〕參林聰舜，《史記的人物世界》，頁106～107。
〔註145〕《史記・項羽本紀》卷七，頁312。

瀧川龜太郎在《史記會注考證》「亞父者，范增也」下云：

> 黃淳耀曰：古人尚右，故宗廟之制皆南向，而廟主則東向，主賓之
> 禮亦然。《儀禮・鄉飲酒禮篇》：賓復位，當西序東面，是也。〈韓信
> 傳〉，廣武君東面坐，西嚮對西師之。項羽得王陵母，置軍中，陵使
> 至，則東向坐陵母，欲以招陵。周勃不好文學，每招諸生說事，東
> 向坐責之。皆以東爲尊。然則鴻門宴坐次，首項王、項伯，次亞父，
> 次沛公也。中井積德曰：堂上之位對堂下者，南嚮爲貴；不對堂下
> 者，唯東嚮爲尊，不復以南面爲尊。〔註146〕

據此，則黃氏與中井積德皆主張東嚮爲尊。余英時〈說鴻門宴的坐次〉一文
中引《史記・孝文本紀》記文帝（代王）謙辭天子位之事云：

> 代王西鄉讓者三，南鄉讓者再。〔註147〕

《集解》引如淳曰：

> 讓群臣也。或曰：賓主位、東西面；君臣位、南北面。故西向坐，
> 三讓不受；群臣猶稱宜，乃更廻坐示變，即君位之漸也。〔註148〕

這是說文帝最初堅持以主人西嚮之禮見群臣，後來改南嚮，雖然口頭謙辭，
已是表示接受帝位了，余氏從所舉例子，則知東嚮、南嚮爲尊的禮節。其中
如淳所引「賓主位、東西面；君臣位、南北面」之語可以用來說明「鴻門宴」
的坐次。余氏在文中並強調沛公的「北嚮坐」更值得注意。劉邦居北向席而
不居西向席，乃因北向坐是最卑的臣位，顯然是正式表示臣服於項羽之意。〔註
149〕對此，大陸學者汪少華則認爲不符合語言實際，汪氏認爲北向坐固然表示
臣服，但臣服並不是坐次本身所確定的，更重要的是堂上與室中坐次尊卑是
不一樣的。並引清人凌廷堪《禮經釋例》早已指出了這種不同：「堂上以南鄉
爲尊……室中以東鄉爲尊。」「堂上之位對堂下者，南向爲貴；不對堂下者，
唯東向爲尊，不復以南面爲尊。」〔註150〕尊位既已確定，與之相對的卑位當
然是不言而喻的：室中以西向爲卑，堂上以北向爲卑。鴻門宴是在軍帳中舉

〔註146〕瀧川龜太郎，《史記會注考證》〈項羽本紀〉卷七，頁141。

〔註147〕《史記・孝文本紀》卷十，頁416。

〔註148〕《史記・孝文本紀》卷十，頁417。

〔註149〕余英時，《史學與傳統》，〈說鴻門宴的坐次〉，（台北：時報文化出版公司，民
　　　　國71年1月初版），頁184～191。

〔註150〕凌廷堪，《禮經釋例》卷一《通例上》，轉引自汪少華，〈與余英時先生論鴻門
　　　　宴坐次尊卑〉，《華東師範大學學報》，第33卷第1期，2001年1月，頁117
　　　　～123。

行的，然而坐次尊卑一如室中，因而坐次尊卑就是太史公所特地交代的——依次是東向、南向、北向、西向，西向最卑爲是。〔註151〕以此觀之，則汪說似較爲有理，余氏認爲沛公的「北嚮坐」是最卑的說法，恐忽略堂上與室中坐次尊卑是不一樣的，再者，依史公所述，張良「西嚮侍」應才是最卑位次。

　　經過以上分析，鴻門宴劉邦接受「北嚮坐」的安排，雖不是最卑位，但能顯示出其能屈能伸的性格。蓋是時（公元前 206 年）天下未定，而劉、項也都不曾稱王，鴻門之會正所以決定領導誰屬。劉邦不得已冒險來會，便是表示願意接受項羽的領導，以示無他；而項羽則是借此機會收服劉邦。政治上尊卑的考慮，使鴻門宴不復是一個普通賓主飲宴的場合，也由於沛公的能屈能伸，懂得退讓妥協，加上項羽的自大，終能全身而退，從此龍游大海，項羽再也沒有剪除他的機會了。四年之後，（公元前202 年）劉邦終取得了項羽的天下。〔註152〕

四、善聽人言、從諫如流

　　劉邦不僅能屈能伸，也善聽人言。對於別人的建議，往往能夠很有雅量的從諫如流。對於臣下的建言，往往能夠虛心接納。在楚漢相爭的過程，不但化解許多危機，增強了本身實力，即使稱帝建國後，劉邦也善聽取臣下之言，對於國家政權的穩定，與社會秩序的維持，發揮了很大的作用。檢視《史記》文本，可發現多處記載劉邦善聽人言，從諫如流的事件，茲以下列數例說明：

（一）張良的建言

　　張良爲漢高祖畫策大臣，其一謀一畫，爲高祖所提之建言，無不繫漢之得失安危，茲略舉數略說明之。

　　1、**利誘秦將，旋破嶢關，漢以是先入關**。〔註153〕反秦戰爭時期，懷王諸老將都認爲劉邦素寬大長者，所以決定派其入關。劉邦西進途中，久攻宛城不下，本欲繞軍西進，張良諫曰：「沛公雖欲急入關，秦兵尚眾，距險。今不下宛，宛從後擊，彊秦在前，此危道也。」〔註154〕沛公聽從，乘夜引兵換旗，

〔註151〕汪少華，〈與余英時先生論鴻門宴坐次尊卑〉，《華東師範大學學報（哲學社會科學版）》2001 年 1 月，第 33 卷第 1 期，頁 117～118。
〔註152〕參余英時，《史學與傳統》，〈說鴻門宴的坐次〉，頁 184～195。
〔註153〕吳福助，《史記解題》，頁 75。
〔註154〕《史記·高祖本紀》卷八，頁 359。

改道回軍，將宛城圍了三層。後接受南陽太守齮的舍人陳恢諫言，與宛城約降，封其郡守，一則免去攻城之傷，二則解後患之憂，三則增加兵力，高武侯戚鰓、襄侯王陵，亦皆降於沛公。從此劉邦西進，所過之處無不望風而下。

2、**勸還霸上，固邀項伯，漢以是脫鴻門**。〔註 155〕漢元年正月（公元前 206 年），沛公爲漢王。王巴蜀。劉邦對張良的意見一直是十分重視的。當劉邦從漢中回兵奪取三秦之地後，對於該如何從整體戰略上，展開與項羽爭奪天下的戰略布署，劉邦時常感到一籌莫展，不知所措。十月，沛公至霸上，秦王子嬰降於軹道旁。沛公至咸陽，欲留居秦宮，被樊噲、張良勸止。十二月，項羽、沛公會於鴻門，之前，有鯫生曾對劉邦說「距關，毋內諸侯，秦地可盡王也。」〔註 156〕所幸爲張良勸劉邦「請往謂項伯，言沛公不敢背項王也。」〔註 157〕其後才有鴻門宴的產生。是時，賴張良、樊噲等機智周旋，沛公得以脫險。當時沛公尚未爲漢王，蓋臣下尊之稱項羽亦未自王，故沛公呼爲將軍，而范增、項莊已稱爲君王，樊噲、張良亦稱爲大王，史亦屢書項王皆據當時相尊之詞。〔註 158〕之後，在彭城被項羽打敗逃到下邑時，劉邦「下馬踞鞍而問曰：『吾欲捐關以東等棄之，誰可以共功者？』」〔註 159〕在這關係前途命運的大事上，劉邦表現出非常柔軟的身段，求下問策。此時，張良進策反九江王英布、彭越和齊王田榮；讓韓信獨當一面，同時從三面對項羽發動爭奪戰的戰略布置，從一開始就使項羽在戰略上處於被動，爲劉邦的最後勝利奠定了基礎。

3、**約法三章，深獲民心**。漢元年十月（公元前 206 年），劉邦攻入咸陽，面對秦所遺留下的大批寶物與眾多宮女，不免心動，原欲留置秦宮休憩。〈留侯世家〉載：「沛公入秦宮，宮室帷帳狗馬重寶婦女以千數，意欲留居之。」〔註 160〕但經樊噲、張良勸諫後，毅然還軍霸上。並招來各縣的父老豪傑，與之約法三章，深獲民心。此一改變，同時使劉邦免淪爲無道的亡秦之續，且免去稍後項羽入關後，成爲被殺的顯著目標。

〔註 155〕吳福助，《史記解題》，頁 75。

〔註 156〕《史記・項羽本紀》卷七，頁 311。

〔註 157〕《史記・項羽本紀》卷七，頁 311。

〔註 158〕〔清〕錢大昕，《廿二史考異》，收錄於孫曉主編，《二十四史研究資料彙編・史記》第四冊《綜考，廿二史考異・史記》史記一，頁 10。

〔註 159〕《史記・留侯世家》卷五十五，頁 2039。

〔註 160〕《史記・留侯世家》卷五十五，頁 2037。

4、將立六國,則借箸銷印。〔註161〕漢三年(公元前 204 年)劉邦被項羽圍困在滎陽,不得脫身。這時與酈食其商議如何處理危機,酈食其提出建議:「陛下誠能復立六國後世,畢已受印,此其君臣百姓必皆戴陛下之德,莫不鄉風慕義,願為臣矣。德義已行,陛下南鄉稱霸,楚必斂衽而朝。」〔註162〕想由藉增加友邦,削弱楚的力量,也就是要劉邦與項羽共分天下。原先劉邦是支持的,曰:「善。趣刻取,先生因行佩之矣。」〔註163〕但當酈食其即將動身時,張良從外面回來。劉邦急喚張良,「具以酈生之語告」,詢問張良如何是好。於是張良借箸為劉邦分析「其不可八矣。」〔註164〕所幸劉邦能夠善聽人言,接受張良的勸阻,及時停止了這件「陛下事去矣」〔註165〕的餿主意。

(二)蕭何的建言

蕭何為漢元功第一,惟其勳業多見項羽、高祖二紀及淮陰侯傳中,茲略舉數例,說明其對劉邦之建言:

1、漢元年(公元前 206 年),劉邦統帥十萬大軍攻占關中,秦王子嬰在枳道旁束手投降,秦皇朝宣告滅亡。蕭何帶著手下的官吏進入秦朝的丞相府,將那裡保存的法律文書和各種檔案材料,全部加以清點接受。這一舉動充分表示了蕭何較之其它將領的遠見卓識。〔註166〕但事前若沒經過劉邦的同意,量蕭何也不敢有如此大膽地舉動。應是蕭何的建言,劉邦同意,蕭何才得以行事,以後,「漢王所以具知天下阨塞,戶口多少,彊弱之處,民所疾苦者,以何具得秦圖書也」。(《史記・蕭相國世家》)

2、漢元年(公元前 206 年),項羽入關後,自立為西楚霸王,將先入秦的劉邦封至巴蜀、漢中,立為漢王,而三分關中地,王秦降將,以距漢王;劉邦大怒,欲謀攻項羽。蕭何勸曰:「臣願大王王漢中,養其民以致賢人,收用巴蜀,還定三秦,天下可圖也。」〔註167〕劉邦曰:「善」,並以蕭何為丞相。

3、漢元年(公元前 206 年)韓信離項附漢後,劉邦未發現其「奇」,而僅以「治粟都尉」一職任命。韓信心想蕭何已向劉邦作了多次推薦,但

〔註161〕吳福助,《史記解題》,頁 75。
〔註162〕《史記・留侯世家》卷五十五,頁 2040。
〔註163〕《史記・留侯世家》卷五十五,頁 2040。
〔註164〕《史記・留侯世家》卷五十五,頁 2040。
〔註165〕《史記・留侯世家》卷五十五,頁 2040。
〔註166〕孟祥才,《秦漢人物散論》〈蕭何述論〉,頁 183。
〔註167〕《漢書・蕭何曹參傳》,卷三十九,頁 2006~2007。

「上不我用，即亡」〔註168〕。後經蕭何追回，向劉邦進言，「王必欲拜之，擇良日，齋戒，設壇場，具禮，乃可耳。」〔註169〕劉邦接受蕭何建言，以信爲大將軍。高祖任韓信爲大將，實爲楚、漢興亡一大關鍵。以關中形勝，開一面以臨東諸侯，而漢之拒楚專在滎陽、成皋，而自臨晉以東至河內，齊、趙、梁、韓連兵爭勝，魏王又數反，高祖一任之韓信，以臨制東諸侯，而得其全力與項羽相持，所以屢敗而無齊、魏之患，關中晏然，專任專輸者，韓信之力也。〔註170〕

（三）陳平的建言

陳丞相平爲漢初帷幄籌臣，足智多陰謀。楚漢之際，陳平嘗六出奇計，佐高祖平定天下。〔註171〕茲舉二例說明：

1、漢四年（公元前203年）八月，楚、漢講和，以鴻溝爲界，中分天下，項王歸還太公、呂雉，撤兵東去。張良、陳平勸誠劉邦：「漢有天下太半，而諸侯皆附之。楚兵罷，食盡，此天亡楚之時也；不如因其機而遂取之。今釋弗擊，此所謂『養虎自遺患』也。」〔註172〕劉邦言聽計從，後有韓信、彭越合力擊楚，終於垓下大破楚軍，項羽兵敗自刎。需要補充的是，史公著其事於〈項羽本紀〉，而〈高祖本紀〉載鴻溝分界事，竟若出自項羽之意者，蓋爲高祖諱耳。〔註173〕

2、漢七年（公元前200年），韓王信勾結匈奴謀反，劉邦派人出使匈奴打探虛實，使者歸來多言匈奴可擊，僅劉敬判斷此乃匈奴故意示弱見短，伏奇兵以爭利，劉邦認爲他妄言動搖士氣，械繫廣武，然匈奴果出奇兵圍劉邦於白登，後靠陳平出奇計，「使單于關氏，圍以得開。」〔註174〕至於陳平到底

〔註168〕《史記·淮陰侯列傳》卷九十三，頁2611。
〔註169〕《史記·淮陰侯列傳》卷九十三，頁2611。
〔註170〕〔清〕郭嵩燾撰，《史記札記》，（台北：世界書局，2010年1月2版2刷），頁66。
〔註171〕吳福助，《史記解題》，頁77。
〔註172〕《史記·項羽本紀》卷七，頁331。楚、漢講和，以鴻溝爲界的原委實另有目的，〔清〕郭嵩燾案語曰：「是時天下已歸漢，高祖所以與項羽約中分天下，爲欲得太公、呂后而已，豈能縱項羽東歸，待張良、陳平之說而始追擊之哉？此史家烘託之辭，非事實也。」見〔清〕郭嵩燾撰，《史記札記》，（台北：世界書局，2010年1月2版），頁57。
〔註173〕〔清〕郭嵩燾撰，《史記札記》卷一，頁56～57。
〔註174〕《史記·陳丞相世家》卷五十六，頁2057。

是出何奇計？桓譚（集解引《新論》）、〔註175〕應劭〔《漢書》〈高帝紀〉注〕，
〔註176〕意測以美女動之，然爲梁玉繩所駁斥，梁氏舉〈韓王信〉、〈夏侯嬰〉、
〈匈奴〉等傳爲證，則漢之所以動關氏解圍者，止于重賂而已，烏有所謂奇
祕之計哉！〔註177〕以史論史來看，應以梁說爲是。

（四）韓信的建言

　　韓信雄武多智，爲漢初開國功臣三傑之一。和以卒從項梁，項梁死，屬
項羽，爲郎中。至咸陽，亡從入漢，爲連敖、治粟都尉。〔註178〕漢元年（公
元前 206 年）劉邦任用韓信爲大將軍，拜將受典後，劉邦請教韓信計策。韓
信分析楚、漢兩軍形勢，及漢軍遷徙南鄭，急欲還鄉的心情，向劉邦建議反
項羽之道而行，「任天下武勇之士，，以天下城邑封功臣」！〔註179〕「決策東
鄉，爭權天下」〔註180〕，則「三秦可傳檄而定也」。〔註181〕韓信利用將士「歌
思東歸」〔註182〕的情緒，不失時機地衝出函谷關的戰略思想是正確的，劉邦
接受韓信建議，適時組織實施了關中戰役。利用漢軍高昂的情緒，乘三秦王
在關中的統治尚未穩定之機，運用突襲的戰法，消滅敵人軍力與奪取地盤相
結合，連續作戰，從而以最短的時間，最小的代價，取得了最輝煌的成果。

　　劉邦善聽人言，從諫如流的事例，還可從韓信與武涉的對話中感受到。
漢四年（公元前203年）盱眙人武涉勸韓信三分天下，韓信馬上拒絕，並說：
「臣事項王，官不過郎中，位不過執戟，言不聽，畫不用，故倍楚而歸漢。
漢王授我上將軍印，予我數萬眾，解衣衣我，推食食我，言聽計用，故吾得
以至於此。」〔註183〕韓信跟隨過項羽與劉邦，從韓信口中，則知其在項羽陣
營時，「言不聽，畫不用」，反觀在劉邦處，則「解衣衣我，推食食我，言聽
計用」，項、劉相較，韓信選擇跟隨劉邦乃必然之事。

〔註175〕詳參見《史記‧陳丞相世家》卷五十六，頁 2057～2958。
〔註176〕詳參見《漢書‧高帝紀》卷一下，頁 63。
〔註177〕〔清〕梁玉繩撰，《史記志疑》卷二十六，收錄於孫曉主編，《二十四史研究
　　　　資料彙編‧史記》第四冊，《綜考‧史記志疑》卷二十六，頁 610。
〔註178〕吳福助，《史記解題》，頁 116。
〔註179〕原文爲：「任天下武勇，何所不誅！以天下城邑封功臣，何所不服」！見《史
　　　　記‧淮陰侯列傳》卷九十二，頁 2612。
〔註180〕《史記‧高祖本紀》卷八，頁 367。
〔註181〕《史記‧淮陰侯列傳》卷九十二，頁 2612。
〔註182〕《史記‧高祖本紀》卷八，頁 367。
〔註183〕《史記‧淮陰侯列傳》卷九十二，頁 2622。

（五）劉敬的建言

劉敬在《史記》中，與叔孫通兩人合傳。兩人皆有高世之智，知時變，能爲國家建大計奠始基，其作風與酈（生）陸（賈）之沿習戰國者異，故別爲合爲傳。劉敬所建言，茲舉二例說明：

1、漢七年（公元前 200 年）白登之圍後，〔註184〕冒頓單于屢次違背漢朝與匈奴所訂立盟約，對邊界進行侵擾劫掠活動，後劉邦採用劉敬和親建議，使漢與匈奴關係得到穩定，爲以後出擊匈奴爭取了備戰的時間。《史記·劉敬叔孫通列傳》載：

> 陛下誠能以適長公主妻之，厚奉遺之，彼知漢適女送厚，蠻夷必慕以爲閼氏，生子必爲太子，代單于。何者？貪漢重幣。陛下以歲時漢所餘彼所鮮數問遺，因使辯士風諭以禮節。冒頓在，固爲子婿；死，則外孫爲單于。豈嘗聞外孫敢與大父抗禮者哉？兵可無戰以漸臣也。〔註185〕

劉邦北伐匈奴被圍困脫險後，苦思對付之策。劉敬認爲必須改弦易轍，放棄武力征討，改走溫和懷柔路線，行和親納幣之策，把嫡長女主嫁給冒頓單于，使冒頓成爲漢家的女婿而世世稱臣。此計策因呂后不忍心把公主嫁至匈奴，只得改派別家女子冒充長公主，由劉敬前往締結和親婚約，事情雖與原計畫不同，但總算暫時解決了北方邊境的問題。

2、漢七年（公元前 200 年）漢高祖底定天下後，因群臣均爲山東人，大家都力爭建都洛陽，以近故鄉。惟劉敬力排眾議，勸高祖遷都關中並移民前往，張良亦附議。《史記·劉敬叔孫通列傳》載：

> 今陛下雖都關中，實少人。北近胡寇，東有六國之族，宗彊，一日有變，陛下亦未得高枕而臥也。臣願陛下徙齊諸田，楚昭、屈、景，燕、趙、韓、魏後，及豪桀名家居關中。無事，可以備胡；諸侯有變，亦足率以東伐。此彊本弱末之術也。〔註186〕

〔註184〕漢七年（公元前200年），高祖自往擊信，遂至平城，匈奴圍我平城，七日而去。平城，《正義》《括地志》云：「朔州定襄縣，本漢平城縣。縣東北三十里有白登山，山上有臺，西曰白登臺。」《漢書·匈奴傳》云：「（冒）頓圍高帝於白登七日，即此也。服虔云：『白登』，臺名，去平城七里』。參《史記·高祖本紀》卷八，頁384～385。

〔註185〕《史記·劉敬叔孫通列傳》卷九十九，頁2719。

〔註186〕《史記·劉敬叔孫通列傳》卷九十九，頁2720。

關中地勢險要，進可攻、退可守。劉邦虛心納諫，不但立刻遷都，並且還實行移民政策，把東方六國貴族後裔都遷到關中來。這樣一方面促進關中經濟發展，加強朝廷本身實力，防止匈奴入侵；一方面又可以藉遷徙之名，消弱地方諸侯割據勢力的禍根。

（六）叔孫通的建言

叔孫通希世取寵，與劉敬卒喪見天子之磊落耿介異。叔孫通所定儀法多采秦制，尊君抑臣，因陋就聞，湮沒三代秦制，又且師心自用，其原廟、果獻諸儀並憑臆無稽，後儒多譏焉。然叔孫通於暴秦焚書之餘，獨能以其所學綿蕝自立，遂使儒術賴以粗傳，卒為漢家儒宗，亦至難能可貴矣。〔註187〕茲舉二例，說明其對劉邦之建言：

1、漢五年（公元前202年）劉邦已并天下，劉邦做皇帝以後，自反秦戰爭至楚漢戰爭，一路跟隨他的那些臣子們，「飲酒爭功，醉或妄呼，拔劍擊柱」，〔註188〕完全沒有上下禮儀之分，這種目中無人的囂張氣燄，看在劉邦眼裡，頗不是滋味。叔孫通看準時機，投其所好地進言說：「夫儒者難與進取，可與守成。臣願徵魯諸生，與臣弟子共起朝儀。」〔註189〕這正合劉邦心意，劉邦立即批準了叔孫通的計劃，使他在一年多的時間內與弟子和魯儒生，一起共同制定了朝儀，即皇帝的禮樂制度，使劉邦親身感受到「知為皇帝之貴」〔註190〕，體驗到當上君主的尊貴與滿足。

2、漢十二年（公元前195年）劉邦欲廢太子而立趙王如意，劉敬義正辭嚴地進諫：

> 今太子仁孝，天下皆聞之：呂后與陛下攻苦食啖，其可背哉！陛下
> 必欲廢適而立少，臣願先伏誅，以頸血汙地。〔註191〕

看到劉敬激動的勸諫，劉邦直說只是戲言，但梗直的劉敬不放心地又說：「太子天下本，本一搖天下振動，奈何以天下為戲！」〔註192〕逼得劉邦只好聽取劉敬的意見，此時又見久招不至的「商山四皓」在輔佐太子，遂打消易太子的念頭。

〔註187〕吳福助，《史記解題》，頁123。
〔註188〕《史記‧劉敬叔孫通列傳》卷九十九，頁2722。
〔註189〕《史記‧劉敬叔孫通列傳》卷九十九，頁2722。
〔註190〕《史記‧劉敬叔孫通列傳》卷九十九，頁2723。
〔註191〕《史記‧劉敬叔孫通列傳》卷九十九，頁2725。
〔註192〕《史記‧劉敬叔孫通列傳》卷九十九，頁2725。

五、生性猜忌、多疑性格

　　劉邦雖然善於蒐集人才，對所用之人，卻有兩面性：一方面是善於用人，適才適用，一方面是對所用之人，常起疑心，顯示出劉邦人格特質的多樣性。作爲集團最高首領，劉邦時時刻刻擔心大權旁落，擔心下屬沆瀣一氣，故採取多種途徑，提防、監視、制約下屬。茲以劉邦對蕭何、韓信二人的態度爲例說明之：

（一）劉邦對蕭何

　　蕭何爲劉氏爭天下而鞠躬盡瘁，作爲一名政治家，他並不圖索取，也未曾爲自身考慮太多，雖無政治野心，對劉邦也是絕對忠誠，但是，輔佐者和領導者之間的信賴關係，即使再親密，也往往在達成目標後，會產生嫌隙和猜忌，劉邦與蕭何彼此之間的信賴關係，原來相當深厚，但是，劉邦多疑的性格，以致雖然信用蕭何，倚之如左右手，卻也常用各種方式試探蕭何的忠誠。劉邦對蕭何的疑心，表現在以下三次：

　　1、第一次見疑。漢三年（公元前 204 年），劉邦與項羽相距京索之間，劉邦「數使使勞苦丞相」。〔註193〕生性多疑的劉邦不會輕易相信任何人，即使是忠肝義膽輔佐他的蕭何也不例外，這是蕭何功高見疑的第一次。劉邦與項羽在前線苦戰，大後方完全在蕭何的掌控之下。表面看來，劉邦是關心，慰勞蕭何之勞苦，然而政治嗅覺靈敏的門生鮑生提醒蕭何。《史記・蕭相國世家》載：謂

　　　　鮑生謂丞相曰：「王暴衣露蓋，數使使勞苦君者，有疑君心也。爲君

　　　　計，莫若遣君子孫昆弟能勝兵者悉詣軍所，上必益信君。」於是何

　　　　從其計，漢王大說。〔註194〕

明智的蕭何用了鮑生的計策，派遣「子孫昆弟能勝兵者悉詣軍所」、「漢王大說」。〔註195〕有蕭何的家人在前線，劉邦果然對蕭何放心，大加讚賞，這一點在日後劉邦加封蕭何酇侯時進一步得以證實。〔註196〕

　　2、第二次見疑。漢十一年（公元前 196 年），在劉邦前往邯鄲平息陳豨

〔註193〕《史記・蕭相國世家》卷五十三，頁 2015。
〔註194〕《史記・蕭相國世家》卷五十三，頁 2015。
〔註195〕《史記・蕭相國世家》卷五十三，頁 2015。
〔註196〕陳改娟，〈論蕭何的明哲保身策略〉，《湖南工業職業技術學院學報》，2008 年
　　　　第 3 期，頁 64。

之亂時，聞聽呂后用蕭何計除掉了韓信，喜悅的同時，另一種擔憂又衝上劉邦的心頭，於是一方面，「使使拜丞相何爲相國，益封五千戶、令卒五百人一都尉爲相國衛」，〔註197〕名義上是對蕭何進行保護，實則是怕再生意外，不想其良苦用心卻被「東陵侯」召平識破。召平是故秦國的東陵侯，對政治上的事情自是熟知。他對蕭何說：

> 禍自此始矣。上暴露於外而君守於中，非被矢石之事而益君封置衛者，以今者淮陰侯新反於中，疑君心矣。夫置衛衛君，非以寵君也。願君讓封勿受，悉以家私財佐軍，則上心說。〔註198〕

蕭何至此才明白，劉邦加封及派兵保衛他，原來是怕他乘機造反。召平建議蕭何「讓封勿受，悉以家私財佐軍」，用自己的錢財贊助國家的軍隊，支持平叛，「高帝乃大喜」。〔註199〕對此，〔宋〕周紫芝在〈漢高帝論〉中說：

> （蕭）何之守關中，可以爲腹心之寄矣，獨且數加勞問，且賜以衛卒五百，微鮑生東陵之計殆於不免，則高祖於群臣未有不疑者。
> 〔註200〕

劉邦對臣下的猜疑，不僅周氏有此評議，嗣後有不少的人加以評說。例如〔清〕錢泰吉在〈書蕭相國世家後〉有進一步的精彩評論。錢氏云：

> 吾讀〈蕭相國世家〉，竊怪高祖視何如左右手，而鮑生、召平輩時導以避禍之術，何其君臣之際若是可危也。……夫其使使勞苦，及益封置衛，安如非出於誠心，而遣子弟詣軍所，以私財佐軍之適隨其後而大說者，高祖亦未知何之以術自全也。嗚呼，方漢之初，謀臣術士襲戰國亡秦之餘風，其所以處人君臣之際者，恒導以相疑、相忌之端，聽者習而不察，雖受任如蕭何相國亦用其說以自衛。〔註201〕

古代帝王，猜疑臣下，司空見慣。錢氏感嘆「謀臣術士襲戰國亡秦之餘風」，至於漢高祖，作爲開國皇帝，則疑心更重。這或許是因劉邦乃平民出身而得政權，故更爲嚴密地防範他人，擔心他人以同樣的方式奪取其政權。

〔註197〕《史記‧蕭相國世家》卷五十三，頁 2017。
〔註198〕《史記‧蕭相國世家》卷五十三，頁 2017。
〔註199〕《史記‧蕭相國世家》卷五十三，頁 2017。
〔註200〕〔宋〕周紫芝，《太倉稊米集》卷四十四〈漢高帝論〉。引自張大可、徐日輝，《張良蕭何韓信評傳》，頁 296。
〔註201〕〔清〕錢泰吉，《甘泉鄉人稿》卷三〈書蕭相國世家後〉。引自張大可、徐日輝，《張良蕭何韓信評傳》，頁 297。

3、第三次見疑。漢十二年（公元前 195 年），黥布反，「上自將擊之，數使使問相國何爲」〔註202〕，這是蕭何被第三次懷疑了。劉邦一直是統軍在前方作戰，後方全是蕭何在著手營建，蕭何在關中百姓的心中，早已經樹立起了體民愛民的尊者形象，劉邦雖貴爲皇帝，依然懼怕民心所向，更何況以蕭何位居相國之位，反手自己做皇帝是輕而易舉的事，劉邦當然怕這個「後患」再生是非。蕭何當然知道「狡兔死，良狗烹，高鳥盡，良弓藏」〔註203〕的道理，也了解劉邦的心思，遂聽從門客建議，「多買田地，賤貰貸以自汙，上心乃安」。〔註204〕蕭何以多買置田地、放高利貸等方式來糟踐自己的名聲以求自全，想來確實可憐，大概也是沒有辦法的辦法。對於蕭何這一自污求全的做法，後人多有論議。清錢泰吉〈書蕭相國世家後〉如此評論云：

> 幸而遣子弟詣軍所，以私財佐軍，獨合乎人臣事君之道，及至買田宅自汙之計行，而君臣相與之際，蕩然無三代忠信之風矣。然而受貴人財物之疑，則即買田宅自污之事，有啓之也。人必好色，天下始疑其竊其妻；人必貪財，天下始疑其盜貨。〔註205〕

錢氏的看法，不能說完全沒有道理。但若以蕭何的立場來看，蕭何引起劉邦多次的猜疑，都是因爲自己工作太出色而招致。所謂「功高者危」，當臣子的功績大於君主時，君主自然會處於高度防範臣子奪權的戒備狀態。自古以來，專制制度下的君主，不僅不能容忍臣下在權力、能力方面接近於君主，而且也不能容忍大臣享有名譽，特別是不許大臣得民心、受擁戴。這是專制君主的政治原則，一旦背離了這一原則，即便大臣確實是出於治國安民的善良願望，也會受到君主毫不含糊的制裁。由此觀之，則高祖對蕭何的猜疑也是必然之事。所幸蕭何用自污方式以釋劉邦之疑忌，總算又一次解救了災難。

（二）劉邦對韓信

劉邦看中韓信的軍事才能，拜其爲大將，位居諸將之上，但劉邦始終對其懷有戒備心理，暗中防範。在韓信轉戰北中國的過程中，劉邦一再收其精兵，甚至奪其兵權。《史記‧淮陰侯列傳》載：

〔註202〕《史記‧蕭相國世家》卷五十三，頁 2018。
〔註203〕《史記‧淮陰侯列傳》卷九十二，頁 2627。
〔註204〕《史記‧蕭相國世家》卷五十三，頁 2018。
〔註205〕〔清〕錢泰吉，《甘泉鄉人稿》卷三〈書蕭相國世家後〉。引自張大可、徐日輝，《張良蕭何韓信評傳》，頁 298。

漢王遣張耳與信俱，引兵東，北擊趙、代。後九月，破代兵，禽夏
說閼與。信之下魏破代，漢輒使人收其精兵，詣滎陽以距楚。」
〔註206〕

韓信平定趙、燕後，劉邦命張耳鎮守趙地，派韓信以相國虛位。《史記・淮陰侯列傳》載：

晨自稱漢使，馳入趙壁。張耳、韓信未起，即其臥內上奪其印符，
以麾召諸將，易置之。信、耳起，乃知漢王來，大驚。漢王奪兩人
軍，即令張耳備守趙地，拜韓信爲相國，收趙兵未發者擊齊。〔註207〕

漢五年（公元前202年），項羽剛被消滅，劉邦立即襲奪韓信的兵權。《史記・淮陰侯列傳》：

項羽已破，高祖襲奪齊王軍。漢五年正月，徙齊王信爲楚王，都下
邳。〔註208〕

除了奪軍之外，劉邦又把韓信由齊王徙爲楚王，這是畏惡韓信「驅市人而戰
之」〔註209〕的能力，把他由人口稠密、富甲一方的齊地，徙到人煙稀少的楚
地。隨著韓信戰功的卓著、才能的顯赫，劉邦對韓信的忠誠產生懷疑，猜忌
之心也愈來愈深。對此，〔宋〕王質在〈漢高帝論〉中有如下評析：

嘗謂韓信非負漢者也……使韓信至於負漢，則高帝疑之之過也。高
帝疑信之端，蓋兆於益兵之時，韓信願益兵三萬，請以北舉燕趙、
東擊齊，南絕楚之糧道，西與高帝會於滎陽。此固高帝之所惕然而
驚也，雖不拒其益兵之請，而遣張耳以佐之。佐之者，所以間也，
其後爲之罵使於滎陽，奪兵於廣武，當是之時，幸韓信未覺而已，
使韓信覺則高帝何以處之。韓信之覺，覺於雲夢之時也。高帝平日
惴惴戰戰未嘗忘韓信也。然獨未露其所以疑之之形，至是而有不可
掩者也。……每讀史至此，未嘗不爲高帝寒心也。嗚呼，高帝掃強
秦斃項羽蓋無遺策，而其馭韓信也，數陷天下之危機而高帝不悟也。
夫高帝之爲人，外示大度，而中實多忌。〔註210〕

〔註206〕《史記・淮陰侯列傳》卷九十二，頁2614。
〔註207〕《史記・淮陰侯列傳》卷九十二，頁2619。
〔註208〕《史記・淮陰侯列傳》卷九十二，頁2626。
〔註209〕《史記・淮陰侯列傳》卷九十二，頁2617。
〔註210〕〔宋〕王質，《四庫全書・雪山集》卷四〈漢高帝論〉。引自張大可、徐日輝，
《張良蕭何韓信評傳》，頁307。

王氏對劉邦的猜疑剖析得極為明白，「高帝平日惴惴戰戰」，點出了能力超強的韓信帶給劉邦巨大的威脅，讓高帝「未嘗忘韓信也」。只是韓信不覺，如果韓信早就覺察，劉邦無異玩火。王氏讀史，為劉邦的薄情而寒心，「外示大度，而中實多忌」，說明了劉邦人格陰暗的一面。

第四節　劉邦建國的時勢分析

自古以來，時勢對於成敗有極大的關鍵，尤其是朝代的轉變，由於君臣觀念的約束，如果沒有良好的時勢，必沒有成功的可能。齊人有言曰：「雖有智慧，不如乘勢，雖有鎡基，不如待時，今時則易然也。」〔註211〕說明了縱有才能，倘無時勢，仍無法開基立業。《呂氏春秋》則曰：「若桀紂不遇湯武，未必亡也。桀紂不亡，雖不肖，辱未至於此。若使湯武不遇桀紂，未必王也。」〔註212〕此條也清楚地說明，固然人物很重要，但時勢尤不可忽視，湯武不生於桀紂之時，不逢衰亂之時，未必可王。〔註213〕

在《史記‧秦楚之際月表》序中，太史公對劉邦以一介平民，能在短短數年之間，建立西漢帝國，以懷疑的口吻云：「五年之間，號令三嬗，自生民以來，未始有受命若斯之亟也。」〔註214〕太史公致力探究劉邦為何以五年之間，以平民之姿，建立漢朝。此現象讓太史公相當困惑，因為無法從過去的歷史發展中，找到合理的說明。太史公既無法找到合理的說明，只能帶著無奈的口吻云：「以此乃傳之所謂大聖乎！豈非天哉？豈非天哉？非大聖孰能當受命而帝者乎？」〔註215〕表面上看起來，史公此處的「天」是講天意，實際上，這裡的「天」與「受命」，是指承受了社會有利的客觀條件，順從了歷史的要求，正是時勢發展的必然，即劉邦乃因應時勢而起。〔註216〕劉邦生長於戰國時代，與秦始皇是同一時期的人物，當時有利於劉邦的時勢又有那些呢？舉舉大者有以下四端：

〔註211〕〔漢〕趙岐注，〔宋〕孫奭疏：《孟子注疏》〈公孫丑章句上〉，頁2684。
〔註212〕〔漢〕高誘注，《呂氏春秋》卷十四〈孝行覽〉，〈長攻篇〉，頁338。
〔註213〕參王壽南，《中國歷代創業帝王》，頁19～21。
〔註214〕《史記‧秦楚之際月表》卷十六，頁759。
〔註215〕《史記‧秦楚之際月表》卷十六，頁760。
〔註216〕參楊燕起，《《史記》的學術成就》，頁274～276。

一、秦二世的顢頇昏庸爲平民起義提供了機會

秦始皇於秦二十六年（公元前 221 年）統一全國後，丞相王綰建在燕、齊、荊等偏遠地區設王國，以立諸子，獲得群臣贊同。唯有廷尉李斯獨排眾議，認爲周代分封導致諸侯相爭、骨肉相殘、皇權削弱，主張廢封建、行郡縣，得到秦始皇的支持，於是分天下爲三十六郡。〔註217〕

郡縣制和分封制最大的不同是：郡守、縣令和縣長由皇帝直接任免，不得世襲。郡縣制使君主有效地加強了中央集權，有利於政治的安定和經濟的發展。但一旦中央危難，便無法靠諸侯救援；再加上秦始皇頒訂銷毀天下兵器，毀壞名城，拘捕豪強，這些作法，都給予平民趁亂世而興的機會。〔註218〕

二、秦行暴政，不得人心，爲漢之建立提供契機

秦始皇即位後，實施中央集權君主專制政體，雖然穩定了國家與政權的統一，但因他專斷自恣、草菅人命，實施諸多暴政，繼位的秦二世，非但不改弦更張，反而「重之以無道，壞宗廟與民，更始作阿房宮，繁刑嚴誅，吏治刻深，賞罰不當，賦斂無道。……蒙罪者眾，刑戮相望於道，而天下苦之。自君卿以下至於眾庶，人懷自危之心，親處窮苦之實，咸不安其位。」〔註219〕以此觀之，則秦始皇與秦二世的所作所爲，多方面違反了人民的利益，也爲漢之建立提供了契機，身處於此動盪時代的劉邦，得以有機會趁勢而起。

三、先前發難者削弱了秦的勢力

如上所言，秦統一後，秦始皇與秦二世的所作所爲，多方面違返了人民

〔註217〕秦所設立的郡數，各家說法不一，目前所知，有下列六種說法：（1）三十六郡說（《史記・秦始皇本紀》，《漢書・地理志》）。（2）三十六郡說（具體郡名與《漢書》不同）《史記集解》。（3）四十郡說（《晉書・地理志》）。（5）四十二郡說（全祖望《漢書地理誌稽疑》）（5）四十八郡說（王國維〈秦郡考〉，載於《觀堂集林》）（6）四十六郡說（大陸學者譚其驤，見〈秦郡新考〉載於《浙江學報》第二卷第一期）。至於何者爲是，尚無定論，有待於進一步探討。參韓復智、葉達雄等，《秦漢史》，（台北：空中大學用書，民國76年8月），頁182；林劍鳴，《秦漢史》，頁558～627。

〔註218〕參楊自平，〈評析《史記》論劉邦的功業與歷史定位〉，《師大學報・人文與社會類》（民97年53期），頁34。

〔註219〕《史記・秦始皇本紀》卷六，頁284。

的利益，把飽嘗戰國之苦的人民，又重新置於更殘酷的剝削統治之下。人民鬱積已久的怒火，終乃揭竿起義。

綜觀朝代更替之際，發難者所面對的挑戰是最大的，故成功者稀。陳勝、吳廣發難於前，項梁、項羽叔姪繼承其業，劉邦追隨其後，正因陳涉、項氏平秦軍部分主力，故後繼之劉邦得以減少威脅。對此，太史公言道：「初作難，發於陳涉；虐戾滅秦，自項氏；撥亂誅暴，平定海內，卒踐帝詐，成於漢家。五年之間，號令三嬗，自生民以來，未始有受命若斯之亟也。」〔註220〕又於〈陳涉世家〉指出，陳涉發難，高祖感念其功，言道：「陳勝雖已死，其所置遣侯王將相竟亡秦，由涉首事也。高祖時爲陳涉置守冢三十家碭，至今血食。」〔註221〕至於在〈項羽本紀〉中，項王困於垓下，漢軍及諸侯兵以多重方式包圍，當項羽夜聞漢軍四面皆楚歌時，〔註222〕即已注定失敗的命運。當對手項羽烏江自刎後，劉邦則以魯公之禮葬於穀城，〔註223〕並爲之發喪。由劉邦建國後，追念陳涉、項羽的作法，可見劉邦深知陳、項抗暴行動，削弱了秦的勢力，爲劉邦興漢奠定了基礎。〔註224〕

四、項羽以暴易暴，提供劉邦得民心的機會

項、劉聯手滅秦後，即成爲對手。劉邦和項羽二人性格迥異，項羽過分自信，時時表現他的剛強、氣勢懾人；劉邦卻採用溫婉的低姿態，使別人對他不設防。〔註225〕太史公以「一張一弛，文武之道」〔註226〕的觀點來評論劉、

〔註220〕《史記‧秦楚之際月表》卷十六，頁885。

〔註221〕《史記‧陳涉世家》卷四十八，頁1961。

〔註222〕〔明〕郝敬註：「楚歌者，雞鳴歌。漢已略得其地。故楚歌者多雞鳴時歌也。」按如注所云，是雞人報曉之歌。此言楚歌聲高而長。如雞之鳴，所謂激楚之音。今吾鄉山歌是也。〔明〕郝敬，《批點史記瑣瑣》卷一，收錄於孫曉編，《二十四史研究資料彙編‧史記》第三冊，《批點史記瑣瑣》卷一，頁40。

〔註223〕《水經注》八云：「穀城縣，故春秋之小穀城，有項羽冢。今彭城穀陽城西南有羽冢，非也」。《日知錄》三十一云：「注引《皇覽》以爲東郡之穀城，與留侯所葆黃石同其地，不然矣。宋孫復《春秋尊王發微》曰曲阜西北有小穀城。而宋李石《續博物志》疑穀陽、穀城二冢是身首異處，亦非無見。」見〔清〕梁玉繩撰，《史記志疑》卷六，收錄於孫曉主編，《二十四史研究資料彙編‧史記》第四冊，《綜考‧史記志疑》卷六，頁199。

〔註224〕參楊自平，〈評析《史記》論劉邦的功業與歷史定位〉，頁34。

〔註225〕江惠敏，《史記政治人物述評》，頁71。

〔註226〕〔漢〕鄭玄注，〔唐〕孔穎達等正義：《禮記正義》〈雜記下〉，頁1567。

項的作法。秦朝苛政、致使民不聊生，而劉邦行約法三章，悉除秦苛法，使秦人大喜，惟恐劉邦不爲秦王。項羽不明此理，雖勇誅暴秦，成爲眾望所歸的大英雄而稱霸一時，但是他只知滅秦，不懂安民，他無視民心，以暴易暴，所過無不殘滅。致使「天下多怨，百姓不親附，特劫於威彊耳。名雖爲霸，實失天下心。」〔註227〕因而也就由霸有天下轉而爲失卻天下。對此，太史公論道：

> 然羽非有尺寸，乘勢起隴畝之中，三年，遂將五諸侯滅秦，分裂天下，而封王侯，政由羽出，號爲「霸王」，位雖不終，近古以來未嘗有也。及羽背關懷楚，放逐義帝而自立，怨王侯叛己，難矣。自矜功伐，奮其私智而不師古，謂霸王之業，欲以力征經營天下，五年卒亡其國，身死東城，尚不覺寤而不自責，過矣，乃引「天亡我，非用兵之罪也」，豈不謬哉！〔註228〕

觀是，則項羽的滅亡是因其「背關懷楚」〔註229〕、「自矜功伐」、「奮其私智而不師古」、「欲以力征經營天下」等等，都是偏離民心的作爲。〔清〕王鳴盛對於項羽之失則提出了精闢的看法：

> 項氏謬計凡四：方項梁起江東渡江而西，並諸軍，連戰勝。及陳涉死，召諸別將會薛計事，此時天下之望已系於項梁，若不立楚懷王孫心，即其後破死於章邯之手，而項羽收其餘燼大可以制天下。范增首唱議立懷王，其後步步爲掣肘，使沛公入關，羽得負約名：殺之江中，得弒主名。增計最拙，大誤項氏，謬一。（酈生勸立六國後，張良借前箸籌其不可，在劉邦如此，在項羽獨不然）。章邯破滅項梁，羽之仇也，乃許之盟，與之和好，立之爲王，此事秦民已不服；又詐坑降卒二十萬，失秦民心，謬二。棄關中不都而東歸，乃三分關中，王章邯及其史司馬欣、都尉董醫以拒漢，豈知三人詐秦民降諸侯，被坑民怨之刺骨，安肯爲守？坐使漢還定三秦如反掌，謬三。漢之敗彭城，諸侯皆與楚背漢，范增勸急圍漢王滎陽，范增諸所爲

〔註227〕《史記・淮陰侯列傳》卷九十三，頁2612。引韓信對劉邦論項羽語。
〔註228〕《史記・項羽本紀》卷七，頁338～339。
〔註229〕《正義》曰：「顏師古云：『背關，背約不王高祖於關中，懷楚，謂思東歸而都彭城。』」案背關懷楚是一事，言舍關中形勝之地，而據楚地以自主也，師古注誤。見郭嵩燾撰，《史記札記》，頁59。

　　項王計畫惟此最得，乃又聽漢反間逐增，使軍心懈散，失漢王，謬

四。〔註230〕

反觀劉邦，在思想上始終重視民心，在行動上處處爭取民心，在得天下之前

已然盡得天下民心，又怎能不水到渠成地得天下呢！〔註231〕

第五節　英雄帝王之歌──漢高祖劉邦〈大風歌〉

　　前四節已對劉邦何以成為中國歷史上第一個布衣帝王，做一通盤全面的

探討與分析，而關於劉邦的作品，卻必須從其自身的角度來看待。本節即針

對劉邦最重要的作品〈大風歌〉，作一全面的分析與評論，以達到「知人論世」

之目的〔註232〕。

　　劉邦所留下的作品，在《漢書・藝文志》中留有高祖歌詩二篇〔註233〕，

即〈大風歌〉及〈鴻鵠歌〉兩首。〈大風歌〉見於〈高祖本紀〉，亦曰〈三侯之

章〉，〈鴻鵠歌〉見於〈留侯世家〉。〔註234〕劉邦生長於楚國沛縣邑中陽里，因

長期生活在楚文化的氛圍之中，充滿浪漫情調的楚文化，不但培養了劉邦豪邁

的氣質，而且還使他以恢弘的氣度，關注楚歌、楚舞的優美形態，進而將楚文

化的浪漫情調與英雄氣質交織在一起，〔註235〕晚年時所創作的〈大風歌〉，展

示了劉邦的英雄氣概，整首〈大風歌〉，歌詩云：「大風起兮雲飛揚，威加海內

兮歸故鄉，安得猛士兮守四方！」〔註236〕短短二十三個字，所代表的意義，

正如劉邦從泗水亭長到繪就帝業的雄圖。漢高祖劉邦在風雲際會時取得天下，

〔註230〕〔清〕王鳴盛，《十七史商榷》卷二，收錄於孫曉主編，《二十四史研究資料
　　　　彙編・史記》第三冊，《綜考・十七史商榷・史記》卷二〈項羽謬計四〉，頁
　　　　592。

〔註231〕參周先民，《司馬遷的史傳文學世界》，頁138～139。

〔註232〕《孟子・萬章下》：「頌其詩，讀其書，不知其人可乎？是以論其世也。」見
　　　　〔漢〕趙岐注，〔宋〕孫奭疏，《孟子注疏》，《十三經注疏》，頁2746。

〔註233〕〔漢〕班固撰，《漢書・藝文志》，頁1753。

〔註234〕見顧實，《漢書・藝文志講疏》，頁190。

〔註235〕張強，《司馬遷學術思想探源》，頁9。

〔註236〕詩可歌者為歌。故既稱歌，又稱詩。〈項羽本紀〉：「於是項王乃悲歌忼慷，自
　　　　為歌，詩曰。」（今本脫詩字，據《御覽》八九四引補。《漢書・項籍傳》、《楚
　　　　辭後語》一亦並有詩字）〈伯夷列傳〉：「及餓且死，作歌，其詩曰」（詩字從
　　　　唐寫本。今本作辭，乃後人妄改。）並同此例。《西京雜記》三：「輒使〔戚〕
　　　　夫人擊筑，高祖歌〈大風詩〉以和之。」即謂此詩也。引自〔清〕王叔岷撰，
　　　　《史記斠證》，頁346～347。

晚年返鄉，舊地重遊，回顧半生的戎馬生涯，在躊躇滿志之中，蘊涵著勝利者的深深憂思，進入生命晚期的劉邦，唱出此氣勢磅礡的帝王之詩時，恐怕寂寥還比氣概多了一點，同時也表現出身經百戰、功成業就，求賢若渴的多層意義。

一、劉邦〈大風歌〉的創作背景

　　劉邦生於楚國的沛縣邑中陽里，雖有著「好罵」與「無禮」的習性，但從他的文化水平及稱帝後開始重視文人、重視學識來看，其實是和楚國文化有相當密切的關係。〔註237〕據李長之在其《司馬遷之人格與風格》中，認為漢文化並不接自周、秦，而是接自楚。〔註238〕西漢的開國名臣蕭何、曹參、樊噲、王陵、周勃等都來自沛地，後來脫離項羽投奔劉邦的韓信、陳平等也都是楚人。〔註239〕由於長期生活在楚文化的氛圍之中，充滿浪漫情調的楚文化，不但培養了劉邦豪邁的氣質，而且還使他以恢弘的氣度關注楚歌、楚舞的優美形態，進而將楚文化的浪漫情調與英雄氣質交織在一起，張揚著楚歌、楚舞雄奇闊大的境界。〔註240〕故能在其所處風起雲湧的楚漢之際，寫出氣勢磅礡的帝王之歌——〈大風歌〉，表達衣錦還鄉及其內心所反應的現實情感，是具有特殊的歷史意義與文學內涵的。

　　古人所謂「文如其人」，歷史上，劉邦並非以寫詩著稱的文士，而是馬背上爭天下的武夫〔註241〕。〈大風歌〉是在特定環境裡，劉邦主觀內心與客觀現實猛烈撞擊下真情不能自己的宣泄，而且是劉邦非凡人生歷程行將結束的時候〔註242〕，以短歌濃縮了他對自身經歷和功業的回顧，對眼前處境的強烈體

〔註237〕關於劉邦好罵、無禮的形象，請參閱論文第三章「漢高祖劉邦與儒家文化」。
〔註238〕李長之，《司馬遷之人格與風範》，頁2。
〔註239〕張強，《司馬遷學術思想探源》，頁6。
〔註240〕張強，《司馬遷學術思想探源》，頁8～9。
〔註241〕參范天成，〈劉邦《大風歌》情感底蘊新探——兼論漢初翦滅異姓諸侯王之得失〉，頁113。
〔註242〕〈大風歌〉作於劉邦逝世前半年，劉邦於西元前一九四年四月甲辰病逝長樂宮。《史記志疑》附案：《御覽》87引史云：「四月甲辰，崩于長樂宮，時年六十二。在位十二年。葬長凌」。今《史記》無之。但臣瓚謂帝年四十二即位，壽五十三。皇甫謐謂高祖以秦昭王五十一年生，至漢十二年，年六十三。蓋瓚說非也。謐言六十三，亦六十二之訛。然現存的史料來看，對劉邦生年有兩種說法，即生于公元前二五六年與公元前二四七年，依思維規律的矛盾律，劉邦生年的兩種說法不會同真，但可能同假的反對關係命題，在論據不時，不能寧信一個，不信另一個，而應對兩個存疑。參閱蔡信發、沈謙，《詩詞曲

驗以及瞻念前景所生的殷憂與困惑。由作者的人生體驗和與之俱來的深淺層次的情感意緒高度濃縮其中。〈大風歌〉於是成為劉邦因其經歷，特別是晚期遭際而生的情感密碼符號。〔註243〕

　　漢高祖劉邦立國之初所面臨的一個重大歷史課題，即是如何在四海一統的條件下建立一個長治久安的政治局面。但在當時，外有匈奴騷擾，內有功臣叛亂，社會仍舊動蕩不安。劉邦對此深有感觸，在平息了英布叛亂之後，天下總算安定了，這時他功成業就，召集故鄉的父老子弟，一起縱酒歡樂。酒酣耳熱之際，劉邦親自擊筑而歌。《史記·高祖本紀》云：

> 十二年，十月，高祖已擊布軍會甀，布走，令別將追之。高祖還歸，過沛，留。置酒沛宮，悉召故人父老子弟縱酒，發沛中兒得百二十人，教之歌。酒酣，高祖擊筑，自為歌詩曰：「大風起兮雲飛揚，威加海內兮歸故鄉，安得猛士兮守四方！」令兒皆和習之。高祖乃起舞，慷慨傷懷，泣數行下。謂沛父兄曰：「游子悲故鄉。吾雖都關中，萬歲後吾魂魄猶樂思沛。且朕自沛公以誅暴逆，遂有天下，其以沛為朕湯沐邑，復其民，世世無有所與。」沛父兄諸母故人日樂飲極驩，道舊故為笑樂。〔註244〕

從泗水亭長、滅秦、楚漢相爭到統一天下。高祖原不過為項羽所分封十八諸侯王國之一，其勢力與項羽甚懸殊，然卒能於短暫期間轉弱為強，提三尺劍而取天下。〈大風歌〉為其即興之作，上言掃除群雄，末言守成之難。郭嵩燾云：「高祖留沛飲，極入世悲歡之感，史公窮形極態攝而取之，滿紙歡笑、悲感之聲，水涌雲騰，絪蘊四溢，豈亦高祖臨終哀氣之先徵與！」〔註245〕清沈德潛《古詩源箋註》評此詩則云：「時帝春秋高，韓、彭已誅，而孝惠仁弱，人心未定，思猛土，其有悔心乎！」〔註246〕。其時高祖滿懷憂懼，故此詩語雖壯麗奇偉，富帝王氣象，而意實衰颯悲涼，有英雄遲暮之感。〔註247〕

　　賞析》，頁132；〔清〕·梁玉繩撰，《史記志疑》，頁236；張振台，〈駁《漢高祖劉邦生年考》〉《河南師範大學學報》，（第21卷第4期，1994年），頁49～50。

〔註243〕范天成，〈劉邦《大風歌》情感底蘊新探──兼論漢初翦滅異姓諸侯王之得失〉，頁113。

〔註244〕《史記·高祖本紀》卷八，頁389。

〔註245〕〔清〕郭嵩燾撰，《史記札記》，頁71～72。

〔註246〕引自蔡信發、沈謙，《詩詞曲賞析》，頁134。

〔註247〕吳福助，《史記解題》，頁19。

二、〈大風歌〉歷史意義之探討

李善注〈大風歌〉說：「風起雲飛，以喻群凶竟逐而天下亂也，威加四海，言已靜也；夫安不忘危，故思猛士以鎮之。」〔註248〕注文將這件事的歷史意義揭示得十分明白。全詩共三句，二十三個字，共可分為三個歷程，茲分述如次：

（一）風起雲飛的時代

第一句「大風起兮雲飛揚」，豪邁雄渾，不可一世，在時間上是緬懷劉邦一生的經歷。由自然現象起興，「大風起」、「雲飛揚」都是自然現象中的壯觀景象，同時兼指現實社會的風雲際會。以有限之文字，囊括了劉邦那個時代的群雄逐鹿中原，包舉了劉邦開國創業的一生戎馬。劉邦從沛縣的一個小小的亭長，十數年之間，搖身一變而成為漢帝國的開國帝王。〔註249〕

開〈大風歌〉風氣之先的是揭竿而起的群雄，秦失其政，陳勝首發難，各地受秦暴政壓迫的群眾，紛紛起而響應，與劉邦同時，有許多冒險家乘時奮起。其中有貴族，如項梁、項羽、張良；有官僚，如陳嬰、吳芮；也有流氓，如黥布、彭越。他們都是一時的雄俊豪傑，集兵秣馬，以爭天下之權。〔註250〕〈大風歌〉洋溢著的浩然之氣，實際上是反秦起義以來，雄放之風的真實寫照，它是以劉邦個人唱漢的形式，將一個時代的追求釋放出來。〔註251〕

「乘時」實為若干創業帝王得國之動機，但「乘時」必須有「時」方能「乘」之，〔註252〕秦遂以亡，實為楚漢有「乘時」而起的時機，而戰亂最易使舊王朝崩潰，亦即最易造成另一王朝的出現。〔註253〕劉邦把握了這一戰亂歷史的時機，在完全沒有任何依恃的條件下，善於運用群眾無知、盲目的迷信心理，成功的製造了「赤帝子斬白帝子」〔註254〕的神話謠言，將自己神秘

〔註248〕（梁）蕭統編，（唐）李善注，《新校胡宋本文選》，（台北：華正書局，民國79年9月初版），卷208，「詩」雜歌，頁408。

〔註249〕參蔡信發、沈謙，《詩詞曲賞析》，頁133。

〔註250〕方孟銓、林子鈞、劉昊、戴聲濤、李治編著，《改變中國歷史的故事》，第七冊，（台北：莊嚴出版社，民國76年3月），頁4。

〔註251〕張強，〈從《大風歌》看西漢禮樂與文學之關係〉，頁74。

〔註252〕王壽南，《中國歷代創業帝》，頁21。

〔註253〕王壽南，《中國歷代創業帝》，頁33。

〔註254〕高祖「斬蛇」神話一如陳勝、吳廣發起鼓動群眾的「篝火狐鳴」方式，開始樹立起劉邦的權威。這一情節，宣示劉邦在流亡生涯開始的第一夜，就具有了放射神異光輝的政治領袖的身份，具有了即將開創新的政治史上「赤帝子」的地位。參王子今，〈「斬蛇劍」象徵與劉邦建國史的個性〉，頁2。

化，以控制群眾；同時，他又假造了「呂后循雲氣尋沛公」〔註255〕的謠言，來招攬群眾，使沛縣子弟誤信沛公是眞命天子，而來歸附。〔註256〕

　　能順應民心，無疑是此風起雲湧之際，劉邦能稱帝建國的另一重要因素。秦王朝與西楚霸王項羽是當時劉邦建立帝業的主要對手，這兩個對手的共同特點是暴虐殘忍以苦天下之民。劉邦看準了他們的致命缺點，以仁政與他們爭奪民心。他很快攻入咸陽，就是順應民心的結果。〔註257〕進入咸陽後，劉邦不殺降王子嬰，聽樊噲、張良之言，不掠取秦宮寶婦女；還軍霸上，召諸縣父老豪傑，宣布了他的政策：「與父老約，法三章耳；殺人者死，傷人及盜抵罪。餘悉除去秦法。諸吏人皆案堵如故。凡吾所以來，爲父老除害，非有所侵暴，無恐。」〔註258〕向秦民「約法三章」，廢除秦朝的苛法，秦民大喜。反觀項羽初入咸陽，便大肆屠城，後又殂殺義帝，使原來忠於他的諸侯，對他的信心動搖，人心盡失，終至逼他走上潰敗的險路。〔註259〕

　　劉邦的政治手腕與軍事行動，有如風卷殘雲，征戰四方，堪稱大氣磅礡，顧盼自雄。如此波瀾壯闊的歷程，濃縮在「大風起兮雲飛揚」一句之中，〔註260〕劉邦以帝王身份居高臨下的恢宏氣象，回腸蕩氣的雄放氣勢，訴說著漢取代秦王以後的無比優越感，起兵於草莽之間的劉邦，面對著開創的漢家基業，難免要回味和咀嚼往日經歷的血與火的崢嶸歲月，那充滿戰鬥豪情的生涯與成爲帝王的感覺，迭加使劉邦的吟唱格外豪放和渾厚，這種基調既回顧著過去，又突出著現在，從而將秦末以來心馳宇宙的雄放精神肯定下來。〔註261〕

（二）威加海內歸故鄉

　　第二句「威加海內兮歸故鄉」，劉邦不僅以武力統一全國，更在政治上確立制度，實施了一系列招賢納士，善用人才、遷移豪強、壓抑商賈，輕徭薄賦的措施，使得漢帝國的政權穩固，四海歸心。這時候，回到當年起兵的故

〔註255〕《史記·高祖本紀》卷八，頁348。呂后曰：「季所居上常有雲氣，故從往常得季。」
〔註256〕汪惠敏，《史記政治人物述評》，頁71。
〔註257〕賴漢屏，《史記評賞》，頁33。
〔註258〕《史記·高祖本紀》卷八，頁362。
〔註259〕參傅樂成主編，鄒紀萬著，《秦漢史》，頁31。
〔註260〕蔡信發、沈謙，《詩詞曲賞析》，頁133。
〔註261〕張強，〈從《大風歌》看西漢禮樂與文學之關係〉，頁74。

鄉，真是躊躇滿志，得意洋洋。〔註262〕試看他是如何展現出「威加海內」的
氣勢與措施。

1、**招賢納士、知人善用**。善於用人，確為劉邦性格中的長處，也是劉邦
致勝的一大法寶。用人能盡其長，從善如流。韓信、陳平都曾為項羽營中人，
投奔劉邦後，劉邦拜韓信為大將，盡用其軍事天才；〔註263〕，拜陳平為都尉，
使為參乘，常得奇計之用。〔註264〕此外，周勃亦和劉邦同鄉，是編蓆曲吹簫
的、〔註265〕灌嬰是販繒的，〔註266〕樊噲同樣也和劉邦同鄉，是殺狗的，〔註
267〕而酈食其、陸賈、隋何、叔孫通、婁敬等一批人，劉邦對他們也都是信任
有加，充分發揮其作用〔註268〕。〈高祖本紀〉記劉邦勝利後在洛陽南宮總結自
己的成功經驗時，認為子房、蕭何、韓信此三傑，為自己所重用，所以能夠
取天下。〔註269〕

2、**遷移豪強、壓抑商賈**。漢初戶口大量的減少，原因除了戰爭死亡之外，
就是人民逃避力役，逃避飢餓，而四處亡命流徙；經濟的枯竭，較秦時為甚。
《史記‧陳丞相世家》云：

> 高帝南過曲逆，上其城，望見其屋室甚大，曰：「壯哉縣！吾行天下，
> 獨見洛陽與是耳。」顧問御史曰：「曲逆戶口幾何？」對曰：「始秦
> 時三萬餘戶，閒者兵數起，多亡匿，今見五千戶。」〔註270〕

曲逆戶口僅有秦時的六分之一，可見戶口嚴重的減少。在經濟方面，由於人
口耗減，農村田疇荒蕪，生產量自是無法與太平盛世相比。《史記‧平準書》
有一段話對漢初的經濟狀況描述得具體；其文云：

〔註262〕參蔡信發、沈謙，《詩詞曲賞析》，頁133。
〔註263〕韓信事詳載《史記‧淮陰侯列傳》卷九十二，可參看頁2609～2630。
〔註264〕陳平事詳載《史記‧陳丞相世家》卷五十六，可參看頁2051～2063。
〔註265〕《史記‧絳侯周勃世家》卷五十七云：「絳侯周勃者，沛人也，其先卷人，徙
沛。勃以織薄曲為生，常為人吹簫給喪事，材官引彊。」，頁2065。
〔註266〕《史記‧樊酈滕灌列》卷九十五云：「穎陰侯灌嬰者，睢陽販繒者也」，頁2667。
〔註267〕《史記‧樊酈滕灌列》卷九十五，頁2651。
〔註268〕漢初諸臣，惟張良出身最貴，韓相之子也。其次則張蒼，秦御史；叔孫通，
秦待詔博士。次則蕭何，沛主吏掾；曹參，獄掾；任敖，獄吏；周苛，泗水
卒史；傅寬，魏騎將；申屠嘉，材官。其餘陳平、王陵、陸賈、酈商、酈食
其、夏侯嬰等，皆白徒。參〔清〕趙翼著，王樹民校證，《廿二史劄記校證》，
頁36。
〔註269〕事詳載《史記‧高祖本紀》卷八，頁380～381。
〔註270〕《史記‧陳丞相世家》卷五十六，頁2058。

　　漢興，接秦之弊，丈夫從軍旅，老弱轉糧饟，作業劇而財匱。自天
　　子不能具鈞駟，而將相或乘牛車，齊民無藏蓋。〔註271〕

觀是，則知漢朝初年普遍的鬧窮，天子窮到沒有純一色的駟馬。〔註272〕所以
如何恢復生產、安定社會生活，使舉國上下獲得喘息的機會，是倉猝建立的
漢帝國首先面臨的急務。

　　劉邦接受婁敬建議，於漢九年（西元前198年）11月，「徙齊楚大族昭氏、
屈氏、景氏、懷氏、田氏五姓關中，與利田宅」，〔註273〕共約十餘萬口，〔註
274〕劉邦徙豪族於關中的動機與秦不同。秦始皇的目的是加強對他們的統治，
剝奪其財產，使他們遠離故土，消除其政治影響，以絕其復國之根基。劉邦
之徙豪固然是防止六國宗室之後亂關東，但是，採用的是拉攏政策，是爲了
依靠他們鞏固統治，視之爲國家干城，故利其田宅。〔註275〕

　　經過連年的戰亂，劉邦當皇帝以後，擺在他面前的是一個極待整頓和恢
復的殘破局面，劉邦對商人的觀點，認爲商人在戰亂中趁機發財，或勾結官
吏，魚肉良民，爲了復興農村，保護小農民，免受商人的盤剝，所以他抑制
商賈。他在位的第八年春天，下了一道命令：「賈人毋得衣錦繡綺縠絺紵罽，
操兵，乘騎馬。」〔註276〕此外，他又積極的壓制商人，要對商人重重地課以
租稅，並且商人及其子孫不得仕宦爲吏。〔註277〕

　　劉邦在即位後的三個月內，即實行恢復農業生產的「重農」政策，首先
安輯流亡，解放奴婢回鄉生產，接著獎勵繁息人口，並減輕田賦爲十五稅一。
〔註278〕這對國家的復健有很大的關係。自賣爲奴婢的免爲庶人，一方面是
政府惠及惸獨；一方面也可以增加國家的稅收，可以說是一舉兩得的事。此
外，漢初矯秦之弊，政令寬緩，與民便利，採取清靜無爲的治國方針，這是
符合時代發展和順民意的。〈高祖本紀・贊〉中對此加以熱情稱頌。「故漢興

〔註271〕《史記・平準書》卷三十，頁1417。
〔註272〕司修武，《黃老學說與漢初政治平議》，頁41～42。
〔註273〕《漢書・高帝紀》卷一下，頁66。
〔註274〕秦始皇併天下後，徙天下豪富於咸陽十二萬戶，參《史記・秦始皇本紀》卷
　　　　六，頁239。
〔註275〕田昌五、安作璋，《秦漢史》，頁97～98。
〔註276〕《漢書・高帝紀》卷一下，頁65。
〔註277〕孝惠、高后時，天下雖已初定，放鬆法律對商賈的種種限制，蓋漢初即行秦
　　　　法，但市井之子孫然不得仕宦爲吏。參《史記・平準書》卷三十，頁1418。
〔註278〕《漢書・食貨志》卷二十四上，頁1127。

承敝易變，使人不倦，得天統矣。」﹝註279﹞〈蕭相國世家〉云：「何謹守管籥，因民之疾（奉）〔秦〕法，順流與之更始。」﹝註280﹞〈曹相國世家〉贊曰：「然百姓離秦之酷後，參與休息無爲，故天下俱稱其美矣。」﹝註281﹞漢初功臣都能無爲而治，使漢經濟得到迅速發展，也使飽受戰亂之苦的人民，又獲得了生機。

　　3、衣錦還故鄉、沛縣減徭賦。沛縣是劉邦的故鄉，當年他被沛人擁立爲沛公起兵反秦，因而這裡也是他創建帝業的起點，雙重的意義，使得劉邦對沛縣懷有特殊的感情。所以，當他以帝王之尊回到闊別十四年的家鄉，必然要大大地慶賀，歡樂一番，「悉召故人父老子弟縱酒」，﹝註282﹞挑選一百二十名「沛中兒」組成歌隊，都表明了這一意圖。當劉邦在唱完〈大風歌〉後，傷心感慨地對沛縣父老們說：「游子悲故鄉，吾雖都關中，萬歲後吾魂魄猶樂思沛。」﹝註283﹞表達了他對故鄉的生死情，就是死後仍然「魂魄猶樂思沛」。

　　衣錦還鄉，誇耀鄉里，亦人之常情。項羽思鄉，亦思衣錦還鄉。於是在入咸陽封諸侯之後，捨關中形勝之地，自立爲西楚霸王，都彭城。﹝註284﹞關中滯河阻山，土地肥沃，進可以攻，退可以守，誠屬金城千里的天府之國，而項羽將其燒燬之後，只知「收其貨寶婦女而東」﹝註285﹞。即使有人建議其都關中、霸天下，但項羽之志只是富貴東歸，以炫耀鄉里。〈項羽本紀〉云：

　　　　人或說項王曰：「關中阻山河四塞，地肥饒，可都以霸。」項王見秦
　　　　宮室皆以燒殘破，又心懷思欲歸東，曰：「富貴不歸故鄉，如衣繡夜
　　　　行，誰知之者！」﹝註286﹞

實際上這是戰略上的失誤，項羽的虛榮心使其目光短淺，﹝註287﹞蘇洵曾評論項羽：「有取天下之才，而無取天下之慮」，「其慮之不長，量之不大」，﹝註288﹞

﹝註279﹞《史記‧高祖本紀》卷八，頁394。
﹝註280﹞《史記‧蕭相國世家》卷五十三，頁2020。
﹝註281﹞《史記‧曹相國世家》卷五十四，頁2031。
﹝註282﹞《史記‧高祖本紀》卷八，頁389。
﹝註283﹞《史記‧高祖本紀》卷八，頁389。
﹝註284﹞徐文珊，《史記評介》，頁162。
﹝註285﹞《史記‧項羽本紀》卷七，頁315。
﹝註286﹞《史記‧項羽本紀》卷七，頁315。
﹝註287﹞崔向東，〈論劉邦項羽的性格及對成敗的影響〉，《錦州師範學院學報》，1996
　　　　年第1期，頁34。
﹝註288﹞羅立剛註譯，《新譯蘇洵文選》〈權書‧項籍〉，三民書局，2006年初版，頁
　　　　94～95。

道出了項羽性格上的缺失。天下未定遽捨關中，留一空隙予高祖，使之得進攻退守之便，居高臨下之勢。此項羽之大失策，溯厥原由，則思鄉一念耳。反觀高祖，於五年滅項羽，即天下位，嗣征討叛將。至十二年十月，局勢大定，乃於還軍過沛時始召父老子弟飲宴，遂其思鄉之念，雖還鄉而無憂。兩相比擬，得失立見。〔註289〕

　　然而，劉邦在唱出〈大風歌〉的語調中，有些淒婉、也有些蒼涼，感慨歲月匆促和綿長，感悟去日的溫馨與憂傷，感懷生命的委瑣與放達，但也露出了成功者的自信和矜持〔註290〕。這裡，劉邦真情眷戀故土，卻有意無意地談到了死。孤立地看這番話，似無特殊涵義；但若聯想到劉邦征英布前身患重病，說這番話時又負箭傷，不久因此而臥病不起，而且自知病在不治，故拒絕醫治，就會覺得他所言「萬歲後」云云，不是泛泛而發，至少他已有某種朦朧預感，是發自深層意識悲切意緒的流露。〔註291〕

　　對於沛縣父老子弟們而言，則是以空前熱烈的盛情對待劉邦，不僅「日樂飲極歡，道舊故爲笑樂」，而且「固請留高祖」。〔註292〕當劉邦不願給家鄉父老過多增添經濟負擔、執意離去時，沛縣人竟自發地傾城而出敬獻牛、酒送行。把劉邦感動得又搭起帳篷暢飲三日方才啟程。這大概是沛縣歷史上最爲盛大、歡樂的節日。沛縣人如此歡樂，不僅僅因爲本地出了「真龍天子」，更因爲這位天子對故土和鄉親的深情感動了他們，其中自然包括劉邦悲念故鄉的話語，以及給了沛縣人最大的實惠，免除他們世代的賦稅徭役。

（三）安得猛士兮守四方

　　創業維艱，守成不易，劉邦希望能有一批猛將來替他鎮守四方國土。「安得」意謂哪裡能找到，一方面表示極不易得，一方面顯示他熱切的期盼。然而，如果更深層的意義來看，這既非表達對賢才、猛士的渴求之心，更非感慨而樂極生悲，這是劉邦立足於當時諸侯屢叛的現實，瞻望前景，油然而生

〔註289〕徐文珊，《史記評介》，頁162。
〔註290〕參王文杰，〈大風歌與垓下歌——對兩位歷史人物的鉤沉〉，《報人閱讀》，2006年第3期，頁39。
〔註291〕范天成，〈劉邦《大風歌》情感底蘊新探——兼論漢初翦滅異姓諸侯王之得失〉，頁116。
〔註292〕《史記・高祖本紀》卷八，頁389～390。

的憂慮、困惑和悲嘆，同時也是被叛亂困擾得身心疲憊的將死老人深感四海不寧、爲新生王朝前途憂慮之悲。這種悲苦體驗最終淹沒了成就帝業、榮歸故里的得意和喜悅。〔註293〕

就劉邦即位後的史實而言，四方實在未靖，外憂內患是極需解決的問題。所謂外憂，是指北方強大的匈奴在威脅著剛剛建立的漢政權；所謂內患，是指異姓諸侯王對劉邦的離心離德，使劉邦不得不用最大的精力來對付他們。

首先在外憂外面，漢王朝一開始就面臨著十分嚴重的邊患。北方的匈奴自西周末年興起，戰國後期、秦統一前後逐漸強大，成爲秦王朝最主要的外敵，迫使秦始皇徵發大量民力繕修戰國秦、趙、燕長城，將它們聯成一體，並開通直道以備匈奴入侵。同時派遣大將蒙括率三十萬軍隊北收河南，屯駐四郡，又派長子扶蘇親往監軍〔註294〕，可見秦始皇對匈奴的重視。秦二世時，長子扶蘇、蒙括相繼遭誅、〔註295〕繼而秦末農民戰爭爆發，秦王朝將鎮守北方的邊防軍調回鎮壓國內叛變，收關秦帝國存亡的鉅鹿之戰，秦軍兩支主力中，除章邯軍外，另一隻王離軍（王翦之孫，王賁之子）即是北方邊防軍，但被項羽消滅了，致使北方守備空虛，匈奴乘機渡河，大驅南下，向內地蠶食。

當此之時，匈奴冒頓單于弒父自立，大樹個人威信，集中權力，東滅東胡，西擊月氏，「南并樓煩、白羊河南王，悉復收秦所使蒙括所奪匈奴地者，與漢關故河南塞，至朝□、膚施，遂侵燕、代。」〔註296〕此後數年間，冒頓單于又相繼征服了北方幾個少數民族部族，勢力愈發膨脹。恰在此時，劉邦北徙韓王信于代，韓王信心懷怨懟，又疑懼不安，於是暗中與匈奴勾結，又給匈奴提供了一個可乘之機。這就給漢王朝造成了極大的威脅。〔註297〕

劉邦深知漢朝初建，國力不振，各方面困難重重，與匈奴和好是上策。於是劉敬建議劉邦採和親政策，劉邦依計而行。高祖九年冬天，劉邦以宗室

〔註293〕范天成，〈劉邦《大風歌》情感底蘊新探——兼論漢初翦滅異姓諸侯王之得失〉，頁117。
〔註294〕扶蘇因勸諫始皇，如果用重刑整治讀書人，擔心天下因此不安寧。始皇大怒，使扶蘇北監蒙括於上郡。參《史記・秦始皇本紀》，卷六，頁319。
〔註295〕趙高與李斯相謀，詐爲受始皇詔而將扶蘇、蒙恬賜死。參《史記・李斯列傳》卷87，頁2551。
〔註296〕《史記・匈奴列傳》卷一百一十，頁2890。
〔註297〕張林祥，〈《大風歌》與漢初政局〉，頁58～61。

女假稱長公主〔註298〕，遠嫁冒頓單于，用聯姻代替戰爭，雙方的戰爭暫告一段落。同時劉敬又建議劉邦將齊、楚、燕、趙、韓、魏國諸侯的後代，以及各地有名的豪紳都搬到關中來住，既加強朝廷本身，又削弱地方諸侯。劉邦將六國諸侯後代及那些大家族，一共有十多萬人都遷到了關中。〔註299〕

其次在內患方面，猛將實不易得，像韓信、彭越等猛將，雖然幫助他平定天下，卻另懷異心。〔註300〕當時對漢皇朝統一和集權的最大威脅是來自一大批異姓諸侯王。這些異姓諸侯王大部分是在楚漢戰爭中勝利後分封的。當時，劉邦的入封，一方面是出於戰勝項羽的需要，另一方面，則是受秦末頗有群眾基礎的社會分封思潮的影響。〔註301〕然而，這些諸侯王在經濟上佔據關東廣大的土地，軍事上手握重兵，政治上則專制一方。如此看來，諸王勢力確是帝國安定的隱患，同時也嚴重制約著中央集權。

這些諸侯不久即相繼發動叛亂，大漢帝國來之不易的安定局面，很快便被客觀的反動因素打破，這些叛亂幾乎將劉漢江山攪得四分五裂。〔註302〕南宋劉辰翁和清代的沈德潛曾由末句「安得猛士兮守四方」推測，劉邦此時可能對誅戮功臣有「悔心」。其實不然，他臨終前仍下令征討或斬殺親信之盧綰、樊噲就是明證。盧、樊二人與劉邦之間，有超過其他嫡系的特殊關係。這也說明劉邦為確保和強化劉氏皇權，對誅戮功臣是在所不惜、至死無悔的。〔註303〕

在與異姓諸王的鬥爭中，劉邦的足跡踏遍全國，因而，在討伐英布的中途回到自己的家鄉，進而吟唱出「威加海內兮歸故鄉」，不是偶然的，在這個人的喟嘆中，既有對平定天下事蹟的回顧，又有對漢天子絕對權威即皇權至上的強調。〔註304〕

〔註298〕因呂后只生一個兒子、一個女兒，不忍心將女兒嫁給匈奴，劉邦只好打消派自己女兒的念頭，而找了一個平民家的兒女冒名為自己的女兒，嫁給了單于，並派劉敬前往匈奴訂立和親條約。事見《史記・劉敬叔孫通列傳》卷九十九，頁2719。

〔註299〕事見《史記・劉敬叔孫通列傳》卷九十九，頁2719～2720。

〔註300〕蔡信發、沈謙，《詩詞曲賞析》，頁134。

〔註301〕孟祥才，《秦漢人物散論》，頁81。

〔註302〕夏益，〈漢高祖與漢初異姓諸王新論〉，《承德民族師專學報》，2008年5月，第28卷第2期，頁72。

〔註303〕范天成，〈劉邦《大風歌》情感底蘊新探——兼論漢初翦滅異姓諸侯王之得失〉，頁117。

〔註304〕張強，〈從《大風歌》看西漢禮樂與文學之關係〉，頁76。

三、帝王的喜悅與憂心

劉邦起兵沛縣，以布衣起兵，提三尺劍，身經百戰，百折不撓，留韓信、請子房，用蕭何，破秦滅楚，打下了得來不易的江山而成帝業。開漢四百餘年之基業，為我國歷史展開嶄新而壯觀之一頁。其在討伐黥布時，就曾經被流矢射中，又因積勞成疾，於漢開國十二年甲辰崩長樂宮，享年六十三歲。〔註305〕劉邦在建國以後，面對著外憂與內患，在稱帝後的第七年（西元前一九五年），率部平定淮南王黥布的叛亂，在回京城長安的途中，經過故鄉沛縣，躊躇滿志，感慨萬端，由於長期生活在楚文化的氛圍之中，充滿浪漫情調的楚文化，不但培養了劉邦豪邁的氣質，而且還使他以恢弘的氣度關注楚歌、楚舞的優美形態，進而將楚文化的浪漫情調與英雄氣質交織在一起，張揚著楚歌、楚舞雄奇闊大的境界，而唱出此一氣勢磅礴的帝王之歌〈大風歌〉。

大風起兮雲飛揚，威加海內兮歸故鄉，安得猛士兮守四方！

此歌只有三句，二十三個字，歷經兩千年，傳誦不輟，魅力不減，其事絕非偶然。就其內涵而言，概括了英雄風雲的時代，凝聚了帝業的雄圖，流露了愛戀故土之感情，展現了帝王開國的氣象，灌注了劉邦一生的志業理想。就空間上而言，氣吞八荒；就時間上而言，囊括了過去、現在、未來。就詩的章法而言，即是依過去、現在、未來三段逐層推展的。緬懷過去，得意現在，遠慮未來。過去萌孕著未來，未來發展於過去，現在則是過去和未來之焦點與橋樑，三者渾然一體。〔註306〕

《尚書》云「詩言志」，〔註307〕此詩詞句激昂，氣勢磅礴，感情深沉，整首詩由現在的「歸鄉」而激發，從沛縣起事後，入咸陽，降子嬰，戰垓下。此後又敗陳豨，誅韓信，除彭越，滅黥布，剷除了異姓諸王的割據勢力，使得中國歸於大一統。詩中直抒胸臆，志氣噴薄而出，樸質真醇，動人心弦，而全詩核心在一個「威」字，劉邦不僅以武力統一全國，更在政治上確立制度，實施了一系列招賢納士，壓抑商賈，輕徭薄賦的措施，使得漢帝國的政權穩固。惟其威望達到巔峰。又有「安得」的遺憾，就劉邦即位的史實而言，四方實在未靖，匈奴外憂與異姓諸侯的叛亂，使得劉邦身心俱疲，像韓信、

〔註305〕參張振台，〈駁《漢高祖劉邦生年考》〉，頁49～50。
〔註306〕蔡信發、沈謙，《詩詞曲賞析》，頁132～135。
〔註307〕〔漢〕孔安國傳，〔唐〕孔穎達等正義：《尚書正義》卷三〈舜典〉，頁131。

彭越等猛將，雖然幫助他平定天下，但伏誅之後，與之相若的猛將卻始終找不到，使得詩的情感再度轉折，而留下「安得」的憂慮。〔註308〕

宋代葛立方《韻語陽秋》曰：「高祖〈大風〉之歌雖止二十三字，而志氣慷慨，規模宏遠，凜凜乎已有四百年基業之氣。」陳岩肖《庚溪詩話》曰：「漢高帝〈大風歌〉不事華藻，而氣慨遠大，眞英主也。」朱熹《楚辭集注》曰：「自千載以來，人主之詞，亦未有若是其壯麗而奇傳者也。嗚呼，雄哉。」明代王世貞《藝苑卮言》曰：「《大風》三言，氣籠宇宙，張千古帝王赤幟，高帝哉。」〔清〕牛運望震《史記評註》曰：「大風歌亦楚聲也，雄風霸氣，悲壯激昂，眞有籠絡一世，頓挫千古之槩。」〔註309〕這些評語，說的正是劉邦氣概遠大的自豪之情。〔註310〕

漢十二年（西元前 195 年）四月甲辰，劉邦在長安宮安然而逝，五月丙寅，葬於長陵，享年六十二歲。立遺囑與呂后，以蕭何、曹參、王陵、周勃等長期追隨其創建皇朝的元勛大臣等輔政。劉邦的遺囑突顯了他的知人之明，其了解這些人的思想品格，才能作風，愛好與習性，優點和不足，雖有很大差異，但相信他們都是劉漢皇朝的忠貞之臣，能夠把他與蕭何等制定的路線、方針和政策忠實地繼續下去，因而將他們依次安排在最關鍵的崗位上，使他們能繼續爲漢皇朝的鞏固和發展盡最後的努力。劉邦並沒有根據自己的偏愛對陳平之後的執政大臣，正說明他的高明之處。後來歷史的發展，證明了劉邦的遺囑所具有的高度預見性。〔註311〕

劉邦，這位中國的第一位平民皇帝，一生戎馬倥傯，經歷了三年反秦鬥爭、五年楚漢戰爭，七年的平叛之戰。在這些激烈的戰鬥中，劉邦發揮個人的智慧和果敢。〔註312〕在晚年的時候，遙想當年豐西首事時，伴隨身旁的，有多少是一同打天下的伙伴呢？在風起雲飛，群雄競逐之後，衣錦回鄉，唱這首詩時，抒發了完成統一偉業的喜悅，同時也表現出身經百戰、功成業就及求賢若渴而未得的憂心等多層意義。

〔註308〕蔡信發、沈謙，《詩詞曲賞析》，頁 133～135。

〔註309〕〔清〕牛運震，《史記評注》。引自孫曉編，《二十四史研究資料彙編・史記》第三冊，《綜考・史記評註》，頁 250。

〔註310〕引自王榮華，〈九萬里風鵬正舉──對劉邦《大風歌》的新解〉，頁 66～68。

〔註311〕參安作璋、孟祥才，《漢高帝大傳》，頁 465。

〔註312〕鄭善諄，〈漢高祖劉邦傳古的《大風歌》與《鴻鵠歌》，歷史月刊，2004 年 2 月，頁 130。

第六節　結語

　　綜上所述，從漢高祖的善於用人、統御之術、人格特質、時勢的結果以及高祖晚年返鄉，回顧半生的戎馬生涯，唱出氣勢磅礴的帝王之詩〈大風歌〉，可看出漢高祖不愧爲漢初的開國帝王。《張舜徽壯議軒日記》云：

> 暇思劉季亦是人傑，三代下善治民馭下者，蓋未有可與驂靳之人。
> 桓君山既頌其獨識大體，李德裕又稱其善駕御英傑；苟能綜其行事
> 以簡明之，足以禆益政事，惜今之治史者鮮齒及之。〔註313〕

在司馬遷筆下，我們可以看到劉邦特殊的性格與他政治才華的結合。但從項、劉二人俱觀始皇之反應，可看出知漢高祖劉邦的人格並非完美，《十七史商榷》載：

> 秦始皇帝游會稽，項梁與籍俱觀。籍曰：「彼可取而代也！」高祖縱
> 觀咸陽，綜觀秦皇帝，喟然太息曰：「嗟乎，大丈夫當如此也！」項之
> 言悍而戾，劉之言則津津然不勝其歆羨矣。陳勝曰：「壯士『舉大名
> 耳，王侯將相寧有種乎！』項籍口吻正與勝等，而高祖似更出其下。
> 天下既定，置酒未央宮，奉玉厄爲太上皇帝壽，曰：「始大人常以以
> 臣亡賴，不能治產業，不如仲力。今某之業所就孰與仲多」其言之
> 鄙至此。〔註314〕

據此，則王氏從勝、項、劉的比較，看出「高祖似更出其下」，並連結高祖對其父炫耀「今某之業所就孰與仲多」這二件事情來看，認爲高祖「其言之鄙至此」。平心而論，王氏對劉邦人格的批評實屬公允。如前所述，劉邦在奪天下之前，爲了逃命，將自己的親身兒女三次推下車去；〔註315〕再看其爲子之道，當項羽爲逼退劉邦，將劉邦親父作爲人質，置於高俎之上，欲烹之，以此要挾劉邦撤兵。但劉邦卻硬是面不改色心不跳，反而說出一番無恥之極的話，竟要分一杯烹父之羹而甘心食之等等。〔註316〕但不可否認的是，劉邦善

〔註313〕張舜徽，《張舜徽壯議軒日記》，北京：國家圖書館出版社，2010 年 11 月，頁 592。

〔註314〕〔清〕王鳴盛，《十七史商榷》卷二，收錄於孫曉主編，《二十四史研究資料彙編·史記》第三冊，《綜考·十七史商榷·史記》卷二〈劉項俱觀始皇〉，頁 593。

〔註315〕《史記·項羽本紀》載：「漢王道逢得孝惠、魯元，乃載行。楚騎追漢王，漢王急，推墮孝惠、魯元車下。滕公常下收載之。如是者三。」見《史記·項羽本紀》卷七，頁 322。

〔註316〕參周先民，《司馬遷的史傳文學世界》，頁 127。

於用人、善與人同利的用人特性，以及寬宏大度、能屈能伸、能忍能讓、善聽人言，從諫如流等等人格特質，都勝於項羽。更值得注意的是，他雖於最後得到勝利，成了大功，但自起兵至天下統一，踐天子位，甚至於到他死以前，是經過無數挫折危險，與艱難困苦的。並非一往順利，輕易成功。所以要表現他的人，是愈強調挫折危險，難難困苦，愈能顯示其毅力之堅、潛力之厚，能力之大。〔註317〕

最後，我們可以朱東潤之評語來下結論：「故項氏之興，以全楚率天下而亡秦，及其敗也，漢高以全秦之眾，撫有九江、淮南、衡山、豫章之地，重之以諸侯之師，而羽以楚之半當之，罷疲困頓，其不能濟，勢也。」〔註318〕」朱氏之語，可謂道出了劉勝、項敗的的主因，雖以「勢」作結語，實乃人為也。

〔註317〕徐文珊，《史記評介》，頁 154～155。
〔註318〕朱東潤，《史記考索》〈楚人建制考〉，頁 28。

第陸章　高祖分封諸侯王析論

　　正如第四章所言，劉邦在稱帝建國後，在政治上所須面對的最大難題有二，一是長期戰爭所引起的諸多後遺症，如農村經濟的破產、民生生活的凋弊等等。另一是經過數年休養生息後，所產生的諸侯王的問題。關於前者，需要老子的清靜無為的治術來處理，後一個問題，則需要法家尊君卑臣，崇上抑下的思想去解決。對於第一個難題，本論文第四章已就相關問題做過分析與討論，至於第二個難題，和漢高祖封諸侯王有關。在過去討論有關漢高祖分封諸侯王的議題，多半偏重於漢初異姓諸侯王的叛亂與平定，而忽略了漢高祖分封諸侯王源流之探討、漢高祖分封思想的形成與發展、以及秦楚漢之際諸侯王之貢獻，即使少數注意及此者，亦偏重史學本身的發展，而忽略了漢高祖分封諸侯王在政治與歷史上的關係。

　　綜觀漢高祖劉邦的分封，無論是異姓或同姓諸侯王，皆是當時形勢的產物，完全沒有宗法制度的觀念與儒家政治思想的理想，這與西周的分封有很大的差異。劉邦分封異姓諸侯王，雖是為滿足平民野心家的願望，但對於漢家政權建立過程，無疑佔有很重要的地位，他們左右著反秦戰爭的勝負與楚漢戰爭的成敗，至於翦滅異姓諸侯王與同姓諸侯王的分封，可說是為加強國家統一的必然措施，皆出於一時形勢所演變而成，並沒有政治理想可言，儘管如此，對於西漢未來政治局勢走向郡國制，發揮了深遠的影響。

第一節　漢高祖分封諸侯王之源流探析

　　在進入到本節主題討論之前，首先應說明的一點是，為賡續劉邦稱帝建

國後，在政治上所產生的諸侯王問題，故本節所討論的重點是，劉邦分封諸
侯王的相關議題，至於列侯部份則較少略及，主要是因本論文以〈漢高祖研
究〉爲主題，取材主要以《史記》爲主軸，《史記・高祖本紀》中甚少提到列
侯的分封，爲能使主題聚焦，姑且將其排除在外。

　　要清楚的瞭解漢高祖分封諸侯王的問題，就必須先從漢高祖分封諸侯王
的源流談起。漢高祖之前王國制度分封情形，主要歷經了西周的封建制度、
秦的封建之辨、陳勝首倡的王國分封制度、懷王之約下的諸侯稱王、項羽裂
土分封十八王國等等。以時代的角度來看，分封的觀念雖隨著不同時代而互
有消長，但並沒有完全從歷史的舞台退出。劉邦分封異姓或同姓諸侯王，可
說皆是出於一時形勢所演變而成，其目的在於實現與鞏固大一統的漢家事業。

一、西周的封建制度

　　封建制度，眞正始於何時，因文獻不足，難以定論。但我們可從史書或
其他典籍略見一二。如《史記・夏本紀》載：「封皋陶之後於英、六，或在許。
而后舉益，任之政」〔註1〕、「禹爲姒姓，其後分封，用國爲姓」〔註2〕；《詩
經・商頌・殷武》亦云：「命於下國，封建厥福」。〔註3〕由此可見，從夏、殷
時期起，即有分封的初步體制。殷朝的氏族部落國家，至周則演變爲封建聯
合國家。在規模上，尤其是在制度上，至西周時，才出現以宗法爲骨幹的封
建社會。〔註4〕周之所以能代商朝而崛然興起，一則由於商朝制度本身發生問
題，一則由於周代經濟勢力的優越。〔註5〕是故，吾人也多以西周爲封建制度
的代表。

〔註1〕《史記・夏本紀》卷二，頁83。
〔註2〕《史記・夏本紀》卷二，頁89。
〔註3〕〔漢〕鄭玄注，〔唐〕孔穎達等正義，《毛詩正義》，《十三經注疏》〔清〕阮元
　　　校勘，《詩經・商頌・殷武》，頁628。
〔註4〕大體來說，封建社會至少要包涵兩個條件，其一，是土地的再分割；其二，
　　　是權力的分化。在中國史上，只有周代的社會，曾有這樣層次分明的階級；
　　　也只有周代社會，可以說是封建社會。參傅樂成，《中國通史》，（台北：大中
　　　國圖書公司，民國76年9月再版），頁27。
〔註5〕殷朝末朝的政治，集權傾向頗爲顯著，氏族生活亦漸趨腐化，本國的族長既
　　　有反抗叛變之企圖，人民又懷「余及汝偕亡」之怨恨，他族乃得乘虛而入。
　　　殷是畜牧民族，周是農業民族。從生產技術論，農業優於畜牧，殷制本身既
　　　經窳敗，周之經濟又佔優勢，於是乃能代殷而有天下。參張金鑑，《中國政治
　　　制度史》，（台北：三民書局，民國67年7月初版），頁24～25。

（一）西周分封的目的

周自武王克殷後，周代殷而興，畜牧經濟進爲農業經濟，血緣結合的氏族社會進爲武力統治的等級社會，由神權政治的部落國家，進爲貴族政治的封建國家。周族既是農業民族，農業的命脈在於土地，所以周於平定天下後，不能不有一嚴密的制度，以控制並利用其所有的土地，周以戰勝者的資格，同時爲了穩定政權，有效控制疆域，將土地分封於其同族、勳戚、及歸附的異族領袖，代作政治的統制與經濟的剝削。這是封建國家的實質及其所自來的眞實原因。〔註6〕《左傳‧僖公二十四年》（公元前 636 年），周王將以狄伐鄭，大夫富辰立諫不可，其曰：

> 臣聞之，大上以德撫民。其次親親，以相及也。昔周公弔二叔之不咸，故封建親戚，以蕃屏周。管、蔡、郕、霍、魯、衛、毛、聃、郜、雍、曹、滕、畢、原、酆、郇，文之昭也。邘、晉、應、韓，武之穆也。凡、蔣、邢、茅、胙、祭，周公之胤也。〔註7〕

據此，則富辰勸阻周襄王要「以德撫民」，以德撫鄭才是上策。昔周公分封土地給宗族子弟，建立諸侯國，其目的在於「封建親戚，以蕃屏周」，即用宗親的關係，以維護周室的藩籬和屏障，文王之子受封的有「管、蔡、郕、霍、魯、衛、毛、聃、郜、雍、曹、滕、畢、原、酆、郇」十六國；武王子有「邘、晉、應、韓」四國；周公子孫有「凡、蔣、邢、茅、胙、祭」六國。從周公的分封措施來看，已具宗法制度的精神，周王把未繼承王位的別子，〔註8〕有計劃的分封到舊有的政治勢力中去，作爲自己勢力擴張的據點，以聯絡、監督、同化舊有的政治勢力，由此而逐漸達到「溥天之下，莫非王土；率土之濱，莫非王臣」〔註9〕的目的。《左傳‧昭公二十六年》（公元前 516 年）亦載：

> 昔成王克殷，成王靖西方，康王息民，並建母弟，以藩屏周，亦曰：

〔註6〕 張金鑑，《中國政治制度史》，頁 26。

〔註7〕 〔晉〕杜預注，〔唐〕孔穎達等正義，《春秋左傳正義》《左傳‧僖公二十四年》，頁 1817。

〔註8〕 《禮記‧大傳》：「百世不遷者，別子之後也，宗其繼別子之所自出者。」孔穎達疏：「別子謂諸侯之庶子也。諸侯之適子適孫繼世爲君，而第二子以下悉不得禰先君，故云別子。見頁〔漢〕鄭玄注，〔唐〕孔穎達等正義，《禮記正義》《禮記‧大傳》，頁 1508。

〔註9〕 〔漢〕鄭玄注，〔唐〕孔穎達等正義，《毛詩正義》《詩經‧小雅‧北山》，頁 463。

「吾無專享文武之功，且爲後人之迷敗傾覆，而溺入於難，則振救
之」。〔註10〕

無論武王或是成王與康王，其分封的目的均和周公分封的目的一樣，在於「以
藩屏周」。可見西周的分封有著政治理想，不但有宗法的精神，亦帶有保障國
家安全的神聖使命。

（二）西周分封的特色

周天子是最高統治者，占有全國的土地和人民，整個都是屬於天子的，
事實上，王室所直接統屬的土地只限於「王畿」，其範圍已不可考，但必然包
括鎬京、洛邑及其附近的地方，據周人估計有千里左右見方。大概王畿最北
不過至涇水流域以及洛邑以北的黃河北岸附近之地，南不到漢水流域，東不
到淮水流域，西則可能至岐山一帶，這可從周代諸侯國和外族的分佈情形看
出來。〔註11〕

「王畿」這塊土地是完全屬於周王的，由他的卿大夫來治理，賦役供王
室之用。「王畿」以外的地區，按照宗法分制的原則，分給同姓及異姓的諸侯，
〔註12〕使他們各自爲政，各自治理他們的封地。受封諸侯在政治上要承認周
天子的宗主地位，經濟上要定期向周天子交納貢賦。軍事上要服從周天子調
遣，隨其出兵打仗。封國不是諸侯的私有財產，土地也不准買賣。〔註13〕但
在封國之內，諸侯是主宰，有權將自己封國的土地和人民再封給自己的臣下
──卿大夫。卿大夫分得的土地稱「采邑」。《禮記‧禮運篇》載：

天子有田以處其子孫，諸侯有國以處其子孫，大夫有采以處其子孫，
是謂制度。〔註14〕

作爲天下共主，周天子把土地分給諸侯，稱爲「天子建國」，天子的轄區稱「天
下」或「海內」，政權稱爲「王室」。諸侯作爲一國之君，再將自己受封的土

〔註10〕〔晉〕杜預注，〔唐〕孔穎達等正義，《春秋左傳正義》《左傳‧昭公二十六年》，
　　　　頁2114。
〔註11〕傅樂成，《中國通史》上冊，頁28。
〔註12〕西周所分封的異姓諸侯並不全是異族人，當時天子稱同姓諸侯曰「伯父」、「叔
　　　　父」或「兄弟」，稱異姓諸侯曰「伯舅」、「叔舅」，足證多係同族親戚。見瞿
　　　　同祖，《中國封建社會》，（台北，里仁書局，民國73年6月），頁35～36。
〔註13〕《禮記‧王制篇》曰：「田里不粥」。正義曰：「田地里邑既受之於公民，不得
　　　　粥賣。」〔漢〕鄭玄注，〔唐〕孔穎達等正義，《禮記正義》，頁1338。
〔註14〕〔漢〕鄭玄注，〔唐〕孔穎達等正義，《禮記正義》，頁1418。

地和人民分給卿、大夫，名曰「諸侯立家」，諸侯的轄區稱「境內」或「封內」，政權稱為「公室」。卿大夫是采邑的君主，他們又把分得土地和人民分再分給眾子，稱為「卿置側室」、「大夫有貳宗」〔註15〕，其轄區稱「采邑」，政權稱為「家」。西周分封就是這樣，從天子往下層層分封，不僅分封土地，而且連土地上的人民也一起分封，即「授民授疆土」。在宗法分封制下，從中央到地方，形成了王室、公室、家三級政權機構，周天子、諸侯及卿大夫等「有土者」則分別是三級政權的君主。《左傳‧隱公八年》載：「天子建德，因生以賜姓，胙之土而命之氏。」〔註16〕分封的對象，不僅有姬姓子弟，而且還有異姓功臣和先代貴族後裔。〔註17〕

在西周封建制度之中，階級制度是很分明的，除了前三者統治者之外，尚有士、庶人與奴隸等三種階級。其中「士」，是處於卿大夫與庶人之間，是否具有統治權或官祿，則須再加以說明。〔宋〕朱熹《朱子語類》卷八十六載：

> 問：「士人受田如何？曰：『上士、中士、下士，是有命之士，已有
> 祿。如《管子》「士鄉十五」，是未命之士。若民皆為士，則無農矣。
> 故鄉止十五，亦受田，但不多，所謂『士田』者是也。』」〔註18〕

據此，朱熹清楚地將「士」分為二種。分別是「有命之士」與「未命之士」，前者為服官之士，是統治者，並是具有官祿的小吏，居於卿大夫下，以佐治政事，稱為上士、中士、下士。〔註19〕後者為「士民」之士，是被統治者，無官祿，與農工商三民同列，稱為四民的士。然而，周王室在封建社會的真正的地位，其實並不是很高。除擁有一個共主的名義外，他在政治、經濟上的實權，比一個諸侯國的國君大不了多少，這還是初期的情形。後來王室漸

〔註15〕 《左傳‧桓公二年》載：「師服曰：『吾聞國家之立也，本大而末小，是以能固，故天子建國，諸侯立家，卿置側室，大夫有宗。』」〔晉〕杜預注，〔唐〕孔穎達等正義，《春秋左傳正義》，頁1744。

〔註16〕 〔晉〕杜預注，〔唐〕孔穎達等正義，《春秋左傳正義》《左傳‧隱公八年》，頁1733。

〔註17〕 董平均，〈西漢王國分封制度探源〉，頁16。

〔註18〕 〔南宋〕黎靖德編輯，《朱子語類》卷八十六，禮三，（台北：文津出版社，民國75年12月出版），頁3219。

〔註19〕 《禮記‧王制》載：「天子之三公之田視公侯，天子之卿視伯，天子之大夫視子男，天子之元士視附庸。」則除了上士、中士、下士為有官祿外，尚有「元士」亦有官祿。見〔漢〕鄭玄注，〔唐〕孔穎達等正義，《禮記正義》，頁1322。

衰，諸侯的勢力愈來愈擴大，不但不聽周王的命令、侮辱天子使臣之外，[註20] 甚至公然以兵與王師對抗，大敗王師，而殺傷天子。[註21] 由此可想而知，王室的威信，幾蕩然無存。

　　綜上所述，可看出西周的封建制度已趨於成熟地步，不但有嚴明的宗法組織，對於彼此的階級之分，亦是清清楚楚，上至天子、諸侯，下至庶人、奴隸，皆有其職權或應盡之義務。正因有如此界際分明的社會組織，形成了西周封建制度的特色。

（三）漢高祖分封王國與西周分封的區別

　　分封制度既成熟於西周，然漢高祖分封諸侯王是否延續西周的分封制度？關於此問題，可從《史記》與《漢書》中找到線索。《史記・漢興以來諸侯王年表》載：

> 太史公曰：殷以前尚矣。周封五等：公，侯，伯，子，男。然封伯禽、康叔於魯、衛，地各四百里，親親之義，襃有德也：太公於齊，兼五侯地，尊勤勞也。武王、成、康所封數百，而同姓五十五，地上不過百里，下三十里，以輔衛王室。管、蔡、康叔、曹、鄭，或過或損。屬、幽之後，王室缺，侯伯彊國興焉，天子微，弗能正。非德不純，形勢弱也。漢興，序二等。高祖末年，非劉氏而王者，若無功上所不置而侯者，天下共誅之。高祖子弟同姓為王者九國，雖獨長沙異姓，而功臣侯者百有餘人。[註22]

又《漢書・諸侯王表》載：

> 昔周監於二代，三聖制法，立爵五等，封國八百，同姓五十有餘。
> 周公、康叔建於魯、衛，各數百里；太公於齊，亦五侯九伯之地。《詩》載其制曰：「介入惟藩，大師惟垣。大邦惟屏，大宗惟翰。懷德惟寧，

[註20] 《左傳・僖公二十四年》載：「鄭伯怨惠王之入而不與厲公爵也，又怨襄王之與衛、滑也，故不聽王命，而執二子。」二子，乃周大夫伯服、游孫伯。見〔晉〕杜預注，〔唐〕孔穎達等正義，《春秋左傳正義》《左傳・僖公二十四年》，頁1817。

[註21] 《左傳・桓公五年》載：「王奪鄭伯政，鄭伯不朝。秋，王以諸侯伐鄭，鄭伯禦之。」「戰于繻葛。命二拒曰：『旝動而鼓！』蔡、衛、陳皆奔，王卒亂，鄭師合以攻之，王卒大敗。祝聃射王中肩。」〔晉〕杜預注，〔唐〕孔穎達等正義，《春秋左傳正義》，頁1748。

[註22] 《史記・漢興以來諸侯王年表》卷十七，頁801。

宗子惟城。毋俾城壞，毋獨斯畏。」所以親親賢賢，襃表功德，關
諸盛衰，深根固本，爲不可拔者也。……漢興之初，海內新定，同
姓寡少，懲戒亡秦孤立之敗，於是剖裂疆土，立二等之爵。功臣侯
者百有餘邑，尊王子弟，大啓九國。〔註23〕

從上所引，則馬、班二人，皆將漢封諸侯王接於「周封五等」（立爵五等）、「親
親之義，襃有德也」（親親賢賢，襃表功德）之後，表面上看來，漢初的封建
與西周分封是一脈相承的。事實上，劉邦分封諸侯王的用意，與西周的分封
是大不相同。《史記・荊燕世家贊》云：

荊王王也，由漢初定，天下未集，故劉賈雖屬疏，然以策爲王，塡
江淮之間。劉澤之王，權激呂氏，然劉澤卒南面稱孤者三世。事發
相重，豈不爲偉乎！〔註24〕

又《史記・吳王濞列傳》云：

荊王劉賈爲布所殺，無後。上患吳、會稽輕悍，無壯王以塡之，諸
子少，乃立濞於沛爲吳王，王三郡五十三城。〔註25〕

上引二條，則知劉賈之封爲荊王，乃是爲了「塡江淮之間」。而立濞爲吳王，
則是因「上患吳、會稽輕悍，無壯王以塡之，諸子少。」至於《漢書・異姓
諸侯王表序》與《漢書・諸侯王表序》，皆強調秦因封建，二世而亡這一觀點，
被作爲劉邦實行封建的根據，應是後世學者所特別渲染成的觀點。柳宗元在
《封建論》中，在爲郡縣制辨護中，就已看清此問題是的徵結所在。他認爲
分封起源不過是出於一種實際需要，是社會組織不斷發展的結果。秦朝的短
命，是主張分封者攻及郡縣制的主要論點。針對這一點，柳宗元指出，秦朝
短命在於其暴政，而不在於施行郡縣。「咎在人怨，非郡邑之制失也。」〔註
26〕柳氏不但洗刷「分封」的污命，還用漢行郡縣並無叛州的事實，對秦行郡
縣制給予辨護。

　　整體而言，西周的土地是建立在井田制度上、〔註27〕宗法組織甚爲嚴密、

〔註23〕　《漢書・諸侯王表》卷十四，頁391～393。
〔註24〕　《史記・荊燕世家贊》卷五十一，頁1998。
〔註25〕　《史記・吳王濞列傳》卷一百六，頁2821。
〔註26〕　〔唐〕柳宗元〈封建論〉。引自〔清〕曾國藩，《經史百家雜鈔》（上），（湖南：
　　　　　岳麓書社，2009年1月第1版），頁66。
〔註27〕　漢興，以皇子封爲王者，得茅土。《索隱》引蔡邕《獨斷》云：「皇子封爲王，
　　　　　受天子太社之土，若封東方諸侯，則割青土，藉以白茅，授之以立社，謂之

周王室與諸侯王國之間維持鬆散聯盟關係，政治基礎也極其不穩定，這些特質均和漢室諸侯王不同。劉邦的分封，完全是爲當時現實政治形勢所爲，與儒家的政治思想「親親之義，褒有德也」沒有任何關係。〔註28〕

再者，就西周是否眞有五等爵位的問題，也引起甚多的爭議。馬、班二人，均強調周之封建制度的基礎，即公、侯、伯、子、男，之所謂五等爵位，但據郭沫若考證，無論是商和周，都不存在爵等完整的公、侯，伯，子，男五等爵制，實際情況是以侯、伯、甸、男命名的封國制；〔註29〕又如周代稱「伯」的，多屬功勳彪炳的大臣，如宣王時的召伯虎等，其地位不應在公侯之下；又如鄭伯、秦伯都是周室東遷時的元勳，當時王室衰微，恐不至於那樣吝惜名器，僅頒給他們第三等的爵位；〔註30〕再者，至今在金文中亦找不到五等爵位的實證，持否定的意見，幾乎已經是學界的定論。〔註31〕

既然無法證實西周五等爵位的存在，秦、漢時期的封建制度又如何呢？事實上，秦、漢時期的爵祿制度早已不同於舊的封爵制。劉邦稱帝建國期間，分封功臣與子弟，依《史記‧漢興以來諸侯王年表》序所說的「漢興、序二等」，〔註32〕漢朝建國後分封功臣與子弟，共分王、侯兩個等級，王在當時稱

『茅土』。」（見《史記‧三王世家》卷三十，頁2111）但是漢代的王國分封是在封建土地私有制已經確立，並迅速發展的基礎上進行的。所謂諸侯王得受茅土之封，僅僅是沿襲舊有的形式，並沒有承認襲西周的分封內容。諸侯並沒有權力將封國內的土地人民再分封給自己的子弟親信，擅自授人爵位即被視爲違法。雖不能授人爵位，但對於諸侯王在封國內，建立宗廟社稷，祭祀祖先卻無妨，因那是爲了表示他們「修身正行，養犧牲，豐潔粢盛，奉祭祀，以無忘先帝之功德。」（見《漢書‧淮南衡山濟北王傳》卷四十四，頁2138。）就此而言，漢之分封諸侯，與其說是宗族血緣關係的維護，不如說是君臣政治關係的遵從。參董平均在〈西漢王國分封制度探源〉，頁16。

〔註28〕參徐復觀，《兩漢思想史》卷一，頁168〜169；劉慶濤、左玉蓮，〈試論漢初封國與西周分封制度〉，《黑龍江教育學院學報》，第26卷第1期，2007年1月，頁90〜91。

〔註29〕高敏，《秦漢史論稿》，頁3。

〔註30〕傅樂成，《中國通史》上冊，頁29〜30。

〔註31〕關於西周五等爵位制，可參考傅斯年，〈論所謂五等爵〉，《傅斯年全集》第二冊，（台北，聯經出版社，1980年）；王世民，〈西周金文中諸侯爵稱〉，《歷史研究》，1983年第三期；竹内康浩，〈《春秋》所見的五等爵制〉，《史學雜誌》第103編第8號，1994年。轉引自李開元，《漢帝國的建立與劉邦集團——軍功受益階層研究》，（北京：生活‧讀書‧新知三聯書店，2000年3月第1版），頁117。

〔註32〕《史記‧漢興以來諸侯王年表》卷十七，頁914。

爲「諸侯王」，有異姓、同姓之分。侯稱爲「列侯」。〔註33〕這兩級封君的權威和封土範圍，甚爲懸殊。王國的領土，大都廣至數郡，侯國領土則很少大過一縣。王在其國中，除享有經濟權，如賦稅及徭役等，並握有相當大的統治權，王國的官吏，除丞相外，其餘概由國王任免。列侯則僅在其封國中享有定額戶數的賦稅徭役。〔註34〕換句話說，漢初「諸侯王」之不同於列侯，不僅在於它的身分較之列侯要高一等；而係被封爲王的，乃眞正是分封建國，在被封的範圍內，有政治上的統治權，與周代所封建的諸侯相等。〔註35〕但就列侯而言，則不是如此，茲說明如下：

根據《漢書·百官公卿表序》、《史記·秦本紀》、《集解》引裴駰語及《續漢書·百官志》劉昭補引劉劭爵制，可知秦、漢時的二十等爵制，有二十個爵等，其爵名與爵序分別爲：第一級曰公士，第二級曰上造，第三級曰簪裊，第四級曰不更，第五級曰大夫、第六級曰官大夫，第七級曰公大夫，第八級曰公乘，第九級曰五大夫，第十級曰左庶長，第十一級曰右庶長，第十二級曰左更，第十三級曰中更，第十四級曰右更，第十五級曰少上造，第十六級曰大上造，第十七級曰駟車庶長，第十八級曰大庶長，第十九級曰關內侯，第二十級曰徹侯（漢避武帝諱改名通侯或列侯）。〔註36〕在此，列侯的身份地位，乃表示進到以皇室爲中心的統治集團，與皇室有密切的關係，可說它具備有充分的封建性格。但若就周代封建最重要的意義，乃在於分封建國的分權統治，則列侯對中央政府的朝廷而言，完全沒有分權統治的意義。〔註37〕由此可知，漢代所繼承秦爵二十等中的列侯，與西周所封的爵位，在權利結構與政治意義上是完全不同的。

總而言之，西周分封是建立在宗法制之上的，是以同姓諸侯爲主體，聯合異姓諸侯的全國大分封，來實現「以藩屏周」的統一目的。漢高祖所實行封建制度，無論是異姓或同姓諸侯王的分封，皆是出於形勢的權宜之計，建立在封建中央集權的基礎之上，是「剖裂疆土」的部分分封，相對於各諸侯國而言，漢王朝占有大量的關中地區，以分封的手段來穩定、維護國家的統

〔註33〕《史記·高祖功臣侯者年表》中，共列侯一百四十三人。《索隱》姚氏曰：「高祖初定唯十八侯，呂后令陳平終竟以下列侯第錄，凡一百四十三人。」見《史記·高祖功臣侯者年表》卷十八，頁880。

〔註34〕傅樂成，《中國通史》上冊，頁127。

〔註35〕徐復觀，《兩漢思想史》卷一，頁163。

〔註36〕高敏，《秦漢史論稿》，頁11～12。

〔註37〕徐復觀，《兩漢思想史》卷一，頁163。

一。〔註38〕漢王朝的封國制度,並沒有繼承有如「親親之義,褒有德也」、「尊勤勞也」、「親親賢賢,褒表功德」等有意義的一面,只是襲取了西周分封制度的外殼,而賦予新的歷史內容,靈活運用,從而鞏固了國家的統一。〔註39〕

二、秦、楚、漢間分封思想之探討

漢代王國的分封,已如上所述,和西周的分封制在本質上有很大的差異,秦、楚距漢不遠,和漢高祖分封諸侯王的源流關係較近,故探討秦、楚之際的分封思想有其必要性。本文所謂秦、楚、漢間,即司馬遷於《史記·秦楚之際月表》所截取的八年時間,始於秦末亂起的秦二世元年,終於漢王朝建立之高帝五年(西元前202年)。其時間雖然短暫,歷史變動卻非常劇烈,秦王朝在此期間崩潰,戰國七國在此期間復活,項羽在此期間稱霸分割天下,漢王朝也在此期間誕生。可以說,這段時間的歷史,既連接了戰國和秦,又開啟了漢,在很大程度上決定了漢初的時代特點。〔註40〕此間的分封情形如何?對未來的政局又造成什麼樣的影響?茲分析如下:

(一)秦有關分封的問題

秦始皇二十六年(公元前221年),秦以強大的軍事行動,結束了春秋戰國時期諸侯割據稱雄的時代,建立起中央集權政治的秦帝國。在中央政府組織方面,皇帝是帝國的最高統治者,一切官僚都由皇帝任免或調動,食國家眾俸祿、按時考課,職位不世襲。在地方政府組織方面,則廢除了分封王侯的制度,推行郡縣制。〔註41〕對此,柳宗元〈封建論〉曾給予相當高的評價,〈封建論〉載:

〔註38〕劉慶濤、左玉蓮,〈試論漢初封國與西周分封制度〉,《黑龍江教育學院學報》,2007年1月,第26卷第1期,頁90~92。

〔註39〕關於漢初封國與西周分封制度之異同,專書部份,可旁參:徐復觀,《兩漢思想史》卷一,〈漢代專制政治下的封建問題〉,頁163~202;張金鑑,《中國政治制度史》第二章,頁17~54。期刊部份:劉慶濤、左玉蓮,〈試論漢初封國與西周分封制度〉,頁90~92;董平均,〈西漢王國分封制度探源〉,頁15~19;湯其領,〈漢初封國制度探析〉,頁34~38。

〔註40〕參李開元,《漢帝國的建立與劉邦集團》,頁74~75。

〔註41〕郡縣制的起源,各家說法不一,有起於西周說、起於秦始皇說、起於春秋說。其中春秋說以信史為立論之根據,最為史家所公認。如《史記·秦本紀》、《史記·晉世家》、《史記·楚世家》、《史記·吳世家》、《春秋·左傳》、《晏子春秋》、《說苑》、《戰國策》等均有資料記載。又金文《左傳》、《國語》、《史記》等書所載有關資料尤為詳贍。關於縣制起於春秋,散見於史籍之資料記載,可詳參廖從雲,《中國歷代縣制考》,台灣中華書局,民國58年2月初版,頁3~19。

秦有天下，裂都會而爲之郡邑，廢侯衛而爲之守宰，據天下之雄圖，

都六合之上游，攝制四海，運於掌握之內，此其所以爲得也。〔註42〕

柳氏讚揚秦「裂都會而爲之郡邑，廢侯衛而爲之守宰」，廢除了封建，才得以「攝制四海，運於掌握之內」，充份肯定了行郡縣的優處。不過，秦雖政治上完成統一，卻不能撲滅地方上封建的思想。其主要原因，在於西周時期所推行的封建制，強調血緣團體力量的政治體制，雖然自西周晚期漸漸失去統治的力量，但卻無法抹滅它使周王朝維持了數百年的事實，在此情況下，封建制度存在的價值與效用仍是普遍被社會所接受的。

進一步來說，春秋戰國列強紛爭的局面，最終雖由秦完成了統一，但尚有許多動亂因素沒有徹底解決，社會局勢仍很不穩定。〔註43〕秦始皇採取了一系列措施來鞏固統一政治局面，如將流散至民間的兵器收繳，「收天下兵，聚之咸陽，銷以爲鍾鐻，金人十二」，〔註44〕遷徙六國貴族至咸陽等。對於推行何種行政制度以對六國故地實行有效統治的問題，曾經發生過兩次激烈的爭論。

第一次是秦始皇二十六年（公元前 221 年）統一之初，丞相王綰爲首的大部份官僚主張實行分封制以維護帝國的安定。《史記‧秦始皇本紀》載：

丞相綰等言：「諸侯初破，燕、齊、荆地遠，不爲置王，毋以塡之。

請立諸子，唯上幸許。」始皇下其議於群臣，群臣皆以爲便。〔註45〕

對於王綰的建議，秦始皇吩咐朝廷對這一意見開展討論，群臣大都表示贊同此議，只有廷尉李斯提出了不同的政治見解。其理由是：

周文武所封子弟同姓甚眾，然後屬疏遠，相攻擊如仇讎，諸侯更相

誅伐，周天子弗能禁止。今海內賴陛下神靈一統，皆爲郡縣，諸子

功臣以公賦稅重賞賜之，甚足易制。天下無異意，則安寧之術也。

置諸侯不便。〔註46〕

李斯認爲，分封造成諸侯王與周王朝關係的疏遠，彼此互相攻擊。行郡縣制

〔註42〕〔唐〕柳宗元〈封建論〉。引自〔清〕曾國藩，《經史百家雜鈔》，頁 66。

〔註43〕秦以強大軍事力量，遂漸蠶滅了六國，六國舊貴族雖被遷徙至異地，但他們
　　　　對國亡家破的仇恨，其實是隱藏在心而伺機而動，韓國舊貴族張良悉以家財
　　　　求刺秦王，即是最典型的例子。

〔註44〕《史記‧秦始皇本紀》卷六，頁 239。

〔註45〕《史記‧秦始皇本紀》卷六，頁 238～239。

〔註46〕《史記‧秦始皇本紀》卷六，頁 239。

則可使諸子與功臣，以國家的賦稅收入給予豐厚的賞賜，如此，則能控制天下，實現海內承平的「安寧之術」。秦始皇最後採納了李斯的意見。認同分置諸侯，是不宜實施的建議。

　　第二次則發生在秦始皇三十四年（公元前 213 年）。秦始皇置酒咸陽宮，博士七十人在御前祝酒。僕射周青臣進頌云，諸侯統治舊地設立郡縣，於是人人自安，天下可傳之萬世。隨後博士齊人淳于越進言，反駁青臣的說法。淳于氏認爲「殷周之王千餘歲，封子弟功臣，自爲枝輔……事不師古而能長久者，非所聞也。」〔註47〕秦始皇命令就此進行討論。李斯又批駁了「師古」的主張，以爲「五帝不相復，三代不相襲，各以治」〔註 48〕政制只能依時勢而變化演進，明確了郡縣制政治革新的意義。李斯進一步指出「古者天下散亂，莫之能一，是以諸侯並作，語皆道古以害今，飾虛言以亂實，人善其所私學，以非上之所建立。」〔註 49〕李斯分析諸侯所產生的弊害，得到秦始皇的贊同。秦的行政制度，自此開始行郡縣制。明代思想家李贄《史綱評要》卷四〈後秦紀〉中，曾經稱李斯倡行郡縣之議是「千古創論」，又就置郡縣之舉制度讚譽道：「此等皆是應運豪傑、因時大臣。聖人復起，不能易也。」說郡縣制度的確立，是「應運」「因時」的歷史創舉，即使古之聖人當世，也同樣會採取這樣的政治舉措。〔註 50〕

　　這二次分封制的討論，雖然都因秦始皇聽從李斯的意見而被否決，但從第一次王綰所提出的分封諸國主張受到諸臣肯定，一直到八年之後，淳于越又再一次的提出封建的觀點來看，足以證明秦朝內部封建的觀念仍然存在。事實上，民間亦出現有關分封的強大聲音。如秦始皇三十六年（公元前 211 年），有隕石掉落東部，就有人在此石上刻著「始皇帝死而地分」〔註51〕等字樣。由此可見，在列國紛爭基礎上建立的秦皇朝，要求裂土分封仍有一種強大的社會思潮。〔註 52〕對於六國遺民而言，欲裂土分封與恢復舊國的政治主張並未至此而熄滅。公元前 209 年，陳勝、吳廣在大澤鄉揭竿而起，反秦的

〔註47〕《史記‧秦始皇本紀》卷六，頁 254。

〔註48〕《史記‧秦始皇本紀》卷六，頁 254。

〔註49〕《史記‧秦始皇本紀》卷六，頁 255。

〔註50〕引自王子今，《秦漢史》，頁 43。

〔註51〕《史記‧秦始皇本紀》卷六，頁 259。

〔註52〕參劉軍呈，〈西漢前期中央政府與地方諸侯王關係研究〉，國立嘉義大學史地學系研究所碩士論文，民國 99 年 5 月，頁 23。

勢力迅速展開。六國舊族武臣、葛嬰、田儋、韓廣等人，紛紛打起復國的旗號，自立或立他人爲王，這一舉動充分暴露出他們追求復辟的野心。從中亦可看出，六國舊貴族仍保有對故土的思念，而且秦朝的暴政並沒有使人感受到封建統一給他們帶來的益處，人民難免懷念起以前分封的歲月。

（二）楚對漢王國分封之影響

　　近人李長之認爲，「漢的文化並不接自周、秦，而是接自楚……就政治上說，打倒暴秦的是漢，但就文化上說，得到勝利的乃是楚。」〔註53〕《史記・秦楚之際月表》載：「初作難，發於陳涉；虐戾滅秦，自項氏；撥亂誅暴，平定海內，卒踐帝祚，成於漢家。五年之間，號令三嬗。」〔註54〕司馬遷立《史記・秦楚之際月表》而不立《史記・秦漢之際月表》，把漢家之立歸於陳勝、項羽、劉邦，無疑反映了漢與楚文化之間的密切關係，由此也可看出，楚制對劉邦建立漢制具有很大的的作用與影響。

　　在面對秦的暴政，各地英雄豪傑紛起抗秦，陳勝、〔註55〕吳廣於是揭竿起義，從而引起了連鎖反應。就在此時，提倡分封的聲音再度響起。當陳勝所率領的反抗軍接連獲勝，實力大增並佔領陳後，地方豪傑父老鼓勵陳勝封王。此時，張耳與陳餘面對陳勝詢問是否封王的看法時，則持不同的意見。《史記・陳涉世家》載：

> 三老豪傑皆曰：「將軍身被堅執銳，伐無道，誅暴秦，復立楚國之社
> 稷，功宜爲王。」陳涉乃立爲王，號爲「張楚」。〔註56〕

在此，可看出陳中豪傑父老，對陳涉封王表現出肯定的態度，並且是熱情的勸說，認爲陳涉「功宜爲王」。其理由有二，一爲起義反秦的首事之功，二爲恢復楚國的復國之德。不可否認的是，這其中也暗藏著老百姓懷念舊封國的情懷。對此，張耳和陳餘則另有看法。《史記・張耳陳餘列傳》載：

〔註53〕李長之，《司馬遷之人格與風格》，頁2。
〔註54〕梁玉繩曰：「自陳涉稱王至高祖五年即帝位凡八年，故（序傳）（即太史公自序）云「八年之間，天下三嬗」，此言『五年』非也。」按：陳勝稱王於秦二世元年（公元前209年），高祖五年即帝位是漢五年（公元前於202年），前後凡八年，故梁說爲是。參梁玉繩，《史記志疑》卷十〈秦楚之際月表第四〉，頁455。
〔註55〕陳勝者，陽城人也，字涉。《史記・陳涉世家》，自引文後，爲統一格式，一律以陳涉稱之。
〔註56〕《史記・陳涉世家》卷四十八，頁1952。

陳中豪傑父老乃説陳涉曰：「將軍身被堅執銳，率士卒以誅暴秦，復立楚社稷，存亡繼絕，功德宜爲王。且夫監臨天下諸將，不爲王不可，願將軍立爲楚王也。」陳涉問此兩人，兩人對曰：「夫秦爲無道，破人國家，滅人社稷，絕人後世，罷百姓之力，盡百姓之財。將軍瞋目張膽，出萬死不顧一生之計，爲天下除殘也。今始至陳而王之，示天下私。原將軍毋王，急引兵而西，遣人立六國後，自爲樹黨，爲秦益敵也。敵多則力分，與眾則兵彊。如此野無交兵，縣無守城，誅暴秦，據咸陽以令諸侯。諸侯亡而得立，以德服之，如此則帝業成矣。今獨王陳，恐天下解也。」陳涉不聽，遂立爲王。〔註57〕

張、陳二人畢竟是舊時的名士，在他們的心目中，諸侯據土封王的觀念仍十分強烈，他們希望歷史回到戰國時期分封的狀態。他們建言陳涉「緩稱王」，其目的並非是反對陳涉封王，只是希望他能在條件充足時，再行稱王。〔註58〕張、陳認爲如果「遣人立六國後，自爲樹黨，爲秦益敵也。敵多則力分，與眾則兵彊」。若能先採取分封六國後代的措施，則一方面反秦的舉事有加快成功的可能；另一方面，也可避免自己成爲秦政府的眼中釘。只要等到滅秦之後，陳涉理所當然的能夠「以德服之」，便順理成章的能以反叛軍領袖的名義而稱帝。張、陳的看法，其實是正確的，他們的眼光較遠，勸戒陳涉不要急於享受功名，立六國後可以爲秦樹敵，如此的戰略策略，有助於增加反秦勢力的實力，對秦國造成更大的壓力。

無奈陳涉缺乏長遠的識見，同時又在眾人的期待下，急於立王，建號「張楚」，〔註59〕取「張大楚國」的意思，表示楚國由此復興，更由此而張大。以陳涉爲首的農民起義軍，雖像颶風一樣快速興起，但因本身存在著許多不可克服的局限，例如沒有大量消滅秦軍的主力、部署指揮上屢屢出現錯誤、缺乏高明的統帥等因素，陳涉本身也缺乏卓越的政治才能，所以短短不到的一

〔註57〕《史記·張耳陳餘列傳》卷八十九，頁2572～2573。

〔註58〕參安作璋，《漢高帝大傳》，頁59。

〔註59〕「張楚」，《索隱》引李奇曰：「欲張大楚國，故稱『張楚』。王先謙曰：「張楚，即大楚也。」《廣雅·釋詁》：「張，大也」。轉引自韓兆琦，《史記箋證》，〈陳涉世家〉，頁3292；至於「張楚」是否爲陳涉政權國號問題，曾在史學界引起爭論。長沙馬王堆三號漢墓出土的帛書《五星占土星行度表》中，有張楚紀年的確切記載，可以證明張楚作爲國號是確定無疑的。見安作璋，《漢高帝大傳》，頁59。

年時間，慘敗的命運不可避免地的就落到他的頭上。〔註60〕陳涉起軍義雖告失敗，但繼之而起的反秦勢力，把陳涉未竟的事業推向新的里程。在此期間，反秦之盟主，始爲陳涉之張楚，繼爲懷王之楚，再爲項羽之西楚。

值得注意的是，自陳涉、吳廣起義後，先前被秦始皇奪去政治權力的舊六國貴族，也趁此時期再次興起，過去被秦所滅之六國，除了韓以外，也都在此時紛紛復國了。這段時期裡，陳涉以張楚爲天下盟主，所進行的復國運動成爲天下政局的主流，茲以下表說明之。

表6－1：陳涉復國建王期之王國表〔註61〕

國　名	王　名	出身國	階　層	身　份
秦	胡亥	秦	王族	王子
楚	陳勝	楚	平民	戍卒
趙	武臣	楚	平民	陳涉部將
齊	田儋	齊	舊王族	民間
燕	韓廣	燕	平民	武臣部將
魏	魏咎	魏	舊王族	陳涉部將

從上表中，可看出恢復的五國之中，除了齊王田儋與魏王魏咎屬於舊王族，楚王陳涉、趙王武臣、燕王韓廣都是平民。而魏咎其實也是陳勝的部下，其政權爲中國歷史上新出現的一種類型，故大陸學者李開元將其歸爲「平民王政」。〔註62〕楚王陳涉雖是平民王政的領導者，但初始並沒有分封的構想，當他們打出復國的旗幟響應反秦起義時，不少的六國遺民立即跟著響應附合，雖然反秦的目的是因秦施暴政，但由此可證明他們仍舊具有濃厚的分封觀念。

（三）懷王之約下的諸侯稱王

陳涉失敗死後，秦將秦嘉立景駒爲楚王。景駒是戰國時楚國貴族的後代，

〔註60〕有關陳勝興驟敗速的過程與原因，可詳見漢安作璋、孟祥才，《漢高帝大傳》，頁65～73。

〔註61〕此表係參考李開元，《漢帝國的建立與劉邦集團——軍功受益階層研究》，頁78。

〔註62〕李開元，《漢帝國的建立與劉邦集團——軍功受益階層研究》，頁79。

楚國王室之大族有所謂「昭」、「屈」、「景」三姓，〔註63〕景駒之立，表明陳涉之平民王政路線開始受到修正。此一轉變，至范增說項梁時最爲全面。據《史記‧項羽本紀》載：

> 居鄛人范增，年七十，素居家，好奇計。往說項梁曰：「陳勝敗固當。夫秦滅六國，楚最無罪。自懷王入秦不反，楚人憐之至今，故楚南公曰『楚雖三戶，亡秦必楚』也。今陳勝首事，不立楚後而自立，其勢不長。」〔註64〕

范增之語，對陳勝之平民王政進行了批判，強調應「立楚後而自立」。項梁接受了他的意見，開始致力於貴族王政之全面復興。由此，首先有楚懷王之立，其次，又立故韓國公子韓成爲韓王，於是，楚、齊、韓、趙、魏之王政復興全部實現。〔註65〕茲以下表再做進一步說明。

表6-2：楚懷王時期各路豪傑建國稱王表〔註66〕

國　名	王　名	階　層	身　份	備　註
秦	胡亥 子嬰	王族 王族	王子 王子	
楚	景駒 楚懷王心	舊六國貴族 舊六國貴族	民間 牧羊兒	 盟主
趙	趙歇	舊六國貴族		
齊	田儋 田假 田市	舊六國貴族 舊六國貴族 舊六國貴族	民間 民間 齊王儋子	
燕	韓廣	平民	陳涉部將	
韓	韓成	舊六國貴族	民間	
魏	魏咎 魏豹	舊六國貴族 舊六國貴族	陳涉部將 魏王咎弟	

〔註63〕參韓兆琦，《史記箋證》，頁571頁。按：據《史記‧秦楚之際月表》，秦嘉之立景駒爲秦二世二年一月。

〔註64〕《史記‧項羽本紀》卷七，頁300。

〔註65〕李開元將此時期稱之爲王政復興期。見李開元，《漢帝國的建立與劉邦集團——軍功受益階層研究》，頁80～81。

〔註66〕此表系參考李開元，《漢帝國的建立與劉邦集團——軍功受益階層研究》，頁81。

　　從上表中，可看出在這段時期裡，戰國七國已經一個不差地全部復活，除燕國外，新興之平民王政已爲舊六國貴族後裔所取代。此時，懷王之楚國爲天下盟主，六國貴族之就國復王已成爲天下政局之主流。〔註67〕

　　特別值得一提的是，對未來政局影響較大的，乃是楚懷王心重新建制分封時，制定「先入關中者爲王之」的懷王之約。此約定於秦二世二年後九月。《史記・秦楚之際月表》後九月條：

> 懷王封沛公爲武安侯，將碭郡兵西，約先至咸陽王之。〔註68〕

《漢書・高帝紀》也敘其事於秦二世二年後九月，曰：

> 初，懷王與諸將約，先入關中者王之。〔註69〕

在以楚爲盟主聯合滅秦的大目標下，興滅國，繼絕世，復興六國社稷，復活六國王族王政，已成爲現實和天下共識。然而，對未來的秦國應當如何處置，在定懷王之約以前，則並不清楚。懷王之約就是在這種背景下，對於未來秦國的處置問題，作出明確規定。按此規定，滅秦以後，王政復興之現狀，天下七國之大局將繼續予以維持，秦國將被保留，但秦王將予以置換，其置換方式，則是公約懸賞以待，留給首先攻占關中的反秦軍將領。〔註70〕

　　項羽入關後，不滿懷王先前所定「先入關中者王」的約定，乃曰：「懷王者，吾家武信君所立，非有功伐，何以得顓主約？」〔註71〕遂無視懷王，自己主持分封天下。劉邦即以此約爲憑籍，對項羽負約的舉動大肆韃伐。據《漢書・高帝紀》，漢四年，楚漢兩軍相峙，劉邦數舉項羽十大罪狀曰：

> 吾始與羽俱受命懷王，曰先定關中者王之。羽負約，王我於蜀、漢，罪一也。羽矯殺卿子冠軍，自尊，罪二也。羽當以救趙還報，而擅劫諸侯兵入關，罪三也。懷王約，入秦無暴掠，羽燒秦宮室，掘始皇帝塚，收私其財，罪四也。又強殺秦降王子嬰，罪五也。詐坑秦子弟新安二十萬，王其將，罪六也。皆王諸將善地，而徙逐故主，令臣下爭畔逆。罪七也。出逐義帝彭城，自都之，奪韓王地，並王梁、楚，多自與，罪八也。使人陰殺義帝江南，罪九也。夫爲人臣

〔註67〕參李開元，《漢帝國的建立與劉邦集團——軍功受益階層研究》，頁81。
〔註68〕《史記・秦楚之際月表》卷十六，頁769。
〔註69〕《漢書・高帝紀》卷一上，頁16。
〔註70〕見李開元，《漢帝國的建立與劉邦集團——軍功受益階層研究》，頁128～129。
〔註71〕《漢書・陳勝項籍傳》卷三十一，頁1809。

> 而殺其主，殺其已降，爲政不平，主約不信，天下所不容，大逆無
> 道，罪十也。〔註72〕

項羽負懷王之約，被劉邦列爲十大罪狀中的首罪，其餘之九罪，無不直接或間接涉及懷王之約。罪二、罪三，講項羽違約殺將自將，領率入關。罪四、罪五、罪六，講項羽違約對秦施暴。罪七、罪八、罪九，講項羽殺約主，逐奪各諸侯王，破壞懷王之約所確定的天下秩序。罪十則總述諸罪之惡，其中又再次強調項羽「主約不信」。〔註73〕劉邦利用入關爲王的法理依據，否定項羽的所作所爲，爭取民心與各諸侯的認同，使項羽成爲全民的公敵。以此觀之，若說楚漢相爭，劉勝項敗的原因，項羽負懷王之約應是重要的關鍵點之一，而楚懷王心重新建制分封，制定「先入關中者爲王之」約定，更決定了楚漢未來勝負的命運。

（四）項羽分封十八王國

西元前 206 年，秦亡，項羽取代楚懷王爲諸侯霸主，其根據與自己關係的親疏與個人好惡，分封了十八個諸侯王。自立爲「西楚霸王」，〔註74〕王梁、楚地九郡，都彭城。〔註75〕表明自己擁有凌駕其它諸侯王之上的地位。項羽之前否定了懷王與諸將之約，不理會先入關者王其地的約定，對諸將給予精神喊話。《漢書·陳勝項籍傳》載：

> 羽乃曰：「懷王者，吾家武信君所立耳，非有功伐，何以得顓主約？
> 天下初發難，假立諸侯後以伐秦。然身被堅執銳首事，暴露於野三
> 年，滅秦定天下者，皆將相諸君與籍力也。懷王亡功，固當分其地
> 而王之。」諸將皆曰：「善」。〔註76〕

項羽之語，除了表達對懷王的不滿之外，同時也申明分封天下的決心。「身被堅執銳首事，暴露於野三年，滅秦定天下者，皆將相諸君與籍力也」。說明了

〔註72〕《漢書·高帝紀》卷一上，頁 44。
〔註73〕李開元，《漢帝國的建立與劉邦集團──軍功受益階層研究》，頁 132。
〔註74〕項羽自爲西楚霸王，霸者，「伯」之借字。伯，長也，猶言諸王之長也。羽既爲諸侯長矣，故《本紀贊》曰：「分裂天下而封王侯，政由羽出，號爲霸王。」見朱東潤《史記考索》〈紀表書世家傳說例〉，頁 8。
〔註75〕《史記·高祖本紀》卷八，頁 365。又據清人錢大昕《二十二史考異》考證，項羽「實得泗水、碭、陳、會稽四郡。」大體上囊括了今之安徽、江蘇和浙江的大部分地區，以及山東、河南的一部份，這片地大都是原楚國的領地，也是項羽最早起事的地方。見安作璋、孟祥才，《漢高帝大傳》，頁 119～120。
〔註76〕《漢書·陳勝項籍傳》卷三十，頁 1809。

滅秦定天下的功勞不在諸王而在諸將。分封天下的原則，在於「按功割地，分土而王」〔註77〕，尤其是以從入關爲重要條件。其分封的主要對象有二，一爲滅秦有功的軍事將領，如張耳、英布、劉邦、申陽等；二爲六國王族後裔，如魏王豹、趙王歇、韓王成等，但他們在分封之後，都受到不同程度的削弱，失去了原來的勢力範圍。楚懷王雖曾爲諸侯盟主，無功，分其地以王諸將。至於田榮、陳餘、彭越等人，因沒有從楚破秦之功，雖爲地方實力派，也不得裂地封王。〔註78〕

值得注意的是，從《漢書‧陳勝項籍傳》項羽之語：「身被堅執銳首事，暴露於野三年，滅秦定天下」來看，其內容爲記載被堅執銳滅秦之事，和《史記‧張耳陳餘列傳》豪傑父老勸陳涉稱王時曰：「將軍身被堅執銳，率士卒以誅暴秦」兩者完全是同事同源。以此觀之，則陳涉破秦計功的作法，應爲項羽所繼承，當無大誤。

關於項羽是否有稱帝建國的打算，對於這問題，可從項羽觀秦始皇出遊時的一段話說起。《史記‧項羽本紀》載：

> 秦始皇帝游會稽，渡浙江，梁與籍俱觀。籍曰：「彼可取而代也。」
> 〔註79〕

《史記‧項羽本紀》又載：

> 項王欲自王，先王諸將相。〔註80〕

大陸學者田慶餘在〈說張楚〉一文中亦評論著：「項羽不會自安於稱楚王而長久地與諸侯王並立，不會眼看著業已空出的帝位而毫不動心。」〔註81〕從這三件事來看，項羽似乎真有稱帝建國的野心，然仔細分析，恐未必也。前引《史記‧項羽本紀》，項羽脫口而出，「彼可取而代也。」只代表著項羽胸懷大志，坦蕩豪勇的雄心。觀項羽少時曾「學書不成」，胸無點墨而少權謀，恃勇力而不懂政治，他的才能主要表現在用兵舞劍這類鬥力方面，在破秦、滅秦的軍事鬥爭中，雖可發揮作用，但在打破舊世界之後，建立新世界的工作，

〔註77〕《史記‧淮陰侯列傳》卷九十二，項羽遣武涉說韓信曰：「天下共苦秦久矣，相與戮力擊秦。秦已破，計功割地，分土而王之，以休士卒。」這段話，清楚地表明了項羽是以「計功割地，分土而王」做爲分封天下的政治理念。見《史記‧淮陰侯列傳》卷九十二，頁2622。
〔註78〕董平均，〈西漢王國分封制度探源〉，頁17。
〔註79〕《史記‧項羽本紀》卷七，頁296。
〔註80〕《史記‧項羽本紀》卷七，頁315。
〔註81〕田慶餘，〈說張楚〉，《楚漢魏晉史探微》，（北京：中華書局，2004年），頁27。

是不能僅憑武力一蹴而就的，它還需要智謀、心計、眼光、胸襟，這些方面正是項羽所不足之處。

至於《本紀》又載：「項王欲自王，先王諸將相」，表面看來，項羽疑有稱帝之心，其實此處是在強調滅秦之功，應歸功於諸將相與項羽本身，項羽只求成爲眾諸侯領袖，否則不會分封如此多王國，而自築大一統事業之絆腳石。再者，關於田氏所評，項羽對空出帝位不會不動心的看法，試想假若項羽確有稱帝的野心，在秦帝國滅亡、率諸侯軍入關中之時，乃是絕佳機會。是時，項羽的聲望與權威如日中天，號令天下而無所不敵，依項羽當時主、客觀的條件而言，則無需把楚懷王升格爲楚義帝，以楚帝代替秦帝的法統地位，本身稱帝建國當屬輕而易舉之事，然項羽本身是貴族之後，封建觀念極爲強烈，沈醉於六國遺民分封的舊思維中，自己只做個能凌駕諸侯的霸王便已心滿意足。此所以凌稚隆稱項羽：「從來無統一天下之志。」〔註82〕其政治理念是「按功割地，分土而王」，以分封天下爲最終目標，並未有兼併諸侯，一統天下的野心。茲整理項羽所封十八王國如下表：

表6-3：項羽分封十八王國表〔註83〕

國王號	人　名	原有地位	階　層	領　土
漢王	劉邦	武安侯	平民	漢中郡蜀巴郡
雍王	章邯	秦將	官僚	咸陽以西
塞王	司馬欣	秦將	官僚	咸陽以東
翟王	董翳	秦將	官僚	上郡
西魏王	魏豹	魏王	王族	河東郡
河南王	申陽	張耳部將	？	河南郡
韓王	韓成	韓王	王族	故韓地
殷王	司馬卬	趙將	？	河內郡
代王	趙歇	趙王	王族	代郡
常山王	張耳	趙相	官僚	趙地大部分
九江王	英布	項羽將	平民	楚地一部分

〔註82〕〔明〕凌稚隆輯校，〔明〕李光縉增補：《史記評林》（2），頁61。
〔註83〕此表係參考勞榦，《秦漢史》，文化大學出版，2001年9月，頁18～19；李開元，《漢帝國的建立與劉邦集團——軍功受益階層研究》，頁83～84。

國王號	人　名	原有地位	階　層	領　土
衡山王	吳芮	楚將	官僚	楚地一部分
臨江王	共敖	楚柱國	？	楚地一部分
遼東王	韓廣	燕王	平民	遼東
燕王	臧荼	燕將	平民	燕地一部分
膠東王	田市	齊王	王族	齊地一部分
齊王	田都	齊將	王族	齊地一部分
濟北王	田安	項羽將	王族	齊地一部分

　　從上表可看出，項羽所封的十八王中，除西魏王魏豹、韓王韓成、代王趙歇、膠東王田市、齊王田都、濟北王田安為戰國六國的舊王族之外，其餘十二王皆為非王族出身之有功將領。雍王章邯為秦少府，塞王司馬欣為章邯長史，翟王董翳為秦都尉，衡山王吳芮為秦番陽令，常山王張耳做過舊魏國外黃令，後來接替韓王成做韓王的鄭昌，為秦吳令，皆為官僚。漢王劉邦做過秦之亭長，遼東王韓廣為秦之上谷卒史，皆為小吏。九江王英布為群盜出身之楚將，從項羽擊秦有功。燕王臧荼為韓廣部將，領兵救趙從項羽擊秦有功。河南王申陽，張耳部將，從楚擊秦有功。殷王司馬卬為趙將，擊秦有功。臨江王共敖為楚柱國，擊秦有功。這些人之出身都不是王族與貴族。〔註84〕項羽所封十八諸侯王之標準，大致上是以軍功為考量。

　　表面上看起來，項羽依據亡秦戰績的功勳分封，是用裂土分封的辦法，來酬賞六國舊貴族及其它功臣宿將是最好的辦法，各路豪傑也應會樂於接受分封。在人們普遍懷舊的氣氛裡，以及六國舊貴族的包圍中，項羽之策略乃是分封與己有部屬關係而又有地方勢力之諸將，各守其國；而不自覺地變成了六國舊貴族的代表，如春秋五霸之與諸侯。他把春秋戰國列國分立的政治形式理想化，把分封看成建立和平、安定秩序的萬靈丹。但他忽略分封不公及諸王心中隱藏的對權力的渴望等問題，以致引起一連串封國間戰爭的後果。原來諸侯從項羽時，至少希望保全領土。至此，幾乎沒有一個國家可以和從前一樣，其中許多國家，如魏、趙、齊、燕、都被縮小了。而不見於表中的，例如齊相田榮，趙將陳餘，也因為沒有封王而變為項羽的敵人。〔註85〕

〔註84〕李開元，《漢帝國的建立與劉邦集團──軍功受益階層研究》，頁86。
〔註85〕勞榦，《秦漢史》，頁19。

儘管項羽的分封暴露出許多缺點，但還不致於影響到楚漢戰爭失敗的命運。事實上，楚漢爭戰，劉勝項敗的關鍵點，項羽分封的處置不當並非主因，而是另有其它。關於此點，本論文在第五章第二節已有說明，不另贅述。

第二節　漢高祖的分封思想

一、漢高祖分封思想的形成與發展

　　如上節所述，漢高祖之前的王國制度，主要歷經了西周的封建制度、秦的封建之辨、陳勝首倡的王國分封制度、懷王之約下的諸侯稱王、項羽裂土分封十八王國等等。漢與西周相隔久遠，且沒有繼承有如「親親之義，褒有德也」、「尊勤勞也」、「親親賢賢，褒表功德」等有意義一面，因此不能斷定漢初劉邦的分封異姓諸侯王是源於西周分封，只能說是襲取了西周分封制度的外殼而已。反秦起義與楚王項羽時期都恢復了分封制，劉邦身處其中，本身也曾受項羽所分封，因此，劉邦分封思想的形成，是在反秦戰爭中漸漸展開的，並且和秦漢之際的分封制恢復有關。也因為如此，筆者即以時間為主軸，爬疏整理史料，將漢高祖分封思想的形成，概略分為三個階段，分別是（一）萌芽階段，以反秦起義時期為主。（二）形成階段，始於楚漢相爭，至漢初至建漢封功臣為止。（三）規範階段，始於建漢封功臣，至漢十二年（公元前 195 年）高祖去世時止。需要先說明的是，漢高祖的分封思想並不是一開始就存在的，而是漸進式的被凝聚起來的。以此作為劃分，並非絕對，而是為方便討論，以時間來做一個區隔。

（一）萌芽階段

　　劉邦的分封思想並不是一開始存在的，而是漸進式的被凝聚起來的。此萌芽階段，可說是其分封思想的源頭與萌芽期。時間上的界定，從他參加反秦起義至楚漢相爭止。劉邦身處於反秦起義時期，自陳涉、吳廣揭竿而起，提倡分封的聲音再度響起，顯示出諸侯據土封王的觀念仍十分強烈，同時也暗藏著老百姓懷念舊封國的情懷。陳涉起軍義雖告失敗，但舊六國貴族，也都在此時趁勢紛紛復國了。繼之者為懷王之楚，再為項羽之西楚等，均有分封的措施。劉邦是當時時代背景下的一份子，項羽自立為西楚霸王後，將其封之為漢王，王巴、蜀、漢中，劉邦雖怒項羽分封之不公，欲攻項羽，但被蕭何等勸止。

在平民家野心家的眼中，分封可說是共同的願望，劉邦以布衣起家，自然也不例外。在大時代的環境之下，劉邦分封的思想已漸漸展開，這過程中，他也曾封過別人。《漢書‧高帝紀》載：「七月，南陽守齮降，封爲殷侯，封陳恢千戶。」〔註86〕此事發生在秦三年（公元前217年），劉邦在西進咸陽途中，即封呂齮爲殷侯。又如《史記‧高祖本紀》載：「諸將以萬人若以一郡降者，封萬戶」。〔註87〕此事發生在漢二年（西元前205年），劉邦率軍正面向東發展，封韓國的太尉信爲韓王，同時又大大封賞那些率兵來降的東方各國將領，凡是帶來一萬人或是一個郡歸降者，都封爲萬戶侯。其目的是以分封方式，爭取各路英雄在沙場上能爲其效命。

（二）形成階段

此階段主要是以楚漢戰爭開始，至建漢封功臣爲止。劉邦在反秦戰爭時，即已有過分封的舉動，爲了要削弱項羽的勢力，甚而有樂於分封的念頭，此事表現在漢三年（公元前204年），酈食其建議其分封舊六國貴族以對抗項羽。《史記‧留侯世家》載：

> 漢三年，項羽急圍漢王滎陽，漢王恐憂，與酈食其謀橈楚權。食其曰：「昔湯伐桀，封其後於杞。武王伐紂，封其後於宋。今秦失德棄義，侵伐諸侯社稷，滅六國之後，使無立錐之地。陛下誠能復立六國後世，畢已受印，此其君臣百姓必皆戴陛下之德，莫不鄉風慕義，願爲臣妾。德義已行，陛下南鄉稱霸，楚必斂衽而朝。」漢王曰：「善。趣刻印，先生因行佩之矣。」〔註88〕

酈食其先舉湯、武之分封爲例，建議漢王若「能復立六國後世」，則百姓「莫不鄉風慕義」，自然能「南鄉稱霸，楚必斂衽而朝」。酈食其所言，並非無稽之談，其實是有某一程度的歷史背景因素涵蓋其中。舊六國由於周代行世卿世祿制的緣故，在人們的印象中，這種政治上世代相傳的認知，已根深蒂固。秦雖然了統一中國，消去六國貴族以往的政治權力，但六國貴族在一般人的眼中，仍然擁有較高的社會地位，而這種高人一等的社會地位，使他們擁有了某種潛在的政治權力，使他們可以將別人置於自己的控制之下，在中央政府面臨危機、控制力衰弱時，這種潛在的權力就會演變成實際的權力。這也

〔註86〕《漢書‧高帝紀》卷一上，頁20。
〔註87〕《史記‧高祖本紀》卷八，頁369。
〔註88〕《史記‧留侯世家》卷五十五，頁2040。

就是秦末絕大多數的反秦力量，多由舊六國貴族組織起來的原因。〔註89〕由於當時的社會思潮，也大都存在著濃厚的分封氣息，所以劉邦原先的反應是欣然接受。〔註90〕楚漢相爭緊張的局勢，使得劉邦分封思想已儼然成形而視為理所當然。

此外，劉邦身邊二位重要功臣的言論，對劉邦分封思想的形成，深具有影響力。其一是韓信，其二是張良。韓信為蕭何所力薦，初拜大將軍時，劉邦問他「何以教寡人計策」，韓信針對項羽分封十八王的失策，以及當時社會上追求分封利益的風氣，作了深刻、正確的分析。《史記·淮陰侯列傳》載：

> 信再拜賀曰：「惟信亦為大王不如也。……項王雖霸天下而臣諸侯，不居關中而都彭城。有背義帝之約，而以親愛王，諸侯不平。諸侯之見項王遷逐義帝置江南，亦皆歸逐其主而自王善地。項王所過無不殘滅者，天下多怨，百姓不親附，特劫於威強耳。名雖為霸，實失天下心。故曰其彊易弱。今大王誠能反其道：任天下武勇，何所不誅！以天下城邑封功臣，何所不服！」〔註91〕

據此，則韓信分析項羽不為天下所服的原因在於「背義帝之約」與「遷逐義帝置江南」，並不是因為分封不公。〔註92〕韓信除了建議劉邦要「反其道」之外，並進一步建議劉邦「任天下武勇」與「以天下城邑封功臣」，來達到「何所不誅」、「何所不服」的目的。此條所代表的意義，除了透露出韓信心中所存在的分封思想外，也反應出當時的社會，存在著濃厚的分封氣息。劉邦聽了韓信建議後，「大喜，自以為得信晚」的態度，顯示出劉邦已認同「以天下城邑封」的分封意識，這種分封意識，也可說是日後分封諸侯王的原動力。

至於張良，其諫阻劉邦分封六國後，力陳「八不可」。《史記·留侯世家》載：

> 張良對曰：「臣請藉前箸為大王籌之。」曰：「昔者湯伐桀而封其後於杞者，度能制桀之死命也。今陛下能制項籍之死命乎？」曰：「未能也。」「其不可一也。武王伐紂封其後於宋者，度能得紂之頭也。今陛下能得項籍之頭乎？」曰：「未能也。」「其不可二也。武王入

〔註89〕參瞿同祖，《漢代社會結構》，（上海：人民出版社，2007年4月），頁167。

〔註90〕其後被張良以「八不可」勸阻，詳見《史記·留侯世家》卷五十五，頁2040。

〔註91〕《史記·淮陰侯列傳》，卷九十二，頁2612。

〔註92〕大陸學者孟祥才亦有此類似的看法，孟氏認為項羽失敗的主要原因並不是分封諸侯王，而是既缺乏安定社會、贏得民心的一系列政策，又沒有駕馭十八個受封諸侯王的本領和謀略。見孟祥才，《秦漢人物散論》，頁72。

殷，表商容之閭，釋箕子之拘，封比干之墓。今陛下能封聖人之墓，
表賢者之閭，式智者之門乎？」曰：「未能也。」「其不可三也。發
鉅橋之粟，散鹿台之錢，以賜貧窮。今陛下能散府庫以賜貧窮乎？」
曰：「未能也。」「其不可四矣。殷事已畢，偃革爲軒，倒置干戈，
覆以虎皮，以示天下不復用兵。今陛下能偃武行文，不復用兵乎？」
曰：「未能也。」「其不可五矣。休馬華山之陽，示以無所爲。今陛
下能休馬無所用乎？」曰：「未能也。」「其不可六矣。放牛桃林之
陰，以示不復輸積。今陛下能放牛不復輸積乎？」曰：「未能也。」
「其不可七矣。且天下游士離其親戚，棄墳墓，去故舊，從陛下游
者，徒欲日夜望咫尺之地。今復六國，立韓、魏、燕、趙、齊、楚
之後，天下游士各歸事其主，從其親戚，反其故舊墳墓，陛下與誰
取天下乎？其不可八矣。且夫楚唯無彊，六國立者復橈而從之，陛
下焉得而臣之？誠用客之謀，陛下事去矣。」〔註93〕

當時酈食其認爲湯伐桀，封其後杞；武王誅紂，封其後宋。今秦失德，伐滅
六國，以致自己無立錐之地，建議劉邦復立六國後。張良卻認爲「昔湯武伐
桀封其後者，度能制其死命也。」而今劉邦卻無法做到。在張良看來，若立
六國後，謀士說客們將各歸事其主，從其親戚，到時有誰會來幫忙打天下呢？
天下游士之所以跟從劉邦，無非是爲了將來能有「咫尺之地」，也反應當時平
民野心家對分封的願望。若再進一步分析，張良所云不可封六國之後的八條
理由，沒有一條否定分封制本身。其重點是闡明當時形勢與周滅殷時的情況
不，一旦分封六國後裔爲王，就會使跟隨劉邦打天下的謀臣將土們寒心。張
良與酈食其二人，對於分封看法不同的地方，僅僅在於：分封的對象不是六
國後裔，而應該是跟隨劉邦南征北戰的將士和謀臣。〔註94〕

　　劉邦聽完張良分析後，才醒悟到分封六國之弊，趕緊下令將製好的印章
銷毀，在此見識到劉邦從諫如轉丸處。從酈食其與張良兩人對分封議題的建
議，劉邦的反應截然不同來分析，可看出劉邦此時的分封思想，其實已經不
是要不要分封的問題，而是選擇誰爲分封對象的問題，這也顯示劉邦的分封
思想已然成形，不僅接受分封思想，而且還向前邁進了一大步。

〔註93〕《史記・留侯世家》卷五十五，頁2040。
〔註94〕安作璋，《漢高帝大傳》，頁208。

（三）規範階段

此階段始於建漢封功臣始至高祖十二年去世止。劉邦分封諸侯異姓諸王，主要的原因是，在楚漢戰爭中能夠戰勝項羽，同時也受秦末頗有群眾基礎的社會分封思潮所影響。秦楚之際，分封思潮一直存在著，劉邦接受分封的意識，實施裂地封王的措施就具有了某種必然性。在經過了多年的反秦戰爭和楚漢戰爭洗禮後，劉邦的分封意識也愈來愈強，分封思想也從內容到形式進行全面的整飭。此階段主要表現在分封異姓諸侯王向分封同姓王的過渡階段，以「刑白馬而盟」為標志，劉邦的分封思想已經成熟和趨向定型。分封同姓的思想直接影響了漢初百有餘年的歷史。

需要特別提出來說明的是，分封異姓轉向分封同姓的轉變中，有一個巧妙的轉折的過程，其事件的主角就是盧綰。盧綰與劉邦是同鄉、又是同日所生，兩家關係極為親密，其一直追隨劉邦左右，後封為太尉、將軍、長安侯，因無顯赫事功，故未加封為王。直到平定臧荼叛亂，才開始有所轉機。劉邦「詔諸侯王視有功者立以為燕王」〔註95〕，群臣窺見劉邦意圖，皆曰：「太尉長安侯盧綰常從平定天下，功最多，可王。」〔註96〕於是盧綰便封為燕王。從盧綰得封此件事來看，表明劉邦分封思想的轉變。在分封對象的選擇上，已經從原先的分封功臣轉為分封近親方向，發展的趨勢直接指向同姓子弟。〔註97〕

二、劉邦所封的八個異姓諸侯王

如本章第一節所述，陳涉破秦計功的作法應為項羽所繼承，而劉邦分封異姓諸侯王，其原則也同於陳涉、項羽的分封，同樣是以軍功作為考量，只是將盡忠的對象，由楚為漢，主封霸國易名而已。然而，劉邦之分封異姓諸侯王，相對於項羽之分封，在形式上是有所變化的。項羽之分封，展現了「霸王」的氣勢，直接否定了懷王與諸將訂定「先入定關中者王之」〔註98〕的承諾，也透露出其並無真正稱帝的念頭，他重新將已有之國割裂為十九國，其用意只在於希望滅秦有功者可以和他共同分治天下。高祖劉邦之封建，則將項羽之十九國

〔註95〕 《漢書・高帝紀》卷一下，頁58。

〔註96〕 《漢書・韓彭英盧吳列傳》卷三十四，頁1891。

〔註97〕 參唐德榮，〈略論劉邦的分封思想〉，《求索》，2005年5月，頁122。

〔註98〕 《漢書・高帝紀》載：「初，懷王與諸將約，先入定關中者王之」。見《漢書・高帝紀》卷一上，頁16。

合併，除楚國有所分割（楚、淮南、衡山王）外，基本上恢復了項羽眾建列國以前的戰國七國之局面。〔註99〕高祖劉邦乃以稱帝爲大前提，有政治軍事目的。其中大致可以高祖即皇帝位爲界，分兩階段，前一階段與項羽爭天下，對已成勢力者，承認收攬之。即無名號者如彭越，亦許以王爵食邑，利用其力量以圍滅楚項，此階段所封也多爲異姓諸侯王。後一階段高祖已爲皇帝，鑑於秦之孤立無援，乃封同姓王，樹親屬子弟以爲藩輔。此乃以延長國祚之政策。本節所討論是異姓諸侯王爲主，同姓王部份下文再另做說明。

前以述及，劉邦的分封思想是循序漸進所形成的，在反秦起義階段，劉邦即已有分封的措施，在其稱帝建漢的過程中，如同陳涉、項羽的分封，亦是以軍功作爲主要考量而論功行賞，陸續分封了八個異姓諸侯王。分別是楚王韓信、梁王彭越、淮南王英布、韓王信、趙王張耳、燕王臧荼、張沙王吳芮、燕王盧綰，史稱之爲「漢初異姓諸侯王」。時間則主要集中在漢四、五年之間（公元前203至202年）茲將劉邦所封的八個異姓諸侯王列表如下：

表6－4：漢初異姓諸侯王表

分封時間	項羽舊封	原項羽舊封後劉邦改封	漢所始封者	階　層
漢四年二月 高五年正月			齊王韓信 楚王韓信	平民
漢四年十月	常山王張耳	趙王張耳		官僚
漢元年二月 高五年八月	燕王臧荼		燕王盧綰	平民 平民
漢二年十一月			韓王信	王族
高五年二月			梁王彭越	平民
漢四年七月 高五年正月	九江王英布 衡山王吳芮	淮南王英布 長沙王吳芮		平民 平民

從上表中可看出，除了常山王張耳、韓王信外，其餘均爲平民出身。從受封的時間上分析，最早接受劉邦分封的是韓王信，時間是在漢二年（公元前205年）。其中，燕王臧荼爲項羽之舊封，趙王張耳、淮南王英布、長沙王

〔註99〕李開元，《漢帝國的建立與劉邦集團——軍功受益階層研究》，頁88。

吳芮，爲漢因項羽舊封所加之改封，漢所始封者，只有韓王信、齊王韓信和梁王彭越。韓王信出身於舊韓國王族，齊王韓信和梁王彭越皆平民出身，三人皆爲漢之第一等功臣，三人之封王，皆因於軍功。就劉邦所封異姓諸侯王的過程來看，具體而言，可分爲以下四類：

第一類，是先受項羽封而投漢者，如張耳被項羽封之爲常山王，後投漢，助韓信破趙，韓信「因請立張耳王趙以撫其國」〔註100〕劉邦封張耳爲趙王。英布，楚將，項羽封之爲九江王，降漢，劉邦封之爲淮南王。吳芮，項羽立爲衡山王，助漢，劉邦徙之爲長沙王。臧荼，項羽封之爲燕王，歸漢，封之。〔註101〕此四人原受封於霸王項羽，在楚漢之爭時或因爲自身鬥爭失敗，或被說客所說，都倒向了劉邦。劉邦承認他們諸侯王的地位，張耳仍爲趙王、臧荼仍爲燕王、吳芮改封長沙王、英布改封淮南王。四人投靠使得劉邦實力大增，尤其是勇將英布爲劉邦立下赫赫戰功。值得補充說明的是，劉邦做皇帝後，所發布的第一個詔書是封吳芮爲王。《漢書・高帝紀》曰：

> 故衡山王吳芮與子二人、兄子一人，從百粤之兵，以佐諸侯，誅暴秦，有大功，諸侯立以爲王。項羽侵奪之地，謂之番君。其以長沙、豫章、象郡、桂林、南海立番君芮爲長沙王。〔註102〕

平心而論，楚漢戰爭中，吳芮並沒有什麼特別突出的功勞，吳芮其人原爲秦皇朝的番陽（今江西波陽東）令，這是長江中游彭蠡澤畔一個偏僻小縣的縣令。當時的江南，雖然地域廣闊，氣候地理條件也較優異，但人口稀少，尚待開發，經濟文化均較落後，吳芮名義上雖領有五郡，實際上只有長沙和豫章二郡，象郡、桂林、南海三郡尚在南越王的統治上，吳芮根本無法形成威脅漢朝中央的力量。劉邦建國伊始，並沒有首先封賞他親近的功臣宿將，而是對他關係比較疏遠且並無特殊功勞的吳芮進行封賞，表面上出人意料，實際上有他的深意。王夫之對劉邦此舉評價甚高，他在《讀通鑑論》中評論說：

> 漢王初即皇帝位，未封子弟功臣，而首以長沙王吳芮，閩粤王無諸，此之謂「大略」。二子者，非有功於滅項者也，追原破秦之功而封之。以天下之功爲功，而不功其功，此之謂大功。〔註103〕

〔註100〕《漢書・韓彭英盧吳列傳》卷三十四，頁1871。
〔註101〕參劉慶康，《劉邦大傳》，頁70。
〔註102〕《漢書・高帝紀》卷一下，頁53。
〔註103〕〔明〕王夫之，《讀通鑑論》，（台北：世界書局，2010年8月1版3刷），頁11。

據此，王氏讚揚劉邦此舉爲「大公」，實是因看出吳芮根本無法形成威脅漢朝中央的力量，所以，劉邦此時樂意在他身上顯示一下自己的「大公」。吳芮做長沙王以後，對漢朝中央奉命唯謹，當劉邦削平異姓諸侯王時，只有長沙王及其子孫得以世享其祿。回顧歷史的演變，劉邦稱帝之初即首先封賞吳芮，的確也顯示了他在政治上深謀遠慮的眼光。

第二類，是漢王部下有功者。如韓信有功，劉邦立其爲齊王，後徙爲楚王。彭越助漢誅項籍有功，封梁王。韓信、彭越是由劉邦所始封的諸侯王。韓信可謂是劉邦手下頭號戰將，劉邦把他與張良、蕭何並列，稱爲「三傑」，自稱「連百萬之軍，戰必勝，攻必取，吾不如韓信」。〔註104〕韓信被劉邦任爲大將後，先入關平定了三秦，接著攻下魏國、趙國、齊國可謂戰功赫赫。但是他的齊王是自己討要得來的，本來酈食其已經說服了齊王歸降，韓信出於自己的私心，還是出兵攻下了齊國，導致酈食其被烹死，在平定了齊國後向劉邦上書，請求立他爲代理齊王，「齊邊楚，權輕，不爲假王，恐不能安齊」。〔註105〕當時劉邦被楚軍圍困於滎陽，見到韓信的書信大怒，可是在形勢所迫下，還是封韓信爲齊王，這也爲韓信的滅亡埋下了伏筆。彭越原是魏王豹屬下，與魏王豹一同歸漢，在楚漢相爭的關鍵之時，劉邦表示願封他爲王，條件是出兵助漢。《史記·彭越列傳》曰：

> 漢王追楚，爲項籍所敗固陵。乃謂留侯曰：「諸侯兵不從，爲之柰何？」留侯曰：「齊王信之立，非君王之意，信亦不自堅。彭越本定梁地，功多，始君王以魏豹故，拜彭越爲魏相國。今豹死毋後，且越亦欲王，而君王不蚤定。與此兩國約：即勝楚，睢陽以北至穀城，皆以王彭相國；從陳以東傳海，與齊王信。齊王信家在楚，此其意欲復得故邑。君王能出捐此地許二人，二人今可致；即不能，事未可知也。」於是漢王乃發使使彭越，如留侯策。使者至，彭越乃悉引兵會垓下，遂破楚。〔註106〕

劉邦以裂土封王爲餌，誘彭越、韓信等領兵共誅滅羽，變勝負不可知之局面爲勝利。劉邦對於這兩人的分封在策略上很成功，他們兩人主要是「因功封王」。

〔註104〕《史記·高祖本紀》卷八，頁381。
〔註105〕《史記·高祖本紀》卷八，頁376。
〔註106〕《史記·魏豹彭越列傳》卷九十，頁2593。

第三類，是六國後而被劉邦所始封。韓王信乃韓襄王庶孫，劉邦封之爲韓王。他是劉邦最早分封異姓諸侯王的一位。劉邦之所以封韓王信，主要是處於策略上的考慮。韓王信較早就開始追隨劉邦，才能平庸，貢獻也不突出，他的優勢在於韓王族的身份。出於爭奪天下的戰略考慮，劉邦有意扶持他爲韓王，先封爲韓太尉，領兵掠其地，於漢二年十一月（公元前 205 年），楚軍攻破滎陽時，他投降楚軍，隨後又歸漢。劉、項皆欲韓爲己，爭奪韓地甚烈。韓信故韓王室苗裔，又定韓地，故劉邦仍以他爲韓王，使率韓助己。《史記・韓信盧綰列傳》曰：

> 三年，漢王出滎陽，韓王信、周苛等守滎陽。及楚敗滎陽，信降楚，
> 已而得亡，復歸漢，漢復立以爲韓王，竟從擊破項籍，天下定。
> 〔註107〕

由此可見，韓王信之所以被封王，因其在韓有勢力，有助於抗楚也。劉邦之所以封韓王信爲韓王，乃是因爲他具有韓王的身份，他的軍事才幹雖不能說特別出色，但他參加了楚漢戰爭的全部過程，爲劉邦的勝利立大了功勞。漢六年（公元前 201 年）春天，劉邦又將韓王信封至北近匈奴的晉陽地區，抵禦匈奴的南侵，達到「備禦胡」的目的。

第四類，是因親封王，即燕王盧綰，亦爲劉邦所始封。〔註108〕高祖封盧綰爲王的情況比較特殊，諸異姓王中，高祖心甘情願而立者，唯盧綰一人而已。《史記・韓信盧綰列傳》載：

> 盧綰者，豐人也，與高祖同里。盧綰親與高祖太上皇相愛，及生男，
> 高祖、盧綰同日生，里中持羊酒賀兩家。及高祖、盧綰壯，俱學書，
> 又相愛也。里中嘉兩家親相愛，生子同日，壯又相愛，復賀兩家羊
> 酒。高祖爲布衣時，有吏事辟匿，盧綰常隨出入上下。及高祖初起
> 沛，盧綰以客從，入漢中爲將軍，常侍中。從東擊項籍，以太尉常
> 從。〔註109〕

盧綰與劉邦同鄉，兩家父輩就互相交好，與劉邦是同年同月同日出生的，從小兩人建立了深厚的感情。後來劉邦起事，盧綰一路跟隨，雖不見有何大功，劉邦對他一直十分愛護。「衣被飲食賞賜，群臣莫敢望。」〔註110〕盧綰在群臣

〔註107〕《史記・韓信盧綰列傳》卷九十三，頁 2632。
〔註108〕羅慶康，《劉邦新傳》，頁 70。
〔註109〕《史記・韓信盧綰列傳》卷九十三，頁 2637。
〔註110〕《漢書・韓彭英盧吳列傳》卷三十四，頁 1891。

中與劉邦的關係最爲親近，雖蕭、曹之親幸，莫及也。漢五年九月（公元前202年）燕王臧荼被殺，燕王之位無主，劉邦不顧其他元老功臣的不滿，封盧綰爲燕王。鑑於秦無諸王藩輔，二世而亡，高祖欲立諸子爲王，以塡塞關東，爲漢藩輔。但劉氏出身寒微，人丁單薄，而諸子年幼，不得已即遠親如劉賈之屬，亦得封王。高祖最親盧綰，封之爲王，有視之爲諸劉，以取代其他異姓王之意。〔註111〕如果按功受賞的話，盧綰是不可能裂土封王的，他靠的是與劉邦的私人關係，也就是所謂「因親封王」。

　　至於劉邦本人，相較於諸侯王，在項羽大封天下時，劉邦原只是諸侯王之一，如今又冊封其他諸侯王，其身份自然也從漢王轉爲皇帝。《漢書‧高帝紀》載：

> 於是諸侯上疏曰：「楚王韓信、韓王信、淮南王英布、梁王彭越、故衡山王吳芮、趙王張敖、燕王臧荼昧死再拜言，大王陛下：先時秦爲亡道，天下誅之。大王先得秦王，定關中，於天下功最多。存亡定危，救敗繼絕，以安萬民，功盛德厚。又加惠於諸侯王有功者，使得立社稷。地分已定，而位號比儗，亡上下之分，大王功德之著，於後世不宣。昧死再拜上皇帝尊號。」漢王曰：「寡人聞帝者，賢者有也，虛言亡實之名，非所取也。今諸侯王皆推高寡人，將何以處之哉？」諸侯王皆曰：「大王起於細微，滅亂秦，威動海內。又以辟陋之地，自漢中行威德，誅不義，立有功，平定海內，功臣皆受地食邑，非私之也。大王德施四海，諸侯王不足以道之，居帝位甚實宜，願大王以幸天下。」漢王曰：「諸侯王幸以爲便於天下之民，則可矣。」於是諸侯王及太尉長安侯臣綰等三百人，與博士稷嗣君叔孫通謹擇良日二月甲午，上尊號。漢王即皇帝位於氾水之陽。尊王后曰皇后，太子曰皇太子，追尊先媼曰昭靈夫人。〔註112〕

漢五年二月，劉邦藉由異姓諸侯王的上疏，以及本身虛情假意一番推託之下，順利地即皇帝位於氾水之陽，正式成爲中國第一位平民皇帝。此時諸侯王共同把劉邦從軍事領袖拱上更高一層的政治領袖之後，韓信等異姓諸侯王喜孜孜的各自南面稱孤，享受封王後的權力與富貴，卻沒有顧慮到漢王劉邦的角色已有所不同，未來君臣關係可能即將發生重大的轉變。

〔註111〕廖伯源，《歷史與制度──漢代政治制度試釋》，（台北：台灣商務，民國 78年），頁328。
〔註112〕《漢書‧高帝紀》卷一下，頁52。

　　劉邦被沛父老子弟擁爲首領，用時趁勢，亡秦滅楚，其與諸將之君臣關係是打天下之過程中逐漸建立。言漢家天下，實爲高祖與諸功臣所共定，高祖自爲漢王始，除非不得已，不封異姓王，原因在於異姓王擁兵自治，封一異姓王即分己之力而多一敵國，〔註113〕對此，近代學者嚴耕望《中國地方行政制度史》有一段頗爲精闢的分析：

> 漢高祖奮起草莽，得預王國之列，以與項羽爭雄，勢必外結友邦，內封巨勳，群策群力，以摧大敵，……事勢所迫，固頗行建王困敵之策，卒收一統之效。〔註114〕

據此，漢高祖爲與項羽爭霸天下，「勢必外結友邦」、「內封巨勳」，其目的在於「以摧大敵」，封異諸侯王，實是「事勢所迫」，「建王困敵之策」，最終是爲「一統之效」。高祖深知欲滅項羽，非獨力所能完成，必多樹黨方可成功，封異姓王雖可分散項羽的戰鬥能力，但無形中也削弱了自己的力量，隱伏戰亂及顛覆之危機，劉邦的政治策略與戰略都異常突出，焉有不知其中道理，故當高祖劉邦在封異姓諸侯王的同時，即藏有殺戮之意。

　　總而言之，劉邦分封異姓諸侯王具有時代的必然性，而異姓諸侯王走向覆滅的道路亦是如此，此種時代的必然性，在當初拱劉邦爲王時，這些異姓諸侯王們是不曾事先設想到的。

三、劉邦分封異姓諸侯王的理由

　　大陸學者湯其領從「不同的需要」的角度，來看待劉邦分封異姓侯王的目的，其將劉邦分封異姓王的原因分爲三類，分別是（一）迫於戰爭的需要。如韓信、彭越等……。（二）迫於信義。如黥布、臧荼、韓王信、長沙王吳芮等。（三）出於私情。如趙王張耳、燕王盧綰等〔註115〕。湯氏所分的理由過於簡疏，並未將爲何如此分類述說清楚，讓人感覺不夠周延。值得肯定的地方是，湯氏認清了不論何類情況，封立異姓諸侯王皆非高祖所願，除趙王之外，大多是「橄一時之權變，以詐爲成功。」〔註116〕高祖自爲漢王始，除非不得

〔註113〕廖伯源，《歷史與制度——漢代政治制度試釋》，頁89～90。

〔註114〕嚴耕望，《中國地方行政制度史》上編，中央研究院歷史語言研究所專刊45，（台北：中央研究院歷史語言研究所，1974年），卷上《秦漢地方行政制度》，頁11。

〔註115〕湯其領，〈漢初封國制探制〉，頁34。

〔註116〕《漢書·韓彭英盧吳列傳》卷三十四，頁1895。

已，不封異姓王非不得已而為之。關於此點，下文將另有論述，暫且不談。
國內碩博論文方面，林裕斌從劉邦的心理層面，對異姓諸侯王的分類做了分
析，林氏同樣是將劉邦分封異姓王的原因分為三類，分別是（一）主動獎賞
封王。如韓王信、淮南王英布、梁王彭越、燕王盧綰。（二）被動同意請封。
如趙王張耳、齊王韓信。（三）順勢承認封王。如燕王臧荼、長沙王吳芮。〔註
117〕林氏所論言之有物，所持理由也甚有根據，但忽略最重要的因素，就是當
時在大環境的時代裡，在形勢所逼迫下，劉邦不得不進行分封。是故，對於
劉邦分封異姓王的真正原因，有必要再加以明確的分析，茲整理史料，將個
人的觀點分述如下：

（一）滿足平民野心家的欲望

近人徐復觀在《兩漢思想史》中，從平民心中野心家與六國的殘餘貴族
兩大集團，來分析劉邦之所以封異姓為諸侯王的原因。劉邦知道唯有滿足野
心家的願望，才有可能取得天下。劉邦分封異姓王乃是形勢所逼成。〔註 118〕
平心而論，徐氏之說實為中肯，就當時的社會環境，存在著濃厚的分封氣息，
韓信首先向劉邦提醒、張良繼續促成，相對於項羽對功臣的刓印不封，只著
眼於過去的貴族，忽略了新起的平民野心家，劉邦比項羽更懂得掌握時局的
變化。在太史公眼中的高祖形象，高祖具有「意豁如」的大度胸懷，此種胸
懷正是帝王所需的具備條件，凡事看得遠、看得高，高祖能站在歷史的高度
衡量局勢，能應形勢所需運用分封，雖知不是上策，但就當時動盪不安的混
亂局面中，利用分封手段，滿足野心家的欲望，不失為「一石二鳥」的高明
方法。其一是利用分封諸侯，打擊項羽，分散楚軍的戰鬥實力；其二是在楚
強漢弱的局勢中，控制跌損點，為取得楚漢戰爭的勝利奠立基礎。關於此二
點，下文將作更詳細說明。

（二）孤立項羽

反秦起義期間，項羽與劉邦均有分封的措施。當劉邦封呂齮為殷侯時，
項羽也封章邯為雍王。只是項羽並無稱帝建國的野心，把分封看成是目的，
而造成封建割據，恢復戰國時的舊秩序；而劉邦對於分封只是作為一種權宜
之計，孤立項羽，奪取天下才是其終極目的。如漢五年冬十月，會兵於垓下

〔註 117〕林裕斌，〈漢初異姓諸侯王研究〉，國立中山大學中國文學系研究所碩士論文，
　　　　　民國 97 年 5 月，頁 176～181。
〔註 118〕參徐復觀，《兩漢思想史》卷一，頁 165。

圍攻項羽之前，劉邦接受張良計策，先與齊王信及彭越定約：「睢陽以北至穀城，皆以王彭相國，從陳以東傅海，與齊王信。齊王信家在楚，此其意欲復得故邑。」〔註119〕滅項籍後，果封彭越爲梁王，徙韓信爲楚王。對於劉邦運用分封異姓諸侯王來孤立項羽的作法，可說都是爲求勝利的一種手段。故班固贊曰：「昔高祖定天下，功臣異姓而王者八國，張耳、吳芮、彭越、黥布、臧荼、盧綰與兩韓信，皆徼一時之權變，以詐力成功，咸得裂土，南面稱孤。」〔註120〕班氏站在漢朝統治的觀點，試圖淡化異姓諸侯王於創建漢朝的貢獻，將這八個異姓王封王的原因全部畫歸爲一，或過於單純，且失於周延，但運用分封來孤立項羽，使得劉邦在楚漢戰爭中取得最後勝利，則是不爭的事實。

（三）按撫牢籠功臣

劉邦本爲沛子弟首領，由沛公而漢王，由漢王而天子。而助其平定天下之功臣，共事日久，又同功一體，自然形成一勢力集團。在楚漢相爭期間，劉邦與項羽二者間的兵力懸殊，劉邦本人亦不如項羽之勇冠三軍，但因其善於用人，故身邊不乏各式人才爲其效命，爲按撫牢籠功臣，穩定集團內部人心，防止人才流失或叛變，分封異姓王即是其中的一種方法。如分封韓信爲齊王，就是明顯的例子。漢四年十一月，韓信以武力平定了齊國，而且消滅了二十萬齊楚聯軍，減少了楚軍在正面戰場上對漢軍的壓力，〔註121〕這次戰功也使得韓信名聞海內，威震天下，韓信隨即以此功勞，要挾劉邦封其爲王。《史記・高祖本紀》載：

> 韓信已破齊，使人言曰：「齊邊楚，權輕，不爲假王，恐不能安齊。」
> 漢王欲攻之。留侯曰：「不如因而立之，使自爲守。」乃遣張良操印
> 綬立韓信爲齊王。〔註122〕

當是時，漢王正困於滎陽，軍情十萬火急，對韓信此舉十分不滿，但因有求於韓信，後聽取張良勸說，「不如因而立之」，封韓信爲齊王，將韓信按撫下來，避免了可能發生的衝突。事實上，漢家天下，爲高祖與諸功臣所共定，高祖之賞賜優待尊禮有功將士，蓋欲其心附漢室，亦表示仁至義盡，使其不至「背天

〔註119〕《史記・魏豹彭越列傳》卷九十，頁2593。
〔註120〕《漢書・韓彭英盧吳列傳》卷三十四，頁1895。
〔註121〕韓信以奇兵二千騎大敗齊之戰役，詳見《史記・淮陰侯列傳》卷九十二，頁 2616～2619。
〔註122〕《史記・高祖本紀》卷八，頁376。

子擅起兵」。〔註123〕需要補充說明的是，韓信要求假齊王封號一事，在劉邦心中也留下了陰影，韓信日後被以謀反的理由慘遭誅殺，和此事件不無關係。

（四）牽制外族匈奴

韓地處於今河南中部及山西東南地，東起趙、東南有梁，西南距長安近。特別是北方，臨近匈奴，其地勢十分險要，秦漢初乃兵家必爭之地。此地，項羽曾於漢元年立韓後韓成為韓王，後項羽見其無功而殺之，令故縣令鄭昌為韓王。劉邦被項羽封為漢王後，韓襄王的孫子韓信追隨入漢中，劉邦令其率兵攻取鄭昌所占有的韓國封地。漢二年，韓信被劉邦封為韓王，率軍與劉邦一起同楚軍作戰，為劉邦的勝利立下了功勞。漢六年（公元前 201 年）春天，劉邦將韓王信封至北近匈奴的晉陽地區。《史記・韓信盧綰列傳》：

> 上以韓信材武，所王北近鞏、洛，南迫宛、葉，東有淮陽，皆天下
> 勁兵處，迺詔徙韓王信王太原以北，備禦胡，都晉陽。〔註124〕

劉邦原本是對韓王信立國於距長安、洛陽很近的中原腹地很不放心，怕他一旦反叛，將帶給漢王朝的統治帶來麻煩，於是將他的封地遷至北匈奴的苦寒地區，以解除韓王信對中央的威脅，但此舉也可使之成為北部邊疆的屏障，抵禦匈奴的南侵，達到「備禦胡」的目的。

綜上所述，可看出高祖其實是在大環境的時代裡，在形勢所逼迫下，不得不進行分封。歸納其原因，是要為滿足平民野心家的欲望、按撫牢籠功臣、孤立項羽、牽制外族匈奴等等因素。在其稱帝建國前，分封的目的，主要是為能戰勝項羽，在楚漢戰爭中得到勝利；平定天下後，分封的目的，除了是為鞏固中央外，也是為了滿足他麾下文臣武將的富貴利祿之心，同時也兌現了自己酬答功臣的諾言。

四、異姓諸侯王的翦滅

如前所述，在楚漢戰中，高祖為戰勝項羽，運用分封異姓諸侯王的手段孤立項羽，最終取得了勝利。自為漢王始，除非不得已，不封異姓王，既即位後，在中央集權與地方割據的矛盾中，消滅異姓諸侯王是必然的趨勢。這可從異姓諸侯王所擁有的權力看出端倪。

〔註123〕《漢書・高帝紀》，卷一下，頁 78。
〔註124〕《史記・韓信盧綰列傳》卷九十三，頁 2633。

（一）異姓諸侯王握有相當大的實力

漢初王國，主要的是異姓諸王，原先都是各自獨立領兵隨漢高祖爭取天下的。當時的高祖，不過以關中為基礎，因秦故地為漢王而已。至漢高五年，諸侯王及太尉長安尉臣綰等三百人，與博士稷嗣君叔孫通始上尊號，漢王即皇位於氾水之陽，異姓諸侯王的實力是依然存在的。其所擁有的封地、兵力與與財富均是相當的廣大與豐沛，茲分述如下：

1、擁有封地

與西周相似，漢代諸侯王地享受茅土之封。韓信為齊王，占有齊故地，即後來的平原、千乘、東萊、齊郡等。齊地的地理位置極具優勢，「夫齊，東有琅邪、即墨之饒，南有泰山之固，西有濁河之限，北有勃海之利，地方二千里，持戟百萬，縣隔千里之外，齊得十二焉」〔註125〕。後徙為楚王，除故楚地外，另加從東穎州北以東、亳、洒、徐、淮北之地，東至海，並淮南、淮陰之地；彭越為梁王，除有魏故地外，另加睢陽以北至谷城之地。〔註126〕勢力及於今之河北、山東、河南的交界地帶；淮南王英布占據自九江、廬江、衡山、豫章等郡，即今江西北部、安徽南部、湖北東部地區，擁有長江中游的財富之區；韓王信占有韓故地，後「王太原以北」〔註127〕，占據今山西北部和內蒙古南部地區，背靠匈奴，南向中原，勢力雖不大，卻不易對付；盧綰占有原燕故地。趙王張耳占據以邯鄲為中心的原趙國舊地，擁今之河北、河南接壤地區；燕王臧荼，占據燕國舊地，掌握了今之河北北部、遼寧西部的許多地方；勢力最小的長沙王吳芮，也擁有今湖南和江西大部地區，形成了長江以南的一個權力中心。這八國擁有黃河下游及長江中下游的廣大地盤，勢力極為雄厚。所占據的封地，多者一百多城，少者三四十縣，總面積比朝廷直轄郡縣還要多。異姓諸侯王所佔勢力範圍，如下表。

表6－5：漢初異姓諸侯王勢力範圍表

諸侯王	封國範圍
楚王韓信	故楚地外，另加從東穎州北以東、亳、洒、徐、淮北之地，東至海，並淮南、淮陰之地

〔註125〕《漢書·高帝紀》卷一下，頁59。
〔註126〕《史記·魏豹彭越列傳》《正義》註：「從宋州已北至鄆州以西，曹、濮、汴、滑並與彭越。」見《史記·魏豹彭越列傳》卷九十，頁2593。
〔註127〕《史記·韓信盧綰列傳》卷九十三，頁2633。

諸侯王	封國範圍
梁王彭越	魏故地外，另加睢陽以北至谷城之地，勢力及於今之河北、山東、河南的交界地帶
淮南王英布	九江、廬江、衡山、豫章等郡，即今江西北部、安徽南部、湖北東部地區，擁有長江中游的財富之區
燕王臧荼 燕王盧綰	占據燕國舊地，掌握了今之河北北部、遼寧西部的許多地方
趙王張敖	占據以邯鄲爲中心的原趙國舊地，擁今之河北、河南接壤地區
韓王信	有韓故地，占據今山西北部和內蒙古南部地區
長沙王吳芮	擁有今湖南和江西大部分區，形成了長江以南的一個權力中心

從上表中，可看出異姓諸侯王所佔據的範圍幾乎涵蓋了整個黃河下游以及長江中下游，大都爲戰國時期六國的舊地，也就是廣大的關東地區，勢力極爲雄厚。與之相較的西漢政府，所能直接統轄的範圍，只有關中、漢中、巴蜀等十五郡，雖然較爲富庶，且偏在西方，總面積又較小，所以很難對諸侯王形成有效的控制，這使得劉邦內心著實感到焦慮與不安，終究苦心積慮，要將他們消滅殆盡。

2、擁有兵權

劉邦所封的異姓王諸侯，除了擁有封地之外，同時擁有強大的兵力。如韓信自被劉邦封爲齊王後，不但授有將軍印，且領有數萬眾的兵力〔註128〕；彭越在楚漢戰爭時，即將其兵三萬眾餘人歸漢，增加了劉邦整個戰略部署中的軍事力量，也數次解劉邦於危境，使項羽在接近成功時功虧一簣〔註129〕；英布歸漢時，即有數千人，隨後英布以數千淮南士卒爲基幹，加上劉邦撥給他的部分部隊，組成一支勁旅，在成皋一線參加對楚軍的作戰。〔註130〕這些異姓諸侯王擁兵自重，就楚漢戰爭而言，在劉邦建漢前是助力，能夠助劉邦對抗項羽；一旦劉邦稱帝建漢後，則成爲隱憂，尤其是韓、英、彭三人的將才，劉邦對他們更是感到畏忌。這些異姓諸侯王的存在，直接影響了國家的統一，對社會的和平與安定也造成嚴重的威脅。

〔註128〕《史記・淮陰侯列傳》載：「漢王授我上將軍印，予我數萬眾。」見《史記・淮陰侯列傳》卷九十三，頁2622。
〔註129〕詳參《史記・魏豹彭越列傳》卷九十，頁2592～2593。
〔註130〕《史記・魏豹彭越列傳》卷九十一，頁2602。

3、擁有爵邑、食邑

劉邦實行賜爵、賜食邑，可分為兩個階段：第一個階段，是在起義過程中，利用賜爵辦法以鼓舞義軍鬥志。如秦二世三年，楚懷王使沛公西攻秦，至南陽。南陽守齮舍人陳恢說齮以宛降沛公；沛公「乃以宛守為殷侯，封陳恢千戶。」〔註131〕此為高祖賜食之最早見者〔註132〕；又如曹參，在起義過程中，以軍功先後被「賜爵七大夫」及「封參為執帛」，「遷為執珪」〔註133〕；又如夏侯嬰在起義過程中，也先後以軍功「賜爵七大夫」及「五大夫」、「執帛」、「執珪」及「賜爵封」。第二個階段，是在漢五年（公元前202年）劉邦統一全國後，劉邦規定，凡獲得第七級以上爵位的，「先與田宅及所當求於吏者」。《漢書‧高帝紀》載，漢五年（前202年）高帝即皇帝位，大赦天下，下詔曰：「軍吏卒會赦，其亡罪而亡爵及不滿大夫者，皆賜爵為大夫。故大夫以上賜爵各一級，其七大夫以上，皆令食邑，非七大夫以下，皆復其身及戶，勿事。」〔註134〕所謂：「其身及戶，勿事」，就是免除其身家的賦稅和徭役。但是這個規定並未能全部實現，所以又下詔曰：「七大夫、公乘以上，皆高爵也，諸侯子及從軍歸者，其多高爵，吾數詔吏先與田宅，及所當求於吏者，亟與。」〔註135〕這說明七大夫公乘以上的爵位，皆可以得到田宅和相應的待遇。按照這些規定，使得一大批參加起義和在楚漢戰爭中立了軍功的人，既獲得了爵位，又取得了食邑〔註136〕或田宅等經濟利益，成了享有免役特權的新的軍功地主。〔註137〕此現象無疑對國家的財政支出造成了龐大的負擔。

不過，值得注意的是，漢初異姓諸侯王雖有封邑，但當時正是戰亂期間，功臣皆馳騁疆場，自不可能安居於其食邑，且封地變動大，亦不可能行使財權，食租農稅。如韓信王齊僅一年，又徙為楚王，韓王信除韓故地外，不久又增太原郡53縣。同時，敵我雙方正在進行土地、城鎮的爭奪，除了徭役的徵發高於往年外，賦稅收入權及官辦手工業權，不可能行使或只能部分行使。

〔註131〕《史記‧高祖本紀》卷八，頁360。
〔註132〕參廖伯源，《歷史與制度——漢代政治制度試釋》，頁331～340。
〔註133〕詳見《史記‧曹相國世家》卷五十四，頁2011～2023；《漢書‧曹參傳》卷三十九，頁2013～2014。
〔註134〕《漢書‧高帝紀》卷一下，54。
〔註135〕《漢書‧高帝紀》卷一下，54。
〔註136〕《史記‧平準書》《索隱》注：「言封君已下皆以湯沐邑為私奉養，故不領入天子之常稅，為一年之費也。」《史記‧平準書》卷三十，頁1419。
〔註137〕參高敏，《秦漢史論稿》，頁37～39。

就租賦收入而言，不可能像後來的同姓諸王一樣，留下 1／5，其餘 4／5 交往中央。恐怕因戰爭的需要，全部交給軍用。如彭越攻下昌邑（今山東巨野東南）旁 20 餘城時，得粟十餘萬斛，「以給漢食」。全給了中央了，至於興辦官府手工業，更是談不上。〔註138〕

綜上所述，則高祖即位後，名義上全國雖告統一，但事實上仍是分裂，異姓諸侯王在其國中，各個擁有封地，本身也有強大的兵力，更賜有爵邑、食邑，除享有經濟權和賦稅及徭役，並握有相當的統治權，王國的官吏，除丞相外，其餘概由其王任免，顯示出諸侯王具有相當多的權力與資源。這種分封不僅與中央集權的行政體制相背謬，也影響到整體國家的經濟發展。凡此種種，對剛建立起的漢帝國而言，是首先需面對的難題。

就政治上而言，高祖劉邦絕不能容忍在自己的疆域內，存在占有廣闊的享有行政、司法、人事、財政、軍事等特權的半獨立政權存在；就從經濟上來說，他也絕不允許存在妨礙貨暢其流的「國界」關卡；從軍事上來講，他更絕對不允許有不聽命於己的軍隊掌握在他人手上，構成對皇權的威脅；從維護皇權的完整性出發，劉邦當然更無法容忍非劉姓諸侯王對皇室的分割。〔註139〕基於以上的原因，劉邦在分封異姓諸侯王時，心中即藏有殺戮之意。畢竟專制與大一統本不可分割，這是必然的演變。〔註140〕

（二）劉邦誅滅異姓諸侯王

劉邦為誅除異姓王所發動的戰爭，所進行的方式是嫻熟地運用智取和強取相結合的辦法，採取各個擊破的策略，用較小的代價，比較順利地解決了漢初這一影響全局的重大問題。對於力量最大的韓信和彭越，以及力量較小的張敖，都採取了智取的辦法，基本上沒有動用武力就解決了問題，其他臧荼、盧綰、韓王信，因地處邊陲，背靠匈奴，不得不動武力，費了一些周折，問題解決得不夠順利和徹底。真正動用武力，使用大規模較大的戰爭手段解決問題的，只有一個英布。由於當時這些諸侯王的封地合起來，比漢皇帝直轄郡縣的面積還要大，大多數又擁有較強的軍事力量，其中不乏韓信、彭越那樣的軍事幹才，如果完全動用武力，強行來解決他們，很有可能掀起另一次「楚漢相爭」。如果這些諸侯王聯合起來對付漢朝中央，打垮他們就需要費

〔註138〕羅慶康，《劉邦新傳》，頁 77。
〔註139〕孟祥才，《秦漢人物散論》，頁 78。
〔註140〕徐復觀，《兩漢思想史》卷一，頁 165。

更大的力量和更長的時間。劉邦根據不同情況，採取不同方法，運用各個擊破的戰略方針，顯然是最正確的一種選擇。〔註141〕

　　自漢五年（西元前 195 年）元月即位後，劉邦在同年七月就迫不急待的發兵擊燕王臧荼，此時天下才休養生息不到半年時間，然後接著幾乎一年一個異姓王或割據勢力，〔註142〕至漢十二年（西元前 195 年）止，除了傳至第二代因長沙王局促於偏遠落後的江南一隅，因勢小力薄、特別奉命唯謹而被保存外，其餘都被漢中央先後掃滅了。臨江王共尉（尉或「華」，共敖子）及燕王臧荼本項羽所封，高祖最先擒滅之。〔註143〕

表6－6：異姓諸侯王被平定的時間順序表

諸侯王	叛亂時間	內容大要
燕王臧荼	漢五年（西元前 202 年）秋七月	漢皇朝迅速地平叛制勝，臧荼亦於九月被虜伏法，天下復歸晏然。
楚王韓信	漢五年（西元前 202 年）冬十月	是年冬十一月，楚王韓信被押解至洛陽，高祖「赦信罪，以爲淮陰侯」，韓信終因圖謀不軌被廢爲王。
韓王韓信	漢六年（西元前 201 年）秋九月	信「因謀反太原」，投降了狄邦。漢皇朝隨即出師討伐，高祖「自將擊韓王信」，韓信逃至匈奴。雖收復了失地，但仍未擒穫亂臣，隱患沒有根除，國家永不安寧。

〔註141〕安作璋、孟祥才，《高大帝大傳》，頁 270。
〔註142〕《漢書‧賈誼傳》載：「臣竊跡前事，大抵強者先反。淮陰王楚最強，則最先反；韓信倚胡，則又反……非獨性異也，亦形勢然也。」在此，賈誼的推論其實有待商榷的，異姓諸侯王最先被誅除的並非是實力最強的韓信，而是諸侯王上疏劉邦請尊帝位時，排名吊車尾、實力很弱的燕王臧荼。異姓諸侯王的命運，按史書記載序是臧荼（誅）、韓信（廢）、韓王信（國除）、張敖（廢）、韓信（誅）、彭越（誅）、英布（誅）、盧綰（廢），時間點從漢五年七月起，一直持續到漢十二年春二月，幾乎就是整個劉邦在位的歷程。
〔註143〕臨江王共尉不降，漢誅之。見《漢書‧高帝紀》（1 下／50），其事始於漢五年 12 月。《史記‧秦楚之際月表》尉作華（16／796）燕王臧荼之敗亡，《史記‧高祖本紀》列在 6 年 10 月。（8／381）《秦楚之際月表》列於 5 年 9 月，而盧綰之爲燕王在 5 年後 9 月。（16／799～800）漢初以 10 月爲歲首。引自廖伯源，《歷史與制度——漢代政治制度試釋》，頁 327。

諸侯王	叛亂時間	內容大要
趙王張敖	漢八年（西元前 199 年）	趙相貫高等「恥上不禮其王，陰謀欲弒上」，高祖不得已去剿平亂，最後「廢趙王張敖爲宣平侯」
淮陰侯韓信	漢十一（西元前 196 年）春正月	淮陰侯企圖發兵襲殺呂后和太子不遑，待高祖從平城前線趕回長安，呂后業已設計殺信，史載「淮陰侯韓信謀反長安，夷三族」
梁王彭越	漢十一年（西元 196 年）春三月	梁王反，廢爲庶人徙四川；復欲反，漢徹底平之，夷其三族。
淮南王英布	漢十一年（西元 196 年）秋七月	高祖征諸侯兵，「自往及之」，漢軍追斬布於番陽。
燕王盧綰	漢十一年（西元 196 年）冬	有陳豨將揭告，言豨叛時燕王盧綰曾使人與謀，高祖遂作求證，但盧綰稱病不應詔。漢將樊噲，周勃奉旨討燕，盧綰帶著數千士卒逃至塞北邊境，是年夏四月，高祖駕崩，綰遂投降了匈奴。

近代學者對於劉邦翦滅異姓諸侯王，多將焦點聚集於韓信等人是否叛變問題，如班固《漢書·韓信等傳贊》云：

> 昔高祖定天下，功臣異姓而王者八國。張耳、吳芮、彭越、黥布、臧荼、盧綰與兩韓信，皆徼一時之權變，以詐力成功，咸得裂土，南面稱孤。見疑強大，懷不自安，事窮勢迫，卒謀叛逆，終於滅亡。
> 〔註144〕

高祖之所以能夠定天下，異姓功臣的確佔有很大的功勞，但班氏只說對了一半，「卒謀叛逆，終於滅亡」，固然是異姓諸侯王慘遭翦滅的原因，但班氏忽略了國家最重要的主權問題。賈誼則完全站在統治者的立場分析，將高祖掃除異姓諸侯王的原因合理化。《漢書·賈誼傳》曰：

> 假設天下如曩時，淮陰侯尚王楚，黥布王淮南，彭越王梁，韓信王韓，張敖王趙，貫高爲相，盧綰王燕，陳豨在代，令此六七公者皆亡恙，當是時而陛下即天子位，能自安乎？臣有以知陛下之不能也。

〔註144〕《漢書·韓彭英盧吳列傳》卷三十四，頁 1895。

天下清亂，高皇帝與諸公併起，非有尺寸之勢以豫席之也。諸公幸
者，乃爲中涓，其次僅得舍人，材之不逮至遠也。高皇帝以明聖威
武即天子位，割膏腴之地以王諸公，多者百餘城，少者乃三四十縣，
德至渥也，然其後十年之間，反者九起。陛下之與諸公，非親角材
而臣之也，又非身封王之也，自高皇帝不能以是一歲爲安，故臣知
陛下之不能也。〔註 145〕

賈氏的說辭，可說是對高祖拍盡馬屁，而完全忽視異姓諸侯王對漢家的貢獻，
試想，若沒有這些功臣或割據勢力的支持與擁護，弱漢如何勝得了強楚。劉
邦即使再「明聖威武」，楚漢戰爭的最後結局，孰勝、孰負恐仍是一大變數。

國內博碩論文中，作者林裕斌以「人告公反」、「遣使責讓」、「召喚徵兵」
三招，認定劉邦是「有意識」的、「主動的」除掉異姓諸侯王，在「家天下」
的制度框架中，掌權者的求生存之道，就是必須將權力握得更緊更牢。漢朝
初年異姓諸侯相繼被鏟除，應和這理論相契合。其文掌握資料確實，分析詳
盡，亦對眾將「叛變」說法是不表支持的，可備參考。〔註 146〕

整體而言，在專制時代，主權是屬於皇帝一人身上，凡對主權具有威脅
或影響國家統一者，均是一種禍患。凡此，並沒有其他的政治理由，只因劉
邦既以天下爲他一人的產業，〔註 147〕則凡有奪其產業的可能性之人，便都是
罪大惡極之人；這是專制者最基本的心態。可惜班氏未認清歷史演變的自然
規律，八個異姓諸侯王的分封具有時代的必然性，作爲有史以來第一位平民
皇帝的劉邦，在維護大一統的前提下，他們走向滅覆滅的道路，不得不成爲
時代潮流下的必然結果。

五、漢高祖與同姓諸侯王之探討

（一）漢高祖分封同姓諸侯王

在翦滅異姓諸侯王的同時，基於信任同一血胤的基礎之下，劉邦開始大
封同姓諸侯王。《史記‧漢興以來諸侯年表》云：

〔註 145〕《漢書‧賈誼傳》卷四十八，頁 2233～2234。
〔註 146〕林裕斌，〈漢初異姓諸侯王研究〉，頁 196～212。
〔註 147〕高祖自成功當上了皇帝，得了江山，即意得志滿的向其父炫耀自己的功績。《史
記‧高祖本紀》曰：「高祖奉玉厄，起爲太上皇壽曰：『始大人常以臣無賴，
不能治產業，不如仲力。今某之業所就，孰與仲多？』」《史記‧高祖本紀》
卷八，頁 386～387。

天下初定，骨肉同姓少；故廣彊庶孽，以鎮撫四海，用承衛天子也。〔註148〕

在此，史公清楚明白地表示劉邦分封諸侯王的用意，是因「骨肉同姓少」，並且是爲「承衛天子也」。在此種現實形勢之下，才不會產生亡秦的教訓。對此，班固的看法則略有不同。《漢書・異姓諸侯王表》云：

秦既稱帝，患周之敗，以爲起於處士橫議，諸侯力爭，四夷交侵，以弱見奪。於是削去五等，墮城銷刃，箝語燒書，內鋤雄俊，外攘胡粵，用壹威權，爲萬世安。〔註149〕

《漢書・諸侯王表》亦云：

秦據勢勝之地，……竊自號爲皇帝，而子弟爲匹夫，內亡骨肉本根之輔，外亡尺土藩翼之衛。〔註150〕

上引《漢書》二條，則是強調「秦因廢封建，二世而亡」的觀點，以作爲劉邦實行封建的根據，這理由即被後人特別渲染，而成爲秦亡是因廢封建所致。在此，可看出史、班二人對史實與文字運用表達的不同，影響了後人對於二世而亡，是因「秦廢封建」的認知。然史公的原意並非如此，因爲史公僅在《史記・齊悼惠王世家》中的贊中，有「以海內初定，子弟少，激秦之無尺土封，故大封同姓，以塡萬民之心」〔註151〕的話；而在〈漢興以來諸侯王年敘〉及〈高祖功臣侯者年表敘〉中，皆不曾提到這「秦因廢封建，二世而亡」，此說明了這一觀點在劉邦心目中所佔的分量並不太大，在有關劉邦的直接資料中，也不曾發現此一觀點。柳宗元在《封建論》中，在爲郡縣制辨護中，同樣反對此種看法，他認爲分封起源不過是出於一種實際需要，是社會組織不斷發展的結果。秦朝的短命，是主張分封者攻及郡縣制的主要論點。針對這一點，柳宗元指出，秦朝短命在於其暴政，而不在於施行郡縣。「咎在人怨，非郡邑之制失也」。柳氏不但洗刷「分封」的污命，還用漢行郡縣並無叛州的事實，對秦行郡縣制給予辯護。漢採用郡國並行制，不出三代則亂，然「時則有叛國而無叛州，秦制之得，亦以明矣」。〔註152〕這些可說都是行郡縣制優於分封制的證明。清顧炎武就曾以深遠的眼光指出分封郡縣各有利弊：「封建

〔註148〕《史記・漢興以來諸侯王年表》卷十七，頁802。
〔註149〕《漢書・異姓諸侯王表》卷十三，頁364。
〔註150〕《漢書・諸侯王表》卷十四，頁393。
〔註151〕《史記・齊悼惠王世家》卷五十二，頁2012。
〔註152〕〔唐〕柳宗元，《封建論》，引自〔清〕曾國藩，《經史百家雜鈔》，頁67。

之失，其專在下；郡縣之失，其專在上」。說明了當時的學者，已經從更高的角度看分封，郡縣之爭，他們不在局限爭論孰優孰劣，而是力求取捨兩者之長，以興國家。〔註153〕

（二）漢高祖分封同姓諸侯王的始因

至於劉邦大封同姓諸侯王，是否和秦廢建有關，根據前文的討論，嚴格上說來，應是被後人特別渲染秦亡是因廢封建，所以才會有劉邦大封同姓王的論點出現。劉邦封同姓王，雖和秦廢封建有所關連，但這不是最主要的原因。劉邦分封同姓王是從漢七年（公元前 200 年）開始的，起因是前一年的田肯建議。漢七年十二月（公元前 201 年），劉邦以「僞游雲夢」之計擒韓信，開始大規範的剪滅異姓諸侯王的行動。這時，劉邦帳下一個名叫田肯的謀臣，一面向劉邦恭賀誘擒韓信的勝利，一面建議封王子弟到齊國，以便在大漢皇朝的東翼建立起與漢中央可相呼應的封國，以鞏固漢皇朝的統治。田肯此番的建議，載於《史記‧高祖本紀》中，曰：

> 陛下得韓信，又治秦中。秦，形勝之國，帶河山之險，縣隔千里，持戟百萬，秦得百二焉。地勢便利，其以下兵於諸侯，譬獨居高屋之上建瓴水也。夫齊，東有琅邪、即墨之饒，南有泰山之固，西有濁河之限，北有渤海之利。地方二千里，持戟百萬，縣隔千里之外，齊得十二焉。故此東西秦也。非親子弟，莫可使王齊矣。〔註154〕

這位劉邦手下的田肯，從地勢、兵力、出產與中央的距離等方面，分析了東齊西秦的重要，建議「非親子弟，莫可使王齊者」，竟打動了劉邦的心坎，加上劉邦本有分封思想，故加快了封同姓王的步伐。〔註155〕近代學者徐復觀，則提出了他對劉邦分封同姓王的看法：徐氏認爲「依然是當時的現實政治形勢所逼出來的」〔註156〕。徐氏以宏觀的史學觀，從西漢與周之分封關係，做了深入的比對，對史實脈絡的掌握詳盡客觀，甚有獨到的見解。從徐氏精闢的分析中，可看出整個漢初分封之梗概。個人即以徐氏之說做爲論述的出發點，茲將劉邦分封同姓諸侯王的具體原因分述如下：

〔註153〕引自呂倩，〈分封郡縣論爭的回顧與思考〉，《歷史研究》，2010，頁 141。
〔註154〕《史記‧高祖本紀》卷八，頁 382～383。
〔註155〕羅慶康，《劉邦新傳》，頁 79。
〔註156〕徐復觀，《兩漢思相史》卷一，頁 165。

1、現實政治形勢的考量

由前文之討論，可知楚漢相爭之際，封異姓王是削弱自己之力量，隱伏戰亂及顛覆之危機，高祖對此，知之甚深，當初因為迫於楚漢戰略的需要，而立了異姓諸侯王，可是在宗法觀念與為維護國家統一的現實需要，劉邦對那些割據一方，又擁有龐大資源的異姓諸侯王，劉邦內心著實感到焦慮與不安，終究苦心積慮要將他們消滅殆盡。故在封異姓王的同時，即早藏有殺戮之心。

劉邦自漢五年（西元前 195 年）元月即位後，至漢十二年（西元前 195 年）止，除了傳至第二代因吳姓長沙王局促於偏遠落後的江南一隅，勢小力薄、特別奉命唯謹而被保存外，其餘都被漢中央先後掃滅了。每芟滅一處，即形成統治上的虛脫地帶，劉邦幾沒有可以信任的異姓之臣，連蕭何、樊噲等與他有特深私人關係的人，也幾乎不能不免；而郡縣的地方雖在維持；但其求守長的統治威望尚未能建立。換言之，朝廷神經中樞，還沒有把它的神經末梢伸入到全國，這不能不使劉邦內心有虛脫而來的恐懼。其封同姓時封域之所以特大，並給以朝廷相同的制度，也是為了填補此種廣大的政治虛脫地域而來。〔註157〕

誅殺異姓諸王後所帶來的政治虛脫，最直接的填補方式，即由以分原同姓王來取代。及高祖已平定下，鑑於秦無諸王藩輔，二世而亡，故行封建郡縣雙軌制。欲立諸子為王，以填塞關東，為漢藩輔。但劉氏出身寒微，人丁單薄，而諸子年幼，史載：「高祖子幼，昆弟少，又不賢。」〔註158〕不僅昆弟少，連骨肉同姓也少。〔註159〕不得已即遠親如劉賈之屬，亦得封王。高祖最親盧綰，封之為王，有視之為諸劉，以取代其他異姓王之意。〔註160〕由此可知，劉邦大封同姓為王，實現政治形勢的逼迫為主要原因之一。

2、廣強庶孽，以鎮撫四海

劉邦自漢五年即位後，直接統轄的範圍，只有關中、漢中、巴蜀等十五郡，兵力所及之處，大體不出今日隴海鐵路河南段的沿線左近，除關中外，廣大的地區，一開始便都直接控制在異姓諸侯王手上，一旦憑「皇帝」的政

〔註157〕徐復觀，《兩漢思想史》卷一，頁168。
〔註158〕《史記·荊燕世家》卷五十一，頁1994。
〔註159〕《史記·漢興以來諸侯王年表》卷十七，頁802。
〔註160〕廖伯源，《歷史與制度——漢代政治制度試釋》，頁328。

治絕對優越性，以運用其詐術，很快地幾乎是一年一個將異姓王或割據勢力掃除了。隨即一方面分封自己的兄弟子侄爲王，使他們繼承相應的財產權力，各有歸宿，以維繫宗室貴族內部的協和與團結；另一方面又可使諸侯王與郡縣交叉分布，構成漢中央的藩屏。中央地方互爲犄角，內外配合，就可及時撲滅反叛勢力，維護漢皇朝的長治久安。在此思想指導下，劉邦共分封了十個同姓諸侯王，其所分布的情況，考察《史》、《漢》記載略有不同，《史記·漢興以來諸侯王年表》曰：

> 自鴈門、太原以東至遼陽，爲燕、代國；常山以南，太行左轉，度河、濟，阿、甄以東薄海，爲齊、趙國；自陳以西，南至九疑，東帶江、淮、穀、泗、薄會稽、爲梁、楚、淮南、長沙國。〔註161〕

《漢書》則是如此記載：

> 自鴈門以東，盡遼陽，爲燕、代，常山以南，太行左轉、渡河、濟，漸於海，爲齊、趙。穀、泗以往，奄有龜、蒙，爲梁、楚。東帶江、湖，薄會稽，爲荊吳。北界淮瀕，略廬、衡，爲淮南。波漢之陽，亙九嶷，爲長沙。諸侯〔比〕境，周〔帀〕三垂，外接胡越。天子自有三河、東郡、潁川、南陽，自江陵以西至巴蜀，北自雲中至隴西，與京師內史凡十五郡，公主、列侯頗邑其中。〔註162〕

從二者稍做比較，可發現《漢書》比《史記》記錄得更爲詳盡，劉邦滅除異姓諸侯王後，國內諸侯國的分布，除了長沙國仍由異姓王吳芮統治外，其他的封國均爲同姓諸侯王所管理，且分布地點大都在關東地區，即原本歸異姓諸侯王統治之處。〔註163〕茲以下表再做更詳細的分類。

表6-7：同姓諸侯王所分封屬地〔註164〕

王　名	與劉邦之關係	受封時間	結　果	分封屬地
荊王劉賈	劉邦叔伯兄弟	漢六年（西元前201年）	殺，無後	領有東部、鄣郡和吳郡五十三縣。

〔註161〕《史記·漢興以來諸侯王年表》卷十七，頁801～802。
〔註162〕《漢書·諸侯王表》卷十四，頁393～394。
〔註163〕劉軍呈，〈西漢前期中央政府與地方諸侯王關係研究〉，頁57～59。
〔註164〕此資料係參考孟祥才，《秦漢人物散論》，頁78～79；羅慶康，《劉邦新傳》，頁83。

王　名	與劉邦之關係	受封時間	結　果	分封屬地
代王劉喜	劉邦的二兄	漢六年 （西元前 201 年）	廢，子嗣	領有雲中、雁門、代郡五十三縣
楚元王劉交	劉邦同父異母弟	漢六年 （西元前 201 年）	薨，子嗣	領有碭郡、薛郡、郯郡三十六縣。
齊悼惠王劉肥	劉邦庶長子	漢六年 （西元前 201 年）	薨，子嗣	領有齊地七十城。
趙隱王劉如意	戚姬之子	漢九年 （西元前 198 年）	被殺，無後	領有原趙王張敖的封地
代王劉恒	姬妾子	漢十一年 （西元前 198 年）	皇帝（漢文帝）	都晉陽
淮陽王劉友	姬妾子	漢十一 （西元前 196 年）	自殺，子紹封	領有今豫、皖交界的大片地方。
梁王劉恢	姬妾子	漢十一 （西元前 196 年）	被殺，無後	領有原梁王彭越的封地
淮南王劉長	王美人之子	漢十一 （西元前 196 年）	謀反死，子嗣	領有九江、盧江、衡山、豫章四郡。
吳王劉濞	劉邦兄仲之子	漢十一 （西元前 196 年）	謀反誅	領有吳地三郡五十三城。
燕王劉建	姬妾子	漢十二 （西元前 195 年）	薨，殺其子	領有原燕王盧綰的封地

　　以上十個諸侯王的封地，大體上囊括了今日的中國遼寧、河北、山西北部、山東、江蘇、安徽、河南東部、浙江、江西、湖南、湖北東部。同姓諸侯王的領地比中央政府所直轄之地大許多，根據資料顯示，當時全國大約有五十四個郡，各諸侯國就佔了三十九個郡，僅齊一國就有七郡，歸西漢中央政府統轄的，只有十五個郡。〔註165〕

　　高祖立子弟為王，是為其帝國長久之計。鑑於周室雖亂而持久，然秦室孤單卻速亡，故掃除異姓即以同姓王取之，藉資藩輔。此項政策之實施，自漢五年即位後之第二年開始實施。從同姓諸侯王所擁如此廣大的封地來看，

〔註165〕林劍鳴，《新編秦漢史》，（台北：五南圖書出版社，2003年2月），頁390。

很明顯的可以看出劉邦封建的用心，當然也達到了「廣強庶孽，以鎮撫四海」的目的。然而，歷史的發展，總是「事與願違」，本來，劉邦分封同姓諸侯王是爲了作爲漢朝中央的輔弼，但後來卻幾乎都走到了反面，也爲同姓諸侯王未來悲慘的命運埋下了伏筆。

第三節　秦楚漢之際諸侯王之貢獻

在探討秦楚漢之際諸侯王之歷史貢獻之前，仍首先要將本節所論述之時間概念作一限定。《史記・秦楚之際月表》所截取的是八年時間，始於秦末亂起的秦二世元年（公元前 209 年），終於漢王朝建立之高帝五年（公元前 202 年）。其間雖然短暫，歷史變動卻非常劇烈，秦王朝在此期間滅亡，戰國七國在此期間復活，項羽在此期間稱霸分割天下，漢王朝也在此期間誕生，但漢高帝自漢六年，始封劉賈爲荊王起，至漢十二年長逝去長樂宮止，尚有多年時間，此期間高祖大封同姓諸侯王，對後世也產生了深遠的影響，故本節即自秦末動亂起至漢高帝去世止，這段時間，作爲論述的時間主軸。

所以作如此的限定，是因爲這段時期，學者大都聚焦於漢高祖分封異姓與同姓諸侯王的問題，在起義反秦、楚漢相爭、高祖稱帝後這三段史實中，對於諸侯王的貢獻，鮮有較連貫且完整的論述。在本章第二節漢高祖的分封思想中，對於劉邦分封異姓諸侯王的理由、翦滅、分封同分封同姓王的始因等均已討論，因此，本節不再就個別諸侯王進行詳盡研究，而在於以時間爲軸，對秦楚漢之際諸侯王所做出之貢獻，稍作補闕，以曉史實之梗概。

一、起義反秦、催生漢室的建立

秦末之際之諸侯王，其出身國多爲楚國後代。〔註166〕〈項羽本紀〉曰：「楚雖三戶，亡秦必楚」所代表意義，正是楚人與秦勢不兩立之決心。《集解》引臣瓚曰：「楚人怨秦，雖三戶獨足以亡秦也。」〔註167〕在起義反秦的過程中，最後的結束雖是項羽滅秦，但若無各諸侯與秦兵周旋，抵損秦之主力軍，楚漢之爭可能也未必會產生，漢之天下誰屬或也未知。茲以陳勝稱王遣軍與秦

〔註166〕除趙王張耳梁王彭越爲魏、燕王臧荼爲燕、韓信爲韓外，其均爲楚國出身。
　　　　參李開元，《漢帝國的建立與劉邦集團——軍功受益階層研究》，頁88。
〔註167〕韓兆琦，《史記箋證》，頁572。

作戰為例。陳勝稱王後，立即全面佈置，遣將分途進兵，繼續拓地。計北上者二路，一路是武臣、張耳、陳餘等略趙地，一是周市略魏地。西進者三路，一路是吳廣攻滎陽，其他兩路是周文攻函谷關和宋留攻武關（今陝西商縣東），直指關中秦本部。北上二路勢如破竹，三個月間便將趙燕齊魏四國一一復辟。這時周文也越函谷關進軍至咸陽以西的戲水之濱（陝西臨潼縣東），他的軍隊已有兵車千乘，卒數十萬。秦朝頓時進入危險狀態。〔註168〕之後的事局演變，陳勝雖告失敗，但此後的革命領導權，轉移到六國紛紛自立的國王手中，後由項羽滅秦。由此觀之，此時期之諸侯王，在起義反秦的過程中，確有實質的貢獻。

相較於楚漢戰爭，異姓諸侯王的歷史貢獻則更加明顯。就楚、漢二者的軍事力量言，楚強漢弱，但是在戰場上，項羽的楚軍始終孤軍作戰，漢王則有諸侯軍為之策應，多方牽制項王。這固然是「得道多助，失道寡助」〔註169〕，也是劉邦戰略運用正確，拜異姓諸侯王之助也。而各異姓諸侯王以軍功對漢王劉邦所做之具體功績，前文大都已述及，故不再贅述，此處所欲強調者，仍是楚漢相爭的這五年，異姓諸侯王的產生，是秦末以來天下紛擾和分裂的延續，但這五年的社會現況，可說是混亂變動又殘破不堪。各諸侯勢力都或多或少、或直接或間接地陷入楚漢相爭中，也因如此，使得殘破的社會經濟獲得了恢復和重新發展的機會。

二、鞏固中央政權，穩定經濟發展

在反秦起義與楚漢相爭之際，異姓諸侯王擁兵自治，封一異姓王即分己之力而多一敵國，帝國之安定力量，帝國之防衛也賴其出力，故漢所以能成其業立於世，異姓諸侯王的力量實具有決定性的影響。但他們在政治上專制一方、軍事上手握重兵、經濟上占據關東，廣斷土地。據《漢書・諸侯王表》載：

> 天子自有三河、東郡、潁川、南陽，自江陵以西至巴蜀，北自雲中至隴西，與京師內史凡十五郡，公主、列侯頗邑其中。而藩國大者夸州兼郡，連城數十，宮室百官同制京師，可謂矯枉過其正矣。雖

〔註168〕傅樂成，《中國通史》，頁118～119。

〔註169〕《孟子・公孫丑下》：「得道者多助，失道者寡助。寡助之至，親戚畔之；多助之至，天下順之。」見〔漢〕趙岐注，〔宋〕孫奭疏：《孟子注疏》，《十三經注疏》〔清〕阮元校勘，頁2693。

> 然，高祖創業，日不暇給，孝惠享國又淺，高后女主攝位，而海內
> 晏如，亡狂狡之憂，卒折諸呂之難，成太宗之業者，亦賴之於諸侯
> 也。〔註170〕

在國強勢大且有反叛疑慮的情況下，在當時中央統治力量並無把握可以有效控制的局勢下，原本是助高祖劉邦打天下之諸侯王，反而成爲帝國安定的隱患。爲解決異姓諸侯王對漢中央所產生的危機，分封與自己有密切血緣關係的劉氏子弟爲王，自可歸爲形勢逼迫而成，此舉的確也暫時穩定了漢初政局，鞏固了中央政權。

劉邦分封同姓諸侯王的主要目的，史公在〈漢興以來諸侯王年表〉與〈齊悼惠王世家〉即已說明，「天下初定，骨肉同姓少」是其主因，高祖五年（西元公元前 205 年），問定天下，繼爲了倚其爲外援，爲其帝國長久之計，藉資藩輔，「以鎮撫四海」。在這方面，確實也達到了穩定漢初政局，鞏固中央政權效果。大抵漢初立國的規模，實以關中建錫瓦甀之勢的地形，集合列侯的勢力使其與關東諸侯王成爲均勢（balance），互相雜制，而中央的政權得以樹立。諸呂之難的滅絕，實際得助於功臣列侯與關東同姓諸侯王的力量；而後此吳楚七國之亂的平治，所依據的，又是關中列侯的從軍。〔註171〕

在就漢初社會經濟狀況而言，中央政府實施「與民休息」政策，而這一政策，在各諸侯國中則收到了較好的效果。由於中央政府將部分的政治及經濟權力，下放至各諸侯國，一方面，使諸侯王享有封國內的治民和財政自主權，大大增強了諸侯王發展本地經濟的主動性和積極性；另一方面，也因中央政府較少干預各諸侯國，有利於其把握各地風土民情，發展地方優勢，因地制宜的發展地方經濟。〔註172〕例如齊國，在丞相曹參的治理下，「貴清靜而民自定」〔註173〕，經過多年的發展，「人眾殷富，巨於長安」〔註174〕；而吳國，也利用地利之便，煮鹽製鐵，累積大量財富，其它諸侯國也都「各務自

〔註170〕《漢書·諸侯王表序》卷十四，頁 394。

〔註171〕陶希聖、曾資生編校，《中國政治制度史》，第二冊秦漢，（台北：啓業書局，民國 68 年），頁 178。

〔註172〕莊輝明，〈對秦漢強幹弱枝政策的再思考〉《歷史教學問題》，第 4 期，2002年，頁 9。

〔註173〕《史記·曹相國世家》載：「聞膠西有蓋公，善治黃老言，使人厚幣請之。既見蓋公，蓋公爲言治道貴清靜而民自所定，推此類具言之。」見《史記·曹相國世家》卷五十四，頁 2029。

〔註174〕《史記·齊悼惠王世家》卷五十二，頁 2008。

附循其民」〔註175〕，促進本國經濟的發展。因這些諸侯佔有全國大半的領土。以此觀之，則封國經濟之復甦，使整個漢朝社會呈現欣欣向榮的情況，改變了漢初經濟凋敝的現象，對工商業的發展、人口的增加、財富的累積等帶來不小的貢獻。〔註176〕

三、推動學術文化，振興文化發展

西漢建立後，朝中官職多掌握在功臣集團手裡，加上劉邦原本輕視儒生，導致大部分士人無以爲生，而同姓諸侯國的設立，正好爲這批士人提供了機會。在諸侯國內，需要不少官員運作朝政，且諸侯王爲了攏絡人心，爭取士人支持，發展自己的實力，亦紛紛招賢納士，甚至出現「招致賓客方術之士數千人」的現象，這種類似春秋戰國的養士之風，使士人趨之若驚，大量爲諸侯王服務。其中，最特別的是有一部分士人，在當時清靜無爲的政治氣氛中，在諸侯王的支持下，致力於思想文化工作，蒐集和整理古代文化典籍。〔註177〕茲引淮南王劉安與河間獻王劉德二人爲例說明之。《漢書・淮南厲王劉長列傳》曰：

> 淮南王安爲人好書，鼓琴，不喜弋獵狗馬馳騁，亦欲以行陰德拊循百姓，流名譽。招致賓客方術之士數千人，作爲《內書》二十一篇，《外書》甚衆，又有《中篇》八卷，言神仙黃白之術，亦二十餘萬言。〔註178〕

《漢書・河間獻王劉德列傳》曰：

> 河間獻王德以孝景前二年立，修學好古，實事求是。從民得善書，必爲好寫與之，留其眞，加金帛賜以招之。繇是四方道術之人不遠千里，或有先祖舊書，多奉以奏獻王者，故得書多，與漢朝等。是時，淮南王安亦好書，所招致率多浮辯。獻王所得書皆古文先秦舊書，《周官》、《尚書》、《禮》、《禮記》、《孟子》、《老子》之屬，皆經傳說記，七十子之徒所論。其學舉六藝，立《毛氏詩》、《左氏春秋》博士。修禮樂，被服儒術，造次必於儒者。山東諸儒多從而游。〔註179〕

〔註175〕《史記・吳王濞列傳》卷一百六，頁2822。
〔註176〕參劉軍呈，〈西漢前期中央政府與地方諸侯王關係研究〉，頁74。
〔註177〕劉敏，〈關於漢初封王的兩個問題〉，《南都學壇》，第17卷第1期，1997年，頁7。
〔註178〕《漢書・淮南衡山濟北王傳》卷四十四，頁2145。
〔註179〕《漢書・景十三王傳》卷五十三，頁2410。

上引二條，則由於諸侯王與士人的努力，使秦始皇焚坑儒後，中國固有的傳統學術文化得以復興的機會，對漢朝學術的振興以及儒學的發展帶來實質的的貢獻。

四、影響漢中央政治制度的走向

在歷史的舞台上，任何政治體制並非盡善盡美，利弊得失之間也往往不是絕對的，也因如此，我國歷代各朝的行政組織，難定形於一，專行一制傳後世而不變。

秦始皇時期，發生了二次行郡縣制或分封之爭，在丞相李斯分析諸侯所產生的敝害後，最終得到秦始皇的贊同。秦的行政制度，自此開始行郡縣制，推行於全國。然對於封建制有深厚情感的六國遺民而言，欲裂土分封與恢復舊國的政治主張並未至此而熄滅。在起義反秦時期、楚漢相爭時期，各諸侯王仍舊擺脫不了分封的觀念，尤習慣以以軍功多寡，以分封進行犒賞或按撫。分封與郡縣之爭，也一直持續在朝代更替中進行演變。

秦國國祚之短，使得郡縣制的合理性受到懷疑，曹魏時期，宗室曹冏曾上書〈六代論〉，追述周以下六代興亡，為分封制辨護：

> 昔夏殷周之歷世數十，而秦二世而亡。何則？三代之君與天下共其民，故天下同其憂：秦王獨制其民，故傾危而莫救。夫與人共其樂者，人必憂其憂：與人同其安者，人必拯其危。先王知獨治之不能久也，故與人共治之：知獨守之不能固也，故與人共守之。兼親疏而兩用，參同異而並進。是以輕重足以相鎮，親疏足以相衛，併兼路塞，逆節不生。……？自此之後，轉相攻伐。吳并於越，晉分為三，魯滅於楚，鄭兼於韓。暨乎戰國，諸姬微矣，唯燕衛獨存。然皆弱小，西迫強秦，南畏齊、楚，救於滅亡，匪遑相卹。……。至於始皇，乃定天位。曠日若彼，用力若此，豈非深根固蔕，不拔之道乎？易曰：「其亡其亡，繫於苞桑。」周德其可謂當之矣。[註180]

曹冏認為尾大不掉的情形固然應該避免，但為了保持「親親」與「賢賢」的古訓，對於宗室以及他宗族的俊傑應加以分封。則「輕重足以相鎮，親疏足以相衛，併兼路塞，逆節不生，」。同時，曹冏指出，「三代之君，與天下共

[註180] 曹同，〈六代論〉，選自〔梁〕蕭統編，（唐）李善注，《新校胡宋本文選》卷52，頁721～722。

其民，故天下同其憂。」分封制乃公天下，天子能更盡心地治理國家，曹氏以故語曰：「百足之蟲。至死不僵，扶之者眾也」，勸戒曹操（魏太祖武皇帝）加強宗室子弟權力，以鞏固曹魏統治。

　　為郡縣制辯護較著名者，則為唐柳宗元。柳氏〈封建論〉曰：

> 漢有天下，矯秦之枉，徇周之制，剖海內而立宗子，封功臣。數年之間，奔命扶傷之不暇，困平城，病流矢，陵遲不救者三代。後乃謀臣獻畫，而離削自守矣。然而封建之始，郡邑居半。時則有叛國而無叛郡。秦制之得，亦以明矣。〔註181〕

觀是，則知柳氏認為漢實施分封，可說是造成日後動亂之源頭，「數年之間，奔命扶傷之不暇」而漢行郡縣並無叛州的事實，實乃「秦制之得」所致。西漢建立後，統治者對於分封又有了一些新的認識。劉邦在總結秦亡原因時，就認為秦「海內新定，同姓寡少」〔註182〕沒有分封是一個重要因。而「懲戒亡秦孤立之敗」〔註183〕的教訓，以避免重蹈覆轍，鞏固西漢王朝在各地的統治，就必須在地方行政體制上，進行必要的變通。於是劉邦在繼承秦朝舊制基礎上，在一些地方又實行封國制，形成了郡國並行的地方體制。正如徐天麟在《西漢會要》中所說：「漢祖龍興，取周秦之制而兼用之，其亦有意於矯前世之弊也。」因此，從體制上說，郡國並行制度是在漢初總結歷史經驗之後，出現的一種地方體制。〔註184〕這種制度，在高祖劉邦稱帝建漢初期，的確達到了藩輔漢室，拱衛中央的作用。而諸侯王正是其中重要的關鍵角色。《漢書・諸侯王表序》載：

> 高祖創業，日不暇給，孝惠享國又淺，高後女主攝位，而海內晏加，亡狂狡之憂，卒折諸呂之難，成太宗之業者，亦賴之於諸侯也。
>
> 〔註185〕

據此，則知漢高祖對諸侯王維護漢家的政權表示肯定，諸侯王對於漢行郡國並行制可說有推波助瀾之功，穩定了當時政局，鞏固了中央政權，也影響了未來整個漢中央政治制度的走向。

　　不可否認的，郡國並行制隱藏著中央與地方諸侯的矛盾，至後來發生諸

〔註181〕〔唐〕柳宗元，《封建論》，引自〔清〕曾國藩，《經史百家雜鈔》，頁66。
〔註182〕《漢書・諸侯王表》卷十四，頁393。
〔註183〕《漢書・諸侯王表》卷十四，頁393。
〔註184〕參史云貴，〈西漢郡國並行制探略〉，頁155。
〔註185〕《漢書・諸侯王表序》卷十四，頁394。

侯王與中央抗衡的衝突，甚至於覬覦帝位。因此，在此種情形之下，如何調整好中央與地方的關系，建立一個統一而又穩定的西漢政權，即成爲朝野有識之士，日益關切且極待解決的問題。〔註186〕其中賈誼即是其中最爲著名的例子，賈誼以卓越的政治才華，敏越的政治眼光，從當時時局出發，闡述了加強對諸侯王全面控制的理論方法、制度措施。〔註187〕而中央對封國進行限制、削弱，甚至削藩就不可避免了。

　　由於中央皇權對地方封國不斷加強控制，進行削弱，諸侯王國之勢日衰，封國不斷郡縣化，郡國並行的地方政區度趨向瓦解，實質上轉變爲單一的郡縣制。封國所轄版圖驟減，政治地位日降。例如高祖時，齊國轄臨淄、膠東、膠西、濟北、博陽、城陽、琅琊七郡之多；而到景帝時，故齊國的十二郡國中，齊、千乘、平原、泰山、濟南、北海、琅琊、膠西、東萊均已歸入漢郡，在王國被嚴重削弱的同時，漢郡的數量和權力卻不斷上升，並在地方行政體制中漸居主導地位。高祖時有 9 個封國，15 個漢郡，二者數量相當，而文帝後期也不過 24 個漢郡。通過削減王國，武帝開發邊郡等措施，昭帝時，漢郡已達 87 個，而王國僅 17 個。郡和國在數量上的差距已相當大，加上諸侯王不得參與封國政事，諸侯國的相便與郡太守無異。這樣，漢代諸侯國在內容和形式上都實現了郡縣化，封國再也不成爲威脅中央皇權的地方割據勢力。〔註188〕這一過程相伴隨的，是中央自轄區的不斷擴大，中央集權的逐漸加強，也影響了往後漢武帝。

　　綜上所述，從中國歷史的大發展方向看，各諸侯勢力所參與的歷史活動是進步的，整體而言，封國同中央因分封不均和同皇帝的親疏關係不同，一開始就存在著矛盾，以後劉邦的繼承著們，沒有把握分封制同中央集權的關係，使之絕對化，把劉邦既定的郡國並行制異化了，這對西漢中央乃至東漢的政治制度影響頗大。從反秦抗暴、催生漢室的建立、推動儒學、振興文化、推行郡國並行制等等諸多層面觀之，在歷史的舞台上，秦楚漢之際諸侯王之貢獻，實值肯定，歷史也必將書之丹青而曉之後世。

〔註186〕許云欽，〈漢初分封之得失與賈誼的主張〉，《福建教育學院學報》，2002 年第 10 期，頁 79～81。

〔註187〕賈誼對於加強諸侯王控制的主張，可詳參；賈誼，〈治安策〉，選自謝冰瑩等註譯，《新譯古文觀止》，三民書局，民國 76 年 7 月，頁 298～302；許云欽，〈漢初分封之得失與賈誼的主張〉，頁 80～81。

〔註188〕參湯其領，〈西漢郡國並行論〉，頁 37；庫曉慧，〈從漢初郡國並行制的演變看中央集權的逐步加強〉，《沈陽大學學報》，第 21 卷第 6 期，2009 年，頁 85。

第柒章 結 論

　　本論文的研究題目爲漢高祖研究，茲對本文的研究成果及繼續研究之展望，略作說明與建議，以作爲本論文之結論。

第一節 本論文研究成果

　　檢視當今在國內碩博士論文中，（民國 100 年 11 月爲止），發表有關太史公與《史記》方面的有關的論文，概略估計共有 155 筆，而單純與太史公與〈本紀〉有關的論文，則有 40 筆。在〈本紀〉部份，已發表的過的碩博論文，依時代先後，有「史記五帝本紀輯證」、「《史記·項羽本紀研究》」、「《史記·呂后本紀》與其相關問題研究」、「從《史記》看漢武帝」共 4 篇。其中，尚未有任何一篇是以「漢高祖劉邦」爲主題之論文出現。是故，本人此篇「漢高祖研究」成果，當可爲國內碩博論文，稍塡補有關〈本紀〉內容不足之憾。

　　漢高祖劉邦是漢家政權的始祖，本篇論文主題是以漢高祖研究爲主題，當以《史記·高祖本紀》中的漢高祖劉邦作爲發揮的題材，誠如李景星對〈高祖本紀〉文本結構所言：

> 三代以下，以匹夫而有天下者，自漢高祖始，故太史公作紀多用特筆，與其他本紀不同。篇幅雖長，約而言之，可分五截讀：自首至「多欲附者矣」，爲一截，是紀其出身之異；自「秦二世元年」至「此所謂河北之軍也」，爲一截，是紀其起兵；自「秦二世三年」，至「惟恐沛公不爲秦王」爲一截，是紀其滅秦；自「或說沛公曰」至「而利幾恐，故反」爲一截，是紀其滅楚；自「六年」至末爲一截，是

紀其定天下以後各事。而一篇收束又分爲五層：敍高起、王陵語一
層，敍高祖未央宮語一層，敍高祖過沛語爲一層，敍高祖死時語爲
一層，敍群臣上廟號語一層。洋洋萬餘言，組成一片，縱橫馳驟，
一絲不亂，非有神力，安能辦此！贊語揭出天統，上承三代，下開
百王，片言扼要。尤爲得體。〔註1〕

據是，可知〈高祖本紀〉的內容從漢高祖其「出身之異」至「定天下」這
段史實爲主體，涵蓋的時空背景，起自秦末起義、經楚漢相爭、漢朝興立、
衣錦回鄉，止於高祖崩長樂宮。是則，「出身之異」部份，爲本論文次章主
要探究的主題。司馬遷在〈高祖本紀〉中，記載了大量劉邦的神異事蹟，
然除了〈高祖本紀〉之外，《史記》其它篇章中，亦有諸多有關劉邦的神異
事蹟。藉由史料的爬疏剔抉，深入進行發掘、分析後，可發現有關劉邦諸
多的神異事蹟，乃是爲提升本身的政治實力，儘管如此，劉邦之能稱帝建
國，是有著更多「人爲」的力量，左右局勢的改變。同時，太史公雖肯定
「天命」的存在，但更強調「人爲」的價值。再者，太史公撰寫《史記》，
受到本身思想、時代背景與創作手法等因素的影響，在探討有關劉邦諸多
的神異事蹟之際，可發現這是太史公創作《史記》的手法，亦可謂是太史
公的「一家之言」。

　　第參章，「漢高祖劉邦與儒家文化」，在目前有關劉邦的研究，多半偏向
劉邦個人特質或劉邦集團方面的探討。在學術思想方面，所論不多。漢承秦
制，反映在思想文化的領域裡，即爲對先秦時期的子學思潮，與戰國末年總
結諸子百家之學的繼承和發揚。各家之中，尤以儒家與道家爲盛，故本論文
所關注之漢高祖政權下的學術思想，即以此兩家爲主，將漢高祖與儒家文化、
黃老文化之間的脈絡關係，做進一步的探討與詮譯，以補前人研究不足之憾。
本章就漢高祖的文化水平有深入的分析，並對漢高祖對儒家文化態度的轉變
過程作了清楚的交代。而陸賈是劉邦身邊儒家色彩最重要的角色，其《新語》
中的儒學思想，雖因劉邦在其完成沒多久即去逝，但其內容對漢代儒學的發
展極爲重要。《新語》強調「仁義」必須與君主權力相結合的主張，此主張構
成了漢初統治者治國的根本思想，對漢初政權安邦定國局勢的具有一定的穩
定力量，成爲日後儒學與君主權力結合的濫觴。然因劉邦即位後，約七年的

光景即去逝了，〔註2〕故陸賈《新語》對劉邦發生眞實的影響比重其實是很輕的，但對於我們民族生命的延續，文化的維持，依然有很重大的意義，〔註3〕此對儒家思想的發展產生難以估量的影響，這也是其後漢武帝「罷黜百家、獨尊儒術」的根源。

第肆章，「漢高祖劉邦與黃老學說」，賡續漢高祖政權下的學術思想，在漢初百廢待興的現實的環境下，筆者首先對秦始皇政權做一個簡單的回顧，關於秦始皇的暴政，可略分作四方面來檢討。一是徭役繁苛。二是外攘夷狄。三是嚴刑峻法。四是賦歛繁重。這四件事是造成當時社會貧病紊亂的最大原因。過去諸多學者論秦之滅亡，主要是因施暴政所致，但忽略了秦施暴政，實亦是漢初黃老學說興起之背景，故筆者就此詳加舉證，闡述秦施諸多暴政的內容，以及對整個國家、社會、人民所造成的影響，此亦是漢初推行黃老學說的重要關鍵。秦在短短十五年的統治，即告滅亡。秦施暴政，造成人民生活的痛苦，加上長期戰爭所引起諸多的後遺症，實是漢初黃老學說興起背景之主因。次節闡述綜合了《黃帝四經》與老子學說，對諸子百家的思想也有所融合的黃老之術，就漢高祖諸多具體作爲與有關老子思想觀念的運用，論述劉邦政權下黃老學說的實踐與應用，以明漢高祖與黃老之術的脈絡關係。

第伍章，「漢高祖的帝王之道」，以漢高祖的帝王之道爲主題，透過〈高祖本紀〉文本的深入解讀、與高祖相關篇章的聯系，以尋繹太史公筆法的背後深意，對劉邦何以成爲中國歷史上第一個布衣帝王，做一通盤全面的探討與分析。其中充份說明劉邦以平民建國的史實，除了善於用人之外，劉邦的統御之術、具有領袖性格的人格特質、以及時勢的結果，對於其開創西漢、一統帝業均有一定程度的影響。在風雲際會時取得天下，當劉邦晚年返鄉舊地重遊，回顧半生的戎馬生涯，唱出氣勢磅礴的帝王之詩〈大風歌〉，從中可窺見劉邦建立漢帝國的心情寫照，及其創作此詩的內在感受，其所代表的意義，正如劉邦從泗水亭長到凝聚帝業的雄圖，同時也表現出其身經百戰、功成業就，求賢若渴的多層意義。

第陸章，「漢高祖分封諸侯王析論」，在過去討論有關漢高祖分封諸侯王的議題，多半偏重於漢初異姓諸侯王的叛亂與平定，而忽略了漢高祖分封諸

〔註2〕 劉邦於漢五年（西元前 202 年）二月甲午即位於氾水之陽，於漢十二年（西元前 195 年）四月甲辰病逝於長樂宮。自即位起至病逝，共七年二個月。
〔註3〕 參徐復觀，《兩漢思想史》卷二，頁 104～105。

侯王源流之探討、漢高祖分封思想的形成與發展、以及秦楚漢之際諸侯王之
歷史貢獻，即使少數注意至此者，亦偏重史學本身的發展，而忽略了漢高祖
分封諸侯王在政治與史學上的關係。本章即針對上述議題多所分析，可歸納
出重點爲：無論是異姓或同姓諸侯王，皆是當時形勢的產物，完全沒有宗法
制度的觀念與儒家政治思想的理想，這與西周的分封有很大的差異。劉邦分
封異姓諸侯王，雖是爲滿足平民野心家的願望，但對於漢家政權建立過程，
無疑佔有很重要的地位，他們左右著反秦戰爭的勝負與楚漢戰爭的成敗，至
於剷滅異姓諸侯王與同姓諸侯王的分封，可說是爲加強國家統一的必然措
施，皆出於一時形勢所演變而成，並沒有政治理想可言，儘管如此，對於西
漢未來政治局勢走向郡國制，發揮了深遠的影響，尾節部份，對秦楚漢之際
諸侯王之貢獻亦作了客觀的評價。

第二節　繼續研究之展望

一、漢高祖與明太祖之比較研究

　　中國歷史上有二位同是平民出身的皇帝，即漢高祖與明太祖。有關漢高
祖的最早的史料，大多見於《史記》與《漢書》；而有關明太祖的史料，清張
廷玉《明史》〈本紀〉卷一至卷三，有其詳細介紹。檢視國內碩博士論文，另
有二篇有關明太祖的論文，其一是張梅燕的〈明太祖設置國子監及其作用（明
太祖儲養與利用文人學士）〉〔註4〕，其二是蔡僑宗的〈明太祖御製道德眞經
之研究〉〔註5〕。就高祖劉邦而言，太史公以鮮明的筆法，深刻地描寫其精彩
的一生。而明太祖朱元璋，早年參與元末起義，並通過連年征戰，最終統一
中國，建立中國歷史上的另一個大一統的明王朝。其本人兼有聖賢和暴君的
雙重性格，因此他的政治措施，有些極可稱讚，有些又極不合理。他出身微
賤，因而深知民隱，即位後嚴懲貪污官吏，大大整刷了元末以來的政風。他
也頗知前代宦官、外戚、軍閥的爲禍之大，因此他嚴禁中官預政和母后臨朝，
並以文臣掌理軍政，這些都是太祖政治好的一面。但他「家天下」的思想極

〔註4〕張梅燕，〈明太祖設置國子監及其作用（明太祖儲養與利用文人學士）〉，文化
　　　大學史學研究所碩士論文，民國68年。
〔註5〕蔡僑宗，〈明太祖御製道德眞經之研究〉，中正大學中國文學系碩士論文，民
　　　國89年。

濃，益以猜忌殘忍的性格，使他做出許多荒謬殘暴的舉動，足以抵消他的善
政而有餘。〔註6〕

　　就這二位同是平民出身的皇帝而言，無論是出身背景、取得天下的方式、
用人之道、性格特質、治國理念……等等均有所不同，若能以此二位平民皇
帝做為研究的主題，藉由史料分別爬疏整理，詳加比對、分析，並歸納其異
同之處，對於後世之影響等等，當甚有其學術價值的存在。

二、《史記・高祖本紀》與《漢書・高帝紀》之比較研究

　　司馬遷秉承先父遺志，繼承《春秋》精神，肩負史家職責，以其「究天
人之際，通古今之變，成一家之言」的史識，寫出五十二萬六千五百字，凡
百三十篇的《史記》〔註7〕。今細核其內容，五帝、三代部分最爲疏略，入春
秋而差豐，及戰國而較詳，至秦、漢則燦然大備矣。尤以漢初高祖至孝武一
段，其間不過百年，所佔篇幅，超過全書之半。〔註8〕

　　《史記》既出，以太初以後，闕而不錄，其後班彪採前史遺事，傍貫
異聞，作後傳六十五篇。班固又因父所續前史未詳，遂又潛心研討，綴輯
所聞，斷自高祖，盡於王莽，勒成《漢書》百篇。其書即成，遂傾動一世，
得以媲美《史記》，擅名千載。然其漢初至孝武帝太初年間事，竟全仍《史
記》，絕少更易〔註9〕。對此近乎抄襲之事，昔賢頗有譏評，如唐劉知幾《史
通》云：

> 自漢以降，作者多門，雖新書已行，而舊錄仍在。必校其事，則可
> 得而言。按劉氏初興，書唯陸賈而已。子長述楚漢之事，專據此書。
> 譬夫行不由徑，出不由戶，未之聞也。然觀遷之所載，往往與舊不
> 同。如酈生之初謁沛公，高祖之長歌鴻鵠，非唯文句有別，遂乃事
> 理皆殊。又韓王名信都，而輒去都留信，用使稱其名姓，全與淮陰

〔註6〕　傅樂成，《中國通史》下冊，頁623。
〔註7〕　太史公自序云：「凡百三十篇，五十二萬六千五百字，爲太史公書。序略，以
　　　　拾遺補蓺，成一家之言」。《史記・太史公自序》，頁3319。
〔註8〕　吳福助，《史漢關係》，頁1。
〔註9〕　《漢書》述漢初至孝武帝太初年間事，竟全仍《史記》，絕少更易，主要原因
　　　　在於《史記》言漢初事既已詳矣，殫見洽聞，若斯之博。且遷之史識絕高，
　　　　且當世史料實盡已網羅折衷於《史記》中矣，容有闕漏或疑不能明者，即班
　　　　固亦難有所增損更易也。詳參吳福助，《史漢關係》，頁2～3。

不別。班氏一準太史，曾無弛張，靜言思之，深所未了。〔註10〕

劉氏對於班氏身爲太史，卻「曾無弛張，靜言思之，深所未了」甚不以爲然。又宋鄭樵《通志》，對於班氏抄襲《史記》，亦感不屑。《通志總序》云：

> 班固不通旁行邪上，以古今人物彊立差等，且謂漢紹堯運，自當繼堯，非遷作史記廁於秦、項，此則無稽之談也。由其斷漢爲書。是致周、秦不相因，古今成間隔。自高祖至武帝，凡六帝以前，盡竊遷書，不以爲慚。自昭帝至平帝，凡六世，資於賈逵、劉歆，復不以爲恥。況又有曹大家終篇，則固之自爲書也幾希。〔註11〕

上引二條，皆深責班氏不當盡竊史公書也。劉、鄭雖言之有理，但卻過於苛責，當初班氏著《漢書》之時，即已明白表示其書非「作」乃「述」也。史者當以刪述爲能事，古人不以文辭爲自私，史文又不可憑虛而臆造。故《漢書・敘傳》云：

> 漢紹堯運，以建帝業，至於六世，世臣乃追述功德，私作本紀，編於百王之末，廁於秦、項與列。太初以後，闕而不錄，故探纂前記，綴輯所聞，以述《漢書》〔註12〕。

據此，班氏表明其書乃「探纂前記，綴輯所聞」，強調是以「述」的方式，寫出《漢書》。對此，清章學誠即爲其辯護，《文史通義・言公篇》篇曰：

> 世之譏班固者，責其孝武以前之襲遷書，以謂盜襲而無恥（出鄭漁仲通志）此則全不通乎文理論也。遷史斷始五帝，沿及三代、周、秦，使舍《尚書》、《左》、《國》，豈將爲憑虛亡是之作賦乎？必謂《左》、《國》而下，爲遷所自撰，則陸賈之《楚漢春秋》，高祖孝文之《傳》皆遷之所採摭，其書後世不傳，而徒以所見之《尚書》、《左》、《國》怪其割裂焉，可謂知一十而不知二五者矣！固書斷自西京一代，使孝武以前不用遷史，豈將爲經生決科之同題而異文乎？〔註13〕

章氏所言，甚爲公允，蓋史家著述，不以抄襲爲嫌也。是故，《漢書》孝武以前若無襲錄《史記》，則「豈將爲經生決科之同題而異文乎？」

〔註10〕〔唐〕幾知幾，姚松、朱恒夫譯注，《史通外篇》卷十六〈雜說上〉，（台北：台灣古籍出版社，2002 年 2 月初版），頁 300。

〔註11〕〔宋〕鄭樵撰，王樹民點校：《通志二十略》，（北京：中華書局，1995 年 11 月第 1 版，2009 年 2 月北京第 2 次印刷），頁 2。

〔註12〕《漢書・敘傳》卷一百，頁 4235。

〔註13〕〔清〕章學誠，《文史通義・太史公書義法》，（台北：世界書局，2011 年 4 月 5 版），頁 37。

　　班氏自孝武以前，雖多襲錄史記，但亦有另取新材之處。蓋《漢書》不同於《史記》，乃一代之史，以闡揚本朝功德爲主，故於西漢初年之史實，敘次遂不厭求精求詳也。《史記・高祖本紀》與《漢書・高帝紀》雖同敘高祖事，然《漢書》爲直錄《史記》最早之鈔本，可爲校勘《史記》之主要依據，而其間又探頤索隱，穿穴訂補《史記》之訛誤缺漏，雖爲數不甚多，然皆彌足珍貴也，〔註14〕茲略舉數例說明之：

　　其一、《漢書・高帝紀》高祖二年二月，增述高祖復關中、賜民爵、除租稅、置三老、舉行能、賜酒肉等政，此高祖兵間寬懷大度，收拾關中民心處，皆繫得天下根本，《史記》失載。〔註15〕

　　其二、漢著於張耳、韓信、陳平歸漢，本末特載本紀中，正見高祖之攬用人傑資成帝業處，《史記》於此等亦嫌其略。〔註16〕

　　其三、漢二年三月，增董公遮說漢王當布告天下言項羽殺義帝，明其爲賊亂，舉兵征之，乃可服一節。案董公說殊切於義理，亦關係歷史頗重，放固全補載之。《史記》但云：「三老董公遮說漢王以義帝死故」則太簡而明矣。〔註17〕

　　其四、漢著載四年八月，初爲算賦、下令軍士不幸死者，更爲衣衾棺斂轉送其家，亦要事《史記》不書；高祖即位以來，詔書凡十八九道，皆封侯王、尊高爵、復侯諸子赦天下、求賢士等大事，也當依《漢書》一一詳載之。〔註18〕

　　綜而言之，太史公與班固所處時代環境有別、身世遭遇不同，其思想異趣等因素，以致對於同一人物和事件的評論，往往有形式或實質上的不同，所以通過〈高祖本紀〉與〈高帝紀〉文本的比對，加上論贊不同的比較，可以看出馬、班在許多方面看法的異同。若能以此二者作賡續的比對研究，則此議題不僅新穎，內容更具開闊性，可提供研究馬、班思想和漢代歷史的另一種視角，亦是另一條可拓展研究新學術之途徑。

〔註14〕見吳福助，《史漢關係》，頁 102。

〔註15〕吳福助，《史漢關係》，頁 94。

〔註16〕〔清〕牛運震，《讀史糾繆・史記》，收錄於孫曉編，《二十四史研究資料彙編・史記》第三冊，《綜考・讀史糾謬・史記》，頁 183。

〔註17〕吳福助，《史漢關係》，頁 94。

〔註18〕〔清〕牛運震，《讀史糾繆・史記》，收錄於孫曉編，《二十四史研究資料彙編・史記》第三冊，《綜考・讀史糾謬・史記》，頁 183。

參考文獻

一、古籍（依作者時代先後排列）

1. 〔秦〕商鞅撰，嚴萬里校，《商君書》台北：台灣商務，民國45年4月初版。

2. 〔漢〕司馬遷撰，《史記》，北京：中華書局，1959年9月第1版。

3. 〔漢〕司馬遷撰，〔日〕瀧川龜太郎，《史記會注考證》，台北：宏業書局，民國68年9月再版。

4. 〔漢〕司馬遷撰，〔清〕姚苧田選評，《史記菁華錄》上海：上海古籍出版社，2007年5月。

5. 〔漢〕孔安國傳，〔唐〕孔穎達等正義，《尚書正義》《十三經注疏》，〔清〕阮元校勘，上海：上海古籍出版社，1997年7月第1版。

6. 〔漢〕何休注，〔唐〕徐彥疏：《春秋公羊傳注疏》《十三經注疏》〔清〕阮元校勘，上海：上海古籍出版社，1997年7月第1版。

7. 〔漢〕王充著，《論衡》，台北：宏業書局，民國72年4月出版。

8. 〔漢〕王充著，袁華忠、方家常譯注：《論衡》，台北：台灣古籍出版社，1997年8月初版。

9. 〔漢〕班固撰，《漢書》，北京：中華書局，1962年6月第1版。

10. 〔漢〕許慎撰，〔清〕段玉裁注，〔民國〕魯實先補正：《說文解字注》，黎明文化出版，民國63年9月初版。

11. 〔漢〕高誘注，《呂氏春秋》，台北：藝文印書館，民國98年10月初版四刷。

12. 〔漢〕桓寬撰，盧烈紅注譯，《新譯鹽鐵論》，台北：三民書局，2006年。

13. 〔漢〕趙岐注，〔宋〕孫奭疏，《孟子注疏》，《十三經注疏》〔清〕阮元校勘，上海：上海古籍出版社，1997 年 7 月第 1 版。

14. 〔漢〕鄭玄箋，〔唐〕孔穎達等正義，《毛詩正義》，《十三經注疏》〔清〕阮元校勘，上海：上海古籍出版社，1997 年 7 月第 1 版。

15. 〔漢〕鄭玄注，〔唐〕孔穎達等正義，《禮記正義》，《十三經注疏》〔清〕阮元校勘，上海：上海古籍出版社，1997 年 7 月第 1 版。

16. 〔曹魏〕何晏等注，〔宋〕邢昺疏：《論語注疏》《十三經注疏》〔清〕阮元校勘，上海：上海古籍出版社，1997 年 7 月第 1 版。

17. 〔晉〕杜預注，〔唐〕孔穎達等正義，《春秋左傳正義》〔清〕阮元校勘，上海：上海古籍出版社，1997 年 7 月第 1 版。

18. 〔晉〕陳壽，《三國志》，北京：中華書局，2005 年 2 月。

19. 〔南朝・宋〕裴駰，《史記集解》，民國上虞羅氏影印吉石盦叢書本。

20. 〔南朝・梁〕蕭統編，（唐）李善注，《新校胡宋本文選》台北：華正書局，民國 79 年 9 月初版。

21. 〔唐〕司馬貞，《史記索隱》，〔清〕光緒十九年廣雅書局刊本。

22. 〔唐〕李善注，《文選》，台北：華正書局，1987 年 9 月初版。

23. 〔唐〕劉知幾撰，〔清〕浦起龍釋，《史通通釋》。台北：里仁書局，1980。

24. 〔唐〕劉知幾撰，姚松、朱恒夫譯注，《史通外篇》，台北：台灣古籍出版社，2002 年 2 月初版。

25. 〔唐〕韓愈撰，馬其昶校注，《韓昌黎文集校注》台北：世界書局，1960 年 12 月初版。

26. 〔宋〕歐陽修、宋祁撰，《新唐書》，北京：中華書局，1975 年 2 月初版。

27. 〔宋〕蘇洵著，金棗莊、金成禮箋注，《嘉祐集箋注》，上海：上海古籍出版社，1993 年 3 月第 1 版。

28. 〔宋〕司馬光編著，〔元〕胡三省音注，《資治通鑑》：北京：中華書局，1956 年 6 月第 1 版。

29. 〔宋〕鄭樵撰、王樹民點校，《通志二十略》，北京：中華書局，1995 年 11 月第 1 版，2009 年 2 月北京第 2 次印刷。

30. 〔宋〕葉適，《習學記言序目》，北京：中華書局，1977 年 10 月第 1 版。

31. 〔金〕王若虛，《滹南遺老集》，四部叢刊本。

32. 〔宋〕王應麟，《困學紀聞》，文淵閣四庫書本。

33. 〔宋〕馬端臨，《文獻通考》卷十，北京：中華書局，2006 年 11 月。

34. 〔宋〕黎靖德編輯，《朱子語類》，台北：文津出版社，民國 75 年 12 月出版。

35. 〔明〕李贄，《史綱評要》，北京：中華書局，2008 年 9 月。

36.〔明〕凌稚隆輯校，〔明〕李光縉增補，《史記評林》，天津：古籍出版社，1998 年 3 月第 1 版。

37.〔明〕郝敬，《批點史記瑣瑣》，〔明〕萬曆崇禎間郝洪範刻山草堂集增修本。

38.〔明〕王夫之，《讀通鑑論》，台北：世界書局，2010 年 8 月 1 版 3 刷。

39.〔清〕姚苧田，《史記菁華錄》，上海：上海古籍出版社，2007 年 5 月。

40.〔清〕方苞，《望溪集外集補遺》，〔清〕光緒二十年廣雅書局刊本清咸豐元年戴均衡刻本。

41.〔清〕吳見思評點，《史記論文》，台北：中華書局，民國 56 年 11 月。

42.〔清〕牛運震，《史記評注》。〔清〕嘉慶二十三年刻空山堂全集本。

43.〔清〕牛運震，《讀史糾繆》。〔清〕嘉慶二十三年刻空山堂全集本。

44.〔清〕湯諧撰，《史記半解》，上海：上海古籍出版社，1995 年 1 月出版。

45.〔清〕梁玉繩，《史記志疑》，〔清〕光緒十三年廣雅書局刊本。

46.〔清〕梁玉繩，賀次君點校，《史記志疑》，北京：中華書局，1985 年（2006 重印），1981 年 4 月第 1 版。

47.〔清〕王鳴盛撰，《十七史商榷》，〔清〕乾隆五十二年洞涇草堂刻本。

48.〔清〕王鳴盛撰，陳文和、王永平等校點，《十七史商榷》，南京：鳳凰出版社，2008 年 1 月。

49.〔清〕紀昀總纂，《四庫全書總目》，石家莊：河北人民出版社，2000 年 3 月第 1 版。

50.〔清〕趙翼著，《廿二史劄記》，〔清〕嘉慶五年淇貽堂刻本。

51.〔清〕趙翼著，王樹民校證，《廿二史劄記校證》，北京：中華書局，2007 年。

52.〔清〕錢大昕，《廿二史考異》，〔清〕乾隆四十五年刻本。

53.〔清〕姚鼐輯，王文濡校註，《古文辭類纂評註》，台北：華正書局，民國 71 年 5 月初版。

54.〔清〕章學誠，《文史通義》，台北：華世出版社，民國 69 年 9 月初版。

55.〔清〕章學誠，孫德謙著，《文史通義・太史公書義法》，台北：世界書局，2011 年 4 月五版六刷。

56.〔清〕曾國藩纂，《經史百家雜鈔》，長沙：岳麓書社，2009 年 1 月初版。

57.〔清〕劉熙載著，《藝概》，台北：廣文書局，民國 63 年。

58.〔清〕郭嵩燾撰，《史記札記》，台北：世界書局，2010 年 1 月 2 版 2 刷。

59.〔清〕王先慎撰，《韓非子集解》，台北：台灣時代書局，民國 64 年 1 月初版。

60. 〔清〕郭慶藩編、王孝魚整理,《莊子集釋》,台北:木鐸出版社,民國 71 年 9 月初版。

61. 〔清〕孫詒讓著,李笠校補:校補定本,《墨子閒詁》,台北:藝文印書館,民國 70 年 2 月 3 版。

62. 〔清〕崔適著,張烈點校,《史記探源》,北京:中華書局,1986 年 9 月第 1 版)。

63. 〔清〕李景星,《四史評議》,長沙:岳麓書社出版,1986 年 11 月第 1 版。

64. 〔清〕吳見遠,李景星著,《史記論文‧史記評議》,上海:上海古籍出版,2008 年 12 月 1 第 1 版。

二、近人著作（依姓名筆劃寡多排列）

1. 文崇一,《楚文化研究》,台北市:東大圖書,民 79 年 4 月初版。

2. 王子今,《史記的文化發掘》,湖北:湖北人民出版社,1997 年 10 月初版。

3. 王志剛、陳文德,《弱勢大贏家:劉邦大傳》,台北:遠流出版社,2005 年。

4. 王利器,《新語校注》,北京:中華書局,1986 年第 1 版。

5. 王叔岷撰,《史記斠證》,北京:中華書局,2007 年第 1 版。

6. 王國維等著,《司馬遷──其人及其書》,台北:長安出版社,民國 74 年 9 月初版。

7. 王雲五主編,《雲五社會科學大辭典》第九冊,《心理學》,台北:台灣商務印館,1986 年。

8. 王強,《史記漢書人物講讀》,成都:巴蜀書社,2008 年 8 月。

9. 王學理、梁云,《秦文化》,北京:文物出版社,2001 年 4 月初版。

10. 王毅注譯,《新譯新語讀本》,台北:三民書局,1995 年 8 月初版。

11. 王壽南,《中國歷代創業帝王》,台北:台灣商務印書館,2003 年 4 月初版。

12. 方孟銓、林子鈞、劉昊、戴聲濤、李治編著,《改變中國歷史的故事》,第七冊,台北:莊嚴出版社,民國 76 年 3 月。

13. 司修武,《黃老學說與漢初政治平議》,台北:台灣學生書局,民 81 初版。

14. 司馬遼太郎著、鍾憲譯,《項羽對劉邦:楚漢雙雄爭霸史》(上)(下),台北:遠流出版社,2005 年。

15. 田昌五、安作璋主編,《秦漢史》,北京:人民出版社,2008 年 5 月,第 2 版。

16. 安作璋、孟祥才,《漢高帝大傳》,北京:中華書局,2006 年 9 月第 1 版。

17. 江惠敏,《史記政治人物述評》,台北:師大書苑,民國 80 年 4 月。

18. 朱星,《中國皇帝評論》,北京:中華書局,2005 年 10 月。

19. 朱東潤,《史記考索》,武漢:武漢大學出版社,2009 月第 1 版。

20. 朱釋本,《老子校釋·附帛書老子》,台北:里仁書局,民國 74 年 3 月。

21. 何世華著,《史記美學》,台北:水牛出版社,民國 81 年初版。

22. 何清谷校注,《三輔黃圖校釋》,北京:中華書局,2005 年 6 月出版。

23. 李長之,《司馬遷之人格與風格》,台北:里仁出版社,民 86 年 10 月初版。

24. 李開元,《漢帝國的建立與劉邦集團——軍功受益階層研究》,北京:生活·讀書·新知三聯書店,2000 年 3 月第 1 版。

25. 李勉著,《老子詮證》,台北:東華書局,民國 76 年 4 月初版。

26. 李偉,《弱勢大贏家:劉邦修身、治國、平天下之道》,臺北:詠春圖書,2001 年。

27. 李零譯注,《孫子譯注》〈計篇〉,北京:中華書局,2007 年 9 月初版。

28. 汪惠敏,《史記政治人物述評》,台北:師大書苑,民國 80 年 4 月。

29. 余英時,《史學與傳統》,台北:時報文化出版公司,民國 71 年 1 月初版。

30. 易中天注釋,《新譯國語讀本》,台北:三民書局,1995 年 11 月初版。

31. 周先民,《司馬遷的史傳文學世界》,台北:文津出版社,民 84 年初版。

32. 林品石註譯,《呂氏春秋今注今譯》,台北:台灣商務印書館,民 74 年 2 月初版。

33. 林宇雨,《史記漢書比較研究》,北京:中國文學出版社,1994 年 8 月。

34. 林啓彥著,《中國學術思想史》,台北:書林出版社,民 83 年初版。

35. 林劍鳴,《秦史》,台北:五南圖書出版社,民國 81 年出版。

36. 林劍鳴,《新編秦漢史》,台北:五南圖書出版社,2003 年 2 月。

37. 林慶勳、竺家寧等編著,《文字學》,台北:國立空中大學用書,民國 84 年 9 月初版。

38. 林聰舜,《史記的人物世界》,台北:三民書局,2003 年。

39. 季燁,《劉邦》,台北:知書房出版社,2003 年。

40. 吳福助,《史漢關係》,台北:文史哲出版,民國 64 年 4 月初版。

41. 吳福助,《史記解題》,台北:國家出版社,2003 年 8 月初版。

42. 孟祥才,《先秦秦漢史論》,濟南:山東大學出版社,2001 年 9 月第 1 版。

43. 孟祥才,《秦漢人物散論》,上海:上海古籍出版社,2005 年 12 月初版。

44. 孟祥才，《中國歷史・秦漢史》，北京：人民出版社，2009 年 8 月初版。

45. 施丁、廉敏編，《史記研究》，北京：中國大百科全書出版社，2009 年 1 月第 1 版。

46. 高明，《秦漢史論稿》，台北：五南圖書，2002 年 8 月初版。

47. 高敏，《睡虎地秦簡初探》，台北：萬卷樓，民國 89 年。

48. 姚偉鈞、陳業新著，《中國第一位平民皇帝漢高祖劉邦》，台北市：笙易有限公司文化事業部，2000 年。

49. 秦漢唐，《楚漢爭霸──劉邦用人方略》，台北：文經閣出版社，2005 年。

50. 孫文聖，《劉邦》，哈爾澳濱：北方文藝出版社，2006 年。

51. 孫家洲，《劉邦與漢初三傑》，西安：陝西人民出版社，2008 年 7 月第 1 版。

52. 孫曉主編，《二十四史研究資料彙編・史記》，成都：巴蜀書社，2011 年 11 月初版。

53. 徐文珊，《史記評介》，台北：維新書局，民國 69 年 8 月再版。

54. 徐南村，《鹽鐵論集釋》，台北：廣文書局，民國 64 年初版。

55. 徐復觀，《兩漢思想史》，台北：學生書局，1979 年初版。

56. 陶希聖著、曾資生編校，《中國政治制度史》，第二冊秦漢，台北：啓業書局，民國 68 年。

57. 國立編譯館，《教育心理學》，台北：正中書局，民國 69 年 8 月初版。

58. 增修《辭源》，台北：台灣商務印書館，1978 年。

59. 陳直，《漢書新證》，天津：天津人民出版社，1979 年。

60. 陳直，《史記新證》，北京：中華書局，2006 年 4 月。

61. 陳桐生，《《史記》與諸子百家之學》，合肥：安徽大學出版社，2006 年 5 月第 1 版。

62. 陳桐生，《中國史官文化與史記》，台北：文津出版社，1994 年初版。

63. 陳桐生，《儒家經傳文化與史記》，台北：洪葉文化，2002 年 9 月初版。

64. 陳鼓應註譯，《老子今註今譯》，台北：台灣商務，民國 59 年 5 月初版。

65. 陳鼓應註譯，《莊子今註今譯》，台北：台灣商務，民國 78 年 5 月 9 版。

66. 陳麗桂，《秦漢時期的黃老思想》，台北：文津出版社，1997 年 2 月初版。

67. 陳麗桂校注，《新編淮南子》，台北：國立編譯館，民國 91 年 4 月初版。

68. 黃中業，《漢高祖劉邦傳／毛澤東評點的帝王大傳》，吉林：吉林人民出版社，2006 年。

69. 黃展岳，《先秦兩漢考古與文化》，台北：允晨文化，民國 88 年 8 月。

70. 勞榦，《秦漢史》，文化大學出版，2001 年 9 月。

71. 程金造，《史記管窺》，陝西：陝西人民出版社，1985 年 3 月。

72. 張大可，《司馬遷評傳》，南京：南京大學出版社，1994 年 6 月第 1 版。

73. 張大可、徐日輝，《張良蕭何韓信傳》，南京：南京大學出版社，2002 年 5 月第 1 版。

74. 張大可，《史記研究》，北京：華文出版社，2002 年 2 月初版。

75. 張文立，《秦始皇評傳》，台北：里仁書局，民 89 年。

76. 張金鑑，《中國政治制度史》，台北：三民書局，民國 67 年 7 月初版。

77. 張軍，《楚國神話原型研究》，台北：文津出版社，民國 83 年 1 月初版。

78. 張春興，《心理學》，台北：台灣東華書局，民國 66 年。

79. 張高評主編，《史記研究粹編》，高雄：高雄復文出版社，民 81 年初版。

80. 張桂萍，《《史記》與中國史學傳統》，重慶：重慶出版社，2004 年 12 月。

81. 張豈之主編，《中國思想學說史》，〈秦漢卷〉，桂林：廣西師範大學出版社，2008 年 1 月初版。

82. 張富春，《〔清〕吳見思《史記論文》研究》，成都：巴蜀書社，2008 年 8 月初版。

83. 張強，《司馬遷學術思想探源》，北京：人民出版社，2004 年 11 月第 1 版。

84. 張維嶽編，《司馬遷與史學新探》，台北：崧高書社，民 74 年 11 月出版。

85. 張舜徽，《張舜徽壯議軒日記》，北京：國家圖書館出版社，2010 年 11 月。

86. 張舜徽主編，《二十五史三編》，嶽麓書社出版，1995 年。

87. 張舜徽，《中國古代史籍校讀法》，台北：里仁書局，民 86 年初版。

88. 傅樂成主編，鄒紀萬著，《秦漢史》，台北：眾文圖書，民 83 年 9 月 2 版。

89. 傅樂成，《中國通史》，台北：大中國圖書公司，民國 76 年 9 月再版。

90. 葉孝信，《中國法制史》，北京：北京大學出版社，1996 年。

91. 楊燕起，《《史記》的學術成就》，北京：北京師範大學出版社，1996 年 7 月第 1 版。

92. 楊燕起、陳可青、賴長揚編，《歷代名家評史記》，北京：北京師範大學出版社，1986 年 3 月。

93. 楊樹增，《史記藝術研究》，北京：學苑出版社，2004 年 12 月第 1 版。

94. 廖從雲，《中國歷代縣制考》，台灣中華書局，民國 58 年 2 月初版。

95. 廖伯源，《歷史與制度——漢代政治制度試釋》，台北：台灣商務，民國 87 年。

96. 廖伯源，《秦漢史論叢》，台北：五南圖書，民國 92 年。

97. 鄭會欣編著，《劉邦立國》，香港：中華書局，1991 年。

98. 鄭圓鈴，《《史記》黃老思想研究》，台北：學海出版社，民國 87 年。

99. 趙生群，《史記編纂學導論》，南京：鳳凰出版社，2006 年 11 月第 1 版。

100. 翟文明，《劉邦圖傳》，北京：中國箋戲劇出版社，2003 年。

101. 蔡信發、沈謙編著，《詩詞曲賞析》，台北：國立空中大學，民國 79 年 2 月初版。

102. 劉大杰，《中國文學發展史》（校訂本），台北：華正書局，民國 77 年 7 月版。

103. 劉光義，《司馬遷與老莊思想》，台北：台灣商務，1986 年 6 月初版。

104. 魯迅，《漢文學史綱》，北京：人民出版社 2006 年 12 月第 1 版。

105. 謝祥皓、劉宗賢著，《中國儒學》，台北：水牛圖書公司，1995 年 10 月初版。

106. 謝冰瑩等註譯，《新譯古文觀止》，三民書局，民國 76 年 7 月。

107. 韓兆琦，《新譯史記》，台北：三民書局，2008 年 2 月初版。

108. 韓兆琦，《史記箋證》，南昌：江西人民出版，2004 年 12 月初版。

109. 韓兆琦，《史記博議》，台北：文津出版社，民國 84 年 11 月。

110. 韓復智、葉達雄等，《秦漢史》，台北：空中大學用書，民國 76 年 8 月。

111. 賴漢屏，《史記評賞》，台北：三民書局，1998 年 1 月。

112. 顧實，《漢書藝文志講疏》，台北：廣文書局，民國 59 年初版。

113. 魯洪生，《讀懂《周易》》，北京：中華書局，2008 年 7 月初版。

114. 錢鍾書，《管錐編》第三冊《全漢文》卷十六，北京：中華書局，1979 年。

115. 熊禮匯注譯，侯迺慧校閱，《新譯淮南子》，台北：三民書局，民國 2008 年 1 月二版一刷。

116. 羅慶康，《劉邦新傳》，開封：河南大學出版社，1995 年 1 月初版。

117. 羅立剛註譯，《新譯蘇洵文選》，三民書局，2006 年初版。

118. 瞿同祖，《漢代社會結構》，上海：人民出版社，2007 年 4 月。

119. 瞿同祖，《中國封建社會》，台北：里仁書局，民國 73 年 6 月。

三、期刊論文（依姓名筆劃寡多排列）

1. 于東新，〈略論漢初的黃老之學與儒學〉，保定：《廊坊師範學院學報》，第 23 卷第 6 期，2007 年 12 月，頁 14～17。

2. 王文杰，〈大風歌與垓下歌——對兩位歷史人物的鉤沉〉，《報人閱讀》，2006 年第 3 期，頁 38～41。

3. 王文顏,〈司馬遷筆下的高祖形象〉,《孔孟月刊》,第 27 卷第 12 期,民國 78 年,頁 27～35。

4. 王世民,〈西周金文中諸侯爵稱〉,《歷史研究》,1983 年第 3 期,頁 3～17。

5. 王仲孚,〈鼓蕩秦漢風雲的張良〉,《中央月刊》,第 9 卷第 3 期,1977 年 1 月,頁 113～117。

6. 王珍珍,〈在有所為與有所不為之間──略論司馬遷的天命觀〉,合肥:《科教文匯》,2008 年 04 期,頁 172。

7. 王堯,〈司馬遷與微時劉邦〉,河南:《南陽師範學院學報》,2006 年 11 月,第 5 卷第 11 期,頁 72～76。

8. 田慶餘,〈說張楚〉,《楚漢魏晉史探微》,北京:中華書局,2004 年,頁 1～29。

9. 史云貴,〈西漢郡國並行制探略〉,《廣西社會科學》,2003 年第 4 期,頁 153～155。

10. 朱新林,〈鄒衍五行說考論〉,《江南大學學報》,第 7 卷第 2 期,2008 年 4 月,頁 61～65。

11. 佟守琴,〈劉邦的性格與其功業的關係〉,《昭烏達蒙族師專學報(漢文哲學社會科學版)》2002 年 2 月,第 23 卷第 1 期,頁 58～61。

12. 李波,〈從史記看劉邦的用人藝術〉,《文山師範高等專科學校學報》,第 21 卷第 2 期,頁 40～42。

13. 李禹階、劉力,〈陸賈與漢代經學〉,《四川師範大學學報》,第 36 卷第 1 期,2009 年 1 月,頁 36～37。

14. 李庫,〈黃老思想與漢初政治〉,《咸陽師範學院學報》,第 24 卷第 3 期,2009 年 3 月,頁 10～13。

15. 李威熊,〈創業的典範──劉邦〉,《幼獅月刊》,第 48 卷第 6 期,民國 67 年 12 月,頁 13～17。

16. 呂倩,〈分封郡縣論爭的回顧與思考〉,《歷史研究》,2010 年,頁 140～141。

17. 汪少華,〈與余英時先生論鴻門宴坐次尊卑〉,《華東師範大學學報》,第 33 卷第 1 期,2001 年 1 月,頁 117～123。

18. 汪高鑫,〈陸賈的歷史著述與歷史思想〉,《安徽大學學報》,第 25 卷第 4 期,2001 年 7 月,頁 6～11。

19. 肖振宇、張永華,〈劉邦統御之術述評〉,《張家口師專學報》,第 18 卷,第 1 期,2002 年 2 月,頁 17～20。

20. 周幼濤,〈試論百越在中華民族發展史上的重要地位〉,《紹興文理學院學報》,第 24 卷第 3 期,2003 年 6 月,頁 20～26。

21. 林祥,〈《大風歌》與漢初政局〉,《甘肅理論學報》,1997 年 6 月,頁 58
～61。

22. 胡興華,〈陸賈生平功績考〉,大連:《邊疆經濟與文化》,2008 年 12 期,
頁 104～105。

23. 柳玉振,〈漢高祖的故鄉──豐縣〉,《江蘇文物》,76 年 6 月,頁 24～26。

24. 范天成,〈劉邦《大風歌》情感底蘊新探──兼論漢初翦滅異姓諸侯王之
得失〉《人文雜志》,1994 年第 3 期,頁 113～118。

25. 夏益,〈漢高祖與漢初異姓諸王新論〉,《承德民族師專學報》,2008 年 5
月,第 28 卷第 2 期,頁 71～74。

26. 庫曉慧,〈從漢初郡國並行制的演變看中央集權的逐步加強〉,《沈陽大學
學報》,第 21 卷第 6 期,2009 年,頁 83～85。

27. 崔向東,〈論劉邦項羽的性格及對成敗的影響〉,《錦州師範學院學報》,
1996 年第 1 期,頁 32～36。

28. 孫宇男,〈陸賈對儒家治國思想新闡釋之考證〉,大連:《牡丹師範學院學
報》,2008 年第 6 期,頁 10～11。

29. 莊輝明,〈對秦漢強幹弱枝政策的再思考〉,《歷史教學問題》,第 4 期,
2002 年,頁 7～11。

30. 孫娟,〈《史記》感生神話與司馬遷表現藝術〉,北京:《唐都學刊》,第
22 卷第 3 期,2006 年 5 月,頁 89～93。

31. 袁達,〈《史記》的志怪和司馬遷的思想〉,《南都學壇》,第 15 卷第 5 期,
1995 年,頁 1～7。

32. 唐德榮,〈略論劉邦的分封思想〉,《求索》,2000 年第 5 期,頁 119～123。

33. 唐德榮,〈論郡國並行體制的特點〉,《湖南社會科學》,〈文教‧歷史〉,
2004 年第 4 期,頁 148～150。

34. 許云欽,〈漢初分封之得失與賈誼的主張〉,《福建教育學院學報》,2002
年第 10 期,頁 79～81。

35. 姚聖良,〈黃帝傳說的發展演變與黃老學的階段性特點〉,《青海社會科
學》,2008 年第 4 期,頁 114～118。

36. 張宇,〈淺析《史記》存在大量非實錄史料之原因〉,《福建教育學院學報》,
2008 年第 7 期,頁 53～55。

37. 張秋升,〈陸賈的歷史意識及其文化意義〉,《齊魯學刊》,1997 年第 5 期,
頁 62～72。

38. 張振台,〈駁《漢高祖劉邦生年考》〉,《河南師範大學學報》,(第 21 卷第
4 期,1994 年),頁 49～50。

39. 張筠,〈從對漢高祖的神話材料的處理看司馬遷的歷史觀〉,《康定民族師
範高等專科學校學報》,2001 年第 2 期,頁 77～80。

40. 張強，〈從《大風歌》看西漢禮樂與文學之關係〉，蘇州：《鐵道師範學院學報》，第 18 卷第 2 期，2001 年 6 月，頁 73～78。

41. 盛麗麗、呂建濱，〈漢高祖兩度實行分封制探因〉，《濮陽職業技術學院學報》，第 21 卷第 1 期，2008 年 2 月，頁 123～124。

42. 曹家齊，〈劉邦布衣集團與西漢政權的建立〉，《徐州師範學院學報》，1996 年第 1 期，頁 91～95。

43. 湯其領，〈漢初封國制探析〉，《史學月刊》，1998 年第 6 期，頁 34～38。

44. 湯其領，〈西漢郡國並行論〉，《史學月刊》，2001 年第 4 期，頁 33～37。

45. 湯其領，〈劉邦漢初分封王侯探析〉，《江海學刊》，1996 年第 2 期。頁 123～126。

46. 項永琴，〈為獨尊儒術導夫先路者──陸賈〉，《文史知識》，1989 年 5 月，頁 32～33。

47. 項永琴，〈試論陸賈在學術、思想領域的創造性貢獻〉，《煙台師範學院學報》，第 21 卷第 1 期，2004 年 3 月，頁 28～30。

48. 陳改娟，〈論蕭何的明哲保身策略〉，《湖南工業職業技術學院學報》，2008 年第 3 期，頁 63～68。

49. 黃宛峰，〈叔孫通、陸賈與漢初的儒學走向〉，開封市：《史學月刊》，1995 年第 3 期，頁 17～22。

50. 黃雲僧，〈漢高祖〉，台北：《獅子吼》雜誌社，民國 62 年，頁 21～24。

51. 楊大忠，〈《史記》西漢史中天命神怪思想初探〉，《船山學刊》，2006 年第 2 期，頁 64～66。

52. 楊自平，〈評析《史記》論劉邦的功業與歷史定位〉，《師大學報‧人文與社會類》民 97 年 53 期，頁 29～48。

53. 傅斯年，〈論所謂五等爵〉，《傅斯年全集》第二冊，台北：聯經出版社，1980 年。

54. 董平均，〈西漢王國分封制度探源〉，《首都師範大學學報》，2003 年第 4 期，頁 15～19。

55. 詹士模，〈劉邦集團的興起與滅秦成功的原因〉，《國立嘉義大學通識學報》，民國 93 年 12 月第 2 期，頁 157～180。

56. 詹士模，〈漢高祖神奇事研究〉，《嘉義農專學報》第 46 期，1996 年，頁 111～122。

57. 鄭善諄，〈漢高祖劉邦傳古的《大風歌》與《鴻鵠歌》〉，《歷史月刊》，2004 年 2 月，頁 130～131。

58. 趙烜末，〈楚漢戰爭中劉邦戰略思想試析〉，《福建論壇》，第 5 期，1994 年，頁 39～46。

59. 劉磐修，〈從芒碭到豐沛：漢高祖劉邦起兵發微〉，徐州：《安徽史學》，2008 年第 5 期，頁 12～15。

60. 羅家雲，〈秦代的法治實踐及其歷史教訓〉，《玉溪師範學院學報》，第 26 卷第 7 期，2009 年，頁 22～25。

61. 韓曦，〈試論老子與陸賈無爲思想的異同〉，《吉安師專學報》（哲學社會科學）第 18 卷第 1 期，1997 年 2 月，頁 18～22。

62. 詹石窗、張欣，〈《黃帝四經》的價值觀及其意義〉，《廈門大學學報》，2009 年第 2 期，頁 27～34。

63. 熊呂茂，〈馬王堆漢墓《黃帝四經》之學派歸屬辨析〉，長沙：《求索》，2009 年 10 月，頁 200～212。

64. 寧國良，〈論黃老思想與劉邦的治國實踐〉，《西北大學學報》第 35 卷第 2 期，2005 年 3 月，頁 109～112。

65. 鄭善諄，〈漢高祖劉邦傳古的《大風歌》與《鴻鵠歌》〉，《歷史月刊》，2004 年 2 月，頁 130～131。

66. 蔣非非，〈漢初蕭曹相位之爭〉，《北京師範大學學報》，2003 年第 5 期，頁 92～99。

67. 劉敏，〈關於漢初封王的兩個問題〉，《南都學壇》，第 17 卷第 1 期，1997 年，頁 5～9。

68. 劉慶濤、左玉蓮，〈試論漢初封國與西周分封制度〉，《黑龍江教育學院學報》，2007 年 1 月，第 26 卷第 1 期，頁 90～92。

69. 鮑延毅，〈劉邦與「文化」及文士〉，《國文天地》17 卷 10 期，91 年 3 月，頁 77～78。

四、學位論文

1. 陳民裕，〈凌隆稚《史記評林》研究〉，高雄師範大學國文學系博士學位論文，民國 95 年。

2. 楊頡慧，〈西漢前期黃老學說下的法律思想與法治實踐研究〉，鄭州大學博士學位論文，2007 年 5 月。

3. 李秋蘭，〈《史記》敘事之書法研究〉，國立成功大學中國文學系博士論文，民國 97 年。

4. 張梅燕，〈明太祖設置國子監及其作用（明太祖儲養與利用文人學士）〉，文化大學史學研究所碩士論文，民國 68 年。

5. 蔡僑宗，〈明太祖御製道德真經之研究〉，中正大學中國文學系碩士論文，民國 89 年。

6. 王廣勇，〈陸賈《新語》在儒家思想史上的地位初探〉，山東大學碩士學位論文，2005 年 5 月。

7. 陳倩，〈陸賈思想研究〉，重慶師範大學碩士學位論文，2005 年 5 月。

8. 張偉毅，〈陸賈政治思想之研究〉，國立政治大學政治研究所碩士論文，民 95 年。

9. 史娟，〈陸賈及《新語》研究〉，首都師範大學碩士學位論文，2006 年 5 月。

10. 林裕斌，〈漢初異姓諸侯王研究〉，國立中山大學中國文學系研究所碩士論文，民國 97 年 5 月。

11. 劉軍呈，〈西漢前期中央政府與地方諸侯王關係研究〉，國立嘉義大學史地學系研究所碩士論文，民國 99 年 5 月。

附錄一　劉邦家族成員表 [註1]

稱　謂	姓　名	子　女	家庭狀況
父	劉執嘉	劉伯、劉仲（喜）劉邦（季）	務農
母	王含始	劉伯、劉仲（喜）劉邦（季）	農婦
繼母	不詳	劉交	不詳
妻	呂后（呂雉）	劉盈（惠帝）魯元公主	中小地主
妾	戚夫人（戚姬）	劉如意	農婦
妾	薄太后	劉恒	原爲魏王豹宮人
妾	管夫人		同上
妾	趙子兒	劉長	同上
妾	美人某		不詳
妾	曹夫人	劉肥	劉邦外婦
妾	唐山夫人		作「房中祠樂」
兒子	劉肥（大哥）	劉襄、劉章、劉興居、劉將閭、劉志、劉辟光、劉賢、劉卬、**劉雄渠**	齊悼惠王（曹氏所生）

〔註 1〕此表係參考羅慶康，《劉邦新傳》，頁 251～252；王強，《史記漢書人物講讀》，頁 40～41。

稱　謂	姓　名	子　女	家庭狀況
女兒	魯元公主（呂后所生）	張嫣、張偋、張受	趙王張敖妻
兒子	劉盈（二弟）（呂雉所生）	劉恭、劉強劉不疑、劉弘劉朝、劉武、劉太	漢惠帝（呂雉所生）
媳	張嫣	無	其父趙王張敖其母魯元公主
兒子	劉如意（三弟）	無子	趙隱王（戚夫人所生）
兒子	劉恆（四弟）	劉啓、劉嫖、劉武	漢文帝（薄太后所生）
媳	竇后	同上	平民
兒子	劉恢（五弟）	亡後	趙共王
媳	呂氏	同上	呂產之女。
兒子	劉友（六弟）	劉遂、劉辟強	趙幽王
媳	呂氏	不詳	呂后家族成員
兒子	劉長（七弟）	劉安、劉賜、劉勃劉良（早死）淮南厲王	淮南厲王
兒子	劉建（八弟）	有子，呂太后殺之	燕靈王《史記·高祖本紀》把劉建排在諸子最後；而《史記·淮南衡山列傳》云劉長爲高祖少子。未知長、建孰長孰幼）
媳	美人	同上	不詳

附錄二　漢高祖大事年表[註1]

公　元	我國紀年	劉邦年齡	大　事
西元前 256 年	秦昭王五十一年	1 歲	生於楚國所屬沛縣豐邑中陽里，排行第三，取名季。家世業農。
西元前 251 年	秦昭王五十六年	6 歲	秦昭襄王死，秦孝文王立。
西元前 247 年	秦莊襄王三年	10 歲	秦王政登位，年僅 13 歲。
西元前 246 年	秦王政元年	11 歲	嬴政即秦王位，嬴政即後來的秦始皇帝。
西元前 241 年	秦王政六年	16 歲	楚聯合趙、魏、衛、韓攻打秦國，被秦國打敗。
西元前 238 年	秦王政九年	19 歲	秦王嬴政二十二歲親政，平定嫪毐叛亂，嫪毐死，相國呂不韋免。
西元前 230 年	秦王政十七年	27 歲	秦內史騰滅韓國，以其地置潁川郡
西元前 228 年	秦王政十九年	29 歲	秦將王翦滅趙國。劉邦任泗水亭長。
西元前 227 年	秦王政二十年	30 歲	燕太子丹使荊軻刺秦王，未遂。王翦伐燕。
西元前 225 年	秦王政二十二年	32 歲	秦將王翦滅魏國。
西元前 224 年	秦王政二十三年	33 歲	秦將王翦擊楚，取陳以南至平輿，楚淮北之地盡入於秦。秦置泗水郡（漢改爲沛郡）。大約在此年劉季爲泗水亭長。

[註 1] 本表係參考安作璋、孟祥才，《漢高帝大傳》，頁 539～550；羅慶康，《劉邦新傳》，頁 243～248。

公　元	我國紀年	劉邦年齡	大　　事
西元前 223 年	秦王政二十四年	34 歲	秦將王翦、蒙武滅楚國。
西元前 222 年	秦王政二十五年	35 歲	王賁滅燕國。
西元前 221 年	秦王政二十六年	36 歲	王賁滅齊國。 嬴政稱始皇帝，分全國爲三十六郡，收天下兵器聚咸陽，銷以爲鐘鐻、金人十二，統一度量衡，徙豪傑於咸陽十二萬戶，仿諸侯國宮室，作之咸陽北阪上。 大約在此期間，劉季常徭咸陽。觀秦始皇出巡，喟然太息曰：「嗟呼，大丈夫當如此也！」
西元前 220 年	秦王政二十七年	37 歲	秦始皇巡隴西、北地，作信宮渭南，治馳道於天下。
西元前 219 年	秦王政二十八年	38 歲	秦始皇東巡游，至鄒峰山、泰山、琅邪，遣徐市發童男女數千人入海求蓬萊等三神山及「不死之藥」。之後，過彭城，西南渡淮水，至衡山、南郡，由武關歸咸陽。
西元前 218 年	秦王政二十九年	39 歲	秦始皇帝東游，張良指使力士以鐵椎狙擊於博浪沙，誤中副車。之後，秦始皇登之罘、琅邪，自上黨返咸陽.
西元前 216 年	秦王政三十一年	41 歲	使黔首自實田。 大約此前後，劉季與呂雉完婚。
西元前 215 年	秦王政三十二年	42 歲	秦始皇至碣石，巡北邊，自上郡返咸陽。遣蒙田發兵三十萬北伐匈奴。
西元前 214 年	秦王政三十三年	43 歲	秦出兵略取南越陸梁地，置桂林、南海、象桂，以謫徙民五十萬戍五嶺，與越雜處。 蒙田進擊匈奴，收河南地爲四十四縣，築長城。
西元前 213 年	秦王政三十四年	44 歲	秦始皇接受李斯建議，下令焚《詩》、《書》、百家語。
西元前 212 年	秦王政三十五年	45 歲	秦始皇下令作阿房宮、修驪山墓，用刑徒七十萬。遷徙三萬家驪邑，五萬家雲陽。

公　元	我國紀年	劉邦年齡	大　事
			侯生、盧生譏議秦始皇，牽連儒生四百六十餘人，皆坑之咸陽。秦始皇長子扶蘇，就此事勸諫秦始皇，被遣往上郡監蒙恬軍。
西元前 211 年	秦王政三十六年	46 歲	有隕石於東郡，有人刻其石曰：「始皇帝死而地分。」始皇聞之遣御史逐問，莫服，秦始皇盡取石旁居人誅之，因燔銷其石.見《史記·秦始皇本紀》 遷河北榆中三萬家。
西元前 210 年	秦王政三十七年	47 歲	七月丙寅，秦始皇出巡途中，崩於沙丘平台。趙高、李斯合謀矯詔立秦始皇少子胡亥爲秦二世皇帝，賜扶蘇、蒙恬死。扶蘇自殺，蒙恬被囚。秦二世殺蒙恬、蒙毅兄弟。 九月，葬秦始皇於驪山，後宮無子者皆令從死，與役工匠皆閉之墓中。 劉季以亭長爲縣送徒驪山，至豐西澤中，夜縱所送徒，率十餘人隱於芒碭山澤巖石之間。彭越在巨野「爲盜」，英布（即黥布）亦亡之江中「爲盜」。
西元前 209 年	秦二世元	48 歲	秦二世更爲法律，務益刻深，殺公子十二人，公主十人，相連逮者不可勝數。復作阿房宮。 七月，陳勝、吳廣率戍卒九百人起義於蘄縣大澤鄉，攻克陳、陳勝自立爲王，國號「張楚」。當是時，諸郡縣爭殺長吏以應陳勝，數千人爲聚者不可勝數。陳勝命吳廣爲假王，監諸將以西擊滎陽，武臣、張耳、陳餘徇趙，鄧宗徇九江，周市徇魏地，周文以將軍率兵西擊秦。
西元前 209 年	秦二世元	48 歲	周文軍進至戲，被秦將章邯擊敗。 八月，武臣自立爲趙王。 九月，劉季起義於沛縣，稱沛公。項梁、項羽起兵於吳。田儋起兵於齊，自立爲齊王。

公　元	我國紀年	劉邦年齡	大　　事
			韓廣自立爲燕王。周市立魏咎爲魏王。
西元前208年	秦二世二年	49歲	十月，沛公被秦泗水（一作川）監兵於豐。 十一月，沛公引兵至薛，殺秦泗水郡守壯於戚。 章邯擊敗周文軍，周文自殺。吳廣與部下田臧起了爭執。不久吳廣被田臧殺死，吳廣死後，軍心渙散。秦大將章邯率軍攻來，田臧兵敗被殺。 十二月，陳勝敗退至下城父，被御者莊賈殺死。陳勝故涓人將軍呂臣率蒼頭軍收復陳·處死莊賈。陳勝部將宋留攻下南陽後，以軍降秦，被處以車裂之刑。 沛公部將雍齒以豐降魏，沛公攻之不克。 正月，張耳、陳餘立趙歇爲趙王。秦嘉等立景駒爲楚王。 秦番陽令吳芮與英布結合，舉兵反秦。 沛公從景駒，張良投沛公。 二月，沛公克碭，收碭兵得五六千人。三月，克下邑。 召平矯陳勝令，拜項梁爲上柱國。項梁以八千人渡江北上，合陳嬰、英布之軍，至下邳，有眾人七萬人。乃進兵擊秦嘉，嘉戰死，軍降，景駒走死梁地。 沛公依項梁，項梁與之卒五千，五大夫將十人。沛公克豐，雍齒奔魏。
西元前208年	秦二世二年	49歲	六月，項梁立楚懷王孫心爲義軍盟主，仍得楚懷王；接受張良建議，立韓成爲韓王。 章邯大破齊、楚軍，殺齊王與周市，魏王咎自殺。齊人立田假爲齊王。

公　元	我國紀年	劉邦年齡	大　　事
			七月，項梁破秦軍於東河。項羽、沛公克城陽。
			八月，田榮逐田假，立田市爲齊王。趙高誅李斯父子。
			九月，項梁破秦軍於定陶，項羽、沛公破秦於雍丘，斬李由。章邯夜襲定陶，殺項梁。項羽、沛公收縮兵力於彭城。
			楚懷王立魏豹爲魏王。
			後九月，楚懷王以沛公爲碭郡長，封武安侯，領碭郡兵。
			章邯渡河北擊趙。楚懷王命宋義、項羽率兵救趙，命沛公西伐秦，並與諸將約：「先入定關中者王之。」沛公自碭出發，至城陽與杠里，破秦二軍。
西元前 207 年	秦二世三年	50 歲	十月，沛公破秦東郡尉於成武。
			十一月，宋義行至安陽，留四十六日不進，項羽殺宋義，懷王任項羽爲上將軍。
			十二月，沛公至粟，奪剛武侯軍四千人，與魏將皇欣、武滿合攻秦軍，破之。巨鹿之戰，項羽大破秦軍。
			二月，沛公與彭越合兵攻昌邑未下，乃引兵過高陽，酈食其來歸，建議襲取陳留，其弟商酈以四千人屬沛公。
			三月，沛公攻開封未拔，西與秦將楊熊戰於白馬、曲遇、大破之。
			四月，沛公攻潁川，南出轘轅。
			六月，沛公略地南陽。
			七月，南陽守齮降，沛公封爲殷侯。引兵西，無不下者。所過毋得鹵掠，秦民皆喜。章邯歸降項羽。
			八月，沛公破武關。趙高殺秦二世，立秦皇帝弟子嬰爲秦王。

公　元	我國紀年	劉邦年齡	大　　事
			九月，子嬰殺趙高。沛公破嶢關，大敗秦軍於藍田。
西元前206年	漢元年	51歲	十月，沛公至霸上，秦王子嬰降於軹道旁。沛公至咸陽，欲留居秦宮，被樊噲、張良等爲勸止。 十一月，項羽與關中父老約法三章。秦民大喜，唯恐沛公不爲秦王。項羽夜擊坑秦降卒二十餘萬人於新安城南，攻破函谷關。 十二月，項羽、沛公會於鴻門，賴張良、樊噲等機智周旋，沛公得以脫險。 正月，項羽陽尊懷王爲義帝，徒之江南。 二月，項羽自立爲西楚霸王，王梁、楚九郡，都彭城。項羽封王諸將，共分封十八王。沛公被封爲漢王，王巴、蜀、漢中。漢王怒項羽分封之不公，欲攻項羽，被蕭何等勸止。 四月，諸侯罷戰下兵，各就國，漢王率三萬士卒入漢中，燒絕所過棧道，示無還意。 五月至七月，田榮並三齊之地，自立爲王。 漢王拜韓信爲大將。 八月，漢王出漢中，擊敗三秦王章邯、司馬欣、董翳，奪取關中。
西元前205年	漢二年	52歲	十月，項王密使九江王等殺義帝於江中。漢王至陝，安撫關外父老。漢王還都櫟陽。
西元前205年	漢二年	52歲	正月，立漢社稷，賜民爵。 三月，魏豹、陳平歸漢；爲義帝發喪，聲討項羽。 四月，彭越將三萬人歸漢，拜爲魏相國。漢軍入彭城，收其貨寶、美人，日置酒高會。項羽聞之，自以精兵三萬南下，大破漢軍，漢王僅得與數十

公　元	我國紀年	劉邦年齡	大　　事
			騎遁去。楚軍俘漢王父太公、妻呂雉以爲人質。是時，呂雉兄呂澤爲漢將，兵居下邑，漢王往從之，稍稍收其士卒。遣謁者隨何勸說英布，背楚歸漢。 五月，漢王屯滎陽。 六月，漢王還櫟陽，立劉盈爲太子。關中大飢，令民就食蜀漢。 八月，漢王軍滎陽，丞相蕭何坐鎮關中轉漕、調兵以給軍。
西元前204年	漢三年	53歲	十月，韓信、張耳破趙降燕。 十二月，英布歸漢，與漢王共屯成皋。 漢王聽信酈其食建議，欲封六國後人，爲張良諫止。 四月，陳平施反間計，范增聞項王疑之，乃離去，未至彭城，疽發背而死。 五月，紀信僞裝漢王誆楚，項王燒殺信。漢王自滎陽脫險，入關中，再出兵宛、葉間。項王東擊彭越，漢王復軍成皋。 六月，項王破滎陽，圍成皋。漢王逃出成皋，北渡河，奪韓信兵，在鞏、洛一線與楚軍對峙。 八月，漢王引兵臨河，軍小修武，命劉賈、盧綰率軍二萬，自白馬津渡河，深入楚軍後方，協助彭越，燒楚積聚。項王回軍攻梁地。 漢王派酈其食說降齊國。
西元前203年	漢四年	54歲	十月，破齊，取成皋。在廣武，漢王傷胸。 十一月，韓信破齊、楚聯軍二十萬於濰水上，平定齊地。 漢立張耳爲趙王。 二月，漢王遣張良封韓信爲齊王，徵其兵擊楚。

公　元	我國紀年	劉邦年齡	大　　事
			七月，漢立英布爲淮南王。 八月，楚、漢講和，以鴻溝爲界，中分天下，項王歸還太公、呂雉，撤兵東去。漢王接受張良、陳平建議，率軍尾追楚軍。
西元前 202 年	漢五年	55 歲	十月，漢王追項羽至固陵，楚軍反擊，漢軍大敗。漢王接受張良建議，重封韓信、彭越，誘其率軍南向擊楚。 十一月，劉賈入淮南，誘降楚大司馬周殷，與英布一起北向，進擊楚軍。 十二月，垓下之戰，項羽失敗自殺，楚漢之爭以漢王的勝利而告終。 漢王還軍定陶，奪韓信軍。 正月，更立齊王韓信爲楚王，封彭越爲梁王。令「赦天下殊死以下」。 二月甲午，漢王即皇帝位於氾水之陽。更王后（呂雉）曰皇后， 太子（劉盈）爲皇太子。 五月，兵皆罷歸家。田橫及五百士皆自殺。高帝赦楚將季布，誅楚將丁公。接受齊人婁敬建議，移都關中。 六月，大赦天下。 七月，燕王臧荼反，高帝親自督兵討伐。 九月，虜臧荼，立盧綰爲燕王。
西元前 201 年	漢六年	56 歲	十月，有人上書告韓信謀反。高帝接受陳平建議，決定僞游雲夢，逮捕韓信。
西元前 201 年	漢六年	56 歲	十二月，執韓信，赦爲淮陰侯。 正月，封從兄劉賈爲荊王、弟劉交爲楚王、兄劉仲爲代王、外婦子劉肥爲齊王。封雍齒爲什方侯。 五月丙午，尊太公爲太上皇。 九月，韓王信以馬邑降匈奴，匈奴冒頓單于引兵南侵。 叔孫通與儒生共起朝儀。

公　元	我國紀年	劉邦年齡	大　　事
西元前 200 年	漢七年	57 歲	十月，群臣依叔孫通所定禮儀朝高帝於長樂宮，於是帝曰：「吾乃今日知爲皇帝之貴也！」 高帝親率兵北伐匈奴，冒頓縱精兵四十萬騎圍帝於白帝登七晝夜，賴陳平奇計，始得脫險。 十二月，匈奴攻代，代王劉仲棄國自歸，赦爲郃陽侯，立皇子如意爲代王。 二月，高帝自櫟陽徙都長安。 初置宗正官，以序九族。 四月，高帝行如洛陽。
西元前 199 年	漢八年	58 歲	多，高帝擊韓王信於東垣。十二月返回長安。 三月，高帝行如洛陽。 令賈人毋得衣錦、繡、綺、縠、絺、紵、罽，操兵、乘、騎馬。 九月，自洛陽返長安。接受婁敬建議，決定對匈奴實行「和親」政策。
西元前 198 年	漢九年	59 歲	多十月，高帝取家人子名爲長公主，妻單于，使婁敬，使婁敬往匈奴結合親約。 十一月，接受婁敬建議，徙齊、楚大族昭氏、屈氏、景氏、懷氏、田氏五族及豪傑十餘萬口於關中，與利田宅。 十二月，高帝至洛陽。趙相貫高反案發，高帝令逮捕趙王及謀反者。貫高對廷尉，爲趙王洗冤。
西元前 198 年	漢九年	59 歲	正月，高帝赦趙王爲宣平侯，徙代王如意爲趙王。貫高被赦後自殺。 二月，高帝自洛陽返長安。 六月，以丞相蕭何爲相國。
西元前 197 年	漢十年	60 歲	五月，太上皇死。

公　元	我國紀年	劉邦年齡	大　　事
			七月，高帝欲以如意代劉盈爲太子，周昌力諫不可。
			九月，陳豨反，自立爲代王，高帝親至邯鄲，督兵討伐。
西元前 196 年	漢十一年	61 歲	冬，高帝擊敗陳豨叛軍。
			淮陰侯韓信陰謀在長安叛亂，襲擊呂后和太子。
			正月，呂后與蕭何合謀，誅殺韓信。立皇子劉恒爲代王，都晉陽。
			二月，詔省賦，郡國各以其口數率，人歲六十三錢，以給獻費。
			下《令賢令》。
			三月，梁王彭越謀反、夷三族。
			立皇子劉恢爲梁王、劉友爲淮陽王。
			四月，高帝自洛陽返回長安。
			五月，詔立秦南海尉趙佗爲南越王。陸賈奉使南越，拜趙佗爲南越王，令稱臣，奉漢約。
			陸賈著《新語》。
			七月，淮南王英布反。高帝立皇子劉長爲淮南王，親自率軍討伐。
西元前 195 年	漢十二年	62 歲	十月，高帝破英布軍於蘄西，英布敗走江南。高帝還，留沛十餘日，與父老故舊宴飲，作《大風歌》。
			番陽人擊殺英布。
			周勃平定代郡、雁門、雲中，斬陳豨於當城。
			高帝更以荊國爲吳國，立兄仲之子劉濞爲吳王。
			十一月，高帝過魯，以太牢祠孔子。
西元前 195 年	漢十二年	62 歲	高帝征英布中流矢，歸長安後，疾益甚，愈欲易太子，張良、叔孫通等苦諫爲乃止。
			蕭何因爲民請上林苑空地，被下獄，不久即赦出。

公　元	我國紀年	劉邦年齡	大　　　　事
			十二月，頒布爲秦始皇、陳勝等《守冢令》。
			燕王盧綰反。
			春二月，使樊噲以相國率兵擊綰，立皇子劉建爲燕王。
			三月，下《同安輯令》：「其有不義背天下擅起兵者，與天下共伐誅之。」
			立遺囑與呂后，以蕭何、曹參、王陵、陳平、周勃等鋪政。
			四月甲辰，高帝病逝於長安宮。
			五月丙寅，葬高帝於長陵。

附錄三　陸賈〈新語〉的儒學思想及其影響

　　本附錄擬考察陸賈《新語》的儒學思想內涵，並以《新語》與《論語》
文本作一比較，說明陸賈行「仁義」的主張，正是儒學的精義所在。從《新
語》中所反映出的內涵來看，其思想主導傾向於儒家。陸賈一生跨戰國、秦、
漢三代，仕高、惠、文三帝。在高祖王朝下雖未擔任要職，但對漢初的政治、
思想、文化的演變，均有深遠的影響。《新語》一書對儒家的發展更不能忽視。
《新語》同時強調「仁義」必須與君主權力相結合的主張，此主張構成了漢
初統治者治國的根本思想，對漢初政權安邦定國的局勢具有一定的穩定力
量，並成為日後儒學與君主權力結合的濫觴，此對儒家思想的發展產生難以
估量的影響，這也是其後漢武帝「罷黜百家、獨尊儒術」的根源。

一、陸賈以客隨高祖

（一）陸賈主要的游說活動

　　陸賈，戰國末年至西漢初年楚國人，其生卒年月史籍所載不詳，今人考
證約生於楚考烈王二十三年（公元前 240 年），卒於漢文帝前元十年（公元前
170 年）。〔註1〕秦楚之際，陸賈以「客」的身份追隨劉邦逐鹿中原，史載「名
為有口辨士」〔註2〕善於外交辭令的陸賈，其主要的游說活動有四。其一，秦
二世三年（西元前 207 年），反秦戰爭期間，劉邦為了先於項羽入關，用張良

〔註 1〕　胡興華，〈陸賈生平功績考〉，大連，《邊疆經濟與文化》，2008 年 12 期，頁
　　　　104。
〔註 2〕　《史記‧酈生陸賈列傳》卷九十七，頁 2697。

計策，「使酈生、陸賈往說秦將，啗以利。」〔註3〕後趁秦軍設防鬆懈時，大破武關。陸賈也由此嶄露頭角，成為劉邦重要的親隨謀士之一。其二，高帝四年（西元前 203 年）楚漢相爭時期，陸賈游說項羽，請其釋放被扣為人質的太公和呂后，未果。〔註4〕這是一項失敗的任務，陸賈跟隨劉邦打天下，雖然屬於開國功臣，但是陸賈的功績並不高，和這次任務的失敗不無關係。其三，高帝七至九年（西元前 200 至前 198 年）年間，廷諫劉邦逆取順守，文武並用，以亡秦為鑑，行仁義之治，並著《新語》十二篇獻上。《新語》深得劉邦賞識，蓋前此固所未聞也。〔註5〕這對於陸賈來說，是陳述自己治國理論的絕佳時機；對於漢初劉邦所領導的平民政權而言，漢初儒學的復興乃至整個漢代思想走向都有著重大影響，可謂秦漢間統治思想轉型的關鍵事件。其四，二次出使南越，平定邊疆。這為漢王朝的穩定創造了良好的外部條件。第一次出使是在漢十一年（西元前 196 年），陸賈騁其才辨，曉以利害形勢，趙佗大為嘆服，去制稱臣，與漢庭確立臣屬關係，並留陸賈與飲數月，賜以千金。歸報，高祖大悅，因出使有功，拜賈為太中大夫。〔註6〕關於太中大夫，《漢書‧百官公卿表》載：

> 郎中令，秦官，掌官殿掖門戶，有丞。武帝太初元年更名光祿勳。
> 屬官有大夫、郎、謁者，皆秦官。又期門、羽林皆屬焉。大夫掌論
> 議，有太史大夫、中大夫、諫大夫，皆無員，多至數十人。武帝元
> 狩五年初置諫大夫，秩比八百石，太初元年更名中大夫為光祿大夫，
> 秩比二千石，太中大夫秩比千石如故。〔註7〕

據此，太中大夫並不是什麼很高層的官，職責是論議，實際上並沒有什麼職權。這是史書中對陸賈官職的最早記載。第二次出使南越是在漢文帝年間（西元前 179 年）。《史記‧酈生陸賈列傳》載：

〔註3〕《史記‧高祖本紀》卷八，頁 361。

〔註4〕《漢書‧高帝紀》載：「漢遣陸賈說羽，請太公，羽弗聽。」參《漢書‧高帝紀》卷一下，頁 46。

〔註5〕正如〔清〕齊樹楷在《史記意》所云：「為國者須雜許多方面人而擇用之，有一不備，必偏至而終歸於敗。秦人於統一之後，仍以氣吞宇內者行之，不再傳而遽斬。漢有天下，高帝嫚儒已甚，陸賈一言，即知馬上守之不當；酈生謂不宜倨見長者，猶一時事耳。自陸賈《新語》一奏，而興亡之概，了然胸中，所謂天授者也。」參王毅注譯，《新譯新語讀本》，頁 2。

〔註6〕參胡興華，〈陸賈生平功績考〉，頁 104～105。

〔註7〕《漢書‧百官公卿表》卷十九上，頁 727。

孝文帝即位，欲使人之南越。陳丞相等乃言陸生爲太中大夫，往使
尉他，令尉他去黃屋稱制，令比諸侯，皆如意旨。〔註8〕

《史記・南越傳》亦載：

及孝文帝元年，初鎮撫天下，使告諸侯四夷從代來即位意，喻盛德
焉。乃爲佗親冢在眞定、置守邑，歲時奉祀。召其從昆弟，尊官厚
賜寵之。詔丞相陳平等舉可使南越者，平言好畤陸賈，先帝時習使
南越。乃召賈以爲太中大夫，往使。因讓佗自立爲帝，曾無一介之
使報者。陸賈至南越，王甚恐，爲書謝，稱曰：「蠻夷大長老夫臣佗，
前日高后隔異南越，竊疑長沙王讒臣，又遙聞高后盡誅佗宗族，掘
燒先人冢，以故自棄，犯長沙邊境。且南方卑溼，蠻夷中閒，其東
閩越千人眾號稱王，其西甌駱裸國亦稱王。老臣妄竊帝號，聊以自
娛，豈敢以聞天王哉！」乃頓首謝，願長爲藩臣，奉貢職。於是乃
下令國中曰：「吾聞兩雄不俱立，兩賢不並世。皇帝，賢天子也。自
今以後，去帝制黃屋左纛。」陸賈還報，孝文帝大說。〔註9〕

陸賈兩次赴南越，俱爲太中大夫，先者後拜太中大夫，後者先爲太中大夫。
即太中大夫掌應對，唯詔命所使之證也。〔註10〕陸賈二次赴南越後，曉之以
理、動之以情，痛陳利害，給了趙佗相當的震懾。趙佗上書謝罪，願長爲藩
臣，並對陸賈頓首而謝。陸賈再一次憑借自己出色的外交才華、獨特的個人
魅力，免除了一場生靈塗炭的禍亂。二次出使南越，說趙佗，定南越，是陸
賈對安定漢初局勢的又一大貢獻。值得注意的是，在此期間曾有吳楚七國之
亂，而南越無事，終文、景兩朝，趙佗一直「稱王朝命如諸侯」〔註11〕，足
見趙佗臣藩漢廷是眞誠的。〔註12〕

二、《新語》的書名

陸賈的著作，《漢書・藝文志》著錄有《楚漢春秋》九篇、《陸賈》二十
三篇、陸賈《賦》三篇。〔註13〕《新語》，《漢書・藝文志》未著錄。〔註14〕

〔註8〕《史記・酈生陸賈列傳》，卷九十七，頁2701。
〔註9〕《史記・南越列傳》，卷一百一十三，頁2970。
〔註10〕王利器撰，《新語校注》，頁4。
〔註11〕《史記・南越列傳》，卷一百一十三，頁2970。
〔註12〕參胡興華，〈陸賈生平功績考〉，頁105。
〔註13〕參《漢書・藝文志》，頁1714～1748。

《四庫全書總目》卷九十一〈子部〉一〈儒家類〉一著錄：「《新語》二卷，舊本題〔漢〕陸賈撰。案：《漢書・賈本傳》稱著《新語》十二篇。《漢書・藝文志》儒家二十七篇（案：《漢志》實二十三篇，此「七」字誤。）蓋兼他所論述計之。《隋志》則作《新語》二卷。〔註15〕《新語》的書名和篇數，《史記》是這麼記載的：

> 陸生時時前說稱《詩》、《書》，高帝罵之曰：「乃公居馬上而得之，安事《詩》、《書》！」陸生曰：「居馬上得之，寧可以馬上治之乎？且湯、武逆取而以順守之，文武并用，長久之術也。昔者吳王夫差、智伯極武而亡；秦任刑法不變，卒滅趙氏。鄉使秦已并天下，行仁義，法先聖，陛下安得而有之？」高帝不懌而有慙色，迺謂陸生曰：「試爲我著秦所以失天下，吾所以得之者何？及古成敗之國。」陸生迺粗述存亡之徵，凡著十二篇。每奏一篇，高帝未嘗不稱善，左右呼萬歲，號其書曰《新語》。〔註16〕

據此，《新語》是寫給漢高祖的呈奏文章。「試爲我著秦所以失天下」，其中一「試」字，代表著劉邦被陸賈有關儒家思想的言論打動了心嵌，而欲對秦何以失天下做一個深刻的瞭解。「陸生迺粗述存亡之徵」的「粗述」，則說明陸賈只是「粗陳其略」，因若太詳細，恐劉邦不願去讀，陸賈可謂深深了解劉邦草莽的習性。

《新語》之名，究竟是陸賈自己命名的，或是劉邦身旁這些「呼萬歲」的臣下們起的，或是高祖賜給陸賈的，因史文疏簡，不能確定。但若依「新」字來看，《新語》的內容，對於劉邦君臣而言，原本大都是秦吏出身，所知者多律令刀筆之事，於儒家仁義之旨，所知甚少。及讀陸賈所奏儒家之言，多

〔註14〕《藝文志》儒家《陸賈》二十三篇，《本傳》十二篇，今本篇數與《本傳》合，與《漢志》不合，蓋《漢志》所著錄者乃合併兵權謀家之《陸賈》，故得二十三篇，然則兵權謀家之《陸賈》爲班氏所省者，當爲十一篇也。陸賈蓋以儒家而兼兵家，故於漢之得天下與治天下，於《新語》「粗述」之餘，復有專言「馬上」之道也。然則今傳世之《新語》，當爲《七略》分別著錄於儒家之本即《新語》，而非班氏省兵權謀家十一篇入儒家二十三篇之本，儒家《新語》十二篇，既合於《陸賈》二十三篇之中，故《漢志》不見著錄，非班氏之大忘也。參王利器撰，《新語校注》，頁213。

〔註15〕〔清〕紀昀總纂，《四庫全書總目》卷九十一〈子部〉，（石家莊：河北人民出版社，2000年3月第1版），頁2336。

〔註16〕《史記・酈生陸賈列傳》卷九十七，頁2699。

前所未聞，故將陸賈著作命爲《新語》。據此，則《新語》或爲劉邦或其臣下所命，而非陸賈自題，似爲可信。

三、陸賈總結秦亡的原因

　　陸賈《新語》既然是應高祖劉邦命令而作，自然要回答劉邦所提出的「秦所以失天下，吾所以得之者何」的問題。陸生洒粗述存亡之徵，總結秦朝所以失天下的原因似可歸納爲三點，其一是尚刑罰而不施仁義。〈道基〉篇云：「秦二世尚刑而亡」，〔註17〕〈術事〉篇云：「二世與桀、紂同禍殃」，〔註18〕〈無爲篇〉亦云：「事逾煩天下逾亂，法逾滋而天下逾熾，兵馬益設而敵人逾多，秦非不欲治也，然失之者，乃舉措太衆、刑罰太極故也。」〔註19〕尚刑虐民實是秦之所以亡的主因。其二是用人錯誤。〈輔政〉篇云：「堯以仁義爲巢，舜以稷、契爲杖，故高而益安，動而益固。……秦以刑罰爲巢，故有覆巢破卵之患，以李斯、趙高爲杖，故有頓仆跌傷之禍。」〔註20〕任用讒者爲政，國自危矣！其三是生活窮奢極慾。〈無爲〉篇又云：「秦始皇驕奢靡麗，好作高臺樹，廣宮室，則天下豪富制屋宅者，莫不倣之，設房闥，備廐庫，繕雕琢刻畫之好，博玄黃琦瑋之色，以亂制度。」〔註21〕這三點均被賈誼吸收到〈過秦論〉裡，賈誼是在陸賈研究的基礎上，將陸賈的思想清晰化、豐富化罷了，他不只增添了少許未作理性審判秦取天下的描述，而秦亡於仁義不施的觀點，取與守不同術的思想都直接來源於陸賈。〔註22〕誠如錢鍾書先生所云：

> 《史記·陸賈列傳》漢高帝曰：「試爲我著秦所以亡失天下」；「過秦」、「劇秦」遂爲西漢政論中老生常談。嚴（可均）氏所錄，即有賈山〈至言〉、晁錯〈賢良文學對策〉、嚴安〈上書言世務〉、吾丘壽王〈驃騎論功論〉、劉向〈諫營昌陵疏〉等，不一而足。……漢之於秦，所謂「殷鑑不遠，在夏後之世」也。〔註23〕

〔註17〕王利器撰，《新語校注》〈道基第一〉，頁29。
〔註18〕王利器撰，《新語校注》〈術事第二〉，頁41。
〔註19〕王利器撰，《新語校注》〈無爲第四〉，頁62。
〔註20〕王利器撰，《新語校注》〈輔政第三〉，頁51。
〔註21〕王利器撰，《新語校注》〈無爲第四〉，頁67。
〔註22〕張秋升，〈陸賈的歷史意識及其文化意義〉，《齊魯學刊》，1997年第5期，頁72。
〔註23〕錢鍾書，《管錐編》第三冊《全漢文》卷十六，（北京：中華書局，1979年），頁891。

不只在兩漢思想的其他著作中，尤其是在史著中，秦史之探究比比皆是，但基本認識幾乎都未超出陸賈和賈誼的範圍和高度，因此，陸賈對秦史研究的開創之功是不應該被忽略的。〔註24〕

四、《新語》學派的歸屬

陸賈的思想帶有某種綜合的性質，後人在把陸賈歸入何種學派時，說法不一。司馬遷稱其爲「辯士」；劉歆大抵認爲陸賈以正守國，以奇用兵，把陸氏歸入「兵權謀家」；劉勰把他劃入「縱橫家」之列；《崇文總目》、《宋史・藝文志》說他是「雜家」。〔註25〕以爲陸賈爲道家者，亦可從《新語》中找到大量對老子之言來引證。〔註26〕可見陸賈博采眾家之學，對多種學說都有所吸收。然而從《新語》中所反映出的內涵來看，其思想主導傾向於儒家。《漢書・藝文志》將陸賈二十三篇列入《諸子略》儒家類，《隋書・經籍志》、《舊唐書・經籍志》、《新唐書・藝文志》依此例收《新語》二卷。《新語》書中還多處直接引用了《春秋》、《論語》的言論或觀點，《四庫全書總目提要》載：

> 今但據其書論之，則大旨皆崇王道，黜霸術，歸本於修身用人。其稱引《老子》者，惟〈思務篇〉引「上德不德」一語，餘皆以孔氏爲宗。所援據多《春秋》、《論語》之文，漢儒自董仲舒外，未有如是之醇正也。流傳既久，其眞其贗，存而不論可矣。〔註27〕

此條言《新語》其書「大旨皆崇王道」，「歸本於修身用人」，均是儒家思想家所主張，此外，《新語》中闡述的人類社會尊卑貴賤的綱常、等級秩序，和天高地卑一樣，都是自然法則，必須遵行的觀點；主張在位者要限制自己的欲望的觀點；注重對人民進行教化的觀點等等，都是比較典型的儒家思想。在

〔註24〕張秋升，〈陸賈的歷史意識及其文化意義〉，頁72。

〔註25〕參王毅注譯，《新譯新語讀本》，頁9。

〔註26〕如《老子》三十七章云：「道常無爲而無不爲」，陸賈在〈無爲〉篇亦認爲：「道莫大於無爲，行莫大於謹敬」，二者均認爲「無爲」是「道」的最高品格；又如《老子》四十三章云：「天下之至柔，馳騁天下之至堅，無有入無間，吾是以知無爲之有益。」陸賈在〈道基〉篇云：「是以君子握道而治，據德而行，席仁而坐，杖義而彊。虛無寂寞，通動無量。」〈輔政〉篇云：「懷剛者久而缺，持柔者久而長……柔儒者制剛強。」對於柔弱與剛強的關係，二者均強調「柔弱勝剛強」，觀點是一致的。參韓曦，〈試論老子與陸賈無爲思想的異同〉，《吉安師專學報》（哲學社會科學）第18卷第1期，1997年2月，頁18～22。

〔註27〕〔清〕紀昀總纂，《四庫全書總目提要》，卷九十一〈子部〉，頁2337。

《新語‧道基》中可看出人類的歷史經歷了先聖、中聖、後聖三個階段。先聖規定了「人道」、「王道」。這是從伏羲開始，經過神農、黃帝、后稷，一直到於禹。中聖階段是教化階段，「設辟雍庠序之教」，這是指文王、周公。後聖階段是進入了文明時代，「定五經，明六藝」，這是指孔子。這顯然是和儒家思想一脈相承。〔註28〕由此可見，《新語》主要還是以儒家思想爲中心。

五、《新語》的儒學思想內涵

陸賈作《新語》的主要目的，主是爲高祖分析秦之所以失天下，漢之所以得天下的原因，探討逆取順守、文武並用的治國之道。吾人可以從《新語》文本中出現「仁義」的分析以及《新語》〔註29〕與《論語》〔註30〕文本的比較，體會出《新語》的儒學思想內涵，即是以行「仁義」爲主體，此正爲儒學的精義所在。

（一）《新語》中的「仁義」思想

通觀《新語》一書，《新語》的儒學思想內涵，則是以「仁義」爲治理天下的主體。《新語》一共有十二篇，有七篇談到了「仁義」。「仁義」一詞共出現了十六次。其中，在〈道基〉篇中出現了六次，〈本行〉篇中出現了三次；〈輔政〉、〈懷慮〉篇中各出現了二次；〈辨惑〉、〈愼微〉、〈思務〉篇中各出現一次。〔註31〕茲分述如下：

1、《新語‧道基》載：

　　夫驪騄駱駞，犀象瑁瑁，琥珀珊瑚，翠羽珠玉，山生水藏，擇地而居，潔清明朗，潤澤而濡，磨而不磷，涅而不淄，天氣所生，神靈所治，幽閒清淨，與神浮沈，莫不效力爲用，盡情爲器。故曰：聖人成之。所以能統物通變，治情性，顯仁義也。

此條在說明聖人能因萬物之性，而使之爲我所用，所以能統物通變，綜理天下萬物，通達事物的變化，理順人和物的情性，體現仁義道德。

〔註28〕王毅注譯，《新譯新語讀本》，頁7。

〔註29〕本節所引《新語》版本，均是王利器撰，《新語校注》，（北京：中華書局，1986年第1版），爲省篇幅，不再另注。

〔註30〕本節所引《論語》版本，均是〔魏〕何晏等注，〔宋〕邢昺疏：《論語注疏》《十三經注疏》〔清〕阮元校勘，（上海：上海古籍出版社，1997年7月第1版）。爲省篇幅，不再另注。

〔註31〕史娟，〈陸賈及《新語》研究〉，頁33。

> 夫人者，寬博浩大，恢廓密微，附遠寧近，懷來萬邦。故聖人懷仁
> 仗義，分明纖微，忖度天地，危而不傾，佚而不亂者，仁義之所治
> 也。

此條在申論聖人懷仁仗義，爲人處事明確細緻，處危險之境而不覆滅，處安
樂之中而不放蕩，這是用仁義治理的緣故。

> 夫謀事不竝仁義者後必敗，殖不固本而立高基者後必崩。

此條言不依傍仁義，結果必敗；不把基礎打牢固，結果必然崩塌，故謀事必
須依傍仁義。

> 《春秋》以仁義貶絕，《詩》以仁義存亡。〈乾〉、〈坤〉以仁和合，
> 八卦以義相承，《書》以仁敘九族，君臣以義制忠，《禮》以仁盡節，
> 《樂》以禮升降。（仁義出現二次）

此條言仁義無處不在，《春秋》、《詩》、《周易》、《書》、《禮》、《樂》等，均依
仁義爲價值的中心或生存的依據。

> 君子以義相褒，小人以利相欺，愚者以力相亂，賢者以義相治。穀
> 梁傳曰：「仁者以治親，義者以利尊。萬世不亂，仁義之所治也。」

此條言仁義乃道之根本，君子、小人、賢者、愚者皆以此爲判。

2、《新語・本行》載：

> 治以道德爲上，行以仁義爲本。故尊於位而無德者絀，富於財而無
> 義者刑，賤而好德者尊，貧而有義者榮。

此條言治理國家應以道德爲上，人的行爲應以仁義爲本。

> 然功不能自存，而威不能自守，非貧弱也，乃道德不存乎身，仁義
> 不加於下也。

此條言君主是否本身有道德與行仁義，左右著國家與本身的命運。

> 故聖人卑宮室而高道德，惡衣服而勤仁義，不損其行，以好其容，
> 不虧其德，以飾其身，國不興不事之功，家不藏不用之器，所以稀
> 力役而省貢獻也。

此條言聖人以寡欲爲治，重行仁義、道德，減少百姓的勞役與降低百姓的負
擔。

3、《新語・輔政》載：

> 是以聖人居高處上，則以仁義爲巢，乘危履傾，則以聖賢爲杖，故
> 高而不墜，危而不仆。

此條言居高者要以仁義爲巢，以聖賢爲杖。

> 昔者，堯以仁義爲巢，舜以稷、契爲杖，故高而益安，動而益固。

此條以堯、舜爲例，說明君主任用賢者或仁義之士才可穩固自身的高位。

4、《新語・辨惑》載：

> 故孔子遭君暗臣亂，眾邪在位，政道隔於三家，仁義閉於公門，故
> 作〈公陵〉之歌，傷無權力於世，大化絕而不通，道德施而不用，
> 故曰：無如之何者，吾末如之何也已矣！

此條言孔子感嘆在當世沒有權力，仁義與道德無法施用。

5、《新語・慎微》載：

> 夫播布革，亂毛髮，登高山，食木實，視之無優游之容，聽之無仁
> 義之辭，忽忽若狂癡，推之不往，引之不來，當世不蒙其功，後代
> 不見其才，君傾而不扶，國危而不持，寂寞而無鄰，寥廓而獨寐，
> 可謂避世，而非懷道者也。

此條言士人不當隱居，逃避世務，而應積極用世。

6、《新語・懷慮》載：

> 故天一以大成數，人一以□成倫。楚靈王居千里之地，享百邑之國，
> 不先仁義而尚道德，懷奇伎，□□□，□陰陽，合物怪，作乾谿之
> 臺，立百仞之高，欲登浮雲，窺天文，然身死於棄疾之手。

此條以楚靈王死於棄疾之手爲例，勉君王應行仁義。

> 夫世人不學《詩》、《書》，存仁義，尊聖人之道，極經藝之深，乃論
> 不驗之語，學不然之事，圖天地之形，說災變之異，乖先王之
> 法，……，驚人以奇怪，聽之者若神，視之者如異。

此條勉世人要存仁義，尊聖人之道，而讖緯之說爲邪端異說，不可信。

7、《新語・思務》載：

> 爲臣者不思稷、契，則曰今之民不可以仁義正也。

此條亦在勉爲臣者應學稷、契，以仁義施政。

　　綜上所述，可見陸賈《新語》以仁義作爲上自國君，下至平民的道德規
範，王道能使家庭有序，統治有序，社會有序。在《新語》中，可以很明顯
地看出其儒家思想理念，陸賈遵循著先秦儒家的觀點，力圖把儒家的「仁義」
貫徹到治國之中。〔註32〕

〔註32〕參史娟，〈陸賈及《新語》研究〉，頁32～33。

（二）《新語》與《論語》的比較

儒學的本質，乃強調利用尊卑有差、上下有等的禮制去調節一切社會關係，人人出自仁愛之心，各守本分。〔註33〕其思想的主要特徵是以「仁義」為主旨，以六經為依托，以堯、舜、文、武、周公、孔子為道統。其中孔子思想的結晶——《論語》可說是儒家文化的代表。陸賈《新語》的儒學思想，很多內容在《論語》中可找到其淵源，吾人可從兩個文本詞句的相同或相似之處的比較，考察二者可能的思想傳承，以明陸賈行「仁義」的主張，正是儒學的精義所在。

陸賈《新語》共十二篇，其中〈道基〉、〈術事〉、〈輔政〉、〈辨惑〉、〈慎微〉、〈資質〉、〈至德〉、〈懷德〉、〈本行〉、〈明誡〉、〈思務〉十一篇和《論語》有關，佔今本《新語》總篇數的 90%以上；今本《論語》共有二十篇，其中〈學而〉、〈八佾〉、〈里仁〉、〈公冶長〉、〈雍也〉、〈述而〉、〈泰伯〉、〈子罕〉、〈顏淵〉、〈憲問〉、〈衛靈公〉、〈季氏〉、〈陽貨〉、〈微子〉十四篇與《新語》有關，占《論語》總篇數的 70%。〔註34〕茲列舉如下：

1、《新語・道基》載：

> 聖人王世，賢者建功，湯舉伊尹，周任呂望。

此條隱括《論語・顏淵》的文句：「湯有天下，選於眾，舉伊尹，不仁者遠矣。」說明聖人治理天下，賢者建立功業，以道德仁義為治國之本。

《新語・道基》又載：

> 陳力就列，以義建功，師旅行陣，德仁為固，仗義而彊，調氣養性，
> 仁者壽長，美才次德，義者行方。君子以義相褒，小人以利相欺，
> 愚者以力相亂，賢者以義相治。

此條行文中所用的個別詞同於《論語・季氏》：「孔子曰：『求，周任有言曰：『陳力就列，不能者止。』危而不持，顛而不扶，則將焉用彼相矣。」說明仁義乃道之根本，禍福賢愚皆以此為判。

〔註33〕 參黃宛峰，〈叔孫通、陸賈與漢初的儒學走向〉，開封市：《史學月刊》，1995年第 3 期，頁 17。

〔註34〕 按：大陸學者王廣勇，曾將《新語》與《論語》材料的運用進行比對分析，但筆者發現二個文本中有相關之處的材料，並非如王氏所言；王氏統計出《新語》中有九篇用到《論語》的材料，涉及到《論語》者，則有十一篇。筆者統計出應是《新語》中有十一篇和《論語》有關，而《論語》有十四篇和《新語》有關。參王廣勇，〈陸賈《新語》在儒家思想史上的地位初探〉，山東大學碩士學位論文，頁 8～12。

2、《新語‧術事》載：

> 故性藏於人，則氣達於天。纖微浩大，下學上達。

此條行文中所用的個別詞同於《論語‧季氏》：「子曰：『不怨天，不尤人；下學而上達。知我者，其天乎！』」說明下學纖微細小的人事，即可知博大高深的天命。

3、《新語‧輔政》載：

> 齊有九合之名，而魯有乾時之恥。

此條行文中所用的個別詞同於《論語‧憲問》：「子曰：『桓公九合諸侯，不以兵車，管仲之力也。如其仁！如其仁！』」說明君主應遠離讒佞之臣，任用聖賢。

4、《新語‧辨惑》載：

> 夫君子直道而行，知必屈辱而不避也。

此條行文中所用的個別詞同於《論語‧衛靈公》：「子曰：『吾之於人也，誰毀誰譽？如有所譽者，其有所試矣。斯民也，三代之所以直道而行也。』」說明君子不計屈辱與毀譽，仍直道而行。

《新語‧辨惑》又載：

> 然後忠良方直之人，則得容於世而施於政。

此條行文中所用的個別詞同於《論語‧顏淵》：「《書》云：『孝乎惟孝，友于兄弟，施於有政。』」說明忠佞難分，讒邪易惑，國君應慎辨之。

5、《新語‧慎微》載：

> 顏回一簞食，一瓢飲，在陋巷之中，人不堪其憂，回也不改其樂。

此條明顯引用《論語‧雍也》：「子曰：『賢哉，回也！一簞食，一瓢飲，在陋巷，人不堪其憂，回也不改其樂。賢哉，回也！』」說明顏回當亂世而能安於陋巷，雖不用於世，卻能窮而樂道，惟樂道，故能好學。

《新語‧慎微》又載：

> 君傾而不扶，國危而不持，寂寞而無鄰，寥廓而獨寐，可謂避世，
> 而非懷道者也。

此條行文中所用的個別詞同於《論語‧憲問》：「子曰：『賢者辟世，其次辟地，其次辟色，其次辟言。』」說明賢者所辟，當因所遇而有不同。

6、《新語‧資質》載：

> 彼則槁枯而遠棄，此則為宗廟之瑚璉者，通與不通也。

此條行文中所用的個別詞同於《論語・公冶長》：「子貢問曰：『賜也何如？』子曰：『女，器也。』曰：『何器也？』曰：『瑚璉也。』」說明人之才用與否，在於是否能見用於世。

7、《新語・至德》載：

　　魯莊公一年之中，以三時興築作之役，規虞山林草澤之利，與民爭
　　田漁薪菜之饒，刻桷丹楹，眩曜靡麗，收民十二之稅，不足以供邪
　　曲之欲。

此條源於《論語・顏淵》而出於己意化用之。《論語・顏淵》：「哀公問於有若曰：『年饑，用不足，如之何？』有若對曰：『盍徹乎！』曰：『二，吾猶不足；如之何其徹也？』對曰：『百姓足，君孰不足？百姓不足，君孰與足？』」說明國君不修德政，爲私欲施重稅，故國危臣亂。

8、《新語・懷慮》載：

　　蘇秦、張儀，身尊於位，名顯於世，……內無堅計，身無定名，功
　　業不平，中道而廢。

此條行文中所用的個別詞同於《論語・雍也》：「冉求曰：『非不說子之道，力不足也。』子曰：『力不足者，中道而廢。今女畫。』」說明不專一者，就不可能立功成名。

9、《新語・本行》載：

　　君子篤於義而薄於利，敏於行而慎於言，所□□□廣功德也。故曰：
　　「不義而富且貴，於我如浮雲。」

此條行文中所用的個別詞同於《論語・學而》：「子曰：『君子食無求飽，居無求安，敏於事而慎於言，就有道而正焉，可謂好學也已。』」說明君子當重義輕財。富貴而不以義者，如浮雲般非己之有也。

10、《新語・明誠》載：

　　殷紂無道，微子棄骨肉而亡。

此條隱括《論語・微子》的文句：「微子去之；箕子爲之奴；比干諫而死。孔子曰：『殷有三仁焉！』」說明行善者致遠，行惡者必亡。

11、《新語・思務》載：

　　孔子曰：「行夏之時，乘殷之輅，服周之冕，樂則〈韶〉舞，放鄭聲，
　　遠佞人。」

此條明顯的引用《論語·衛靈公》的文句：「顏淵問『爲邦。』子曰：『行夏之時，乘殷之輅，服周之冕，樂則〈韶〉舞。放鄭聲，遠佞人，鄭聲淫，佞人殆。』」說明君子當誦聖人之言，學賢者之行，遠佞人。

　　綜上所述，從以上《新語》中高揚仁義思想，以及《新語》與《論語》的比對分析，不難發現陸賈《新語》充分地宣揚儒家的「仁義」思想，其中所表達的「仁義」理念更可以從《論語》中找到其淵源。《新語》中提到的聖人、賢者、忠臣、君子等人格概念都不離行「仁義」的倫理主張。君主治理國家、任用人才，要以「道德」爲主，言行要以「仁義」爲本，以修德、愛民、親民，寡慾，遠佞人等措施，做爲治國之道的重要準繩。這些行「仁義」的理念與思想，與《論語》以「仁」爲思想的核心不謀而合，正是儒學的精義所在，爲陸賈的儒學中心思想列示了有力的證據，也說明了劉邦在感受到秦何以亡，而對陸賈《新語》強調行「仁義」的治國之道有一定之認同。

（三）陸賈強調「仁義」、「道德」必須和王權相結合才得以實施

　　陸賈除了強調君主應行「仁義」、「道德」之外，更進一步明確的指出，「道因權而立」、「德因勢而行」，儒家的「仁義」、「道德」必須和王權相結合才得以實施。這是陸賈比先秦儒家高明之處。先秦的儒家認爲「仁義」、「道德」是萬能的，看不到脫離權力的「仁義」、「道德」是無能爲力的。陸賈在〈術事〉篇中提到：「書不必起仲尼之門，藥不必出扁鵲之方，合之者善，可以爲法，因世而權行。」〔註35〕他認爲古今有某種同一性——「與道合」，只要合乎規律即可去辦，而無須瞻顧古人是否做過，古代權威的書上是否言及。這種主張言古合今的思想，已經超出正統儒家稱先王、法堯舜的範圍，不將儒家創始人孔子當作偶像頂禮膜拜，更顯示其注重實際，崇尚現實的精神。〔註36〕「夫言道因權而立，德因勢而行，不在其位者，則無以齊其政，不操其柄者，則無以制其剛。」〔註37〕陸賈站在時代的高度，面對漢初日益強大的君主權勢，清醒地看到了「仁義」、「道德」絕非是萬能的，離開了王權，仁政主張絕對無法實施。〔註38〕

〔註35〕王利器撰，《新語校注》〈術事第二〉，頁44。
〔註36〕項永琴，〈爲獨尊儒術導夫先路者——陸賈〉，《文史知識》，1989年5月，頁32～33。
〔註37〕王利器撰，《新語校注》〈辨惑第五〉，頁84。
〔註38〕孫宇男，〈陸賈對儒家治國思想新闡釋之考證〉，大連：《牡丹師範學院學報》，2008年第6期，頁10～11。

由於陸賈的儒學思想提出了「仁義」、「道德」必須與權力相結合的主張，推動了儒家治國思想與漢王權政治相結合的發展與創新，率先提出了「大一統」〔註39〕君主專制思想，他敏銳地看到中央專制王權官僚政體必將延續的現實，故此極力主張政治上尊君屈臣、舉天下為一、「尊王道」、實行君臣大義，權力一統於天下的「大一統」君主專制思想。此一思想理念，強烈地表現他對中央專制主義官僚政治的期望，此正符合劉邦在漢初鞏固政權時，望能建立內明等級、持一統、天下從、外化夷狄的期盼，達到中央帝國對天下統治的態勢與理想，〔註40〕亦成為當時劉邦治國指導方針的重要參考依據。

六、《新語》的價值與對後世的影響

從《新語》中的「仁義」思想、《新語》與《論語》的比較研究、強調「仁義」、「道德」必須和王權相結合才得以實施等論述，則吾人可以合理的推測，陸賈應熟習《論語》，並深受儒家思想所影響，後世學者對陸賈《新語》多有所肯定。《漢書·敘傳》中載：

> 近者陸子優繇，《新語》以興；董生下帷，發藻儒林；劉向司籍，辯章舊聞；揚雄覃思，《法言》、《大玄》：皆及時君之門闈，究先聖之壼奧，婆娑摩術藝之場，休息乎篇籍之囿，以全其質而發其文，用納乎聖聽，列炳於後人，斯非其亞與！〔註41〕

在班固看來，陸賈因作《新語》，而與董仲舒、劉向、揚雄在思想史上擁有同等地位，可見班固對陸賈寫《新語》譽之甚高。〔註42〕東漢思想家王充更是給與陸賈以崇高的評價，將他抬到「古聖」的高度。〔註43〕《論衡·案書》載：

> 《新語》，陸賈所造，蓋董仲舒相被服焉；皆言君臣政治得失。言可

〔註39〕 《公羊傳·隱公元年》：「何言乎王正月？大一統也。」徐彥疏：「王者受命，制正月以統天下，令萬物無不一一皆奉之以為始，故言大一統也。」〔漢〕何休注，〔唐〕徐彥疏：《春秋公羊傳注疏》《十三經注疏》〔清〕阮元校勘，（上海：上海古籍出版社，1997年7月第1版），頁2196。按：大一統思想在秦朝之前就有，周朝本身就是個統一的中國。

〔註40〕 李禹階、劉力，〈陸賈與漢代經學〉，《四川師範大學學報》，第36卷第1期，2009年1月，頁36～37。

〔註41〕 《漢書·敘傳》卷一百上，頁4231。

〔註42〕 項永琴，〈為獨尊儒術導夫先路者——陸賈〉，頁30。

〔註43〕 參汪高鑫，〈陸賈的歷史著述與歷史思想〉，《安徽大學學報》，第25卷第4期，2001年7月，頁6。

采行，事美足觀，鴻知所言，參貳經傳，雖古聖之言，不能過增。

陸賈之言，未見遺闕；而仲舒之言雲祭可以應天，土龍可以致雨，

頗難曉也。〔註44〕

王充謂陸賈《新語》連董仲舒也被服，「皆言君臣政治得失，言可采行，事美足觀，鴻知所言，參貳經傳」，其內容「雖古聖之言，不能過增」，充份表達出其對《新語》的推崇。〔宋〕葉適在《習學記言序目》云：

然儒書儒服，自春秋戰國時固已詬戾之矣。游說法術之學行，道義既絕，至是陸賈始發其端，如陽氣復於大冬，學者蓋未可輕視之也。」

〔註45〕

〔清〕嚴可均《新語・敍》云：

漢代子書，《新語》最純最早，貴仁義，賤刑威，述《詩》、《書》、《春秋》、《論語》，紹孟、荀而開賈、董，卓然儒者之言，史遷目爲辨士，未足以盡之。〔註46〕

另一〔清〕學者唐晏在《陸子新語校注・序》云：

漢代重儒，開自陸生也。〔註47〕

綜上所引，漢初儒學的復興，可說是「陸賈始發其端」、而「漢代子書，《新語》最純最早」、「漢代重儒，開自陸生也」，則陸賈被後世學者譽爲秦後第一儒，洵符事實。一本僅萬餘言的小冊子，其影響何以如此之大？王毅就《新語》本身所具有的價值與特色，將其歸納爲以下四端：

其一，《新語》提出了重人事、輕天命和重今輕古等進步的思想。

其二，《新語》提出「無爲」的政治主張，對當時漢朝的穩定、發展，乃至整個經濟的繁榮，具有進步的意義和深遠的影響。

其三，《新語》注重融會貫通，博采眾家之長，開啓了漢代文化思想發展的道路。

其四，《新語》高超的寫作技巧也是人們的喜歡的重要因素。〔註48〕

王氏所論，由於舉例詳證，條理分明，誠可代表《新語》之價值。王此

〔註44〕〔漢〕王充著，《論衡》卷下〈案書〉，頁140。

〔註45〕〔宋〕葉適，《習學記言序目》，（北京：中華書局，1977年10月第1版），頁288。

〔註46〕王利器撰，《新語校注》〈附錄三〉，頁215。

〔註47〕王利器撰，《新語校注》〈附錄三〉，頁223。

〔註48〕王毅注譯，《新譯新語讀本》〈導讀〉，頁3～9。

之分析，頗爲公允，也正在此，要特別指出的是，陸賈作《新語》的主要目的，就是爲高祖分析秦之所以失天下，漢之所以得天下的原因，探討逆取順守、文武並用的治國之道。儒家思想統治中國幾千年，究其始，一般認爲是漢武帝重儒。其實這不可能是一個一蹴而就的簡單過程。在此之前，就有一些儒者在呼籲，並爲之作奠基工作，陸賈即是其中較爲重要的一位。〔註49〕儒學是否能夠興起，從根本上說，當然取決於社會經濟與政治的需要，然其具體興衰的契機，也往往制約於具有「主宰」權力的個人的因素，故漢初諸帝的態度，曾經明顯地波及於儒學，而帝王的態度本身，也是要制約於社會經濟政治的發展的。〔註50〕

〔註49〕 參項永琴，〈爲獨尊儒術導夫先路者——陸賈〉，頁 26～30。
〔註50〕 謝祥皓、劉宗賢著，《中國儒學》，（台北：水牛圖書公司），1995 年 10 月初版，頁 109～110。